Inhaltsverzeichnis

	Einleitung		4
	Ausgangspunkt und Rahmenbedingungen		5
	Didaktische Grundsätze		7

Thema	Nr.	Versuch	Seite
Tachometer	1	Tempo messen	8
Scheinkräfte Teil A	2	Kopfstützen gegen die Trägheit	12
Scheinkräfte Teil B	3	Drehen lenkt ab	16
Drehmoment	4	Schneller werden mit Zahnrädern	20
Impuls	5	Harte und weiche Stösse	24
Wasserwiderstand	6	Wasser bremst	28
Aerodynamik	7	Windschlüpfrige Lastwagen	32
Arbeit und Leistung	8	Leistungsmessung in Sport und Physik	36
Energieformen und Energieumwandlung	9	Energie wirksam nutzen	40
Elastizität und Plastizität	10	Kräfte verformen Körper	44
Molekularkräfte	11	Kleben ohne Leim	48
Leiter und Isolatoren	12	Gute und schlechte Stromleiter	52
Elektrischer Widerstand	13	Kennlinien elektrischer Widerstände	56
Wechselspannung	14	Stromerzeugung für die Steckdose	60
Spulenmagnetismus	15	Strom messen mit Spulen	64
Elektromagnetische Induktion	16	Bremsen mit Wirbelstrom	68
Selbstinduktion	17	Röhren zum Leuchten bringen	72
Drehstrom	18	Strom aus der Steckdose	76
Hohl- und Parabolspiegel	19	Mit Spiegeln Licht einfangen	80
Wärmeleitung	20	Isolation gegen Wärmeverlust	84
Destillation	21	Hochprozentigen Alkohol brennen	88
Trinkwassergewinnung	22	Trinkwasser aus Salzwasser	92
Kristallisation	23	Salzkristalle aus Meerwasser ernten	96
Salzgewinnung	24	Salzkristalle aus Steinsalz gewinnen	100
Herstellung und Eigenschaften von Glas	25	Glas – nicht nur für Gläser	104
Werkstoff Glas	26	Schmuckperlen aus Glas	108
Verbrennungsreaktionen	27	Wie es zu einem Brand kommt	112
Brandbekämpfung	28	Brände löschen	116
Der 4-Takt-Ottomotor	29	Autofahren mit brennendem Benzin	120
Kehrichtverwertung	30	Energie aus Müll	124
Luftreinhaltung	31	Abluft von Schadstoffen reinigen	128
Elektrolyse	32	Verchromen gegen Rost	132
Das Leclanché-Element	33	Elektrische Energie aus Batterien	136
Brennstoffzellen	34	Energie aus Wasserstoffgas	140
Korrosion	35	Kupfer schützt – aber nicht ewig	144
Anwendung Redox	36	Kupfer wegätzen statt Kabelgewirr	148
…mitreaktion	37	Lückenloses Verschweissen von Schienen	152
…nate	38	Kalk brennen – Bautechnik seit 2000 Jahren	156
…und Öle	39	Seife macht Wasser «nasser»	160
…etikprodukte	40	Duschgel selbst herstellen	164

Einleitung

Versuchsanleitungen für Experimente mit technischen oder naturwissenschaftlichen Phänomenen gibt es in den gängigen Lehrmitteln für die Sekundarstufe I viele. In der Praxis sieht sich die Lehrperson aber immer vor das Problem der Auswahl gestellt: Wie mit geringem Aufwand Materialien und Schüleranleitungen vorbereiten? Wie sich das nötige Hintergrundwissen aneignen? Besonders für Junglehrpersonen ist die Orientierung schwierig. Mit dem vorliegenden Lehrmittel wird der Lehrperson ein Werkzeug in die Hand gegeben, das mehrere Zielsetzungen verfolgt.

1. Das Lehrmittel ermöglicht den Lehrpersonen, die Schülerinnen und Schüler weitgehend selbstständig arbeiten zu lassen. Die Versuche dienen zwei Zielen:
   a. Jede Doppelseite stellt eine unabhängige Arbeitsanleitung dar, die einen einwandfreien Ablauf des Versuchs ermöglicht. Schritt-für-Schritt-Arbeitsprozesse werden im Sinne von Versuchsanleitungen dargestellt und ermöglichen den Schülerinnen und Schülern eine handelnde, explorierende Auseinandersetzung mit dem Phänomen.
   b. Die Versuche sind mit Fragen und Aufträgen verbunden, die den Versuchsablauf und das Resultat in einen grösseren Sinnzusammenhang stellen und einen expliziten Bezug zur Welt der Technik darstellen. Anregungen zum Nachdenken und das Reflektieren über die gemachten Versuchserfahrungen sollen die Lernenden zu weiterführendem, vernetztem Denken anleiten.

2. Die Versuche sind so dargestellt, dass sie sich in den Unterricht der Sekundarstufe I im Rahmen des Chemie- und Physikunterrichts oder auch des integrierten Fachs Naturwissenschaften einfügen. Die 40 Versuche ermöglichen, passend zu den Lehrplaninhalten, einen vertieften Einblick in häufige und interessante technische Phänomene und decken die dazugehörigen Zusammenhänge auf. Das Lehrmittel wird zu einem persönlichen Lernmedium der Schülerinnen und Schüler, das sie durch die Sekundarstufe I begleitet. Sobald die Aufgaben ausgeführt sind, dient das Lehrmittel auch als Lerngrundlage. Damit stellt *Technik be-greifen* eine Schülerinnen und Schüler aktivierende Ergänzung zu den stufenüblichen Lehrmitteln dar.

Grosses Gewicht wurde darauf gelegt, dass die verwendeten Instrumente und Materialien üblicherweise in den Oberstufenschulhäusern in der Chemie- oder Physiksammlung zu finden oder sonst einfach zu beschaffen sind. Alle Materialien sind über den üblichen Laborbedarfshandel erhältlich und entsprechen den modernen Sicherheitsansprüchen.

Im Lehrerteil sind wichtige Basisinformationen und zusätzliche Anregungen für die Weiterführung gerafft zusammengestellt. Dies erleichtert die Vorbereitungsarbeit für die Lehrperson. Sie kann sich auf das Studium der Hintergrundinformation und das Zusammenstellen der Materialien beschränken. Für eine Vertiefung finden sich im Lehrerteil zu jedem Kapitel weiterführende Literaturhinweise und Links, damit sich die Lehrperson jederzeit, falls möglich und erwünscht, noch weiter ins Thema vertiefen kann.

Technik be-greifen erfüllt mit diesem Aufbau folgende Ansprüche:

Die Versuche und Modelle ergänzen die Inhalte der geläufigen Lehrmittel mit Fertigkeiten, wie sie von den Lehrplänen der Deutschschweizer Kantone und dem neuen Schweizer Lehrplan sowie den Standards des HarmoS-Projekts für das Themenfeld Technik und das Lernen in Naturwissenschaften gefordert werden. Die Broschüre kann zwar als eigenes Lehrmittel verwendet werden, sie steht aber nicht in Konkurrenz zu anderen, z.B. naturwissenschaftlichen Lehrmitteln, sondern ergänzt diese spezifisch.

Der Lehrperson wird ein Minimum an fachwissenschaftlichem Hintergrundwissen zur Verfügung gestellt, um das nötige Sachwissen bereitzustellen, damit der Ablauf eines Versuchs oder das Funktionieren von technischen Phänomenen korrekt erklärt werden kann.

Schülerinnen und Schüler erhalten pro Versuch eine Arbeitsanleitung und Arbeitsmaterialien, mit denen sie die Versuche ohne Hilfe durchführen und Modelle erstellen können. Die Versuche und Modelle sind erprobt, sie verlaufen erfolgreich, wenn die Anweisungen eingehalten werden.

Die Versuche sind didaktisch vielseitig einsetzbar: sie können von einzelnen Lernenden oder von Gruppen durchgeführt werden, sie können von der Lehrperson aber auch als Demonstrationsversuche eingesetzt werden.

Ausgangspunkt und Rahmenbedingungen

Obwohl Technik in unserem Alltag allgegenwärtig ist, ist sie ein Randthema im Schulunterricht. Das Leitziel Technikverständnis erscheint zwar in den meisten Lehrplänen unter Anwendungen der Naturwissenschaften, eine handelnde Auseinandersetzung mit Technik erfolgt aber meist im Zusammenhang mit dem Technischen Gestalten. Viele Naturwissenschaftslehrpersonen fühlen sich durch offene, handelnd-experimentelle Unterrichtssituationen im Zusammenhang mit naturwissenschaftlichen und technischen Phänomenen überfordert. Das vorliegende Lehrmittel will die Lehrpersonen unterstützen, im naturwissenschaftlichen Unterricht vermehrt Bezüge zur Technik aufzuzeigen. Ebenso will es den Schülerinnen und Schülern im naturwissenschaftlichen Unterricht der Sekundarstufe I eine vertiefte Auseinandersetzung mit technischen Phänomenen ermöglichen und ihnen helfen, selbstständig handelnd-experimentierend die Welt der Technik zu erschliessen.

Das Leben in der modernen Gesellschaft ist geprägt durch Technik und technische Anwendungen der Naturwissenschaften. Sie bestimmen entscheidend die Lebensqualität der heutigen Gesellschaft. Medien berichten fast täglich über spannende Neuentdeckungen. Doch Kinder und Jugendliche haben immer weniger Gelegenheit, technische Phänomene in direktem Kontakt zu erkunden und technische und naturwissenschaftliche Zusammenhänge zu ergründen. Dies führt dazu, dass viele Jugendliche ein ambivalentes Verhalten gegenüber Technik zeigen: einerseits nutzen sie diese selbstverständlich im Alltag, andererseits führt Unwissen über Zusammenhänge zu falschen Vorstellungen, Desinteresse oder irrationalen Gefühlen wie Ohnmacht und Angst.

Für die moderne Wissensgesellschaft hingegen und für die Identitätsbildung der Jugendlichen selbst, die am Ende der Schulzeit im Berufswahlprozess stehen, ist eine neugierige, offene Grundhaltung in Bezug auf Naturwissenschaft und Technik wichtig. Es gehört somit auch zum Auftrag der öffentlichen Schule, Technikverständnis zu vermitteln und Interesse an Naturwissenschaften und Technik zu wecken. Technikverständnis nach Mey (2004) ist ein Teil der Allgemeinbildung, es umfasst das «Kennen, Verstehen und die kritische Beurteilung der wichtigsten Grundkonzepte und Phänome, auf denen Materialien, Geräte, Funktionen und Systeme unserer technikgestützten Zivilisation aufgebaut sind, und das Vernetzen dieses Wissens mit den anderen Teilen der Allgemeinbildung.» S. 13 [...]

In der schweizerischen Volksschule wird technische Bildung, wenn überhaupt, in der Primarstufe vorwiegend im Rahmen des Sachunterrichts, in Lernbereichen mit unterschiedlichen Namensgebungen, wie Mensch und Umwelt, Natur, Mensch, Mitwelt oder Natur und Technik, oft in Zusammenarbeit mit Technischem Gestalten oder Werken vermittelt. Vielen Primarlehrpersonen fehlen dazu aber die nötigen Sachkenntnisse sowohl im naturwissenschaftlichen als auch im technischen Bereich. In der Sekundarstufe I setzt dann der naturwissenschaftliche Unterricht mit den Fächern Chemie und Physik ein und wird oft auf abstraktem Niveau ohne Anwendungsbezug unterrichtet, sodass es zum oben erwähnten Desinteresse kommt.

Dieser Mangel an Technikbezug in der Schule wurde in neuerer Zeit erkannt und es gibt heute erfreulicherweise verschiedene Anstrengungen, in schulischem Kontext Technikverständnis zu vermitteln. So weist das Kompetenzmodell des HarmoS-Projekts Naturwissenschaften plus technische Bildung im Themenbereich «Mensch, Gesellschaft, Technik – Perspektiven» aus. Mit der Initiative «explore-it», Lehr- und Lernangeboten zur Auseinandersetzung mit technischen Phänomenen (http://www.explore-it.ch), wurden dem Sachunterricht auf der Primarstufe wichtige Impulse gegeben und für die Hand der Lehrpersonen wurden vor allem für das Fach Werken verschiedene Lehrmittel konzipiert, die Anregungen und Unterrichtsmöglichkeiten aufzeigen und den Lehrpersonen eine grosse Hilfe sind; z.B. Werkweiser 1–3 oder Werkfelder 1 und 2, Phänomenales Gestalten: Schwachstrom und Magnetismus.

Aus der Sicht des naturwissenschaftlichen Unterrichts fehlten bis jetzt entsprechende Lehr- und Lernmedien für die Sekundarstufe I. Wohl werden in den gängigen Lehrmitteln aus dem Blick der Naturwissenschaften heraus technische Anwendungen thematisiert, doch eine vertiefte Auseinandersetzung mit den technischen Phänomenen aus Schülersicht erfolgt meist nicht.

Mit dem vorliegenden Lehrmittel *Technik be-greifen* wird versucht, diese Lücke zu schliessen. Es schliesst an die erfolgreiche Publikation «Biologie be-greifen» an und ist wie diese konzipiert als Schülerbuch mit einem Lehrerteil. Es ist auf die Sekundarstufe I ausgerichtet und ermöglicht den Schülerinnen und Schülern eine vertiefte, handelnde Auseinandersetzung mit den thematischen Schwerpunkten, den Lehrpersonen erleichtert es die Vorbereitungsarbeiten und stellt wichtige sachliche Basisinformationen in kurzer Form zur Verfügung.

Was ist Technik und technische Bildung?

Das Wort Technik wird im Alltag vielschichtig verwendet. Oft wird technische Bildung mit beruflicher Spezialisierung gleichgesetzt. Die Auseinandersetzung mit Technik und technischem Handeln ist aber ein wichtiger Teil der Allgemeinbildung. Technische Bildung muss deshalb auch als wichtiges Bildungsziel der Volksschule betrachtet werden. Dazu muss die Technik in der Schule explizit zum Thema werden, die Auseinandersetzung soll handelnd und reflektierend in verschiedenen Fächern und Zusammenhängen erfolgen. Technikunterricht definiert also nicht ein Schulfach, sondern entspricht einem didaktischen Konzept, das sich an der Multiperspektivität des Technikunterrichts sowie an Konzepten des handlungsorientierten, problemlösenden Unterrichts orientiert. Im vorliegenden Lehrmittel werden Zugänge zu technischen Themen oder technischen Verfahren im Zusammenhang mit naturwissenschaftlichem Unterricht aufgezeigt.

Der Begriff Technik wird in der Alltagssprache und im Zusammenhang mit technischer Bildung mehrdeutig verwendet. Das Wort Technik «techne» stammt aus dem Griechischen und bedeutete Kunst, Kunstfertigkeit, Handwerk. Heute werden dem Begriff Technik je nach Kontext verschiedene Facetten zugeordnet und in Wortkombinationen ausgedrückt, z.B. Spieltechnik, Maltechnik, Medizintechnik, Operationstechnik, Industrietechnik, Maschinentechnik, Elektrotechnik, usw.! Hervorgehoben werden mit diesen Wortkombinationen die Technikanwendungen oder die Fertigkeiten, die es braucht, um bestimmte Prozesse auszuführen. Wurde früher Technik als Anwendung der Naturwissenschaften gesehen, stellen neuere Überlegungen Technik in ihrer ganzen Komplexität in der Wechselwirkung von Gesellschaft, Mensch und Kultur dar. Die Produktion von Gegenständen (Artefakten) wird als Hauptmerkmal von Technik verstanden, wie z.B. Ropohl (1999, S. 31) definiert.

«Technik ist
> die Menge der nutzenorientierten, künstlichen, gegenständlichen Gebilde (Artefakte oder Sachsysteme)
> die Menge der menschlichen Handlungen und Einrichtungen, in denen Sachsysteme entstehen
> die Menge menschlicher Handlungen und Einrichtungen, in denen Sachsysteme verwendet werden.»

Er betont dabei die mehrdimensionale Struktur und die Einbettung von Technik in die naturale, die humane und die soziale, kulturelle Dimension. Technisches Handeln ist deshalb, bezogen auf menschliche Bedürfnisse, ökologische und ökonomische Ziele, immer auch gesellschaftliches Handeln.

Betrachtet man den Begriff Technik in diesem Sinn, wird klar, dass technische Bildung keineswegs eine spezielle Berufsbildung ist, sondern dass Technik Teil der Allgemeinbildung sein muss. Obwohl gerade in der Sekundarstufe I die Auseinandersetzung mit Technik für die Berufswahl entscheidend ist, darf nach Wolfgramm (2002, S. 8) technische Bildung nie ausschliesslich als berufliche Vorqualifikation erfolgen, sondern sie soll die «oberflächliche Bekanntschaft mit technischen Dingen überwinden und dem technischen Laien ermöglichen, handlungsorientiert an der heutigen Kultur teilzuhaben».

Eine wichtige Frage ist, wie und mit welchem Unterricht es gelingen kann, die Auseinandersetzung mit Technik in einem umfassenden Sinn zu fördern. Technikunterricht hat den Anspruch, naturwissenschaftliches Grundlagenwissen mit technischem Können zu verknüpfen und die gesellschaftlichen Auswirkungen von Technik zu reflektieren. Die Lernenden sollen erfahren, wie sich technisch-erfindendes Denken von entdeckendem Denken unterscheidet. Um diese multiperspektivischen Ansprüche erfüllen zu können, müssen Technik und technische Anwendungen vermehrt in der Schule zum Thema werden. Dies kann in verschiedenen Fächern geschehen. Traditionellerweise bieten sich Technisches Gestalten und naturwissenschaftliche Praktika an, weil ihnen das problemlösende, handlungsorientierte Lernen zugrunde liegt. Das vorliegende Lehrmittel geht vom naturwissenschaftlichen Unterricht aus. Es ist empfehlenswert die vorgestellten Themenbereiche allenfalls in Zusammenarbeit mit Lehrpersonen anderer Fächer zu erweitern und z.B. auch geschichtliche und kulturelle Fragen im Zusammenhang mit den technischen Phänomenen einzubeziehen oder im technischen Gestalten selbst technische Produkte herzustellen.

Wissenschaftliche Untersuchungen haben gezeigt, dass für die Entstehung von Interesse «soziale Eingebundenheit», «Autonomie» und «Kompetenzerleben» wichtige Faktoren sind. Dies gilt auch für die Entstehung von Technikinteresse. Die vielfältigen Versuche im Schülerbuch, die einzeln oder in Gruppen durchgeführt werden können und von den einzelnen Lernschritten her von den Lernenden selbstständig bewältigt werden können, ermöglichen in der Auseinandersetzung mit Technik dieses Kompetenzerleben. Sie steigern somit die Selbstwirksamkeitserwartung in Bezug auf technisches Können. Dies ist gerade im Zusammenhang mit den anstehenden Berufswahlfragen auf dieser Stufe für junge Frauen und Männer von Bedeutung. Für die Entstehung von Technikinteresse ist es wichtig, vielfältige, interessante, technische Lerngelegenheiten im Unterricht anzubieten und den Schülern und Schülerinnen Gelegenheit zum Erleben von naturwissenschaftlicher und technischer Kompetenz und Selbstwirksamkeit zu geben. Anhand der Versuche erleben Schülerinnen und Schüler, dass sie komplizierte technische Phänomene selbstständig schrittweise erkunden und Zusammenhänge verstehen können.

Didaktische Grundsätze

Das Lehrmittel stellt eine Ergänzung zu bestehenden Lehrmitteln für Naturwissenschaften, Chemie und Physik in der Sekundarstufe I dar. Es stellt technische Phänomene oder Verfahren ins Zentrum und ermöglicht den Lehrpersonen mit den praktischen Zugängen der dargestellten Versuche, vermehrt Schülerinnen und Schüler selbst die Welt der Technik erschliessen zu lassen.

Die Einbettung der Versuche in ein didaktisches Umfeld und der sorgfältig durchdachte Aufbau, lassen das Lehrmittel so einsetzen, dass Schülerinnen und Schüler selbstständig die Auseinandersetzung mit technischen Phänomenen angehen und Bezüge zu den naturwissenschaftlichen Gesetzen und Zusammenhängen herstellen können.

Im Zentrum von *Technik be-greifen* steht der Gedanke, dass durch handelnde, problemlösende Zugänge sowie eigene Beobachtungen und Interpretationen Schülerinnen und Schüler Technik erfahren, sich selber als kompetent erleben und technische oder naturwissenschaftliche Zusammenhänge so besser verstehen. Die Kombination der handelnden Ausführung und der interpretierenden Reflexion der Versuche hilft Schülerinnen und Schülern, die komplexen Inhalte besser zu verstehen.

Die moderne Lernforschung hat basierend auf der Theorie des Konstruktivismus gezeigt, dass Wissen aktiv erarbeitet werden muss. «In didaktischer Hinsicht wird davon ausgegangen, dass Wissen nicht einfach verabreicht werden kann, dass Lernen kein passives Geschehen ist, sondern Wissen aktiv konstruiert werden muss. […]. Wissen oder Lernstoff haben nicht eine Bedeutung «an sich», sondern der Lernende konstituiert konstruktiv eine Bedeutung, eine Interpretation der Wirklichkeit, die es gestattet, diese zu verstehen und sich in ihr zurechtzufinden.» (Eschenhagen, Kattmann, Rodi, 1998, S. 139)

Dieser konstruktivistische Ansatz gilt besonders für die komplexe Welt der Technik, die einen Teil der Alltagswirklichkeit für die heutige Gesellschaft darstellt. Dieser Aufbau der eigenen Welt kann nur über eigene Erfahrungen, über die aktive Auseinandersetzung mit technischen Gegenständen, Verfahren, Modellen und technischen Versuchen geschehen. Der handelnde Zugang, ein entdeckendes und erfinderisches Denken sind Voraussetzung, um Technik und technische Prozesse verstehen, mit ihnen umgehen und sie richtig einordnen zu können. Der herkömmliche Naturwissenschaftsunterricht auf der Sekundarstufe I gab dazu bisher wenig Gelegenheit, zu komplex sind die Zusammenhänge, zu aufwendig die Vorbereitungen für einen handlungsorientierten, experimentellen Unterricht für die Lehrpersonen. Das vorliegende Lehrmittel soll hier für Lehrpersonen und Schüler eine Hilfe bieten.

Auf den ersten Blick erscheinen vorgegebene rezeptartige Versuchsanleitungen nicht allzu aktivierend zu sein. Sie führen die Lernenden auf einem klar vorgegebenen Weg durch den Versuchsablauf bzw. durch die Erkundung. Die straffe Anleitung ist bei den Experimenten und Modellen, die wir zur Durchführung vorschlagen, jedoch unabdingbar für das Erreichen des Ziels. Vielfältige Erfahrungen haben gezeigt, dass es nicht nur handelnde, ausführende Zugänge sind, die das Verstehen und Einordnen der gemachten Erfahrungen erlauben, sondern auch die Verknüpfung mit Impulsen, die zur Interpretation und Reflexion anregen, sowie ein sorgfältiges Festhalten der Beobachtungen und das Ziehen von Schlussfolgerungen. In diesem Sinn sollen die Anleitungen nicht nur beim Versuchsaufbau technisches Handeln erfordern, sondern auch Beispiel für das naturwissenschaftliche Arbeiten sein: die meisten naturwissenschaftlichen und technischen Experimente verlaufen nur erfolgreich, wenn die durch eine lange Tradition erarbeiteten Wege eingehalten werden. Zudem müssen Experimente wiederholbar sein, sonst werden die Ergebnisse wissenschaftlich nicht anerkannt. So sollen Schülerinnen und Schüler an das exakte Arbeiten und das Einhalten von Versuchsanleitungen gewöhnt werden und zugleich einen Einblick in Abläufe, wie sie in Labors oder technischen Werkstätten Routine sind, erhalten.

Schülerinnen und Schüler können dank der Anleitungen selbstständig handelnd technische Phänomene erkunden und durch ihre eigenen Erfahrungen so stückweise Zugänge zur technischen Welt und zu naturwissenschaftlichen Zusammenhängen erschliessen. Nicht alle Versuche können von den Schülerinnen und Schülern auf der Sekundarstufe I bis ins Detail verstanden werden. Die Versuche sind aber so aufgebaut, dass ein Verständnis für das Zusammenwirken der verschiedenen Faktoren und die wesentlichen Zusammenhänge aufgebaut wird, das sich zu einem späteren Zeitpunkt spezifisch erweitern lässt.

Erfahrungsgemäss bieten selber durchgeführte Experimente Anknüpfungspunkte für aktive Denkvorgänge. Die Aufmerksamkeit wird zunächst mit den präzisen Versuchsanleitungen auf bestimmte Sachverhalte gelenkt, in der anschliessenden Interpretations- und Reflexionsphase erfolgt dann die Einordnung, in der das Geschehene für die Lernenden Bedeutung erhält.

Da *Technik be-greifen* losgelöst ist von einem Textbuch oder einem traditionellen Lehrmittel, erhält die Lehrkraft eine grosse Flexibilität. Sie kann Technik in ihrem naturwissenschaftlichen Unterricht zum Thema machen und ihren neuen oder bestehenden Unterricht stärker handelnd auf technische Phänomene ausrichten. So erreicht sie, dass Technik Teil der Allgemeinbildung wird und baut zusammen mit ihren Schülerinnen und Schülern ein erweitertes Technikverständnis und Interesse für technische und naturwissenschaftliche Zusammenhänge auf.

Literatur >> MEY, HANSJÜRG: *Technikverständnis als vernachlässigter Teil der Allgemeinbildung.* Werkspuren, 2/2004 (Nummer 94). >> ROPOHL, GÜNTER.: *Allgemeine Technologie.* Hanser: München, Wien, 1999 >> WOLFFGRAMM, HORST: *Zur Konzeption eines allgemeinen Technikbildes:* In: Banse, G.; Meier, T.; Wolffgramm, H. (Hrsg.): *Technikbilder und Konzepte im Wandel – eine technikphilosophische und allgemeintechnische Analyse.* Wissenschaftliche Berichte, FZKA 6697. Forschungszentrum Karlsruhe, 2002 >> ESCHENHAGEN, DIETER., KATTMANN, ULRICH., RODI, DIETER.: *Fachdidaktik Biologie* (4. Auflage). Aulis Verlag Deubner: Köln, 1998 >> www.explore-it.ch

Tachometer
Tempo messen

Schülerinnen und Schüler
> wissen, wie das Tempo (Geschwindigkeitsbetrag) berechnet wird.
> können das Tempo ihres Fahrrads über den Radumfang bestimmen.
> verstehen das Prinzip des Drehzahltachometers.

Themenkreis
> Geschwindigkeit
> Geometrie des Rades

Vorkenntnisse
> Zeit- und Längenmessung
> Berechnung des Kreisumfangs
> Frequenz
> Geschwindigkeit
> Fertigkeit im Umgang mit Messband und Stoppuhr

Fachlicher Hintergrund

Das Prinzip des Drehzahltachometers

Bei Strassenfahrzeugen wird das Tempo meist über die Drehzahl des Rades bestimmt. Das Produkt aus der Anzahl der Radumdrehungen pro Zeit (Radfrequenz f) und dem Radumfang (u) ergibt rechnerisch den Betrag der Geschwindigkeit (v) des Fahrzeugs. Da bei gleichem Radumfang v proportional zu f ist, kann f mechanisch abgegriffen, umgeeicht und in eine Tempoanzeige verwandelt werden.

Das Prinzip der Frequenzmessung und die Anzeigetechnik haben sich im Laufe der Zeit geändert. Früher wurde insbesondere bei Schienenfahrzeugen die Frequenz der Antriebswelle mit einem Zentripetalkraftmesser (vgl. Seite 17) bestimmt.

1817 erfand Dietrich Uhlhorn den Wirbelstromtachometer. Eine biegsame, von der Radachse (1) ausgehende Tachowelle (2) ist mit einem kleinen Stabmagneten verbunden. Dieser dreht sich in einer ebenfalls drehbar gelagerten Trommel aus Aluminium (3). Der rotierende Magnet induziert in der Aluminiumtrommel Wirbelströme (vgl. Seite 68 ff), die mit steigender Drehzahl stärker werden. Dadurch beginnt die Trommel mitzudrehen, umso mehr, je schneller der Magnet dreht. Eine Spiralfeder (4) wird dadurch gespannt. Entsprechend der Umdrehung der Trommel schlägt die Tachonadel (5) mehr oder weniger aus und zeigt dadurch entsprechend geeicht die Geschwindigkeit an.

Moderne Geschwindigkeitsanzeigen funktionieren fast ausschliesslich elektronisch. Ein Kontakt (Reedkontakt) wird durch einen mit dem Rad oder der Achse umlaufenden Magneten ein- und ausgeschaltet. Die entstehenden Impulse werden im Tachometer registriert und ausgewertet.

Noch einfacher geht es, wenn die durch den drehenden Magneten induzierte Spannung über ein entsprechend geeichtes Voltmeter direkt in eine Geschwindigkeitsanzeige umgewandelt wird.

In der Schweiz gesetzlich noch nicht zugelassen (2010) ist es, die verlangte Geschwindigkeitsmessung mit GPS vorzunehmen. GPS fällt z.B. in Tunneln aus.

Probleme bei der Messung

Wenn die Felgen gewechselt oder die Reifen ausgetauscht, gepumpt oder abgenützt werden, kurz, wenn sich der Radumfang ändert, beeinflusst das die Tempomessung. Drehfrequenztachometer sind nicht geeignet zur Bestimmung einer beliebig genauen Momentangeschwindigkeit in Beschleunigungs- und Bremsphasen, da eine relativ lange Messstrecke (im Idealfall mindestens eine Radumdrehung) genommen werden muss. Aber auch GPS-Geräte brauchen wegen des Fehlers in der Ortsangabe und der relativ langen Rechen- und Ausgabezeit relativ grosse Messstrecken. Tachos zeigen das Tempo an und machen normalerweise keine Aussage über die kinetische Energie des Fahrzeugs, obwohl das aus Gründen der Gefährdung im Strassenverkehr sinnvoll wäre.

Ergänzung und Ausweitung

Fahrradtachometer sind oft justierbar. Das führt zu einer interessanten Denkfrage: Zeigt ein Fahrradtacho mehr Streckenkilometer an, wenn ich einen zu kleinen Radumfang im Gerät voreinstelle?

Reizvoll wäre der Bau einer mit Wirbelstrom angetriebenen Metallscheibe. Als Vorbereitung dafür könnte der Versuch 16 «Bremsen mit Wirbelstrom» behandelt werden.

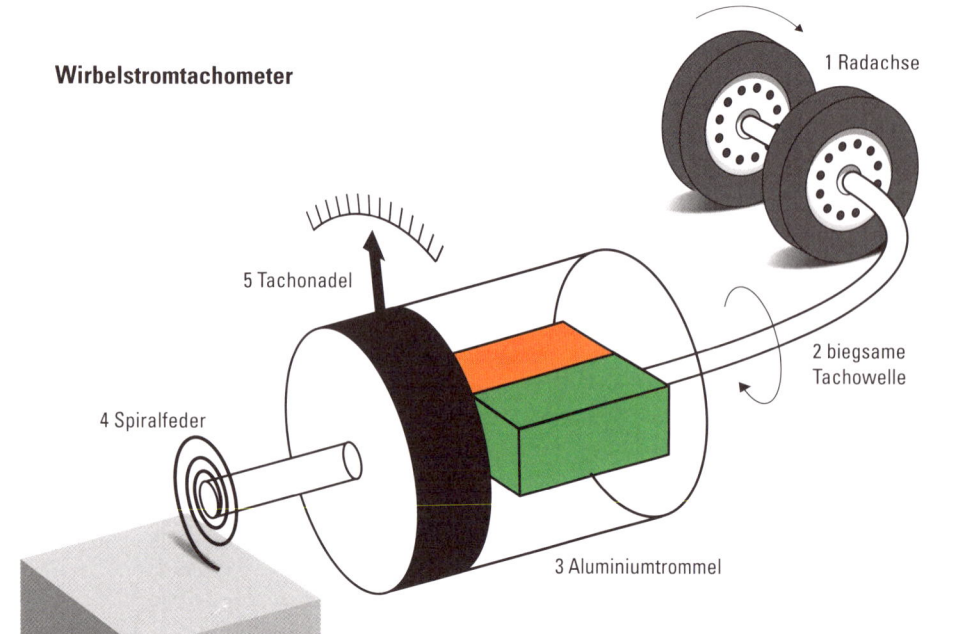

Wirbelstromtachometer

5 Tachonadel
4 Spiralfeder
3 Aluminiumtrommel
2 biegsame Tachowelle
1 Radachse

Versuch 1

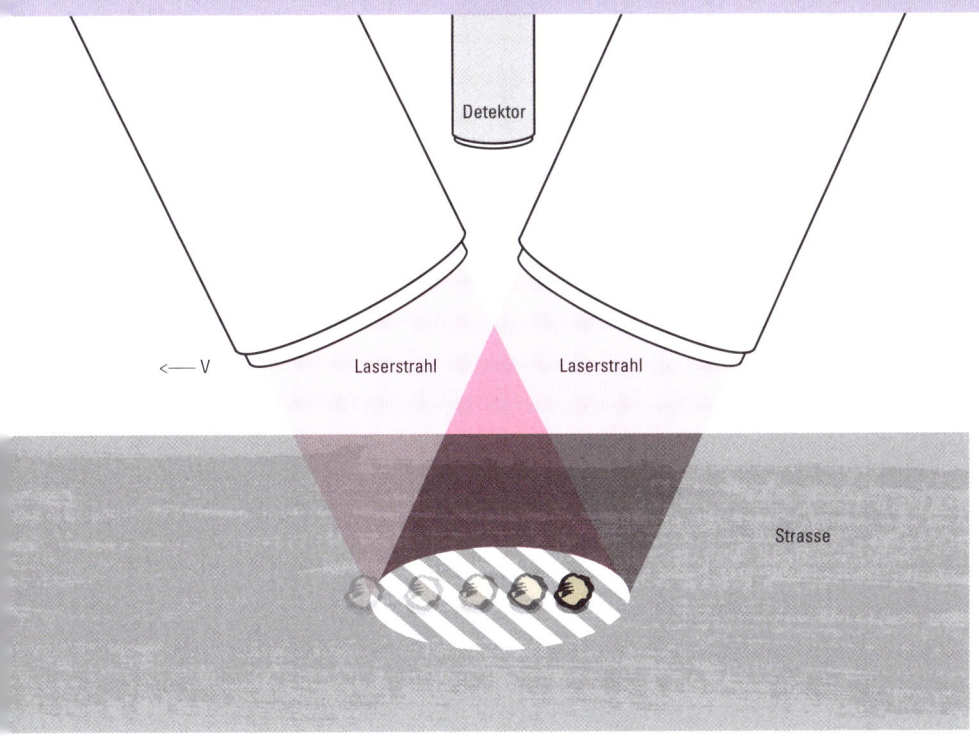

Technik be-greifen

Die Arbeitseinheit «Tachometer» lässt sich mit Sensortechnik und Satellitennavigation (GPS) erweitern.

Neue Methoden der Messung

Neben dem GPS-System über Satellit, das in neuster Zeit für die Tempomessung genutzt wird, bestimmen die modernsten Tempomesser, die Laser Surface Velocimeters (LSV-Verfahren), Tempo und Richtung bezüglich der Oberfläche, auf der sich das Fahrzeug bewegt, direkt. Dazu wird vom Fahrzeug aus mit zwei Laserstrahlen ein Muster aus hellen und dunklen Streifen auf der Fahrfläche erzeugt. Ein Materialkörnchen am Boden, über das sich dieses Muster bewegt, leuchtet nur in den hellen Streifen auf. Aus der Struktur und zeitlichen Abfolge dieser Lichtreflexe kann das Tempo v des mit einem Detektor erfassten Reflexes relativ zum Fahrzeug und damit das Tempo der Strasse, die sich unter dem Fahrzeug bewegt, sofort und sehr genau ermittelt werden.

Anmerkungen

Zum Tempobegriff

Die Geschwindigkeit ist eine vektorielle Grösse, bei der der Betrag und auch die Richtung eine Rolle spielen. In diesem Versuch interessiert uns nur der Geschwindigkeitsbetrag, das Tempo.

Zum Umgang mit physikalischen Einheiten

Zeichen wie m, s, kg, N ... hinter den Masszahlen sind reine Symbole, um die physikalischen Grössen zu klassifizieren und zu eichen. Es sind also keine Variablen! Damit nicht für jede Messgrösse ein neues Symbol erfunden werden muss, wird in der Physik mit einem «Symbolgenerator» gearbeitet: Auf die Einheiten werden algebraische Operationen angewandt, sie werden also vorübergehend wie Variablen behandelt. Beispiel: Die Beschleunigung a ist definiert als $\frac{\Delta v}{\Delta t}$, wobei $v = \frac{\Delta s}{\Delta t}$ ist (Δv = Wert der Geschwindigkeitsänderung; Δt = Zeitdauer; Δs = Wegstrecke). Die Einheit der Strecke ist m, die der Zeit ist s. Setzen wir zum Beispiel Strecke = 10 m und Zeit = 10 s in die Geschwindigkeitsformel ein, erhalten wir den Ausdruck $v = \frac{10\,m}{10\,s}$. Nun wenden wir auf die Masszahlen und vorübergehend auf die Einheiten die Gesetze der Algebra an und können damit schreiben: $v = \frac{10}{10} \cdot \frac{m}{s} = 1\frac{m}{s}$. Damit haben wir ein neues Zeichen generiert, das Symbol $\frac{m}{s}$. m und s sind nun keine Variablen und der Bruchstrich kein Operationszeichen mehr. Wenn $\Delta v = 10\frac{m}{s}$ und $\Delta t = 10$ s sind, erhalten wir durch Einsetzen $a = \frac{\Delta v}{\Delta t} = \frac{10\frac{m}{s}}{10\,s}$ und daraus unter vorübergehender Anwendung der Algebra auf die Einheiten das Symbol für die Einheit der Beschleunigung. Dieses Symbol darf nicht mehr algebraisch interpretiert werden.

Beim Umformen soll der Gleichungscharakter beachtet werden. x sei die Masszahl einer Geschwindigkeitsmessung in $\frac{m}{s}$. Für die Umformung in $\frac{km}{h}$ setzen wir 1 m = 0,001 km und 1 s = $\frac{1\,h}{3600}$. Damit erhalten wir die Gleichung $x\frac{m}{s} = x\frac{0{,}001\,km}{\frac{1\,h}{3600}}$ oder kurz $x\frac{m}{s} = x \cdot 3{,}6\frac{km}{h}$.

Zur Sicherheit

Da mit einem Fahrrad gearbeitet wird, ist der Sicherheitsaspekt besonders wichtig. Das bezieht sich auf die Wahl des Arbeitsplatzes und den Personenschutz (Helm).

Links & Literatur

RHEINTACHO: Entwicklung der Drehzahlmesstechnik
WINTERHAGEN, JOHANNES: *100 Jahre Tacho*. SIEMENS VDO 200211.001d, Schwalbach 2002.
http://www.polytec.com/ger/_files/LM_AN_INFO_0206_D_LSV_Tempomessung.pdf
kfz-tech.de, 2001–2008 Copyright für Programme, Texte, Animationen und Bilder: H. Huppertz,
E-Mail: harald.huppertz@t-online.de

Tempo messen

🎯 Du kannst das Tempo über das Abrollen eines Rades bestimmen.
Du weisst wie ein Tachometer funktioniert.
Du kennst die Methode, mit der über GPS das Tempo bestimmt wird.

⏱ 2 Lektionen, in 2er- oder 4er-Gruppen

Ⓜ Fahrrad, Schutzhelm, Messband (20 m) oder faltbarer Doppelmeter, Stoppuhr, farbiges Klebeband, Kartonstück, Kreide

Durchführung und Beobachtung

1. Bestimmung des Radumfangs

> Suche eine verkehrsfreie, asphaltierte, möglichst horizontal liegende Strecke mit einer Länge von rund 30 m.
> Befestige mit Klebeband an zwei Speichen des Hinterrads ein Kartonstück so, dass es bei jeder Radumdrehung die Radgabel berührt und dabei ein Geräusch erzeugt.

> Markiere die Speiche des Hinterrads, die genau nach unten schaut, mit einem farbigen Klebeband.
> Zeichne mit Kreide auf der Strasse die Stelle, über der diese Speiche steht. Bewege nun das Fahrrad auf einer geraden Linie, bis die markierte Speiche mehrere Umdrehungen (z.B. Anzahl Radumdrehungen n = 10) gemacht hat und zeichne dort einen zweiten Kreidestrich.
> Miss die Strecke s zwischen den Kreidestrichen in der Einheit Meter und berechne daraus die Länge u des Radumfangs.

u = **Strecke s geteilt durch Umdrehungszahl n**

> Miss den Raddurchmesser d des Fahrrads und bestimme den Radumfang u aus dem Raddurchmesser d! Vergleiche das Resultat mit dem Wert von oben.

d =   u =

$u = d \cdot \pi$ **(für u sollte der gleiche Wert wie oben herauskommen, sonst wurde ein Fehler gemacht)**

2. Bestimmung der Geschwindigkeit

> Eine Person startet mit dem Fahrrad einige Meter vor der ersten Markierung und hält einige Meter nach der zweiten Markierung wieder an. Stoppe die Zeit t für das Durchfahren der markierten Strecke s.

Radumfang u   Durchmesser d

Technik be-greifen — Versuch 1

Der Tachometer der Fahrräder ist heute oft kombiniert mit einem Fahrradcomputer: Ein kleiner Magnet an einer Speiche induziert bei jeder Umdrehung in einer Spule an der Gabel einen elektrischen Impuls, der digitalisiert, codiert und häufig drahtlos zum Fahrradcomputer gesendet wird. Dort werden die Impulse elektronisch gezählt und zur Tempoanzeige verwendet.

> Berechne die mittlere Fahrgeschwindigkeit («Durchschnittsgeschwindigkeit») v auf der Strecke s. Gib das Resultat in Meter pro Sekunde und in Kilometer pro Stunde an. $v = \ldots \frac{m}{s} = \ldots \frac{km}{h}$

Mittlere Geschwindigkeit v = Strecke s zwischen den Marken in Metern dividiert durch die dafür benötigte Fahrzeit t in Sekunden. Umrechnung in $\frac{km}{h}$: $x \frac{m}{s} = x \cdot \frac{0{,}001\ km}{\frac{1\ h}{3600}} = x \cdot 3{,}6 \frac{km}{h}$

> Berechne die mittlere Fahrgeschwindigkeit auch aus der Anzahl Radumdrehungen n und der Fahrzeit t. $v = \ldots \frac{m}{s}$.

Die Strecke s lässt sich als Produkt von Anzahl Radumdrehungen n und Radumfang u angeben, also gilt $v = \frac{s}{t} = \frac{(n \cdot u)}{t}$

> Lege mit dem Fahrrad während 30 s einen kleinen Weg zurück und zähle dabei die «Klicks» des Kartons am Rad. Berechne dann das mittlere Tempo der kurzen Fahrt. Welche Grösse brauchst du noch dafür?

Den Radumfang u! Die Anzahl «Klicks» ergibt die Anzahl Radumdrehungen n. Damit wird $v = \frac{s}{t} = \frac{(n \cdot u)}{t}$

Viele Geschwindigkeitsmesser (Tachometer) von Radfahrzeugen arbeiten nach diesem Messprinzip. Unter anderem deswegen ist es verboten, ohne Bewilligung des Strassenverkehrsamtes Räder oder Pneus auf Autos zu montieren, die einen anderen Durchmesser haben als die Originalräder. Warum?

> Winterpneus sind manchmal etwas dicker als Sommerpneus. Wie wirkt sich das auf die Tachometeranzeige aus?

Bei Winterpneus ist die Anzahl Radumdrehungen n für die gleiche Strecke kleiner als bei Sommerpneus. Der Tachometer zeigt deshalb einen etwas kleineren Wert an als mit Sommerpneus. Der dabei entstehende Fehler liegt aber in der erlaubten Toleranz.

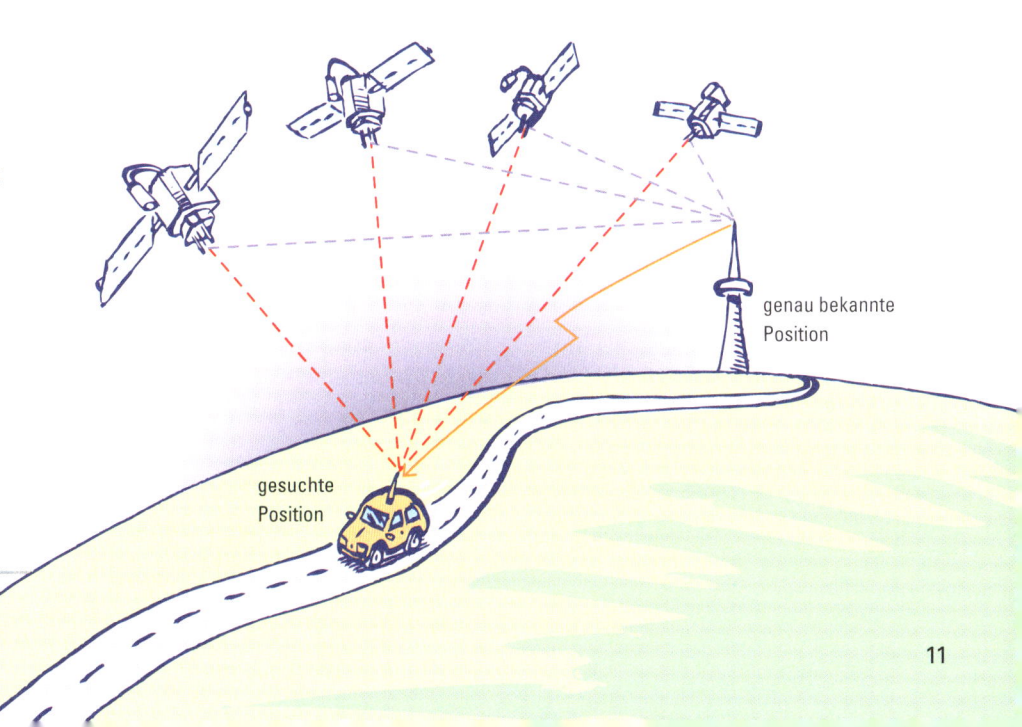

Der Tachometer wird mehr und mehr durch eine Technologie abgelöst, die für Schiffe und Fluggeräte entwickelt wurde, das GPS (Global Positioning System, deutsch: Globales Positionsbestimmungssystem). Mithilfe des GPS kann heute die Position eines Satellitenempfangsgerätes zu einem bestimmten Zeitpunkt auf Meter genau bestimmt werden. Wie funktioniert das GPS?

Ein «Netz» von Satelliten umgibt unseren Globus. Jeder Satellit erfährt von einer Bodenstation exakt seine Position und von der eingebauten Atomuhr die genaue Zeit. Mit Hilfe eines speziellen Codes sendet er unablässig in alle Richtungen die Botschaft aus: «Ich bin Satellit X, meine exakte Position ist P und bei mir hier ist es jetzt exakt T-Uhr». Aus den Signalen von vier Satelliten kann der GPS-Empfänger z.B. in einem Fahrzeug die exakte Position zu einem bestimmten, vom Gerät registrierten Zeitpunkt berechnen. Bewegt sich der Empfänger, ändern sich auch seine Koordinaten. Daraus berechnet das Navigationsgerät Tempo und Richtung der Bewegung.

genau bekannte Position

gesuchte Position

Scheinkräfte Teil A
Kopfstützen gegen die Trägheit

Schülerinnen und Schüler
> lernen das Konzept der Schein- oder Trägheitskräfte kennen.
> wissen, wo lineare Trägheitskräfte auftreten.
> wissen, dass die Trägheit eines Körpers – d.h. seine Masse – erkennbar wird, wenn andere Körper auf ihn einwirken.

Themenkreis
> Axiome von Newton
> Relativbewegung

Vorkenntnisse
> Kraftkonzept von Newton
> Fertigkeit beim Bau einfacher Modelle
> Haftkraft und Gleitreibung

Fachlicher Hintergrund

Scheinkräfte

Das Kraftkonzept im Physikunterricht der Sek I basiert auf den drei Axiomen von Newton (siehe S. 15). Laut dem ersten Axiom, dem Trägheitsaxiom, kann der Impuls eines Körpers K nur verändert werden, wenn eine Kraft, d.h. ein anderer Körper, von aussen auf K einwirkt. In Bezug auf ihren Impuls sind Körper also «träge». Es gibt Situationen, in denen ein Körper sich so verhält, wie wenn er durch einen anderen Körper beeinflusst würde, obwohl ein solcher Körper gar nicht existiert.

Beispiel 1: Eine ungesicherte Last auf einer Ladebrücke scheint beim Bremsen des Lasters nach vorne «gezogen» zu werden. In Wirklichkeit bewegt sich die Last nur nach dem Trägheitsaxiom mit gleichförmiger Geschwindigkeit weiter, wenn der Lastwagen bremst. Die vordere Wand der Ladebrücke stellt sich der Last in den Weg. Die Last übt auf die Wand eine Kraft aus, und die Wand «reagiert» mit einer gleich grossen Kraft auf die Last zurück. Die «Kraft», die den Körper scheinbar nach vorne schleudert ist nur eine geometrische Folge seiner Trägheit. Die Ladebrücke unter der Last bremst ab. Weil Ladebrücke und Last praktisch nicht miteinander wechselwirken, also fast keine Kräfte aufeinander ausüben, rutscht die Last fast ungebremst weiter.

Beispiel 2: Der Lastwagen mit der ungesicherten Last fährt in eine Kurve. Die Last rutscht aufgrund ihrer Trägheit geradeaus weiter und prallt an die Seitenwand. Die Last scheint durch eine Zentrifugalkraft aus der Kurvenmitte gezogen zu werden. In Wirklichkeit ändert sie nur ihre Lage relativ zur Ladebrücke, die unter ihr die Richtung ändert.

Beispiel 3: Wenn ein Körper auf einer rotierenden Kreisscheibe gleitet, scheint auf ihn ebenfalls eine Kraft zu wirken, weil sich die Scheibe unter ihm dreht, und er seine geometrische Position relativ zur Scheibe ändert. Diese Scheinkraft wird Corioliskraft genannt.

Allgemein heissen solche scheinbare Kräfte auch Trägheitskräfte.

Dieses Kapitel handelt von linearen Trägheits- oder Scheinkräften (Beispiel 1). Die Zentrifugalkraft (Beispiel 2) und die Corioliskaft (Beispiel 3) werden im Versuch 3 «Drehen lenkt ab» behandelt.

Rechnen mit Trägheitskräften

Ein Körper, der eine Kraft erfährt, muss nach dem dritten Axiom von Newton mit einem anderen Körper wechselwirken. Dabei übt jeder der beiden Körper auf den anderen eine gleich grosse, aber entgegengesetzt gerichtete Kraft aus. Es kann dabei nicht unterschieden werden, welcher der beiden Körper agiert oder reagiert. So muss beispielsweise ein mit einer rotierenden Unterlage fest verbundener Körper durch eine Haltekraft «an Ort» gehalten werden. Der Körper selbst «reagiert» mit einer Gegenkraft, die auf die Unterlage ausgeübt wird. Diese Kraft wird im beschleunigten System als Trägheitskraft interpretiert: In Bezug auf das beschleunigte System – hier die Unterlage – befindet sich der mit ihr verbundene Körper «in Ruhe». Eine Person im beschleunigten System nimmt an, dass die in Richtung des Rotationszentrums wirkende Haltekraft durch eine Kraft entgegengesetzter Richtung und gleicher Grösse gerade kompensiert wird. Obwohl es sich dabei nur um eine Scheinkraft handelt, wird sie wie eine physikalische Kraft behandelt. Mit diesem Trick, nämlich der Interpretation von Scheinkräften als newtonsche Kräfte, kann in einem beschleunigten System genauso einfach gerechnet werden wie in einem unbeschleunigten. Das gilt gleichermassen für lineare Trägheits-, Zentrifugal- und Corioliskräfte.

Was heisst Trägheit?

Es gibt einige häufig gezeigte Experimente, deren Gelingen oft mit dem Begriff «Trägheit» einfach «abgetan» wird. Hier zwei Beispiele:

Ein Körper kleiner Masse (a) wird mit einer dünnen Schnur an einen Körper mit grosser Masse (b) gebunden. Dieser wird mit einer gleich dicken Schnur z.B. an der Decke aufgehängt. Wird langsam am kleinmassigen Körper gezogen, reisst die obere Schnur, wird hingegen sehr heftig an ihm «gerupft», reisst die untere Schnur. Das wird dann mit der Trägheit der grossen Körpermasse «erklärt». Das ist zwar nicht falsch, aber es lohnt sich näher hinzusehen: Durch die «Rupfkraft» wird zuerst nur der kleinmassige Körper beschleunigt. Die Schnur überträgt diese Kraft auf den Körper mit der grossen Masse und versucht ihn gleich stark zu beschleunigen. Nach dem Kraftwirkungsaxiom von Newton wäre wegen seiner grösseren Masse eine viel grössere Kraft dafür nötig. Die untere Schnur ist aber zu schwach und reisst. Bevor die untere Schnur reisst, wird der obere Körper natürlich auch beschleunigt, aber nur um eine Strecke im Millimeterbereich. Genau um diese Strecke wird die obere Schnur verlängert. Sie reisst nicht, weil damit ihre Elastizitätsgrenze nicht überschritten wird. Wenn langsam gezogen wird, hängt an der oberen Schnur mehr Gewicht als an der unteren, sie wird also zuerst reissen, wenn die Zugkraft langsam erhöht wird.

Sicher bekannt ist das Freihandexperiment, bei dem eine auf einer Postkarte liegende Münze – ohne dass das Geldstück berührt oder die Karte gekippt wird – in einem Glas landet.

Erklärt wird das Gelingen dieses Experiments oft ebenfalls lapidar mit der «Trägheit der Münze». Was aber ist damit genau gemeint? Die ziehende Hand übt auf die Karte eine grosse beschleunigende Kraft aus. Diese wird durch die Haftreibungskraft auf die Münze übertragen. Wenn die Münze ihren ursprünglichen Platz auf der Karte behalten soll, muss sie gleich stark beschleunigt werden wie die Karte. Nach Newton ist dafür die beschleunigende Kraft $F_b = a_{Karte} \cdot m_{Münze}$ notwendig. Die Haftreibungskraft zwischen Münze und Karte beträgt $F_h = m \cdot g \cdot f_h$ (f_h heisst Haftreibungskoeffizient). Um die Münze genau gleich wie die Karte zu beschleunigen, müsste F_h mindestens so gross sein wie F_b. Aus F_b F_h folgt, dass f_h grösser als 1 sein müsste, wenn die Karte mit $10 \frac{m}{s^2}$ beschleunigt wird. f_h für eine Münze auf Karton ist aber viel kleiner. Aus dieser Abschätzung folgt, dass die Haftreibung allein nicht ausreicht, um die Münze mit der «Trägheit», d.h. mit der Masse $m_{Münze}$, zu beschleunigen*. Die Münze müsste also aufgeklebt sein. Da die Karte auf die Münze keine ausreichende Beschleunigungskraft ausüben kann, bleibt das Geldstück zurück und bewegt sich relativ zur Karte «nach hinten». Wirksam ist jetzt nur noch die Gleitreibungskraft. Ihre Einwirkzeit ist aber sehr kurz, wenn die Karte sehr schnell bewegt wird. Die Münze scheint also relativ zum Glas in Ruhe zu bleiben.

Wie würde ein Strichmännchen auf der Karte dieses Experiment aus seiner Sicht interpretieren? Es sieht die Münze beschleunigt «nach hinten» rutschen und meint, dass dafür eine Kraft und damit ein anderer Körper verantwortlich sei. Diesen anderen Körper gibt es aber nicht, also muss es sich um eine Scheinkraft handeln.

Eine interessante Variante zum Experiment mit der Münze: Ein aus einer Plastikflasche herausgeschnittener Plastikring wird auf eine Flasche gestellt und die Münze auf ihm platziert. Wird der Ring mit dem Zeigefinger von seiner Mitte aus weggeschlagen, fällt die Münze in die Flasche. Erfolgt der Schlag von aussen auf den Ring, fällt sie neben die Flasche.

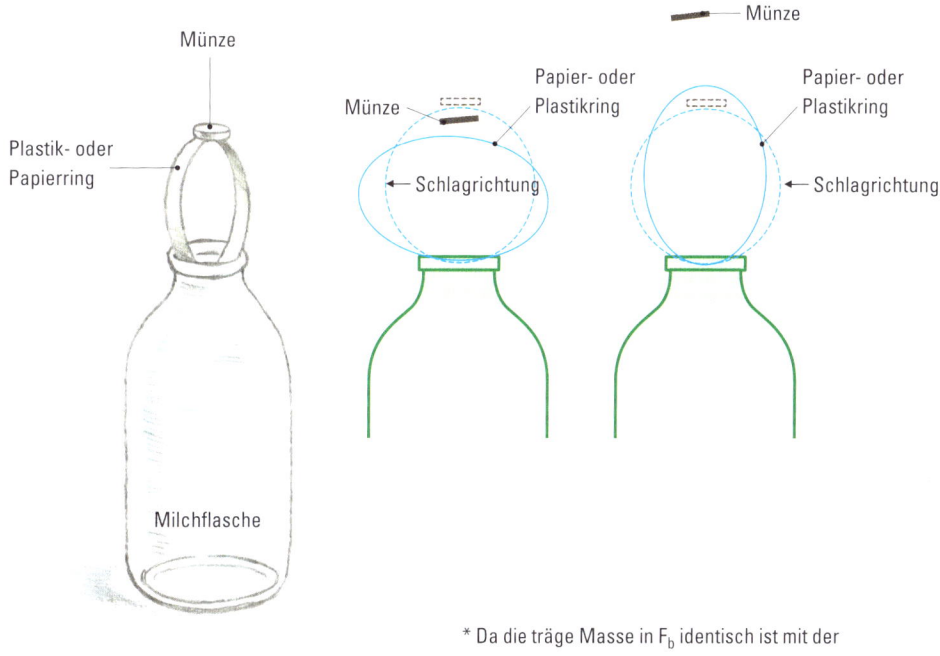

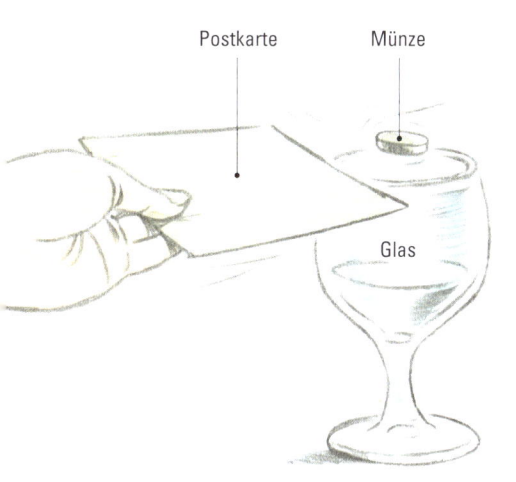

* Da die träge Masse in F_b identisch ist mit der schweren Masse in F_h, fällt m in $F_h \geq F_b$ ohnehin heraus, spielt also keine Rolle.

Links & Literatur

HILSCHER, HELMUT [Red.]; unter Mitarbeit von: C. Berthold; D. Binzer; G. Braam; J. Haubrich; M. Herfert; H. Hilscher; J. Kraus; Ch. Möller: Physikalische Freihandexperimente. Köln (Aulis-Verl. Deubner) 2004. (Werk in 2 Bänden mit CD-ROM)
http://www.entlebucherpower.ch/Humor/Lustige Bilder.html
http://www.astronomie.de/bibliothek/artikel/geschichte/teleskop/index.htm
http://www.autobild.de/artikel/autositze-im-crashtest_219859.html
www.kopfstuetzen.ch

Kopfstützen gegen die Trägheit

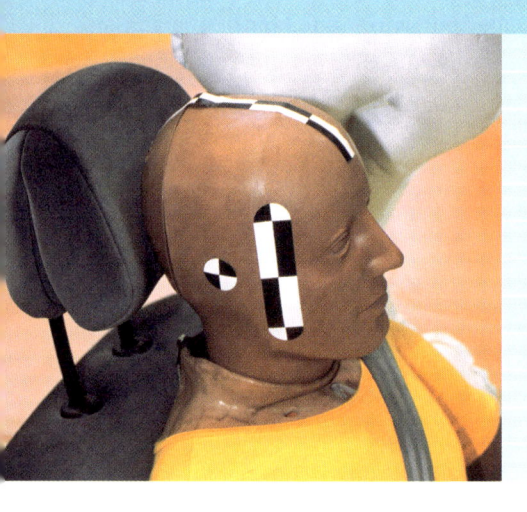

🎯 Du weisst, dass ein Körper nur beschleunigt wird, wenn andere Körper von aussen auf ihn einwirken.
Du verstehst, worum es bei Scheinkräften geht.
Du kennst Beispiele aus der Technik, die mit Scheinkräften zu tun haben.

⏱ 2 Lektionen, in 2er- oder 4er-Gruppen

Ⓜ Karton, Styropor, Trinkhalme, Plastilin, Bürogummibänder, altes Flachlineal oder Laubsägeholz, Buch, Stab, Zündholzschachtel mit Zündhölzern, Kerze, Topflappen, Nagel, Brotmesser, doppelseitiges Klebeband

Durchführung

Bau eines Modellautos

> Räder: Schneide aus Karton vier Scheiben. Klebe mit doppelseitigem Klebeband auf je eine Seitenfläche einen kleinen Styroporklotz. Von der anderen Seite aus durchbohrst du mit einem heissen Nagel die Scheibe und das aufgesetzte Klötzchen in der Mitte (Kerze, Topflappen).
> Schneide mit einem Brotmesser oder einem heissen Draht (frage deine Lehrperson) ein Styroporstück mit den ungefähren Massen von 30 cm x 7 cm x 3 cm zu. Befestige daran mit Gummibändern zwei Trinkhalme als Achsen.

In diese steckst du je einen Holzspiess, den du auf den Seiten herausschauen lässt. Darauf steckst du die Räder.
> Mit dem heissen Nagel machst du von oben ein Loch in dein Fahrzeug, in das du ein Trinkhalmstück mit einem «Plastilinkopf» klemmst. Du kannst den Halm im Loch mit Zündhölzern auf der Seite verkeilen.
> Hinter dem «Röhrchen mit Kopf» machst du mit dem heissen Nagel einen Schlitz, in den du z.B. ein abgesägtes Stück von einem Flachlineal als

«Kopfstütze» stecken und mit Zündhölzern verkeilen kannst. Kopfstütze und Kopf sollen etwa 10 cm aus dem Styroporuntersatz herausragen.

Beobachtung

Tempoänderungen und dabei auftretende scheinbare Kräfte

1. Bewege ein Buch, auf dem eine Zündholzschachtel liegt, schnell gegen ein Hindernis, sodass es rasch abgebremst wird. Was beobachtest du?

Die Zündholzschachtel wird durch die Haftreibungskraft abgebremst. Ist diese zu klein, bewegt sich die Schachtel auf dem Buch weiter.

Was sind Scheinkräfte?

Ungesichertes Transportgut auf einem bremsenden Lastwagen rutscht auf der Ladebrücke fast mit der ursprünglichen Geschwindigkeit weiter, d.h. sie gleitet in Bezug auf die Ladebrücke, die unter ihr abbremst, «nach vorn». Eine mitfahrende Person sagt: «Das Transportgut wurde durch eine unsichtbare Kraft nach vorn beschleunigt. Auch ich selber spürte eine solche Kraft.» Da es keinen anderen Körper gibt, der das Transportgut «nach vorne zieht», kann es sich dabei um keine physikalische Kraft handeln (siehe 1. Axiom von Newton). In Wirklichkeit bewegt sich die Ladung – ganz im Gegensatz zum Lastwagen – einfach mit der ursprünglichen Geschwindigkeit weiter. Was die Person auf der Ladebrücke wahrnimmt, sind also nur scheinbar physikalische Kräfte. Sie heissen deshalb Schein- oder Trägheitskräfte.

Technik be-greifen   **Versuch 2**

Zur Ursache einer physikalischen Kraft

Isaac Newton (1643 bis 1752) beschrieb in drei Axiomen die Ursachen und Wechselwirkungen von physikalischen Kräften.

1. Axiom

«Ein Körper verharrt im Zustand der Ruhe oder der gleichförmigen und gradlinigen Geschwindigkeit, sofern er nicht durch einwirkende Kräfte zur Änderung seines Zustands gezwungen wird.»

2. Axiom

«Die Änderung der Bewegung einer Masse ist der Einwirkung der bewegenden Kraft proportional und geschieht nach der Richtung derjenigen geraden Linie, nach welcher jene Kraft wirkt.»

3. Axiom

«Kräfte treten immer paarweise auf. Übt ein Körper A auf einen anderen Körper B eine Kraft aus (actio), so wirkt eine gleich grosse, aber entgegengerichtete Kraft von Körper B auf Körper A (reactio).»

2. Wie funktioniert der Trick mit der Tischdecke?
> Welche Kräfte wirken zwischen der Decke und dem Geschirr beim raschen Ziehen der Tischdecke (ausser der Gewichtskraft und der das Gewicht kompensierenden Normalkraft des Tisches)?

Zwischen Tischdecke und Geschirr wirkt am Anfang eine Haftkraft. Sie reicht nicht aus, um das Geschirr so schnell zu beschleunigen wie das Tuch. Nach ihrer Überwindung wirkt nur noch die viel kleinere Gleitreibungskraft.

3. Simuliere eine Auffahrkollision, indem du dein Modellauto mit dem «Kopfröhrchen» zuerst mit, dann nochmals ohne Kopfstütze durch einen «Handkantenschlag» von hinten anstösst. In einem weiteren Versuch lässt du das Modellauto auf eine «Mauer» (z.B. Bücherstapel) auffahren. Versuche mit einem Bürogummiband «Gurte» zu simulieren. Ersetze nach Bedarf das Kopfröhrchen durch ein unbeschädigtes Trinkhalmstück. Was beobachtest du?

Ohne Kopfstütze knickt der Halm nach hinten. Beim Zusammenprall mit der Mauer fährt der «Kopf» weiter und verbiegt dabei das Röhrchen.

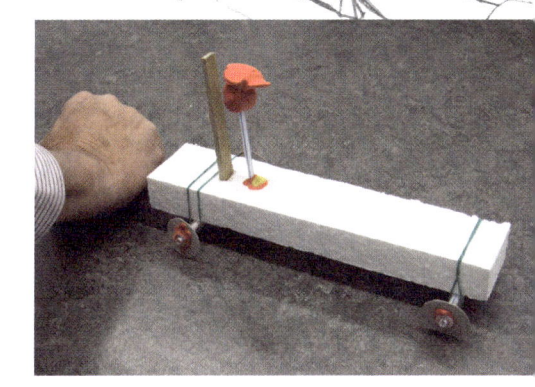

Handkantenschlag …

… mit Kopfstütze.

Wenn die Kopfstütze zu tief eingestellt ist oder fehlt:

Bei einem Stoss von hinten auf ein stehendes Fahrzeug bleibt der Kopf einer mitfahrenden Person – von der Strasse aus gesehen – «an Ort», für Mitfahrende scheint der Kopf in Bezug zum Sitz nach hinten gezogen zu werden. Dabei kann das Genick verletzt werden, wenn die Kopfstütze fehlt oder zu tief eingestellt ist.

Beim Aufprall eines fahrenden Autos auf ein Hindernis wird eine mitfahrende Person durch die Sitzgurte abgebremst. Diese werden elastisch verformt. Nach dem Aufprall entspannen sich die Gurten wieder und reissen dabei diese Person nach hinten. Die Kopfstütze muss so eingestellt sein, dass der Kopf bei einer solchen Zurückbewegung abgebremst wird.

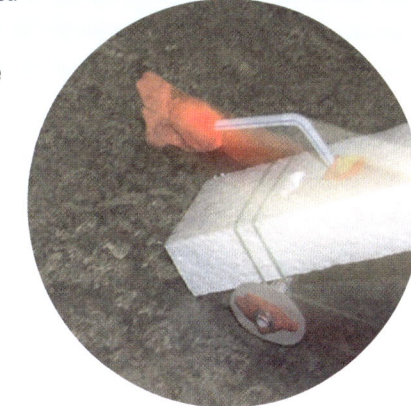

… ohne Kopfstütze.

Scheinkräfte Teil B
Drehen lenkt ab

Schülerinnen und Schüler
> verstehen das Verhalten von drehenden Körpern.
> erhalten eine Vorstellung von Trägheitskräften bei Rotationen.
> kennen Beispiele aus Verkehr und Bautechnik.

Themenkreis
> Umgang mit Körpern, die sich auf Kreisbahnen bewegen
> Zentrifugal- und Corioliskräfte

Vorkenntnisse
> Drittes Axiom von Newton (Wechselwirkungsgesetz)
> Qualitative Kenntnisse über Reibungskräfte (Haft- und Gleitreibung)

Fachlicher Hintergrund

Die Zentrifugalkraft

Sie zeigt sich, wenn ein Körper mit gleich bleibendem Radius um ein Zentrum rotiert. Damit der Körper auf seiner Kreisbahn bleibt, muss eine zum Zentrum gerichtete Zentripetalkraft auf ihn wirken. Wegen des Wechselwirkungsaxioms von Newton übt er dabei eine Gegenkraft auf den Körper aus, der ihn Richtung Zentrum zieht. Vom rotierenden System aus gesehen bleibt er «an Ort», weil die Zentripetalkraft scheinbar durch eine nach aussen wirkende Kraft, die «Zentrifugal- oder Fliehkraft», kompensiert wird. Da kein anderer Körper existiert, der ihn «nach aussen» zieht, kann es sich nicht um eine physikalische Kraft handeln, sondern es muss eine Scheinkraft sein.

Die Benützung von Scheinkräften in der Physik erleichtert zwar viele Berechnungen und kommt Alltagsvorstellungen entgegen. Die Arbeit mit Schein- oder Trägheitskräften beruht aber auf geometrischen Vorstellungen und nicht auf dem newtonschen Impulskonzept, das auf Stufe Sek I (und weitgehend auch auf Stufe Sek II) angewendet wird. Werden die beiden Denkwege unüberlegt vermischt, kann das zu Misskonzepten führen.

Die Corioliskraft

Sie zeigt sich, wenn sich ein Körper relativ zu einem rotierenden System bewegt. Wenn das rotierende System und der Körper miteinander wechselwirken, kann sich die ursprünglich geradlinige und gleichförmige Geschwindigkeit des Körpers ändern. Vom rotierenden System aus wird das mit einer Scheinkraft, der Corioliskraft erklärt. Da kein anderer Körper existiert, der für diese Kraft verantwortlich ist, handelt es sich auch hier um eine Schein- oder Trägheitskraft. Die Corioliskraft ist verschiedentlich beobachtbar.

Beispiel 1: Windströmungen. Wenn Luft von Norden Richtung Äquator strömt, bleibt sie relativ zum Erdboden zurück. Die Erde dreht sich unter der nach Süden fliessenden Luft. Das wird als Änderung der Windrichtung wahrgenommen. Es scheint, als ob die Luft durch eine Kraft aus ihrer ursprünglichen Nord-Süd-Richtung abgelenkt wird. Dabei können Wirbel entstehen.

Beispiel 2: Ebbe und Flut. Je weiter ein Massenpunkt der Erde vom Mond entfernt ist, desto weniger wird er vom Mond angezogen und beschleunigt. Punkt A bewegt sich also in der gleichen Zeit weniger weit als Punkt B und dieser weniger weit als Punkt C. Dadurch wird die Erde etwas «auseinandergezogen» (im Bild blau und wegen der Übersichtlichkeit nach unten versetzt gezeichnet). A und C entfernen sich somit beide vom Zentrum B weg. B bleibt immer in der Mitte von A und C. Es ist, wie wenn eine Kraft A und B vom Zentrum wegziehen würde. Eine solche Kraft existiert aber nicht.

In Wirklichkeit ist es so, dass die Erde mittels ihrer eigenen Gravitationskraft (Schwerkraft, Kraft zwischen allen Massen) die Punkte A und C daran hindert, sich noch weiter vom Zentrum wegzubewegen.

Im Bild unten scheint sich die Erde auf den Mond hin zu bewegen. Das tut sie ja auch im Schwerpunktsystem Erde–Mond, aber der Mond, der sich um die Erde dreht, weicht ihr immer aus, sodass sich sein Abstand vom Erdmittelpunkt nicht verändert.

Da sich die Erde selber um ihre Achse dreht, wandert jeder Gezeitenbuckel täglich einmal um die Erde.

In der Technik wird das Phänomen «Corioliskraft» für den Bau von Massendurchflussmessern ausgenützt.

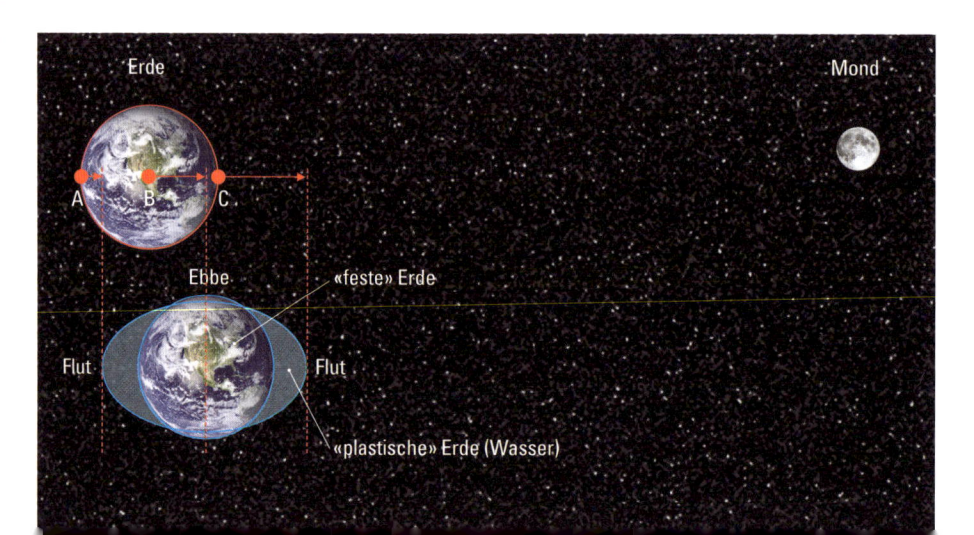

Technik be-greifen

Versuch 3

Was ist «träge» Masse?

Die Trägheit eines Körpers entspricht im newtonschen Sinne seiner trägen Masse. Es ist die Eigenschaft von Körpern, die in Erscheinung tritt, wenn sie beschleunigt werden.

Die Eigenschaft «träge» Masse bezieht sich auf das Beschleunigungsverhalten eines Körpers, die Eigenschaft «schwere» Masse auf sein Verhalten bezüglich der Gravitation.

Beide Eigenschaften gelten heute als identisch, für beide wird deshalb die gleiche Einheit verwendet, das Kilogramm!

In den Büros für Mass und Gewicht (BIPM) in Sèvres bei Paris wird ein speziell angefertigter Metallzylinder aufbewahrt, das «Ur-kg», auch Massennormal oder Kilogrammprototyp genannt.

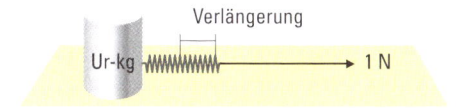

Wenn das Ur-kg auf eine reibungsfreie, horizontale Unterlage gelegt und über eine Schraubenfeder innerhalb einer Sekunde von 0 m/s auf 1 m/s beschleunigt wird, ist die dafür aufzuwendende Kraft als 1 N definiert. Beim Ziehen wird die Feder verlängert. Mit dieser Verlängerung lässt sich ein Newtonmeter eichen.

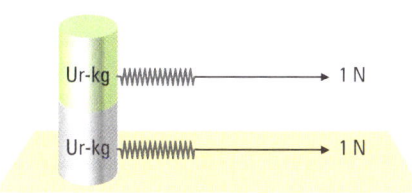

Auf das Ur-kg A wird ein identischer Körper (Ur-kg B) gelegt und auf beide Körper je 1 N Kraft ausgeübt. Es wirken jetzt 2 N auf 2 Ur-kg. Die Beschleunigung bleibt gleich wie vorher!

Beide Körper besitzen das gleiche Verhalten beim Beschleunigen mit der Kraft 1 N.

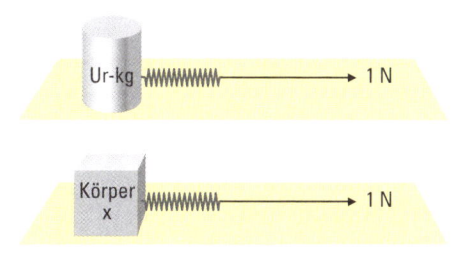

Körper x besteht aus einem anderen Material und hat eine andere Form. Wenn er so viel Material besitzt, dass er sich gleich verhält wie das Ur-kg, hat er ebenfalls eine träge Masse von 1 kg.

Das Beschleunigungsverhalten eines Körpers wird als «träge» Masse bezeichnet! Jeder Körper besitzt diese Eigenschaft.

Fliehkräfte in Flugzeugturbinen

Turbinen müssen einiges aushalten: Sie bringen grosse Mengen an Gas oder Flüssigkeit auf hohen Druck und extreme Fliehkräfte zerren an ihnen. Jeder einzelne Teil der Turbine will sich aufgrund seiner Trägheit geradeaus weiterbewegen, wird aber durch die Zentripetalkräfte des Turbinenrades daran gehindert. Bricht ein Teil wegen Materialermüdung weg, kann dies die ganze Turbine zerstören. An der Forschungsneutronenquelle FRM II der TU München wurde ein Instrument – das STRESS-SPEC – entwickelt, mit dem tief in grossen Bauteilen versteckte Spannungen nachgewiesen werden können.

Fliehkraftregler bei Dampfmaschinen

Früher wurde die Dampfzufuhr von Dampfmaschinen mit Fliehkraftreglern gesteuert. Beim Start ist die Dampfleitung zur Dampfmaschine vollständig geöffnet. Die Maschine beginnt nun immer schneller zu laufen und versetzt dadurch die Gewichte des Fliehkraftreglers in Drehung. Diese scheinen durch die «Fliehkraft» immer weiter nach oben und aussen «gezogen» zu werden. Mit andern Worten: Die beiden Kugeln steigen solange hoch, bis die Rückstellkraft (Resultierende aus der Gewichtskraft und der Kraft der Aufhängung) eine Radialkraft liefert, die so gross ist, dass die Kugeln entsprechend ihrer Drehzahl und ihrem Bahnradius auf einer Kreisbahn gehalten werden. Über einen Gelenk- und Hebelmechanismus wird die Zufuhr des Dampfes zur Maschine verringert. Die Maschine läuft daraufhin langsamer, bis sich eine konstante Drehzahl einstellt.

Links & Literatur

BADER, FRANZ; OBERHOLZ, HEINZ-WERNER: *Dorn / Bader Physik in einem Band*. Schroedel Verlag, Hannover 2001.

Text: http://portal.mytum.de/pressestelle/pressemitteilungen/news_article.2008-07-26.8779394951
http://www.rolandsteffen.de/Corioliskraft.pdf
http://img518.imageshack.us/img518/2711/flugzeuge157gr3.jpg
http://www.math.uni-bremen.de/zetem/projekte2002/images/rrdturbine-real.gif
http://www.justapi.de/bilder/robotarm/robotarm.jpg
http://de.wikipedia.org/wiki/Turbine
http://upload.wikimedia.org/wikipedia/commons/c/cc/Galileo.arp.300pix.jpg
http://www.msr.lu/mmp/online/website/content/fiches_pedagogiques/physique/104/image_931/mit_gurt_200.jpg

Drehen lenkt ab

🎯 Du siehst, dass die Fliehkraft nur scheinbar eine Kraft ist.
   Du beobachtest die Wirkung solcher Scheinkräfte.
   Du lernst die Corioliskraft kennen.
   Du kennst Beispiele dafür aus der Technik.

🕐 2–3 Lektionen

Ⓜ Papier, Karton mit glatter Oberfläche (z.B. Fotokarton), Zirkel, Schraube mit Mutter und Unterlagsscheibe, Plastilin, Streichholzschachtel, Wasserfarbe, Murmel

Bewegt sich ein Körper auf einem Kreis, treten Scheinkräfte auf, die «Fliehkräfte» oder «Zentrifugalkräfte» heissen.

Zentrifugalkraft – Durchführung

> Zeichne mit dem Zirkel einen Halbkreis von 30 cm Radius auf den Tisch.
> Klebe Plastilinklumpen entlang der Kreislinie, mit denen du einen Kartonstreifen – zugeschnitten wie auf dem Bild – aufstellst.
> Welchen Weg nimmt eine Murmel bei der Öffnung im Kartonstreifen, wenn du sie durch einen Stoss dem Kartonstreifen entlanglaufen lässt? Zeichne den vermuteten Weg mit Filzstift auf den Tisch.
> Teste deine Vermutung.
> Verschliesse die Öffnung im Streifen mit einer leeren Streichholzschachtel und wiederhole den Versuch.

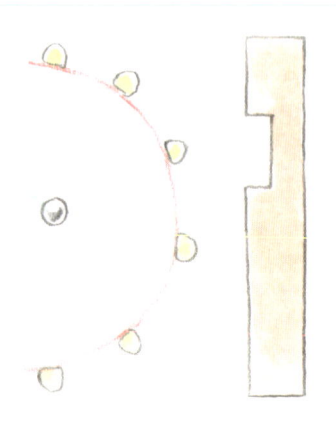

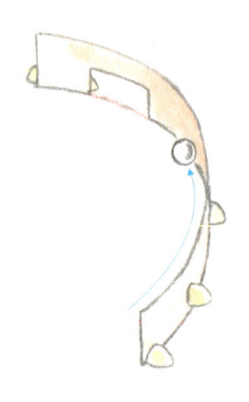

Beobachtung

1. Beschreibe die Kräfte und ihre Wirkungen beim Aufprall der Murmel auf die Schachtel.

   Die Murmel übt eine Kraft auf die Schachtel aus. Ist diese grösser als die Haftreibungskraft zwischen Schachtel und Tisch, wird die Schachtel vom Zentrum weg bewegt.

   Wegen des Wechselwirkungsaxioms von Newton «reagiert» die Schachtel mit einer Kraft «zurück» auf die Murmel, die ihre Bewegungsrichtung ändert, sodass sie eine Kreisbahn durchläuft. Die Murmel könnte statt durch den Papierstreifen mit einer Schnur, die im Zentrum des Halbkreises befestigt ist, auf ihrer Bahn gehalten werden.

   Damit sie sich auf einer Kreisbahn bewegt, muss sie dauernd gegen das Kreiszentrum «gezogen» oder «gestossen» werden. Solche Kräfte heissen Zentripetalkräfte. Fallen sie weg, läuft die Murmel geradeaus weiter, also tangential zur Kurve und nicht radial nach aussen.

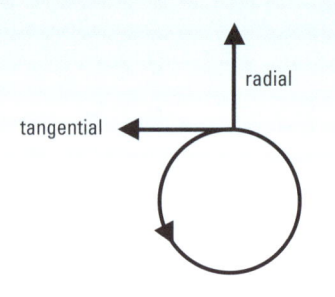

2a) Mitten auf der Ladebrücke eines Lastwagens steht ungesichert eine Kiste. Der Lastwagen fährt in eine Kurve.

   Die Kiste auf dem Lastwagen bleibt trotzdem stehen. Wie ist das möglich, obwohl ja die Kiste eine Kreisbahn beschreibt?
   Die Haftreibungskraft zwischen Ladebrücke und Last spielt hier die Rolle einer Zentripetalkraft.

Technik be-greifen **Versuch 3**

b) In der nächsten Kurve bewegt sich die Last, prallt an die Wand der Ladebrücke und drückt bis zum Kurvenende auf sie. Erkläre!

Die Last scheint durch eine Kraft nach aussen gezogen und an die Wand gepresst zu werden, da sie aufgrund ihrer Trägheit – d.h. wegen ihrer Masse – geradeaus weiterfährt, während sich der Lastwagen quer zu ihrer Bahn stellt.

Reicht die Haftreibung zwischen Last und Ladebrücke nicht mehr aus, um die Last auf der Kurvenbahn zu halten, beginnt sie zu rutschen und übt dann eine Kraft auf die Seitenwand der Brücke aus. Die Wand «reagiert» mit einer Kraft so auf die Last, dass diese «in der Kurve bleibt».

3. Überlege dir, was für eine Rolle die Zentrifugalkraft in einem Flugzeugtriebwerk spielt.

In einer rasch rotierenden Turbine treten extreme Trägheitskräfte auf. Jeder einzelne Teil der Turbine will sich aufgrund seiner Trägheit geradeaus weiterbewegen, wird aber durch die Zentripetalkräfte des Turbinenrades daran gehindert.

Bewegt sich ein Körper auf einer rotierenden Unterlage, treten Corioliskräfte auf. Bewegt er sich z.B. von der Achse her nach aussen, kommt er in ein Gebiet mit grosser Geschwindigkeit. Die Scheibe dreht sich dabei unter dem Körper durch und dieser bleibt zurück.

Corioliskräfte – Durchführung

> Schneide aus einem glatten Karton eine Kreisscheibe von mindestens 20 cm Durchmesser heraus. Bohre ein kleines Loch in ihr Zentrum.

> Befestige die Scheibe mithilfe einer dünnen Schraube und einer Unterlegscheibe horizontal und drehbar auf einer glatten Kartonunterlage. Platziere das Scheibenzentrum im Spalt zwischen zwei Tischen.

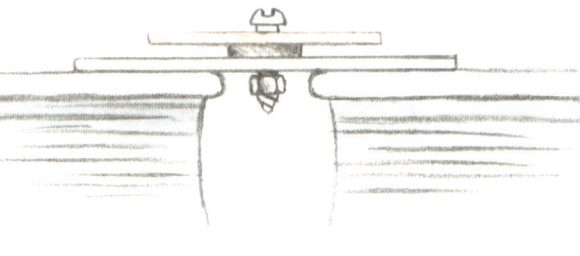

Beobachtung

1. Halte die Kartonscheibe auf der Unterlage fest. Zeichne einen Radius, indem du freihändig einen schwarzen Filzstift rasch vom Zentrum in Richtung einer Tischecke über die Scheibe bewegst.

2. Wiederhole das mit einem grünen Stift, wenn die Scheibe gleichzeitig langsam und gleichmässig im Uhrzeigersinn gedreht wird. Fahre nun mit einem roten Filzstift bei drehender Scheibe von aussen Richtung Zentrum. Was fällt dir auf?

Bei ruhender Scheibe entsteht auf ihr eine gerade Linie. Dreht die Scheibe, entsteht eine Kurve, obwohl der Filzstift auf einer Geraden geführt wurde.

3. Ein Käfer sitzt zuerst 2 cm vom Zentrum entfernt auf der rotierenden Scheibe. Wie weit muss er nach aussen krabbeln, damit er mit doppelter Geschwindigkeit rotiert?

Er muss nachher doppelt so weit vom Zentrum (4 cm) entfernt sein wie vorher.

4. Überlege dir, wo die Corioliskraft in der Natur sichtbar wird.

Windströmungen, Ebbe und Flut.

Drehmoment
Schneller werden mit Zahnrädern

Schülerinnen und Schüler
> lernen, was ein physikalischer Hebel ist.
> wissen, wozu Wirkungslinien von Kräften dienen.
> kennen den Drehmomentensatz (das Hebelgesetz).
> verstehen, wie eine Zahnradübersetzung funktioniert.

Themenkreis
> Kräfte- und Rotationsgleichgewicht

Vorkenntnisse
> Kräfte und ihre Darstellung
> Wechselwirkungsgesetz von Newton

Fachlicher Hintergrund

Was ist ein starrer Körper?

In den folgenden Ausführungen gelten Hebel als «starre Körper» mit definierter Achse. Der «starre Körper» ist eine nützliche Abstraktion und Idealisierung eines realen festen Körpers. Von Deformationen und Schwingungen der Atome und Moleküle wird also abgesehen. Mit diesem Konzept können viele statische Berechnungen befriedigend durchgeführt werden, obwohl es streng genommen keine starren Körper gibt. Als Achse wird im einfachsten Fall eine räumlich fixierte Gerade bezeichnet, die durch zwei Körperpunkte festgelegt ist. Allgemein können aber auch Achsen definiert werden, die nicht raum- oder nicht körperfest oder auch nur momentan sind.

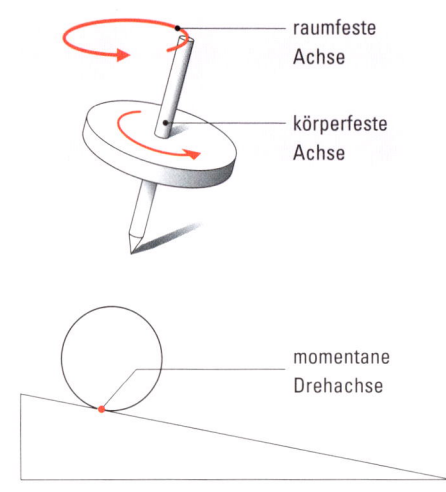

Gleichgewicht starrer Körper

Ein starrer Körper ist im Gleichgewicht, wenn
a) alle an ihm angreifenden Kräfte sich gegenseitig aufheben und
b) die Summe der Drehmomente dieser Kräfte bezüglich eines beliebig gewählten Drehpunktes den Wert 0 Nm hat.

Ein Beispiel zur Illustration

Hier ist eine typische Schulbuchdarstellung eines Beispiels zum Thema Hebel dargestellt. Eine genaue Analyse der Anordnung zeigt, dass dieses Beispiel nicht unbedingt trivial und gerade deshalb lehrreich ist.

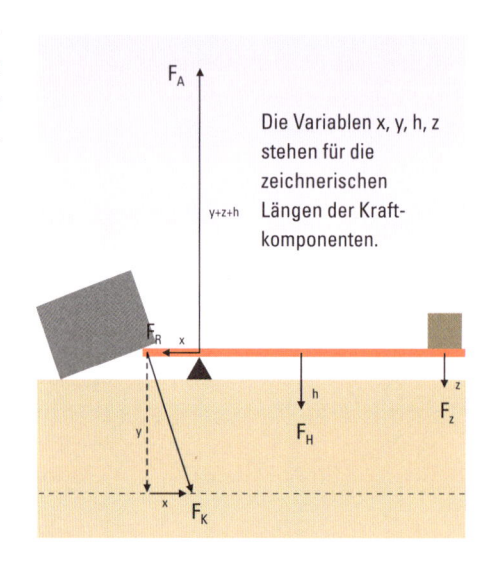

Kräfte

Die Kraft der Hebelstange auf die Kiste «erzeugt» als Reaktionskraft eine (senkrecht zum Kistenboden stehende) Normalkraft F_K, die auf die Stange wirkt.

Die x-Komponente der Kistenkraft F_K würde die Stange auf dem Auflagepunkt nach rechts verschieben, wenn sie nicht durch eine Reibungskraft F_R kompensiert würde.

Das Eigengewicht der Stange wird durch einen Kraftpfeil F_H repräsentiert, der in ihrem Schwerpunkt angreift.

Da hier nur Kräfte von Interesse sind, die an der Stange angreifen, beginnen die Kraftpfeile sinnvollerweise in der Stange.

Wenn sich die Stange nicht bewegt, hat die Resultierende aller an ihr angreifenden Kräfte den Wert 0 N. Es herrscht also Kräftegleichgewicht.

Drehmomente

Solange die Stange sich nicht dreht, müssen die an ihr angreifenden Kräfte dem Momentensatz genügen. Alle Drehmomente bezüglich einer beliebig gewählten Achse heben sich also gegenseitig auf. Es herrscht Rotationsgleichgewicht.

Die Achse wird sinnvollerweise in den Angriffspunkt einer Kraft gelegt, über die am wenigsten bekannt ist oder deren Stärke nicht problemlos bestimmt werden kann, da ja so der Abstand der Wirkungslinie dieser Kraft vom Drehpunkt 0 m beträgt und ihr Drehmoment verschwindet.

Wird in diesem Beispiel die Kraft auf die Kiste gesucht, könnte der Auflagepunkt des Hebels als Drehachse verwendet werden.

Statische Probleme können häufig problemlos über die Anwendung der Formeln für das Kräfte- und Rotationsgleichgewicht bestimmt werden.

Technik be-greifen   **Versuch 4**

Anmerkungen

Im Teil für die Schüler und Schülerinnen wird nur die Umwandlung des Drehmoments durch Zahnräder behandelt. Zahnräder in Kombination mit Wellrädern können auch als Kraftwandler eingesetzt werden.

Die Versuche zum Zahnradprinzip können in diesem Sinne erweitert werden: Wie oben die Angriffspunkte der Kräfte in die horizontale Mitte der Hebel setzen.

Die Pfeillänge von $\frac{F}{2}$ muss halb so lang sein wie die Pfeillänge von F!

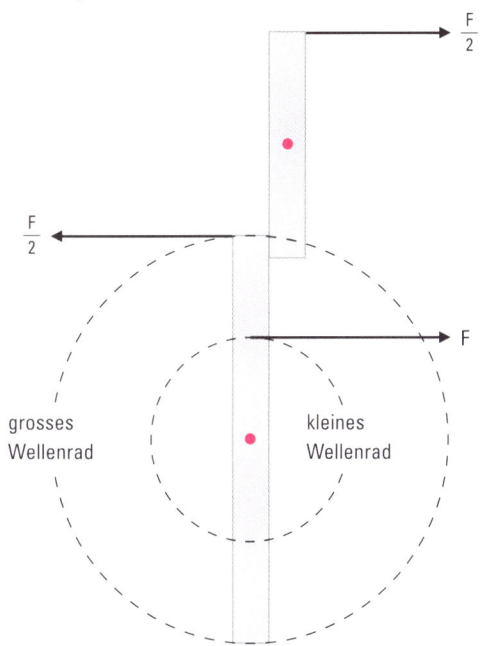

Kombination mehrerer Well- und Zahnräder
axial auseinandergezogene Darstellung

Instruktiv ist auch das Ausmessen der Drehwinkel: Die Punkte A und B legen einen gleich langen Weg d zurück, der Drehwinkel der beiden Styroporhebel ist aber verschieden. Wirkt auf A die Kraft F, wird entlang d die Arbeit F·d verrichtet. In B wird die gleiche Arbeit verrichtet.

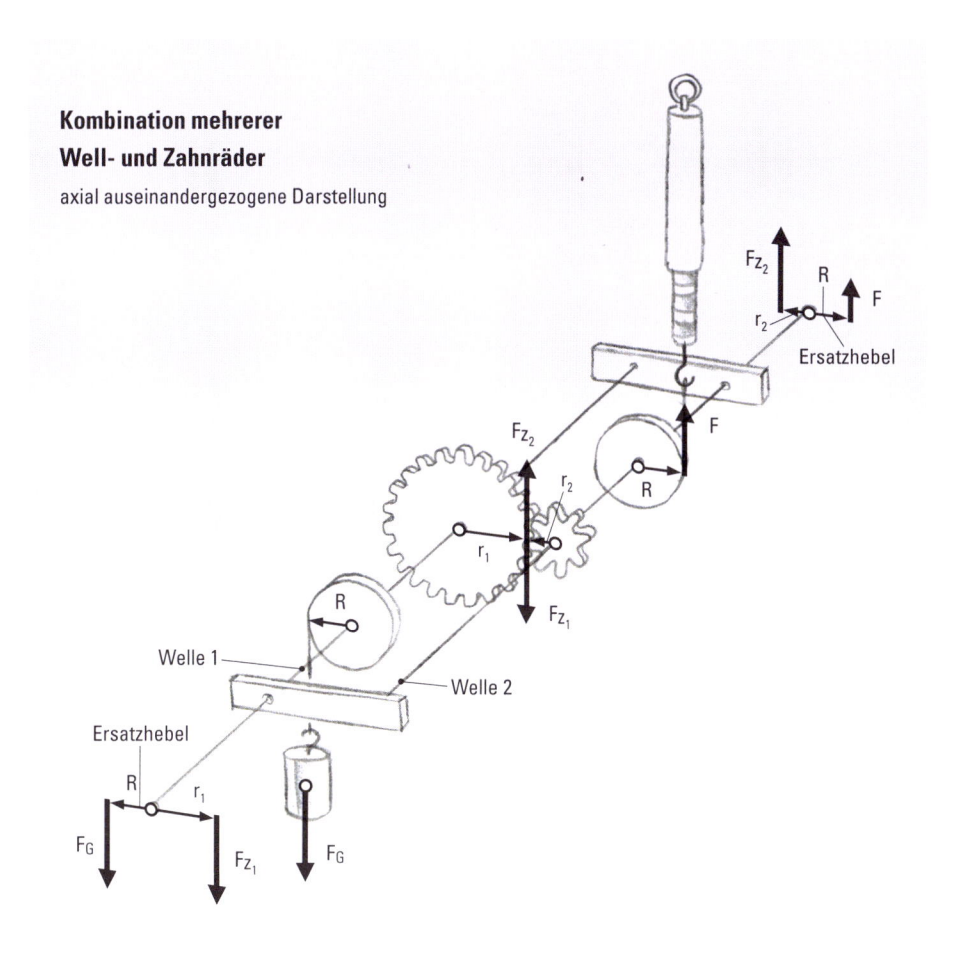

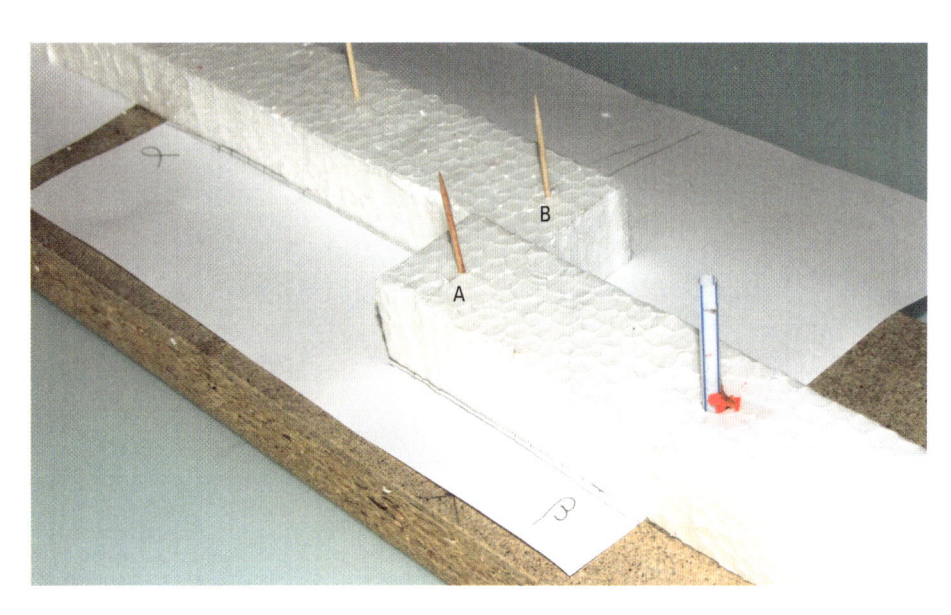

Links & Literatur

GÖTZ, RAINER; DAHNCKE, HELMUT et al. (Hrsg.): *Handbuch des Physikunterrichts, Sekundarbereich I, Band 1: Mechanik 1.* Aulis Verlag Deubner, Köln 1990.

Schneller werden mit Zahnrädern

🎯 Du kennst die Bedeutung der Wirkungslinie einer Kraft.
Du weisst, was ein physikalischer Hebel ist.
Du kannst Drehmomente berechnen.
Du verstehst eine einfache Zahnradübersetzung.

⏱ 1 Lektion

Ⓜ Holzstab, Bohrer, Schnur, Plastilin, Styropor, Brotmesser, Nagel, Kerze, Topflappen, 2 Nägel ohne Köpfe, Trinkhalme, Zahnstocher, 2 Kraftmesser (1–2 N)

Beobachtung

1. Wirkungslinie einer Kraft.
Du möchtest ein Auto um einige Meter verschieben. Wo wirst du die Sache anpacken, bei 1, 2, 3 oder 4? Warum? 
Vom Kraftaufwand her spielt es keine Rolle. Vielleicht ist die eine oder andere Variante aber bequemer.

Seil zum Ziehen — 1   2   leichter Stab zum Stossen — 3   4

2. Hebel
Starre Körper mit einer Achse heissen Hebel. Welches sind Hebel? Zeichne die Achse ein!
Alle sind Hebel!

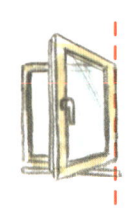

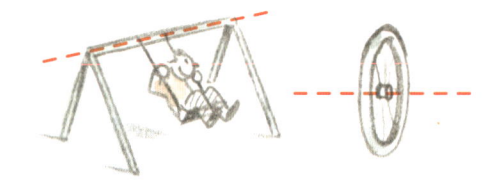

Durchführung

1 a) Durchbohre einen Stab in der Mitte und hänge ihn an einer Schnur waagrecht auf.
Befestige einen kleinen Plastilinklumpen zuerst ganz aussen, dann immer weiter gegen die Stabmitte. Lass jedes Mal den Stab los und beobachte!
Je weiter draussen die Kraft des Klumpens auf den Stab wirkt, desto schneller beginnt er zu drehen.

b) Wie kannst Du den Stab mit dem Plastilinklumpen rechts aussen ins Gleichgewicht bringen?
Siehe Momentensatz

2. Bestimme den maximal möglichen Wert des Drehmoments bezüglich der Pedalachse, wenn 5 N senkrecht nach unten auf die Pedale wirken:

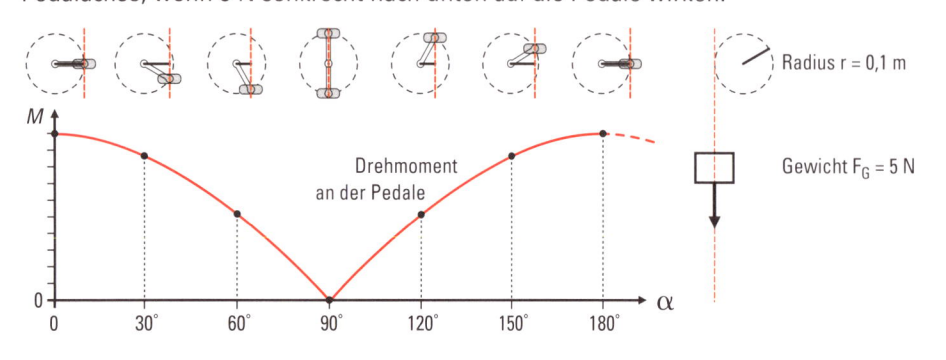

Radius r = 0,1 m
Gewicht F_G = 5 N

Drehmoment an der Pedale

Wirkungslinie

Die Gerade, auf der ein Kraftpfeil liegt, heisst Wirkungslinie der Kraft. Wird der Angriffspunkt der Kraft auf dieser Geraden verschoben, ändert sich nichts an der Wirkung der Kraft.

Das Drehmoment

Die Drehwirkung M einer Kraft ist umso grösser, je grösser die Kraft F und je grösser der Abstand r der Achse zur Wirkungslinie ist. M heisst Drehmoment. Es ist definiert als Produkt von F und r, also gilt $M = F \cdot r$.

Momentensatz

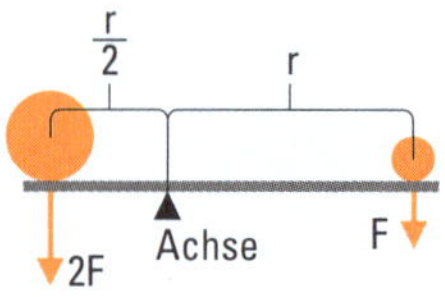

Ein Hebel dreht sich nicht, wenn die Drehmomente im Uhrzeigersinn insgesamt gleich gross sind wie die Drehmomente im Gegenuhrzeigersinn.

Technik be-greifen
Versuch 4

Da beim Umlauf der Pedale (Tretkurbel) der Abstand der Achse von der Wirkungslinie der Tretkraft ständig wechselt, ändert sich auch das Drehmoment ständig, obwohl die Kraft auf die Pedale immer gleich bleibt.

Die Wirkungslinie von F_G verläuft 0,1 m von der Achse entfernt, also beträgt das Drehmoment M = 5 N · 0,1 m = 0,5 Nm

3. Schneide aus Styropor einen «Stab» von 45 cm und einen von 25 cm Länge. Durchbohre sie mit einem heissen Nagel in der Mitte. Stecke durch die Löcher je ein Trinkhalmstück als Achse.

In ein Brett schlägst du im Abstand von 30 cm zwei Nägel ohne Köpfe. Darüber stülpst du die Trinkhalmstücke der Styroporstäbe.

4. Ziehe in A mit einem N-Meter (Kraftmesser) senkrecht zum längeren Stab. Wie und wie stark musst du in B1 mit einem anderen N-Meter halten, dass der Stab nicht dreht? Ändere die Zugrichtung. Versuche es auch mit einem Angriffspunkt in B2, den du frei wählst. Bestimme jedes Mal das Drehmoment, wenn du in B1 und B2 im rechten Winkel zum Stab ziehst und vergleiche mit dem Drehmoment der Kraft in A.
Alle Drehmomente sind gleich gross. Bei A dreht die Kraft im Gegenuhrzeigersinn, auf der B-Seite im Uhrzeigersinn.

5. Stelle den kurzen ebenfalls in der Mitte drehbar gelagerten Stab neben den ersten. Versuche Stab CD mit Stab AB zu drehen. Ziehe mit dem N-Meter in A. Verhindere mit einem zweiten N-Meter die Drehung von Stab CD, indem du in D senkrecht zum Stab ziehst. Bestimme die Grösse der Kräfte in A und D. Wie gross ist das Drehmoment in A und D bezüglich der jeweiligen Stabachse?
In A und D sind die Kräfte gleich gross. Das Drehmoment am kurzen ist kleiner als am langen Stab!

6. Warum spielen Zahnradgetriebe in der Technik eine so grosse Rolle?
Mit Zahnradkombinationen können Drehbewegungen schneller oder langsamer gemacht, kann also die Drehzahl verändert und die Drehrichtung umgekehrt werden.

Auf dem Bild greifen ein grosses und ein kleines Zahnrad ineinander. Die durch die Zähne übertragene Kraft ändert sich nicht, wohl aber das Drehmoment. Eine solche Zahnradkombination heisst Momentenwandler oder Übersetzung. Das kleine Rad dreht dabei schneller als das grosse, obwohl jeder einzelne Zahn einen gleich langen Weg zurücklegt.

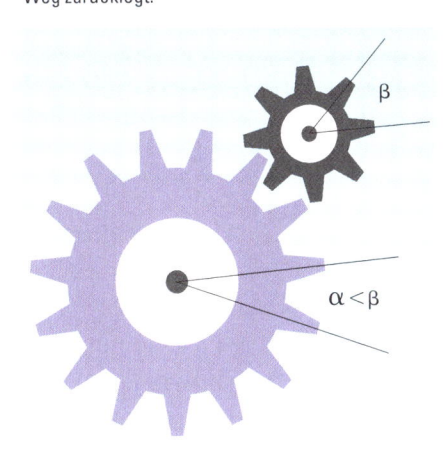

7. Kennst du Geräte mit Zahnradgetrieben?
Analoge Uhrwerke, Motorengetriebe, Plattenspieler, Zahnradbahn

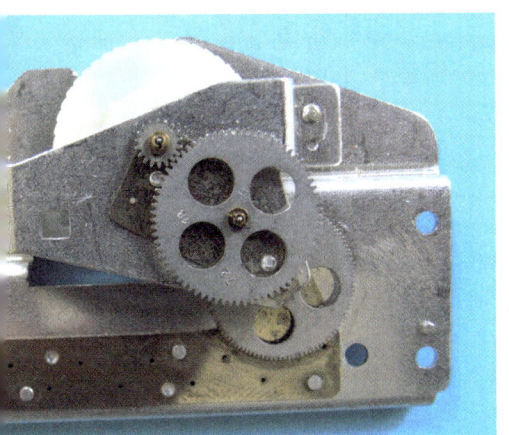

Zahnradgetriebe eines Stromzählers

$\alpha < \beta$

23

Impuls
Harte und weiche Stösse

Schülerinnen und Schüler
> wissen, dass die Alltagsbegriffe Wucht und Schwung dem physikalischen Begriff Impuls entsprechen.
> erhalten eine Vorstellung über den physikalischen Impuls und darüber, von welchen Grössen er abhängt.
> sehen, wie Impuls übertragen wird.
> verstehen physikalische Kräfte als Ursache von Impulsänderungen.

Themenkreis
> Umgang mit Kraft und der Bewegungsgrösse im Zusammenhang mit den Axiomen von Newton

Vorkenntnisse
> Masse, Geschwindigkeit, Kraft, Wechselwirkungsgesetz von Newton

Fachlicher Hintergrund

Vorschlag zu einem Paradigmawechsel: Kritik des Kraftkonzepts beim Aufbau der Mechanik auf Stufe Sek I

Bei der Durchsicht von Schulbüchern für die Sek I fällt auf, dass die physikalische Grösse «Impuls» kaum behandelt oder aufgegriffen wird, ganz im Gegensatz zum Thema Energie. Das hat wohl damit zu tun, dass es üblich ist, über Energie zu sprechen, ohne grossen Formalismus zu benützen. Arbeit und Energie werden direkt als Erfahrungsgrössen aus dem Alltag bezogen und in der Regel nicht aus den Basisgrössen (Weg, Zeit, Masse ...) abgeleitet oder durch eine Messvorschrift definiert, wie das beispielsweise oft bei der Geschwindigkeit gemacht wird. Mit den Basisgrössen verknüpft wird dann erst über das Experiment oder bei der Analyse konkreter Situationen.

Physikalische Arbeit im Alltag ist eine Grösse, die beschreibt, wie «ermüdend» ein physikalischer Prozess ist, in dem Kraft und Weg eine Rolle spielen. Wird die «Arbeitserfahrung» z.B. auf das Stossen eines Autos angewendet, führt das zum Produkt der Grössen Kraft und Weg.

Üblicherweise wird beim Aufbau der Mechanik die Grösse Kraft ins Zentrum gestellt. Das bringt einige Probleme mit sich. Eingeführt wird die Kraft über ihre dynamische (Beschleunigung der «trägen» Masse) oder ihre statische (Gravitation der «schweren» Masse oder Verformung) Wirkungen. Die beiden Wirkkonzepte gelten auf Stufe Sek I – weil zu komplex – häufig als unvereinbar! Fragen wie die, was die Verformung eines Körpers mit der Änderung des Geschwindigkeitsvektors zu tun hat, stehen kaum zur Diskussion. Dass Körper auch beim Beschleunigen durch eine einzige Kraft verformt werden, wird ausgeblendet. Die Rolle der Körpermasse im Kraftkonzept wird z.B. unter dem Gesichtspunkt des 2. Axioms von Newton experimentell erfahrbar gemacht. Bei der Festlegung der Krafteinheit N tauchen hier dann die Masseneinheit kg und die Beschleunigungseinheit m/s^2 auf, der Ortfaktor wird als gravitative Beschleunigung erkannt. Erschwerend dazu kommt, dass der physikalische Kraftbegriff im Widerspruch zu seiner Alltagsbedeutung («Kraft haben», «Krafttraining», «Widerstandskraft gegen eine Krankheit») steht.

Isaac Newton zu seinem 3. Axiom in seinen Mathematischen Prinzipien der Naturlehre:
«Wenn irgendein Körper auf einen anderen stösst und die Bewegung des Letzteren irgendwie verändert, so wird Ersterer, in seiner eigenen Bewegung dieselbe Änderung, nach entgegengesetzter Richtung, durch die Kraft des anderen (wegen der Gleichheit des wechselseitigen Druckes) erleiden. Diese Wirkungen sind bei Körpern, welche nicht anderweitig verhindert sind, nicht den Änderungen der Geschwindigkeiten, sondern der Bewegungen gleich.»

Das Impulskonzept

Bei Newton waren der Impuls und seine Änderung die zentralen Grössen der Mechanik als die Kraft im Sinne einer Wirkgrösse, wie sie heute häufig im Unterricht eingeführt wird.

Newtons «Lex II» lautet modern: «Die Impulsänderung ist proportional zur bewegenden Kraft und geschieht in Richtung der äusseren Kraft.» «Lex III» lässt sich so formulieren: «Ändert sich bei einem Stoss der Impuls eines Körpers, so ändert sich der Impuls des zweiten Körpers um denselben Betrag, jedoch in entgegengesetzter Richtung.»

Der physikalische Impulsbegriff korreliert mit den Begriffen «Wucht» oder «Schwung» aus der Erfahrungswelt: Alles, was sich bewegt, hat «Schwung». Wer einem Körper «Schwung» geben will, gibt ihm einen physikalischen Impuls. Impuls kann bei einem Zusammenstoss z.B. von einem bewegten auf einen vor dem Stoss ruhenden Körper übertragen werden. Dabei verliert der stossende Körper an Wucht oder Schwung, der gestossene bekommt Impuls. Der Kraftbegriff (wie er z.B. auf Seite 12, 1. Spalte verwendet wird) bekommt über den Begriff Impuls seine umfassende physikalische Bedeutung: «Je rascher ein Körper Impuls abgibt oder bekommt, desto grösser ist die auf ihn wirkende Kraft.» Durch Experimente und Beobachtung wird klar, dass ein Körper umso mehr Wucht (Impuls) besitzt, je grösser seine Masse ist und je schneller er sich bewegt. Ebenso wird der Vektorcharakter des Impulses sichtbar. Der Impulsrichtung von Körpern, die sich in entgegengesetzter Richtung bewegen, kann damit ein Vorzeichen zugeordnet werden, z.B. das positive Vorzeichen für eine Bewegung nach rechts, das negative für eine nach links oder umgekehrt.

Impulserhaltung

Weitere Untersuchungen haben zur Formulierung eines der wichtigsten Prinzipien der Mechanik geführt, nämlich zur Erkenntnis, dass der Gesamtimpuls eines physikalischen Systems zu jeder Zeit gleich bleibt.

Die Einheit des Impulses ist kg · m/s = Ns. Sie besitzt im SI keinen eigenständigen Namen. Aus didaktischen Gründen kann der Impuls als grundlegende Grösse behandelt und daher für die Newtonsekunde (Ns) der Name Huygens, kurz Hy, verwendet werden.

Energie spielt die Rolle einer «Impulspumpe». Der menschliche Körper kann z.B. den Energieinhalt von Nahrung in kinetische Energie oder in Wärme umwandeln, indem seine Muskeln durch Abstossen vom Boden einen Ball beschleunigen und ihm damit einen von der Erde «geborgten» Impuls geben, der ihr durch die fangende Person wieder «zurückerstattet» wird. Der Prozess der Energieumwandlung macht zwar den Ballwurf möglich, seine Kenntnis allein genügt aber nicht, den konkreten Ablauf zu beschreiben, da dieser durch Produktion, Änderung, Übertragung und Vernichtung von Impuls gesteuert wird.

Die vorgeschlagenen Versuche sollen das Impulskonzept näherbringen. Es ist schade, wenn Lernende nicht schon auf Stufe Sek I erfahren, dass es neben dem Energieerhaltungssatz auch einen Impulserhaltungssatz gibt. Wie wichtig dieser Satz ist, zeigt ein Blick in die Geschichte des Patentwesens:

Ab und zu sind Apparate, die der Fortbewegung dienen sollten, angemeldet worden, die wegen der Verletzung des Impulssatzes nicht funktionieren können, obwohl es sich dabei aus energetischer Sicht nicht um Perpetua mobilia handelte.

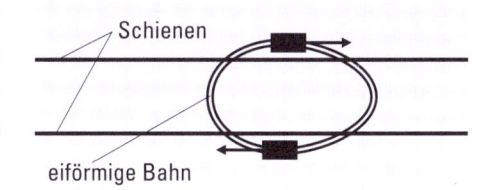

Die eiförmige Bahn ist auf Schienen gelagert. Können zwei mit gleichem Tempo und gleichem Abstand auf dieser Rennstrecke fahrende Fahrzeuge wegen der unterschiedlichen Kräfte in den beiden Kurven die ganze Bahn z.B. nach rechts beschleunigen? Die Lösung erfordert keine Rechnung, da ja der Impulserhaltungssatz nicht erlaubt, dass der Bahnschwerpunkt verschoben wird.

Anmerkungen

1. Weitere Pendelversuche

Als Variante können zusätzliche Bälle mit oder ohne Plastilin dazwischen angehängt werden! (Bei mehreren Pendeln strömt der Impuls beispielsweise vom linken Ball durch die mittleren Bälle hindurch auf den rechten Ball.) Die Schüler und Schülerinnen können damit forschend spielen (evtl. Spielprotokolle verlangen!).

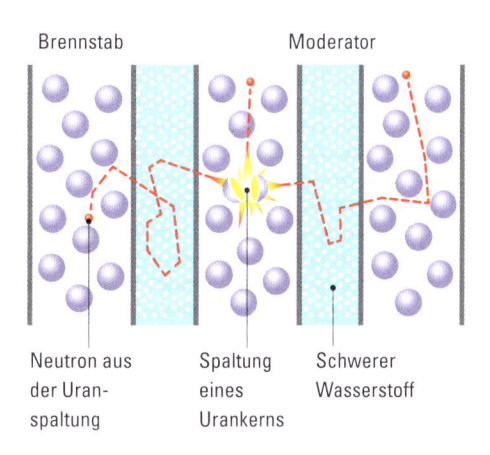

2. Moderator in AKWs

In Kernkraftwerken werden Urankerne mit Neutronen beschossen. Nur, wenn ein Neutron langsam genug ist, kann es den von ihm getroffenen Urankern spalten. Bei jeder Urankernspaltung entstehen zwei bis drei sehr schnelle Neutronen und Nutzenergie. Damit diese Neutronen ebenfalls Urankerne spalten können, müssen sie verlangsamt werden. Im Kernreaktor befindet sich deshalb Wasser mit schwerem Wasserstoff. Dieser hat etwa die doppelte Masse eines Neutrons. Stösst ein schnelles Neutron mit einem solchen doppelt so schweren Teilchen zusammen, wird das Neutron verlangsamt.

3. Pneuabrieb beim raschen Beschleunigen eines Autos

Beim Beschleunigen wird durch die Haftkraft zwischen Strasse und Pneu in kurzer Zeit viel Impuls von der Erde auf das Auto übertragen. Ist die «Haftreibungskraft» zu schwach, beginnen die Räder zu «gleiten», sie «drehen durch». Zwischen Pneu und Strasse wirkt jetzt nur noch eine (kleinere) Gleitreibungskraft. Die Beschleunigung nimmt also ab, und es entsteht Reibungswärme. Etwas Pneumaterial schmilzt!

«Die Reibungswärme und die Beschleunigungsarbeit» werden vom «Energieinhalt des Treibstoffs» geliefert, also durch eine Energieumwandlung, für die der Motor verantwortlich ist.

Den Schwung (Impuls) bekommt das Auto beim Beschleunigen von der Erde. Beim Bremsen gibt es ihn wieder zurück.

Links & Literatur

BORER, THOMAS et al.: *Physik, ein systemdynamischer Zugang für die Sekundarstufe II.* hep Verlag, Bern 2005.
http://www.autogazette.de/img/246099-1.jpg

Harte und weiche Stösse

Mein Stahlhelm ist zwar viel hässlicher als ein trendiger Velohelm. Dafür schützt mich der harte Stahl besser bei einem Sturz!

- Du siehst, wie sich stossende Körper gegenseitig beeinflussen.
- Du lernst die bei Stössen wichtige physikalische Grösse «Impuls» kennen.
- Du lernst, dass Impulsänderungen durch Kräfte bewirkt werden.
- Du kennst Beispiele, wo der Impuls in der Technik eine Rolle spielt.
- Du weisst um den Unterschied zwischen elastischen und plastischen Stössen.

⏱ 2 Lektionen

🛠 Dünner Faden, Pingpongbälle, Kerze und Streichhölzer, 1 Nähnadel, 1 Nagel (5 cm), 1 Topflappen, 30-cm-Flachlineal, Plastilin, Pappschablone, Bälle verschiedener Masse (Fussball, Medizinball, Tennisball), Bücher

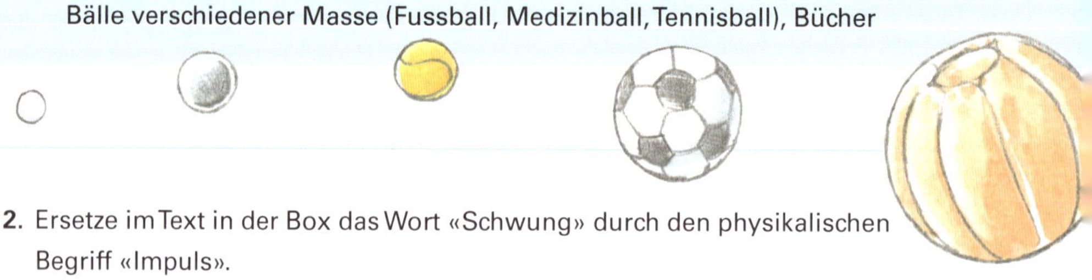

Beobachtung

1. Wirf deinem Partner verschieden schwere Bälle mit unterschiedlichem Tempo zu. Wovon hängt es ab, wie viel Wucht der Ball beim Werfen von dir kriegt?

   Von der Ballmasse, der Abwurfgeschwindigkeit und der Bewegungsrichtung.

2. Ersetze im Text in der Box das Wort «Schwung» durch den physikalischen Begriff «Impuls».

   > Wenn du einen Medizinball wirfst, gibst du ihm Schwung. Diesen Schwung holst du dir von der Erde, weil du dich ja beim Werfen von ihr abstossen musst. Der Ball gibt diesen Schwung an die Person weiter, die den Ball fängt und stoppt. Sie gibt ihn an die Erde weiter, auf der sie steht. Der Schwung wurde also beim Abwurf von der Erde geliehen und ihr dann beim Fangen wieder zurückgegeben.
   >
   > Um einem Ball Schwung zu geben, ist Kraft erforderlich. Ebenso braucht es Kraft, um dem Ball Schwung zu entziehen. Je rascher der Schwung verändert werden soll, desto grösser muss die dafür aufgewendete Kraft sein.

3. Wenn du von einem Stuhl zuerst auf eine Gartenplatte und beim zweiten Mal auf eine Rasenfläche springst, fliesst gleich viel Impuls von deinem Körper auf die Unterlage. Warum spürst du den Aufprall unterschiedlich, wenn du den Sprung gleich «steif» abfederst?

   Die Abbremszeiten sind verschieden. Je rascher eine Impulsänderung stattfindet, desto grösser ist die Kraft, die die Änderung bewirkt.

Durchführung

- Markiere mithilfe der Pappschablone auf jedem Pingpongball zwei Punkte (siehe Bild)!
- Halte einen Nagel mithilfe des Topflappens in die Kerzenflamme. Durchbohre die Pingpongbälle an den markierten Stellen! Stecke ein Zündholz durch diese Löcher.
- Besfestige einen Faden an den beiden Zündholzenden
- Lege die Enden des Flachlineals auf zwei gleich hohe Bücherstapel (evtl. einklemmen)!
- Hänge vorerst nur einen der Bälle an seinen Fäden über das Lineal.

Mit Plastilin kannst du die Fäden an den Aussenkanten des Lineals fixieren und damit die Pendellänge genau einstellen. Dieses Gebilde heisst Einfachpendel. Mehrere gleich lange Einfachpendel hintereinander bilden eine Pendelkette.

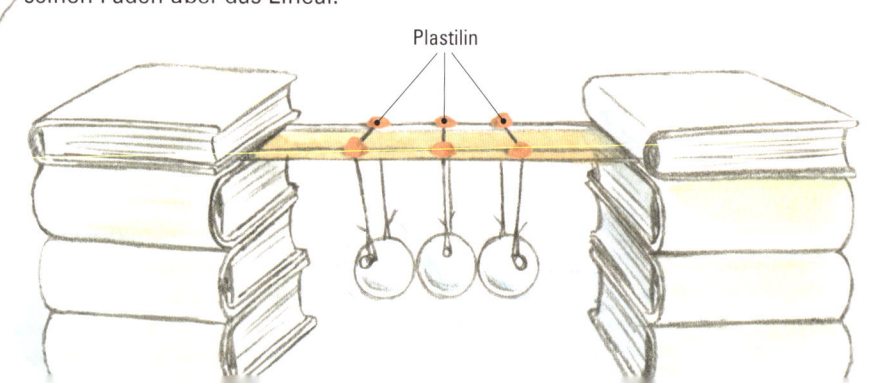

Technik be-greifen   Versuch 5

Beobachtung

4. Lies den Text zur Impulsmenge. Starte mit dem Einfachpendel! Lenke das Pendel aus und lasse es gegen einen schweren, festen Körper prallen. Der Impuls des Pendelkörpers betrage $+p_r$. Beobachte, was passiert! Wiederhole den Versuch mit etwas Plastilin auf der Aufprallfläche.

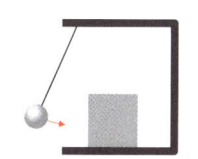

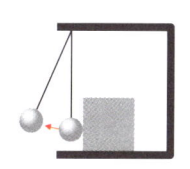

   Der Ball hat nach dem elastischen Aufprall einen negativen Impuls $-p_r$, der, ohne das Vorzeichen zu beachten, gleich gross ist wie vor dem Aufprall. Nach dem «plastischen» Aufprall ging der gesamte Impuls auf den massigen Körper und den mit ihm verklebten Ball über.

Impulsmenge

Eine einzelne Impulsportion wird als 1 Hy (Huygens) bezeichnet. Es ist der Impuls eines 1-kg-Balls mit dem Tempo 1 m/s.

Eine Impulsmenge wird in der Physik oft mit der Variablen p bezeichnet. Bewegt sich der Ball auf einer geraden Linie nach rechts, soll er den Impuls $p_r = +1$ Hy besitzen, rollt er nach links, den Impuls $p_l = -1$ Hy.

Impulserhaltung

Der elastische Pendelkörper wird beim Aufprall durch die Bremskraft verformt. Er gibt beim Aufprall seinen Impuls (z.B. +1 mHy = 0,001 Hy) an den grossen Körper ab. Beim Entspannen gibt er dem grossen Körper nochmals einen gleichen Stoss mit der Impulsmenge +1 mHy. Selber bekommt der Pendel die gleiche Menge an Impuls in die andere Richtung, nämlich –1 mHy.

Der grosse Körper besitzt nun zwei gleich grosse positive Impulsmengen, also +2 mHy, der Ball nur eine einzige negative Impulsmenge von –1 mHy. Der gesamte Impuls vor dem Stoss (das ist der Impuls des Einzelpendels = +1 mHy) ist gleich gross, wie der ganze Impuls nach dem Stoss (das ist der positive Impuls des grossen Körpers plus der negative Impuls des Einzelpendels, also +2 mHy – 1 mHy = +1 mHy).

5. Hänge ein zweites Pendel neben das erste. Lasse sie gegeneinander prallen. Was stellst du fest?

   Jeder Pendelkörper gibt dem anderen seinen Impuls. Die Impulse des linken und des rechten Balles sind einander entgegengesetzt.

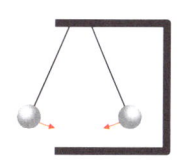

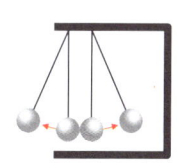

6. Lass einen der Bälle auf ein ruhendes Pendel stossen. Beobachtung? Befestige dann an den Stossflächen etwas Plastilin.

   Ohne Plastilin gibt der stossende Ball seinen Impuls ganz an den anderen Ball ab. Mit Plastilin dazwischen wird der Impuls (z.B. 1 mHy) eines Balles auf zwei Bälle übertragen. Jeder bekommt 0,5 mHy des ursprünglichen Schwunges.

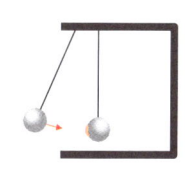

Personenfahrzeuge auf der Strasse besitzen «Knautschzonen». In diesen wird die Aufprallfläche wie Plastilin verformt, Blech wird z.B., ohne zurückzufedern, eingestaucht. Je breiter sie sind, desto grösser ist die Stosszeit. Der Impuls ändert sich langsamer, die bremsende Kraft wird verringert. Ohne Knautschzone wird das aufprallende Fahrzeug nach dem Abbremsen in die andere Richtung beschleunigt. Diese doppelte Impulsänderung erfordert eine grössere und damit zerstörerische Kraft.

7. Diskutiert Köbis Bemerkung zu den beiden Helmen im Auftaktbild!

   Der Stahlhelm schützt besser vor Kratzern, der moderne Helm vermindert bei einem Aufprall die Kräfte auf den Kopf!

Wasserwiderstand
Wasser bremst

Schülerinnen und Schüler
> sehen, dass der Wasserwiderstand eines Bootes vom Tempo abhängt.
> lernen ein Beispiel für eine nichtlineare Beziehung zweier physikalischer Grössen kennen.
> können Messdaten erheben, grafisch darstellen und interpretieren.
> wissen, dass ein Fahrzeug bei doppeltem Tempo viermal mehr Energie braucht für die gleiche Strecke.

Themenkreis
> Umgang mit Kraftmesser und Stoppuhr
> Messen und Messwerte grafisch darstellen

Vorkenntnisse
> Geschwindigkeit und Kraft, erstes Axiom von Newton (Trägheitsaxiom)
> Fertigkeit beim Messen und bei der grafischen Darstellung von Zuordnungen

Fachlicher Hintergrund

Die Schifffahrt verbraucht pro Jahr über 200 Millionen Tonnen Treibstoff. Grund genug für den Schiffsbau und die Schifffahrt, über Temporeduktion, neuartige Antriebe und Schiffsformen nachzudenken.

Auf ein Motorboot, das mit konstanter Geschwindigkeit (Tempo und Richtung) fährt, wirken die Gewichtskraft, der Auftrieb, der Wasser-/Luftwiderstand und die Antriebskraft durch den Propeller. Die Resultierende dieser Kräfte besitzt gemäss dem ersten Axiom von Newton den Wert 0 N. Wenn die Antriebskraft bekannt ist, lässt sich der Wasserwiderstand (vom Luftwiderstand sehen wir ab) sofort angeben, da die beiden Kräfte zwar in entgegengesetzter Richtung auf das Boot wirken, aber betragsmässig gleich gross sind. Die Widerstandskraft, die ein umströmter Körper in Fluiden erfährt, ist eine resultierende Kraft, der vielfältige Effekte zugrunde liegen. Für den Wasserwiderstand eines Schiffes verantwortlich ist einmal die direkte Reibung zwischen Wasser und der laminar umströmten «Schiffshaut». Die sich parallel zur Schiffswand bewegenden Wasserteilchen werden infolge innerer Reibung durch weiter entfernte Wasserteilchen abgebremst.

Eine weitere Ursache sind energieverschlingende Turbulenzen, die durch Wirbelbildung im Wasser entstehen. Die Bremskraft der Bugwelle auf das Boot ist grösser als die Kraft am Heck und von der Körperform abhängig. Die Summe aller dieser Widerstandskomponenten geht in den Widerstandswert c_w ein. Er wird in der Regel experimentell bestimmt. Die Widerstandskraft kann mit der Formel $F_w = 0{,}5 \cdot c_w \cdot d \cdot A \cdot v^2$ bestimmt werden, wobei die Wasserdichte d mit 1000 kg/m^2 angenommen wird. A ist die Projektion des ins Wasser getauchten Teils der Frontfläche (im Experiment ein Rechteck), gemessen in m^2, und v das Tempo in $\frac{m}{s}$.

Wie schnell kann ein Schiff fahren?

«Verdränger» heissen im Schiffbau Boote, die in Fahrt etwa gleich stark eingetaucht sind wie im Stillstand. «Gleiter» hingegen heben sich mit zunehmender Geschwindigkeit aus dem Wasser und beginnen, darauf zu gleiten, zu surfen.

Ein Verdrängerboot baut ein Wellensystem aus einer Bug- und einer Heckwelle auf, die beide mit zunehmendem Tempo immer höher werden und das Boot immer mehr bremsen. Die Ausbreitungsgeschwindigkeit dieses Wellensystems ist proportional zur Wellenlänge. Diese wird bestimmt durch die Länge des Schiffsteils, der unter Wasser liegt. Das Verdrängerschiff ist im System seiner Bug- und Heckwelle wie gefangen. Ein Verdränger kann mit dem Heck die Welle nicht überholen, die an seinem Bug gebildet wird. Die Höchstgeschwindigkeit hängt ausschliesslich von der Länge des im Wasser liegenden Schiffteils ab, nicht jedoch von seiner Form oder Breite. Diese spezifisch für jeden Rumpf existierende, maximale Endgeschwindigkeit heisst Rumpfgeschwindigkeit und lässt sich normalerweise auch mit dem stärksten Antrieb nicht überschreiten. Wird sie dennoch überschritten (z.B. in einem Sturm mit hohen Wellen), so kommt es zum gefährlichen Surfen. Bei hohem Seegang können nämlich auch schwere Verdränger auf der Wasseroberfläche surfend von den Wellenkämmen in die Wellentäler gleiten und beim Wiedereintauchen schweren Schaden nehmen. Je länger ein Schiff ist, desto grösser wird der Abstand zwischen Bug- und Heckwelle und desto schneller kann das Schiff somit fahren. Als Faustregel für die Rumpfgeschwindigkeit v in $\frac{km}{h}$ gilt: v = 4,5 · Wurzel aus der Länge des im Wasser liegenden Schiffsteils in m. Um das Resultat in m/s zu erhalten, muss statt mit 4,5 mit dem Koeffizienten 1,25 gerechnet werden.

Besonders schnelle Boote und Schiffe können von einer bestimmten Geschwindigkeit an die Verdrängerfahrt verlassen und in Gleitfahrt übergehen. Während der Gleitfahrt hebt sich das Vorschiff aus dem Wasser und die Bugwelle wird fast am Heck ausgelöst. Bug- und Heckwelle löschen sich gegenseitig teilweise aus. Erhebliche Wellen werden lediglich in der Übergangsphase zwischen Gleit- und Verdrängerfahrt erzeugt.

Gleiterboote sind in ihrem Unterwasserschiff (Lateralplan) sehr flach gebaut und lassen sich bei grossem Tempo richtiggehend auf die Wasseroberfläche hinaufschieben.

In Gleitfahrt können solche Boote sehr schnell fahren (über 80 km/Stunde). Nachteil: Während der Gleitfahrt reagieren sie sehr empfindlich auf Wind und Wellen, und es ist nicht so einfach, sie zu steuern.

Die Gleittechnik eignet sich kaum für Containerschiffe. Um den Wasserwiderstand zu reduzieren, sind andere Techniken erfolgsversprechender, z.B. neue mithilfe der Nanotechnik entwickelte Schiffsanstriche. Es laufen auch Versuche, den Rumpf mit Luft zu umgeben. Eine Schicht aus kleinen Luftblasen, sogenannten Mikroblasen, um den Schiffsrumpf herum könnte den Reibungswiderstand um bis zu 80 Prozent herabsetzen, zeigen Berechnungen.

Anmerkungen

Am Beispiel des Wasserwiderstands kann sehr rasch und eindrücklich gezeigt werden, wie konventionelle Verdrängerschiffe durch Temporeduktion Antriebsenergie sparen können und warum es sich deshalb lohnt, neue oder bessere Techniken in der Schifffahrt einzusetzen. Grafische Darstellungen: siehe auch Versuch Nr. 9 Elastische und plastische Verformbarkeit.

Im Versuch wird unterhalb der Rumpfgeschwindigkeit gemessen. Diese kann aber als Grenztempo experimentell abgeschätzt und aus der Grafik extrapoliert werden.

Mathematisch interessierten Schülern und Schülerinnen kann durchaus zugemutet werden, aus Messwerten für F_w und v und der Formel
$$F_w = 0{,}5 \cdot c_w \cdot d \cdot A \cdot v^2$$
den Widerstandswert c_w zu bestimmen.

Was Schiffe schneller machen könnte:

Der österreichische Physiker Theodor Eder entwickelte einen Schiffsrumpf, der keine Welle wirft. Seine Konstruktion wurde DG-Hull genannt (engl. displacement glider «Verdrängergleiter»). Physikalisch betrachtet «löscht» die Welle, die während der Fahrt vom Unterwasserschiff erzeugt wird, die Wellen aus, die von Bug und Heck erzeugt werden, indem das Wellental der einen Welle mit den Wellenbergen der anderen beiden Wellen zusammenfällt. Das Boot funktioniert hervorragend und ist seit 2003 auf dem Wasser unterwegs.

Biologen der Universität Bonn kamen auf die Idee, das Prinzip der Wasserspinne zu nutzen, um den Wasserwiderstand von Schiffen zu verkleinern. Diese Spinne lebt im Wasser und nimmt bei jedem Tauchgang einen dünnen Luftfilm um ihren behaarten Hinterleib herum mit in die Tiefe. Im Haargeflecht bleibt die Luft gefangen. Die Haare selbst kommen mit dem Wasser kaum in Berührung.

Mit einem derartigen Haarfilz ausgerüstete Schiffsrümpfe würden in einer fast perfekten Luftblase schwimmen. Reibung träte nur an der Grenzfläche Wasser–Luft auf, und sie wäre wesentlich geringer an der Wasser–Metall-Grenze heutiger Schiffe.

Kleinere Boote können bei genügend hohem Tempo den Wasserwiderstand durch «Surfen» (Gleiten auf der Wasseroberfläche) extrem reduzieren.

Andere Boote wie die Moth-Jolle besitzen z.T. Hydrofoils, eine Art Tragflächen unter dem Rumpf, auf denen sie gleichsam über der Wasseroberfläche schweben. Gemäss «Youtube» soll es sogar Kanus geben, die diese Technik anwenden.

Ein «Hydrofoil» ist eine Tragfläche, die unter der Wasserlinie angeordnet ist und einem Flugzeugflügel ähnelt.

Wasser bremst

Du siehst wie der Wasserwiderstand eines Bootes gemessen werden kann.
Du kannst den Wasserwiderstand in Abhängigkeit vom Tempo messen und grafisch darstellen.
Du weisst, warum schnelle Motorbootfahrten teuer sind im Betrieb.

zwei Lektionen, in 2er-Gruppen

Stoppuhr oder Lichtschranke mit Zeitmessgerät, Wanne oder Blumentrog ohne Abflussloch (ca. 100 cm x 15 cm x 20 cm), quaderförmiger Plastikbehälter mit Deckel (als Modellboot im Blumentrog), Sand (als Bootslast), 1,2 m dünne Angelschnur, Karton, Klebestreifen, Umlenkrolle oder Stativstange, Plastilin, 2 Stricknadeln, Laborwaage (oder Balkenwaage)

Durchführung

> Fülle die Wanne mit Wasser und setze das mit Sand belastete Modellboot aus.
> Klemme die Angelschnur zwischen Deckel und Plastikbehälter (evtl. mit einem Zündholz oder einer Büroklammer als Arretierung).
> Auf den Deckel des Plastikbehälters klebst du einen 20 cm langen schwarzen Kartonstreifen.
> Führe die Angelschnur über eine Stativstange als Achse oder über eine Umlenkrolle. Befestige am Schnurende etwas Plastilin als Zuggewicht.

> Lege quer über den Trog zwei Stricknadeln, die verhindern, dass die Angelschnur ins Wasser taucht.
> Bringe das Modellboot in die Ausgangsstellung am Wannenende, halte es, bis die Schnur gespannt ist und das Wasser stillsteht. Entferne vorsichtig die Stricknadeln und lass das Boot los.

Beobachtung

1. Starte die Zeitmessung von Hand oder mit der Lichtschranke, wenn der Anfang A des Kartonstreifens an einem selbst festgelegten Messpunkt vorbeikommt. Stoppe, wenn das Kartonende B vorbeifährt. Berechne aus der Strecke AB und der gemessenen Zeit die Geschwindigkeit des Modellbootes. Hinweis: Das Boot muss sich beim Durchfahren des Messpunktes jeweils mit gleichförmiger Geschwindigkeit bewegen, die Beschleunigungsphase muss vorher abgeschlossen sein.

z.B. Tempo $v = \frac{0{,}2\,m}{2\,s} = 0{,}1\,\frac{m}{s}$

2. Wenn du mit dem Messprozess vertraut bist, versuchst du die maximale Geschwindigkeitsgrenze zu bestimmen. Belaste die Schnur so stark mit Plastilin der Masse m, dass eine richtige Bugwelle entsteht. Selbst dann, wenn du noch mehr belastest, wird das Boot nun kaum mehr schneller. Bestimme die Masse des angehängten Plastilins und berechne daraus die auf das Boot wirkende Kraft F in N. Berechne auch das Tempo.

Berechnung: $F = m \cdot g$ = Masse in kg · 9,8 $\frac{N}{kg}$ (Ortsfaktor g).

3. Die Rumpfgeschwindigkeit eines Schiffes ist die Maximalgeschwindigkeit, die es durch einen normalen Antrieb erreichen kann. Sie lässt sich in der Einheit $\frac{m}{s}$ mit der Formel $v = 1{,}25 \cdot$ Wurzel aus der Länge des eingetauchten Bootsteils (gemessen in m) berechnen. Die Formel stammt aus dem Schiffsbau und stimmt nur ungefähr. Berechne die Rumpfgeschwindigkeit des Modellbootes!

Die Rumpfgeschwindigkeit beträgt für ein 20 cm langes Modellboot etwa 0,6 $\frac{m}{s}$.

Technik be-greifen   **Versuch 6**

4. Zeichne im vorgegebenen Koordinatensystem diesen Messpunkt ein. Erkläre, warum die gemessene Kraft gerade der Widerstandskraft des Wassers entspricht, wenn sich das Boot mit gleichförmiger Geschwindigkeit bewegt.

Wenn sich das Boot mit gleichförmiger Geschwindigkeit bewegt, wirkt keine resultierende Kraft mehr. Die Antriebskraft ist nun gerade so gross wie die Widerstandskraft des Wassers.

Der Antrieb erfolgt hier mit einer Gewichtskraft, die durch die Rolle umgelenkt wird. Wenn statt einer Rolle eine glatte Achse zur Schnurumlenkung gebraucht wird, geht wegen der Reibung ein Teil der Kraft für den Antrieb verloren. Dieser kleine Fehler darf hier vernachlässigt werden.

5. Hänge nun genau soviel Plastilin an die Schnur, dass sie gerade noch nicht ins Wasser durchhängt. Miss auch für diesen Fall die Zeit und die auf das Boot wirkende Antriebskraft. Miss dreimal und berechne daraus jedes Mal das Tempo. Bilde nun den Mittelwert für das Tempo. Schreibe alles in einer sauber beschrifteten Tabelle auf. Zeichne den Mittelwert für das Tempo zur entsprechenden Widerstandskraft (d.h. die auf das Boot wirkende Kraft, wenn es sich mit gleichförmiger Geschwindigkeit v bewegt) in die Grafik ein. Möglicherweise ist auch diese antreibende Kraft mit einem kleinen Fehler behaftet.

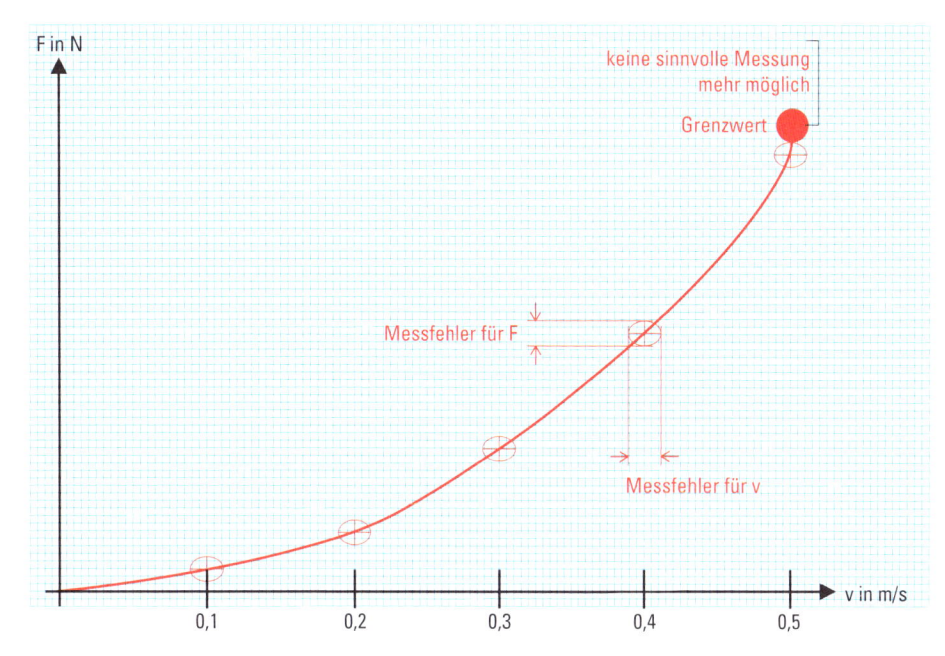

6. Verfahre genauso für fünf weitere Messwerte. Wähle die Antriebskraft so, dass die Messpunkte etwa gleichmässig verteilt sind (z.B. F für v gleich ungefähr 0,1 $\frac{m}{s}$, 0,2 $\frac{m}{s}$, ..., 0,5 $\frac{m}{s}$ Verbinde alle Punkte durch eine möglichst gleichmässige, glatte Kurve (ohne Ecken). Fällt dir etwas auf?

Das könnte so aussehen. Auffällig ist, dass die Kraft auf das Vierfache wächst, wenn die Geschwindigkeit verdoppelt wird. F ist also proportional zum Quadrat von v.

7. Warum drosseln grosse Lastschiffe auf offener See das Tempo?

Motorboote brauchen bis zu viermal mehr Antriebskraft, also einen viermal grösseren Treibstoffverbrauch, um mit doppelter Geschwindigkeit zu fahren.

Aerodynamik
Windschlüpfrige Lastwagen

Schülerinnen und Schüler
> wissen, was Stromlinien sind und wie sie gezeigt werden können.
> kennen die Bedeutung der Stromlinienform für Fahrzeuge.
> lernen, von welchen Faktoren der Strömungswiderstand eines Körpers abhängig ist.
> erkennen die technische Bedeutung von «Spoilern».
> erkennen den Zusammenhang zwischen Energieaufwand und Strömungswiderstand.

Fachlicher Hintergrund

In Natur und Technik gibt es verschiedene Beispiele für strömende Flüssigkeiten, z.B. fliessendes Wasser, Wind, strömendes Öl in einer Pipeline oder strömendes Gas in Rohrleitungen. Auch in einem stillen Medium treten um Körper, die in Bewegung sind, Strömungen auf, so z.B. um ein fahrendes Auto, Schiff oder ein Flugzeug. Entscheidend ist immer die Relativgeschwindigkeit zwischen dem Körper und der Flüssigkeit oder den strömenden Gasen.

Die Stromlinien (Abb. a und b) beschreiben die Bahnen von Flüssigkeits- oder Gasteilchen. Diese Bahnen können bildhaft sichtbar gemacht werden, indem z.B. Russteilchen der Luft beigemischt, feste Teilchen in eine Flüssigkeit gegeben oder mehrere leichte Festkörper (z.B. Baumwollfäden, siehe Versuch) in die Strömung gebracht werden.

Die Richtung der Stromlinien gibt die Richtung des Geschwindigkeitsvektors an, die Dichte der Stromlinien ist ein Mass für die Geschwindigkeit. Je grösser die Geschwindigkeit einer Strömung, desto geringer ist der Druck, der ausgeübt wird (vgl. Abb. c und d).

Physikalisch kann die Strömung mit drei Modellen beschrieben werden. Es wird zwischen der reibungsfreien Strömung, der laminaren Strömung und der turbulenten Strömung unterschieden.

Themenkreis
> Kraft, Bewegung, Strömung, Energie, Reibung

Abhängigkeit der Dichte der Stromlinien von der Geschwindigkeit

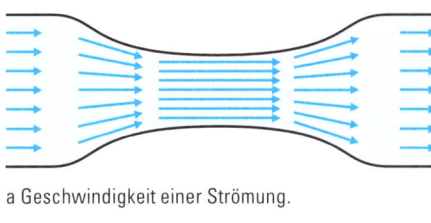

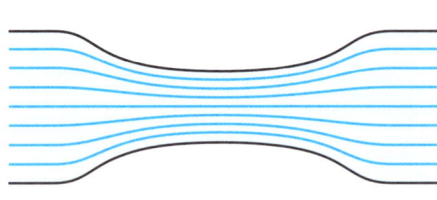

a Geschwindigkeit einer Strömung.

b Das Stromlinienbild. Je enger die Stromlinien, desto grösser die Geschwindigkeit

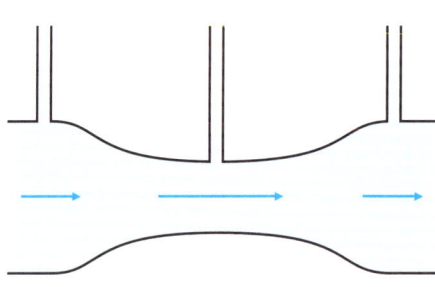

c Hydrodynamisches Paradoxon. Im mittleren Steigrohr steht das Wasser am tiefsten, denn der Druck des strömenden Wassers ist umso kleiner, je grösser die Strömungsgeschwindigkeit ist.

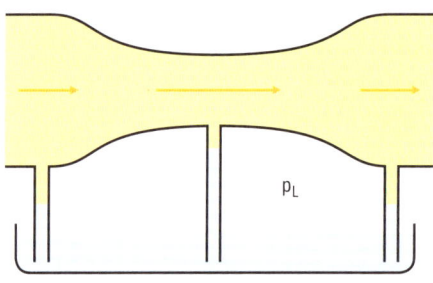

d Auch bei Gasströmungen ist der Druck umso kleiner, je grösser die Strömungsgeschwindigkeit ist. Der äussere Luftdruck p_L kann daher die Flüssigkeitssäule im mittleren Steigrohr besonders hoch drücken, denn nur ein geringer Gasdruck wirkt dagegen.

Die reibungsfreie Strömung kommt in der Natur in den Superfluiden (z.B. unter zwei Kelvin abgekühltes Helium) vor. Pjotr Kapiza hat für diese Entdeckung 1978 den Nobelpreis bekommen. Sogenannte «ideale (Modell-)Flüssigkeiten», deren innere Reibung und Wirbelbildung vernachlässigt werden, erlauben, den Ausfluss aus Gefässen oder den Durchfluss durch Rohre näherungsweise zu berechnen.

Laminare Strömungen zeigen keine Wirbelbildungen, bei ihnen spielt aber die innere Reibung eine wichtige Rolle. Die innere Reibung ist eine Folge der Kraftwirkung zwischen den Molekülen der Flüssigkeit oder des Gases, sie beinflusst ihre Viskosität oder Zähigkeit. Sind die Moleküle schlecht verschiebbar gegeneinander, resultiert eine grosse Viskosität wie bei zähflüssigem Honig. Ein Objekt mit Stromlinienform verursacht keine Wirbel. Bei kleinen Fliessgeschwindigkeiten und hoher Zähigkeit dominiert die innere Reibung, und die Strömung ist laminar.

Turbulente Strömungen zeigen eine Wirbelbildung. Turbulenz entsteht durch die Reibung an Körpern, z.B. können in einem Fliessgewässer Wirbel durch die Reibung an Steinen oder am Flussufer

Vorkenntnisse
> Flächenberechnungen

Bei kleinen Geschwindigkeiten und grosser Zähigkeit liegen Schichten mit verschiedener Strömungsgeschwindigkeit übereinander (laminare Strömung).

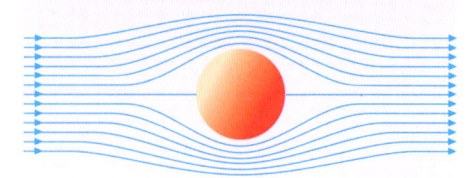

Bei grossen Geschwindigkeiten und geringer Zähigkeit kommt es hinter dem Körper zu einer Durchmischung der Strömungsschichten, es bilden sich Wirbel (turbulente Strömung).

Grenzschichtablösung

entstehen, wenn die Fliessgeschwindigkeit gross genug ist. Bei einem Fahrzeug können durch einen Dachträger oder Kanten während der Fahrt Wirbel entstehen. Die Wirbelbildung entsteht dadurch, dass zwischen den Strömungsschichten in der Nähe des umströmten Körpers und den weiter davon weg liegenden Strömungsschichten ein Geschwindigkeitsgefälle auftritt: Die Geschwindigkeit an der Oberfläche des Körpers ist kleiner als weiter ausserhalb. Dadurch gibt es Druckunterschiede, die Wirbel verursachen.

In einer Strömung mit Wirbelbildung ist der Strömungswiderstand gross. Dieser bremst die Bewegung.

Die Strömungswiderstandskraft wird durch die Wirbelbildung hinter dem umströmten Körper hervorgerufen und hat ihre Ursache in der unsymmetrischen Druckverteilung.

Die Strömungswiderstandskraft ist abhängig:
- vom umströmten Körper, nämlich der Querschnittsfläche des Körpers senkrecht zur Strömungsrichtung, von der Form des Körpers und von seiner Oberflächenbeschaffenheit
- vom strömenden Stoff, d.h. seiner Dichte und der inneren Reibung
- von der Geschwindigkeit, mit der der Körper umströmt wird

Die Strömungswiderstandskraft kann mit folgender Formel berechnet werden:

$$F_w = ½ \, c_w \cdot A \cdot \rho \cdot v^2$$

Dabei bedeuten:
F_w = Strömungswiderstandskraft
A = die umströmte Querschnittsfläche
ρ = Dichte des Mediums
v = relative Geschwindigkeit zwischen Körper und Stoff
c_w = Widerstandszahl

Die Widerstandszahl c_w der Luft ist von der Form und der Oberflächenbeschaffenheit der bewegten Körper abhängig. In der folgenden Tabelle sind einige Werte wiedergegeben.

c_w-Werte verschiedener Körper

Körper			c_w	Körper	c_w
Scheibe	—>	|	1,10	Personenwagen	0,25 … 0,45
Kugel	—>	○	0,45	Bus	0,6 … 0,70
Halbkugel	—>	(	0,30 … 0,40	Lastwagen	0,6 … 1,00
Schale	—>	)	1,30 … 1,50	Motorrad	0,6 … 0,70
Stromlinienkörper	—>	⬭	0,06	Rennwagen	0,15 … 0,20
Walze	—>	▭	0,85	Fallschirm	0,90

In der Fahrzeugtechnik ist es sehr wichtig, Fahrzeuge windschlüpfrig zu machen und die Wirbelbildung zu verhindern oder zu verkleinern, z.B. durch ein geeignetes stromlinienförmiges Design oder durch das Anbringen von zusätzlichen Karrosserieelementen (Spoilern, Windablenkplatten usw.). Die Strömungswiderstandskraft wird dann weniger gross, das Fahrzeug weniger gebremst und es braucht dementsprechend weniger Antriebskraft und Treibstoff.

Anmerkungen

Der Versuch kann beliebig ausgebaut werden, verschiedene Bezüge zu anderen Fächern sind möglich. Schülerinnen und Schüler können selbst hergestellte Spoiler an verschiedenen Fahrzeugen austesten.

Zu den Fächern Bildnerisches und Technisches Gestalten sind Verbindungen über das Design von Fahrzeugen möglich.

Zum Fach Biologie bestehen vielfache Verbindungen über die Gestalt von Lebewesen, die im Wasser und in der Luft leben, z.B. Vergleich der Gestalt von Fischen (Bodenfische, pflanzenfressende Fische und Raubfische) oder der Gestalt von Vögeln.

Bezüge

In Zusammenhang mit diesen Versuchen kann der Druck in Flüssigkeiten und Gasen besprochen werden.

Links & Literatur

SCHMIDT, GERD-DIETRICH (Hrsg); WILHELM, MARKUS (überarb. für die Schweiz): *Leitfaden Naturwissenschaften: Physik, Astronomie, Chemie, Biologie*. Sabe, Zürich 2000.
SEXL, ROMAN; RAAB, YVO; STREERUWITZ, ERNST: *Das mechanische Universum*. Sauerländer, Aarau 1996.
KUCHLING, HORST: *Physikalische Formeln und Gesetze*. Bechtermünz Verlag, Leipzig 1997.
ARDLEY, NEIL: *Kompaktwissen Physik und Chemie*. Dorling Kindersley Verlag, London 2003.

Windschlüpfrige Lastwagen

🎯 Du lernst, wovon der Luftwiderstand abhängt.
Du lernst, wie du den Luftwiderstand verschieden geformter Körper vergleichen kannst.

⏱ 2 Lektionen

Ⓜ Taschenrechner, Haarföhn, Karton, 8 Holzzahnstocher, Halbkarton A3, Kartonröhre Ø = 4 cm, Plastilin, Klebstreifen, zwei etwa gleich schwere Modellautos (davon eines ein Sportwagen, das andere ein Lastwagen oder ein ähnlich hohes Fahrzeug), Meterstab, dünner Holzspiess (z.B. Fleischspiess), dünnes Garn,

Durchführung

1. Luftwiderstand
> Stelle folgende Kartonformen her:
a) ein Quadrat (4 cm x 4 cm)
b) eine runde Scheibe mit der gleichen Grundfläche wie das Quadrat
c) eine halbierte Kartonröhre mit einer Schattenfläche von 4 cm x 4 cm
d) Befestige je zwei Zahnstocher mit Klebstreifen oder Plastilin an den 4 Kartonformen.

> Stelle die zwei Modellautos, den Sportwagen und den Lastwagen, nebeneinander auf eine ebene glatte Fläche.
> Erstelle einen Windkanal über den Wagen, indem du einen Halbkarton über die Fahrzeuge biegst und auf der Tischoberfläche mit Klebstreifen oder Plastilin befestigst.
> Fixiere den Föhn auf einem Styroporklotz, den du vorher mit Alufolie abdeckst. Blase damit von vorne in den Windkanal.
> Bewege den Föhn entlang einem Wandtafellineal langsam immer näher auf die Modellautos zu.
> Miss den Abstand zwischen Föhn und Wagen, bei dem die Modellfahrzeuge sich zu bewegen beginnen.

Sportwagen: ___ cm

Lastwagen: ___ cm

> Befestige nun die verschiedenen Kartonformen nacheinander mit Plastilin oder Klebstreifen auf dem Modelllastwagen. Blase mit dem Föhn die Kartonform an.

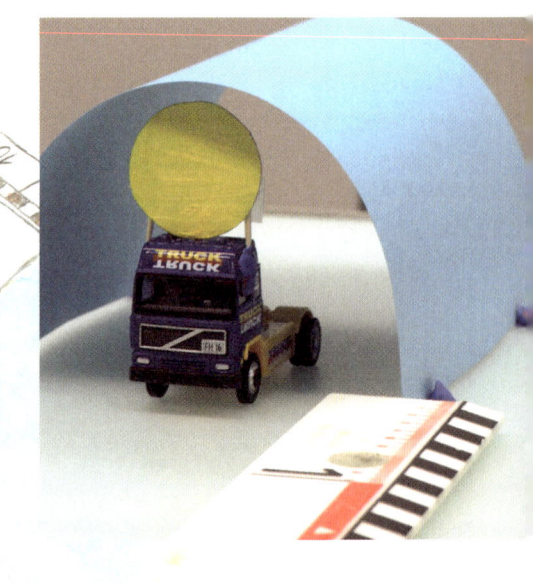

Beobachtung

1. Miss jeweils den Abstand, bei dem das Modellfahrzeug ins Rollen kommt. Notiere die Resultate und prüfe sie durch dreimaliges Wiederholen (I, II, III).
2. Ermittle den Mittelwert der Ergebnisse für jede Kartonform. Erstelle eine Rangliste.

Lastwagenschild	Distanz zum Föhn bei Rollbeginn			Mittelwert
ohne	I	II	III	
▭				
◯				
▭				
⌒				

Technik be-greifen Versuch 7

2. Luftströmung
> Mache die Windströmung entlang dem Modellsportwagen und entlang dem Lastwagen sichtbar:
> Befestige dazu mehrere Garnfäden von der Länge der Modellfahrzeuge an einem Holzspiess.
> Stecke den Spiess mit Plastilin senkrecht auf den Boden.
> Stelle das jeweilige Modellfahrzeug direkt dahinter. Befestige es bei Bedarf mit Plastilin am Boden, damit es nicht davonrollt.
> Blase mit dem Föhn von vorne. Beobachte die Fäden.

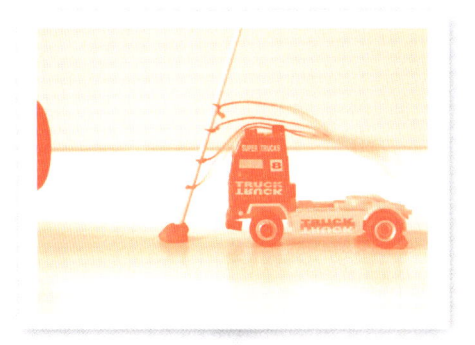

Beobachtung

1. Welche Unterschiede zwischen den zwei Fahrzeugen konntest du bei der Beobachtung der Strömungsfäden feststellen?
Die Strömungsfäden verlaufen flach über das Dach des Sportwagens. Beim Lastwagen bewegen sich die Fäden hinter dem Wagen turbulent nach unten (die Strömung bricht ab).

2. Überlege und notiere deine Gedanken: Welche Faktoren beeinflussen den Abstand des Föhns zum Wagen, bei dem der Wagen zu rollen beginnt?
Strömungsgeschwindigkeit der Luft, Grösse der Fläche in Windrichtung, Kartonform (je besser ein Körper der Tropfenform gleicht, desto weniger Widerstand bietet er der Luft), Rollwiderstand, Gewicht des Fahrzeugs, Oberflächenbeschaffenheit des Fahrzeugs, Oberflächenbeschaffenheit des Bodens.

3. Warum haben Lastwagen oft gegen die Fahrrichtung gebauchte Bleche über der Kabine?
Sie versuchen dadurch «tropfenförmig» zu werden. Sie besitzen dann einen kleineren Luftwiderstand und brauchen weniger Treibstoff bei gleicher Fahrgeschwindigkeit.

Tropfenförmige Gegenstände zeigen den kleinsten Widerstand in einer Strömung. Sobald ein Gegenstand von der perfekten Stromlinienform abweicht, entstehen Wirbel. Sie bewirken einen Strömungswiderstand, der gegen die Bewegungsrichtung wirkt, so wie das Kehrwasser hinter einem eckigen Stein in einem Fluss.

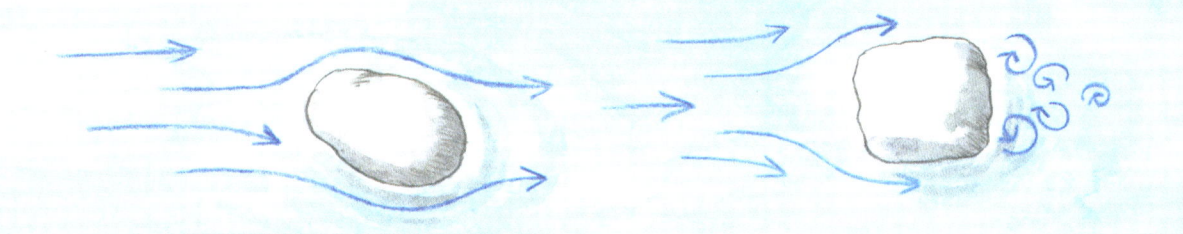

Arbeit und Leistung
Leistungsmessung in Sport und Physik

Schülerinnen und Schüler
> lernen physikalische Begriffe wie Arbeit, Energie und Leistung beim Treppensteigen anzuwenden.
> können die Hubarbeit und ihre Hubleistung beim Treppensteigen berechnen.

Themenkreis
> Hubarbeit
> Hubenergie und Wirkungsgrad
> Leistungsberechnung

Vorkenntnisse
> Zeit- und Längenmessung
> Kraftbegriff

Fachlicher Hintergrund

Arbeit in der Physik

Im täglichen Leben kann der Betrag einer physikalischen Arbeit als eine Zahl interpretiert werden, die angibt, wie ermüdend eine physikalische Verrichtung ist, bei der ein Weg unter Krafteinwirkung zurückgelegt wird.

Beispiel: Das Stossen eines Autos ermüdet umso mehr, je länger der Weg s und je grösser die aufzuwendende Kraft F ist. Formal könnten wir diese Aussage als $W = F \cdot s$ schreiben. Dabei wäre «Proportionalität» vorausgesetzt. Berücksichtigt ist natürlich nur das «Müdewerden» durch das Stossen ohne die zusätzlichen «Arbeitsaufwendungen für die damit verbundenen biologischen Prozesse».

Energie- und Leistungseinheiten

Energie und Arbeit sind Unterrichtsthemen in Mechanik, Wärmelehre und Elektrizitätslehre. Damit ist klar, dass der sichere Umgang mit den Einheiten dieser Grössen wichtig ist. Aus der Betragsformel $F = a \cdot m$ des zweiten Axioms von Newton folgt die Festlegung $1\,N = 1\,kg\,\frac{m}{s^2}$. Aus der Betragsgleichung für die Berechnung $W = F \cdot s$ der mechanischen Arbeit ergibt sich für die Einheit der mechanischen Arbeit $[W] = 1\,Nm = 1\,\frac{kg\,m}{s^2} = 1\,J$ die für Arbeits-, Energie- und Leistungsberechnungen wichtige Einheiten-Beziehung.

Hubenergie

Beim Heben eines Körpers der Masse m um die Höhe h muss seine Gewichtskraft $F_G = m \cdot g$ durch eine gleich grosse nach oben wirkende Kraft, die Hubkraft F_H, kompensiert werden. Diese Hubkraft verrichtet entlang dem Weg h eine physikalische Arbeit, die Hubarbeit W_H. Es gilt $W = F_G \cdot h = m \cdot g \cdot h$.

Lassen wir den Körper um die Höhe h fallen, wird wegen $F_G = F_H$ betragsmässig eine gleich grosse Arbeit verrichtet wie vorher beim Anheben unter der Wirkung von F_H. Im freien Fall wird Beschleunigungsarbeit verrichtet. In diesem Sinne nennen wir die «investierte» Hubarbeit oft auch «gespeicherte» Arbeit oder Energie. Wir sagen, der Körper besitze potenzielle Energie der Höhenlage relativ zur Lage vor dem Heben.

Hinweis

In der theoretischen Physik besitzt die Arbeit, die beim Anheben unter der Wirkung der Gewichtskraft verrichtet wird, rechnerisch das negative Vorzeichen. Kraft und Wegrichtung sind ja hier unterschiedlich gerichtet. Die Arbeit unter Wirkung der Gewichtskraft entzieht somit dem System beim Anheben des Körpers dauernd die ihm zugeführte, rechnerisch positive Hubarbeit und speichert sie als potenzielle Energie. Wichtig ist, dass beim Anheben eines Körpers Hubarbeit unter Wirkung der Hubkraft verrichtet wird, Beschleunigungsarbeit beim freien Fall hingegen unter Wirkung der Gewichtskraft.

Elisha Graves Otis wurde 1811 auf einer Farm in Halifax, Vermont, geboren. Als junger Mann versuchte er sich in verschiedenen Berufen.

1852 erfand er als Mitarbeiter der Bedstead Manufacturing Company eine Sicherheitsfangvorrichtung, die automatisch verhindert, dass der Fahrkorb eines Personenaufzugs im Falle eines Seilrisses abstürzt.

Aufzüge

Personenaufzüge wurden schon in der Antike verwendet, so beim plötzlichen Auftauchen einer Gottheit auf griechischen Theaterbühnen. Der lateinische Ausdruck «Deus ex Machina» wird heute im übertragenen Sinne in der Bedeutung eines überraschenden Kunstgriffes verwendet. Es handelt sich dabei um die Übersetzung des griechischen Bühnenausdrucks «Gott aus einer Maschine». Ein anderes Beispiel war der durch Sklaven angetriebene Aufzug des römischen Kaisers Nero.

Hohe Personenaufzüge, eine Voraussetzung für den Bau von Hochhäusern, setzten sich erst Mitte des 19. Jahrhunderts nach der Erfindung des absturzsicheren Lifts in Amerika durch. Im Jahre 1853 erfand Elisha Graves Otis eine Vorrichtung, deren Prinzip noch heute angewendet wird, um Liftabstürze zu verhindern.

Technik be-greifen   **Versuch 8**

Anmerkungen

Sicherheitsvorrichtung von Otis

Das Prinzip der Aufzugstoppvorrichtung von Otis kann mit Schülerinnen und Schülern ohne grossen Aufwand nachgebaut und entwickelt werden:

Wenn das Tragseil reisst, entspannt sich die Stahlfeder und rastet in der Schiene des Liftschachtes ein.

Eine Fermi-Frage

Statistisch soll angeblich alle 72 Stunden die gesamte Erdbevölkerung in Aufzügen befördert werden. Diese Hochrechnung – es handelt sich dabei übrigens um eine typische «Fermi-Frage», die auch von Schülerinnen und Schülern angegangen werden kann – zeigt die Bedeutung der Lift- und Aufzugstechnik.

Energiesparen durch Treppensteigen

«Beim Liftfahren spare ich Bioenergie». Diese Redewendung lässt sich gut aus physikalischer, wirtschaftlicher und ökologischer Sicht diskutieren. Stichworte dazu:
> Physikalische Sicht: Hubarbeit aus elektrischer Energie (Hinweis: Falls Gegengewicht vorhanden, ist keine Hubarbeit für Leerliftfahrt nötig.), Beschleunigung des Leerlifts, Wärmeenergie beim Bremsen, gespart wird nur Bioenergie.
> Wirtschaftliche Sicht: Arbeitsplätze, Bereitstellung von Energie, schneller Lastentransport.
> Ökologische Sicht: Energieverschwendung.

Nutzung der Bremsenergie

Für viele Aufzüge (z.B. der Schweizer Firma Schindler) gibt es inzwischen ein System, mit dem Bremsenergie der Kabine wieder ins Netz zurückgeleitet wird. Dadurch lässt sich der Energieverbrauch von Aufzügen erheblich senken. Der dafür entwickelte «Matrixumrichter» soll – bei geschätzten 13 500 Neuinstallationen pro Jahr – rund 85 Millionen Kilowattstunden Strom einsparen.

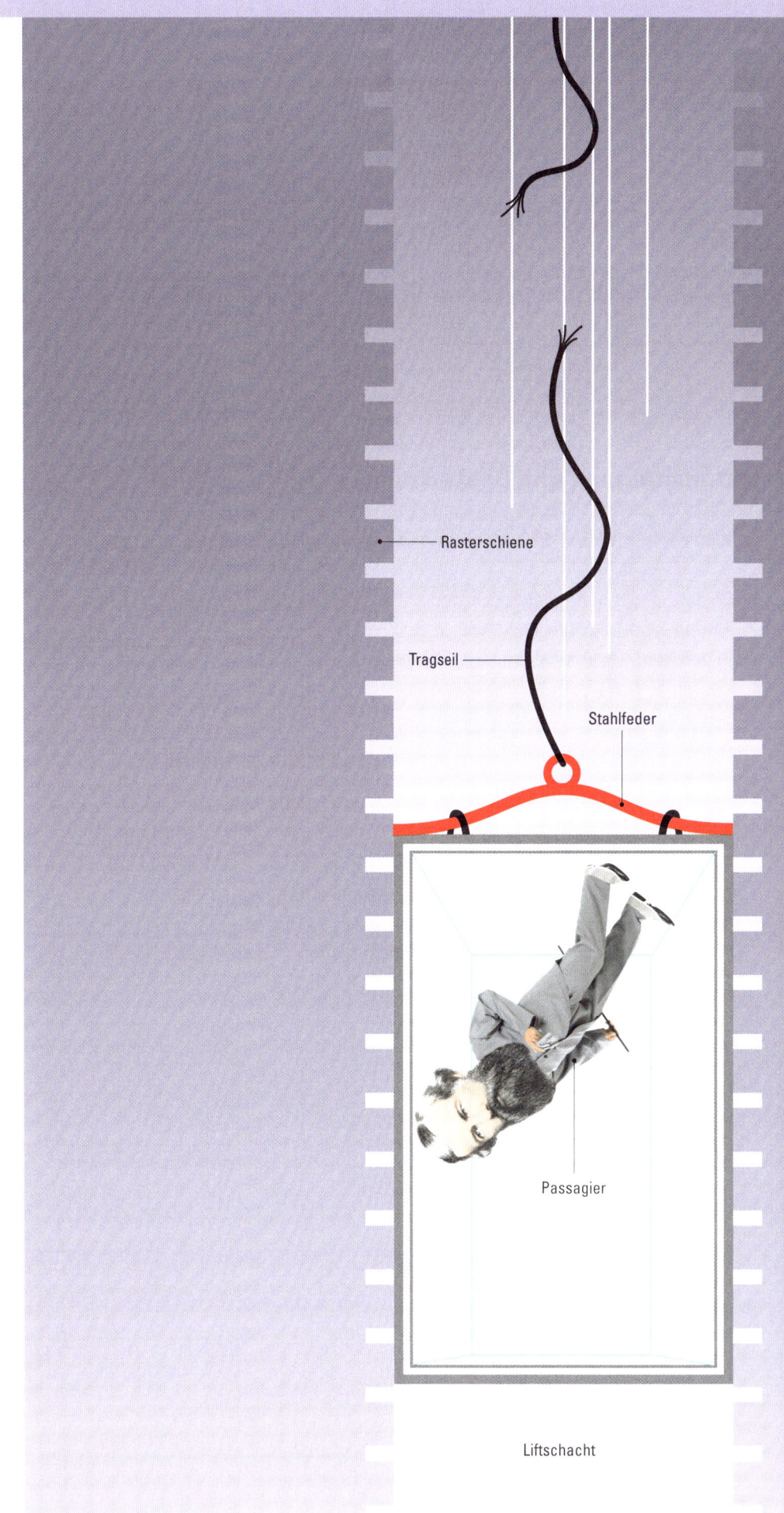

Links & Literatur

www.otis.com.
http://de.wikipedia.org/wiki/Fermi-Problem

Rasterschiene
Tragseil
Stahlfeder
Passagier
Liftschacht

Leistungsmessung in Sport und Physik

Du weisst, was in der Physik unter Energie verstanden wird.
Du kannst den Energieaufwand beim Treppensteigen berechnen.

2 Lektionen, in 4er-Gruppe

Personenwaage, Stoppuhr, Messband

Durchführung und Beobachtung

> Wähle im Schulhaus oder seiner Umgebung eine längere Treppe.

1. Bestimme die Höhendifferenz h der Treppe. Übertrage das Resultat in den Kopf der untenstehenden Tabelle!

   Die Summe aller Einzelstufenhöhen ergibt die Gesamthöhe h der Treppe.

2. Bestimme deine Masse in kg und berechne daraus dein Gewicht in N. Wie gehst du vor? Trage die Werte in die Tabelle ein.

   Das Gewicht F_G in N wird berechnet aus der Formel $F_G = m \cdot g$. m ist die Masse in kg und g der Ortsfaktor mit dem ungefähren Wert 10 N/kg.

3. Wie schnell kannst du die Treppe erklimmen? Stoppe die Zeit! Halte die gelaufene Zeit in der vierten Spalte fest. Führe Punkt 2 und 3 für drei andere Personen durch. Erstelle eine Zeitrangliste.

Tabelle für den Treppensteigwettbewerb Höhendifferenz h der Treppe:

Name	Masse m in kg	Gewichtskraft F_G in N	Zeit t in s	Zeitrang	Hubarbeit W_H $W_H = F_G \cdot h$ in J	Arbeitsrang	Hubleistung P $P = W/t$ in Watt	Leistungsrang

4. Diskutiert miteinander, ob eine Zeitrangliste hier fair ist! Haltet eure Meinungen schriftlich fest.

   Eine gewichtige Person ist benachteiligt. Erstaunlicherweise wird das Gewicht nur in einigen Sportarten, z.B. beim Boxen, berücksichtigt.

Hubarbeit

Beim Treppensteigen spielt die zu überwindende Höhendifferenz h und die gegen das Körpergewicht F_G aufzuwendende Hubkraft $F_H = F_G$ eine Rolle. Je grösser h und F_G sind, desto müder macht Treppensteigen. Das Mass für dieses «Müdewerden» heisst in der Physik Hubarbeit W_H. Sie errechnet sich aus dem Produkt von Hubkraft und Treppenhöhe. Hebst du einen Körper mit dem Gewicht 1 N (z.B. eine 100-g-Schokolade mit Papier) um einen Meter, so verrichtest du die Arbeit $W_H = F_H \cdot h = 1\ N \cdot 1\ m = 1\ Nm$. Die so erhaltene Einheit 1 Nm wird 1 Joule (1 J) genannt. 1 J ist also die Einheit der physikalischen Arbeit.

Versuch 8

Technik be-greifen

5. Berechne die von jeder Person verrichtete Hubarbeit und trage sie in der fünften Spalte ein. Erstelle eine «Arbeits»-Rangliste!

Leistung
Die Hubkraft, die Laufzeit und die Treppenhöhe bestimmen die sportliche Leistung (P). Je schneller eine physikalische Arbeit verrichtet wird, desto grösser ist die Leistung. Das richtige Mass für Leistung beim Treppensteigen ergibt sich also, wenn die Hubarbeit durch die Laufzeit dividiert wird: P = W/t. Die sich daraus ergebende Einheit J/s heisst Watt (W). Hinweis: Unterscheide W als Einheit der Leistung von W als Variable der Arbeit.

6. Diskutiert, ob diese Arbeits-Rangliste nun fair ist!

Neben der Arbeit muss auch die Zeit berücksichtigt werden. Eine gewichtige Person ist sonst bevorzugt.

7. Berechne die Leistungen eurer Treppenläufe. Trage sie in die sechste Spalte ein.

8. Diskutiert, ob die Hubarbeit die einzige Arbeit ist, die wir beim Treppensteigen aufwenden müssen.

Beim Treppensteigen wird nicht nur Hubarbeit verrichtet, sondern auch Arbeit für biologische Funktionen wie das Bewegen der Arme und Beine und das Atmen.

9. Wie viel Energie der Höhenlage besitzen die Wettkämpfenden nach dem Treppensteigen?

Die verrichtete Hubarbeit ist in Form von Hubenergie (potenzieller Energie) gespeichert. Die Energieinhalte entsprechen den verrichteten Hubarbeiten.

Hubenergie Heben wir einen Körper vom Boden auf einen Tisch, verrichten oder «investieren» wir Hubarbeit. Der Körper auf dem Tisch besitzt dann Energie der Höhenlage oder «potenzielle Energie» in Bezug auf seine vorherige Lage am Boden. Die potenzielle Energie der Höhenlage wird mit E_{pot} bezeichnet. Im Fall der Hubarbeit ist die Höhenenergie E_{pot} gleich der investierten Hubarbeit W_H. Fällt der Körper zurück, wird seine potenzielle Energie in «Bewegungsenergie» verwandelt. Er wird ja entlang des Fallwegs mit seiner Gewichtskraft beschleunigt. Beim Aufprall kann der Körper seine Bewegungsenergie in «Verformungsarbeit» und Wärmeenergie umwandeln. Allgemein besitzt ein Körper Energie, wenn er die Fähigkeit hat, Arbeit zu verrichten.

10. Wie viel Hubarbeit muss der Hammetschwandlift mindestens verrichten, um dich auf den Bürgenstock hinauf zu transportieren? Welche physikalische Leistung erbringt er dabei? Vergleiche mit einer 40-Watt-Glühbirne! Wie schnell bist du während der Fahrt?

Beispiel: Masse m = 45 kg. Hubarbeit $W_H = m \cdot g \cdot h$ = 68 kJ (gerundet). Leistung $P = W_H/50\,s$ = 1,35 kW (gerundet). Entspricht der Leistung von rund 33 Stück 40-Watt-Glühbirnen. Mittleres Tempo: rund 3 $\frac{m}{s}$

11. Warum wurde wohl das Lifttempo beim Hammetschwandlift wieder gesenkt?

Heute gibt es ohnehin viel schnellere Aufzüge. Die Aussicht lässt sich länger geniessen. Hinweis: Es kann damit keine Energie gespart werden, nur das Tempo der Energieumsetzung wird verkleinert und damit die benötigte elektrische Spitzenleistung.

12. Suche im Internet Bilder des Hammetschwandliftes.

Der Hammetschwand-Lift verbindet einen eindrücklichen Felsenweg mit dem Aussichtspunkt Hammetschwand (1132 m ü. M.) auf dem Bürgenstock. Der Lift überwindet den Höhenunterschied von 152,8 Metern (Betriebslänge). Die Höhe der gesamten Anlage von der Talstation bis zur Turmspitze beträgt 164,1 Meter. Die ganze Fahrt dauert etwa 50 Sekunden. Bei der Inbetriebnahme 1905 betrug die Fahrzeit knapp drei Minuten, der Lift erreichte eine Geschwindigkeit von etwa einem Meter pro Sekunde.
Ein erster Umbau erfolgte 1936. Unter anderem wurde die Fahrgeschwindigkeit auf 2,7 Meter pro Sekunde erhöht, mit dem Ziel, den 2,3 m/s schnellen Lift im Berliner Glockenturm zu überflügeln und den Titel «schnellster Aufzug Europas» behalten zu können. Inzwischen wurde das Lifttempo wieder gesenkt.

Energieformen und Energieumwandlung
Energie wirksam nutzen

Schülerinnen und Schüler
> sehen Energieumwandlungsprozesse.
> erhalten eine Vorstellung vom Energieerhaltungssatz.
> kennen die Begriffe Nutzenergie und Wirkungsgrad.
> können einen Wirkungsgrad ausrechnen und in Prozent angeben.

Themenkreis
> Umgang mit Energieformen
> Einführung in Energieerhaltung und Energienutzung

Vorkenntnisse
> Thema Arbeit und Energie
> Fertigkeit im selbstständigen Umgang mit Stativmaterial

Fachlicher Hintergrund

Energie und Energieumwandlung

Energie ist eine abstrakte Grösse, mit der es möglich ist, den Zustand und die Veränderung eines physikalischen Systems zu beschreiben. Sie wird mit dem gleichen Formalismus beschrieben, der für die zugänglichere Grösse Arbeit entwickelt wurde. Genaue Mess- und Berechnungsvorschriften erlauben es, jedem physikalischen System in jedem Zeitpunkt einen Energiewert zuzuordnen. Die letzte Rechtfertigung und Begründung für die Benützung dieser Grösse ergibt sich erst durch die experimentell extrem gut bestätigte Annahme des Energieerhaltungssatzes. Der Energieerhaltungssatz wurde zuerst in der Mechanik als «Goldene Regel» formuliert. Seine universelle Gültigkeit konnte erst überprüft werden, nachdem über die kinetische Gastheorie die Wärme als Energieform erkannt, elektrische und magnetische Energie entdeckt wurden und Energiebetrachtungen in der Chemie und Kernphysik gemacht wurden. In der Relativitätstheorie musste die Masse als spezielle Energieform entdeckt werden. Da der Energieerhaltungssatz nicht theoretisch hergeleitet werden kann, gab es in der Geschichte Situationen, in denen er gefährdet erschien. So schien er vor der Entdeckung des Antineutrinos beim Betazerfall verletzt zu sein. In der Quantenmechanik musste der Energiebegriff auf eine ganz neue Art verstanden werden, da Energie und Zeit über die Unschärferelation von Heisenberg mit dem Wirkungsquantum von Planck verknüpft sind. So ist es unmöglich, den genauen Energiezustand eines Atoms zu einem exakten Zeitpunkt zu kennen. Je kürzer ein Prozess dauert, desto ungenauer sind seine Energieverhältnisse.

Heute wird Energie häufig als eine mengenartige Grösse beschrieben. Energie fliesst, sie kann nicht erzeugt und vernichtet werden. Energieerhaltung ist nur in seltenen Fällen direkt verifizierbar, da aus jedem nicht vollständig isolierten System Wärmeenergie in die Umgebung «schleicht» und im System selbst als innere Wärme «verduftet». Im Alltag wird der physikalische Begriff Energie in einem ökonomischen und ökologischen Kontext verwendet.

Bewertung der energetischen Sparsamkeit und Umweltfreundlichkeit

Bei einer umfassenden Bewertung der energetischen Sparsamkeit eines Produkts muss berücksichtigt werden, dass in der Technik zwischen der Ausgangsenergieform und der Nutzenergieform meistens mehrere Umwandlungen notwendig sind. Ein Beispiel: Ausgangsenergie sei Kohle (100 Energieteile), nach der Verbrennung im Kohlekraftwerk bleiben davon noch 90 Energieteile (ET), nach der Verwandlung der Wärmeenergie über eine Dampfturbine und einen Generator in elektrische Energie sind noch 40 ET übrig. Im Haushalt kommen davon noch 38 ET der ursprünglichen Kohleenergie an. Eine Leuchtstofflampe beispielsweise setzt dann davon 10 bis 15%, also rund 4 ET von ursprünglich 100 Energieteilen in Lichtenergie um.

Weiter sind die Energie zur Bereitstellung der Primärenergie (z.B. Kohle) und zur Produktion der Energiewandler (z.B. Dampfturbine oder Leuchtstofflampe) einzubeziehen.

Die energetische Sparsamkeit ist nur ein Aspekt der Umweltfreundlichkeit eines Produkts. Faktoren wie Risiken bei technischen Energieumwandlungsprozessen, Umweltzerstörung und -belastung bei der Aufbereitung von Primärenergieträgern und beim Betrieb von Grossanlagen oder Gesundheits- und Recyclingprobleme auf der Verbraucherseite spielen meistens eine grössere Rolle.

Rangliste der Energieträger für die Welt und die Schweiz (2008)

	Welt	Schweiz
1	Erdöl 35%	Erdöl 57%
2	Kohle 23,9%	Kohle 0,6%
3	Erdgas 21,1%	Erdgas 12,1%
4	Nachwachsende Rohstoffe und Abfälle 10,9%	Nachwachsende Rohstoffe und Abfälle 10,9%
5	Uran 6,9%	Uran 9,7%
6	Wasserkraft 2,2%	Wasserkraft 13,4%
7	Übrige 0,6%	Übrige 0,9%

Technik be-greifen | Versuch 9

Woher stammt die für die Menschen nutzbare und genützte Energie?

Nach dem heutigen Paradigma der Physik stammt diese Energie aus dem Urknall und steht nun in Form von Rotationsenergie, chemischer Bindungsenergie und Masse zur Verfügung:

Herkunft der Primärenergie	Reservoir	Nutzenenergie	Beispiele
Umwandlung von Masse in Energie bei Kernfusion	Sonne	Solarenergie direkt	Solarzellen, Solar(be)heizung
		Solarenergie indirekt	Windgeneratoren
			Wasserkraftwerke
			Anlagen und Apparate zur Nutzung von nachwachsendem Biomaterial (für Biogas, -diesel, -benzin oder Heizmaterialien wie Holz)
			Anlagen und Apparate zur Nutzung fossiler Energieträger (Kohle, Erdöl, Erdgas)
			Luft- und Wasserwärmepumpen (Nutzung der inneren Energie)
			Wasserstoffgewinnung für Brennstoffzellen
Umwandlung von Masse bei Kernspaltung	Atomkerne der Erde	Kontrollierte Kernfusion	Fusionsreaktoren
		Kernenergie aus technisch kontrollierten Kettenreaktionen	AKW, Brüter
		Erdwärme	Geothermische Anlagen zur Stromerzeugung oder zum Heizen
			Erdwärmepumpen
Chemische Potenziale und Bindungsenergie	Chemische Stoffe der Erde	Chemische Energie	Batterien
			Luzifere Lichtquellen (Prinzip Glühwurm)
			Wärmespender (Handwärmer auf Skipiste)
			Carbidlampen
			Osmosenkraftwerke
Kosmische Rotationsenergie	Erde-Mond-System	Erdrotation	Gezeitenkraftwerke

Thermoelemente oder Piezokristalle liefern keine Primärenergie, sondern sind nur Energiewandler.

Links & Literatur

http://www.energieinfo.de
www.empa.ch
http://www.udo-leuschner.de/basiswissen/
http://www.computerbase.de/lexikon/

Energie wirksam nutzen

🎯 Du siehst, dass Spannarbeit in Hubenergie umgewandelt werden kann.
Du weisst, dass sich die gleiche Energiemenge in unterschiedlicher Form zeigen kann.
Du erfährst, dass Wärme eine Energieform ist.
Du kennst den Begriff Nutzenergie.
Du kannst den Wirkungsgrad einer Maschine berechnen und in Prozent angeben.

🕐 2 Lektionen, in 2er- oder 4er-Gruppe

Ⓜ Starke, dünne Schnur, Klappmeter oder Wandtafellineal, Stativfuss und anderes Stativmaterial, Klebstreifen, Kartonrohr mit Deckel (Ø ca. 10 cm, Länge mindestens 50 cm), Sand oder Tarierschrot (200 g), Alkoholthermometer

Durchführung und Beobachtung

1. Fallröhre

> Miss mit einem Alkoholthermometer die Temperatur des Tarierschrots (oder Sands): $t_1 = $ _____ °C
> Fülle 200 g Tarierschrot oder Sand in ein Kartonrohr von mindestens 50 cm Länge und etwa 10 cm Durchmesser und verschliesse es gut mit einem Kartondeckel (evtl. ankleben).
> Drehe das Rohr 50-mal. Achte darauf, dass nach jeder Umdrehung genügend Fallzeit für den Inhalt bleibt.
> Miss anschliessend nochmals die Temperatur: $t_2 = $ _____ °C
> Beschreibe das Experiment aus energetischer Sicht!

Der Inhalt hat insgesamt 50-mal die Papprohrlänge durchfallen. Bei jeder Umdrehung ist Hubenergie in Wärmeenergie umgewandelt worden. Dadurch wurden die Moleküle des Schrotts und der Pappe durchschnittlich schneller, und die Temperatur stieg an.

2. Jo-Jo (Maxwell'sches Rad)

> Baue mit Stativmaterial eine Vorrichtung wie im Bild: Knüpfe zwei dünne starke Schnüre im Abstand von 15 cm ganz eng an die Stange und klebe über die beiden Schlaufen einen Klebestreifen.
> Die beiden losen Schnurenden befestigst du auf die gleiche Art und Weise an einer kleinen Stativstange, nachdem du einen symmetrisch gebauten Stativfuss daraufgesteckt hast. Die Stativstange muss exakt horizontal hängen!
> Drehe die kleine Stativstange des Jo-Jos, bis die beiden Schnüre so weit wie möglich auf ihr aufgewickelt sind. Lasse sie dann los. Was geschieht aus energetischer Sicht?

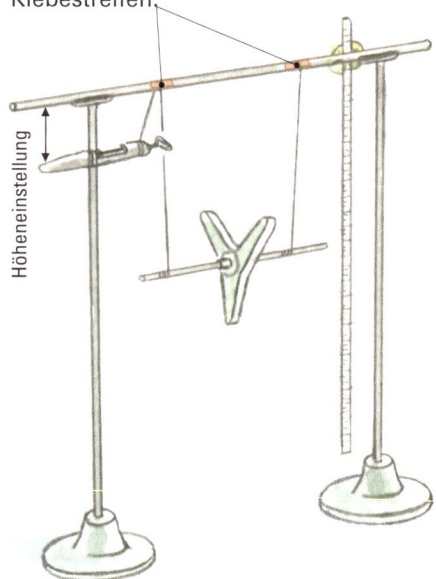

Hubenergie verwandelt sich über Rotationsenergie des Rades und Bewegungsenergie (Translationsenergie) des ganzen Jo-Jos wieder in Hubenergie. Im untersten Punkt wird Energie an die Aufhängung übertragen. Während des ganzen Prozesses fliesst mechanische Energie als Wärme in die Umgebung. Deshalb erreicht das Jo-Jo auch nie seine Ursprungshöhe.

Technik be-greifen **Versuch 9**

> Merke dir vor dem Loslassen des Jo-Jos die Starthöhe h_0 und dann die Höhe h_1 (bezogen auf die Nulllage), die das Rad nach dem Aufstieg gerade noch erreicht.

> In welche Energieform hat sich die ursprüngliche Hubenergie verwandelt? Wie viel Prozent beträgt der Verlust an der ursprünglichen Hubenergie (potentielle Energie der Höhenlage)?

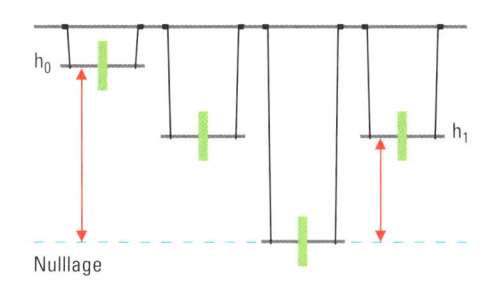

In Wärme und Hubenergie an der neuen Position! Da die Hubarbeit proportional zur Hubhöhe ist, berechnet sich der prozentuale Verlust aus der Differenz der Start- und Endhöhe dividiert durch die Starthöhe und das Resultat mal 100%, also $\frac{h_0 - h_1}{h_0} \cdot 100\%$

> Lasse das Rad aus der Höhe h_1 los und berechne wieder den prozentualen Verlust bezogen auf h_1. Fahre so fort und erstelle eine Liste.

3. Wirkungsgrad

Das Maxwellrad ist eine Art Maschine, zu deren Antrieb Energie nötig ist. Die anfänglich investierte Menge an Hubenergie konnte in der ersten Runde nicht vollständig zum erneuten Anheben des Rades genutzt werden, da ja ein Teil davon als Wärme in die Umgebung floss; die Hubenergie konnte also nicht vollständig in Nutzenenergie umgewandelt werden. Leider ist es unmöglich, mit einer Maschine 100% der investierten Energie in Nutzenenergie zu verwandeln, da immer ein Teil als Abwärme verloren geht.

> Was bedeutet die Aussage: «Der Wirkungsgrad eines Kernkraftwerkes beträgt rund 30%.»?

Die in einem neuen Brennelement theoretisch verfügbare Energie wird nur zu 30% in elektrische Energie umgewandelt, der Rest geht als Abwärme in die Flusskühlung oder durch den Kühlturm in die Luft.

Beispiele für Wirkungsgrade

Energiewandler oder Maschine	von der ... Energieform	in die ... Energieform	Wirkungsgrad [%]
Ottomotor	chemischen	mechanische	15 bis 25
Elektromotor	elektrischen	mechanische	50 bis 98
Glühlampe	elektrischen	Licht-	1 bis 5
Leuchtstofflampe	elektrischen	Licht-	10 bis 15
Windgenerator	mechanischen	elektrische	20 bis 40
Brennstoffzelle	chemischen	elektrische	50 bis 80
Solarzelle	Licht-	elektrische	5 bis 25

Wirkungsgrad einer Glühbirne

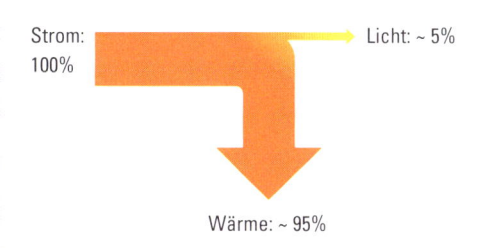

Strom: 100%
Licht: ~ 5%
Wärme: ~ 95%

Nur 5% der elektrischen Energie werden in Lichtenergie umgewandelt! Ein Grund dafür, Glühlampen zu verbieten!

> Welches Fahrzeug hat einen grösseren Wirkungsgrad, bezogen auf die zur Verfügung stehende Betriebsenergie? Ein Solarmobil oder ein Auto mit Brennstoffzellen?

Das Auto mit Brennstoffzellen.

Elastizität und Plastizität
Kräfte verformen Körper

Schülerinnen und Schüler
> erhalten eine Vorstellung vom elastischen und plastischen Verhalten fester Körper.
> wissen, dass das Gesetz von Hooke ein Spezialfall ist.
> bekommen einen Einblick in ein Gebiet der Bauphysik.
> können eine Messreihe grafisch darstellen.

Themenkreis
> Umgang mit Kräften als Ursache der Verformung fester Körper
> Einführung in messtechnische Verfahren
> Messen und Erstellen von Grafiken

Vorkenntnisse
> Thema Kraft
> Proportionalität
> Fertigkeit beim Messen von Kräften

Fachlicher Hintergrund

Ut tensio, sic vis
(wie die Dehnung, so die Kraft)

Bereits Leonardo da Vinci und Galileo beschäftigten sich mit der Biegetheorie von Balken. 1668 fand der englische Physiker Robert Hooke (1635–1703) heraus, dass viele Körper unter Einwirkung einer Kraft (vis) proportional dazu eine «Dehnung» (tensio) erfahren (Gesetz von Hooke). Er gilt deshalb als einer der Begründer der modernen Baustatik.

Das Gesetz von Hooke als Spezialfall der Elastizitätslehre

Die folgende Grafik zeigt die Spannungs-Dehnungs-Linie eines zähen metallischen Baustoffs (wie z.B. Baustahl) bis zum Reisspunkt.

In den linearen Bereichen vom Nullpunkt bis zur Proportionalitätsgrenze (Punkt A) verhält sich dieser Stoff elastisch und genügt dem Gesetz von Hooke. Zwischen dem Punkt A und der Elastizitätsgrenze (Punkt B) bleibt der Stoff elastisch – nach dem Absetzen der Spannung nimmt er wieder seine ursprüngliche Länge an – Dehnung und Spannung verhalten sich jedoch nicht mehr proportional zueinander. Wird die Spannung weiter erhöht, bleibt das Metall dauerhaft gedehnt, auch wenn kein Zug mehr ausgeübt wird. Es durchläuft eine plastische Phase und nimmt dabei viel Verformungsenergie auf. Am Punkt C reisst der Baustoff.

Im Vergleich dazu zeigen spröde Stoffe wie z.B. Glas ein linear elastisches Verhalten und weisen vor dem Bruch nur eine kleine Dehnung auf. Baustoffe werden hauptsächlich auf ihr Verhalten unter Druck, Zug oder Biegung geprüft.

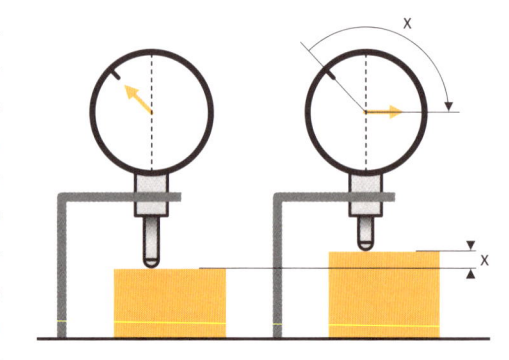

Längenänderungen können mit mechanischen Messuhren bis auf Mikrometer, (1/1000) mm, gemessen werden. Der Taststift der Messuhr folgt den Verschiebungen eines Messpunktes. Über ein Räderwerk werden sie übersetzt und auf einem Zifferblatt angezeigt. Moderne Uhren besitzen eine digitale Anzeige, die auf einen Computer gesendet werden kann.

Häufig interessiert auch die Festigkeit bei Beanspruchung durch Schub oder durch Verdrehen (Torsionsfestigkeit).

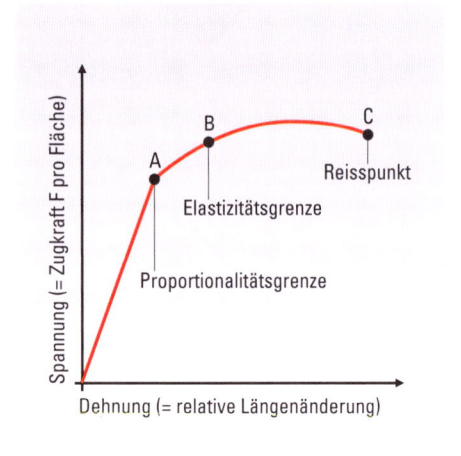

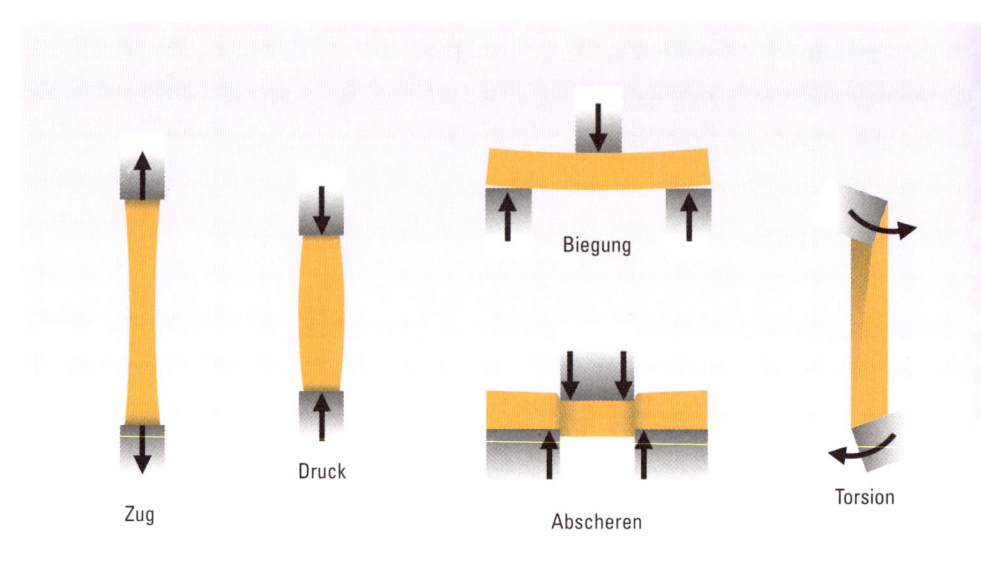

44

Technik be-greifen Versuch 10

Anmerkungen

Zu den Versuchen

Zuerst wird die Abhängigkeit der Verlängerung eines Gummibandes von der verlängernden Kraft untersucht. Hier gilt das Gesetz von Hooke nur für sehr kleine Verlängerungen. Das Tempo der Kraftzunahme beeinflusst die Zerreissgrenze.

Das Gesetz von Hooke wird mit der Verbiegung einer Fahrradspeiche gezeigt. Die Schülerinnen und die Schüler erfahren dabei, dass dieses Gesetz nicht nur für die Verlängerung von Schraubenfedern (wie sie bei Newtonmetern zur Anwendung kommen) stimmt.

Statt Wasser können im ersten Experiment auch Sand, Schrauben oder andere Materialien als Gewichte benutzt werden.

Erstellen einer Grafik

Das Erstellen einer Grafik bietet verschiedene didaktische Schwierigkeiten. Es ist wichtig, dass Grafiken zuerst von Hand und erst in einer späteren Phase mit dem Computer (z.B. im Excel) hergestellt werden.

Folgendes Vorgehen ist empfehlenswert:

Der gewünschte Messbereich soll zuerst experimentell grob ausprobiert werden. Wird beim Gesetz von Hooke nur bis zur plastischen Verformung untersucht, muss diese Grenze in einem Vorversuch erkundet werden. Interessiert nur der plastische Bereich, ist auch eine untere Grenze zu bestimmen, nämlich der Übergang vom elastischen zum plastischen Zustand.

Die beiden Grenzen bestimmen das Format der Grafik. Dieses soll in der Regel etwa quadratisch sein. Auch die Wahl der Einheit ergibt sich daraus. Beide Achsen dürfen verschiedene Einheiten haben, insbesondere dann, wenn Messgrössen unterschiedlicher Dimension zueinander in Relation gesetzt werden. Die Messpunkte sollten so gewählt werden, dass sie in der Grafik nirgends gehäuft auftreten und keine «Messlöcher» offen lassen.

Die messtechnische Bedeutung des Nullpunktes liegt auf der Hand. Häufig ist dieser Punkt der sicherste Wert in der Grafik. Wird ein Ausschnitt gewählt, der den Nullpunkt nicht enthält, empfiehlt es sich, eine grobe Grafikübersicht zu erstellen. Dort kann dann der ausgewählte Bereich gezeigt und die Koordinatentransformation des Nullpunktes sichtbar gemacht werden.

Messwerte sind immer mit zufälligen oder systematischen Fehlern behaftet. Zufällige Fehler werden durch mehrfaches Wiederholen der Messung sicht- und abschätzbar. Systematische Fehler können mit theoretischen oder messkritischen Überlegungen erkannt werden.

Messwerte sollen als Punkte in die Grafik eingetragen werden: Die obere und die untere Genauigkeitsgrenze wird sowohl auf der x- wie auch auf der y-Achse für jeden Messwert eingetragen. Diese vier Grenzpunkte erzeugen ein ellipsenförmiges Gebiet, in dem der «wahre Wert» mit grosser Wahrscheinlichkeit liegt. Sind die Messgrössen zueinander korreliert, lässt sich dann später eine stetig verlaufende «Messkurve» so legen, dass alle Fehlerellipsen gerade noch berührt werden (Ausgleichskurve). Gewitzte Schülerinnen und Schüler sollen dazu angehalten werden, die Messkurven auch mathematisch formal zu beschreiben. So ergibt sich aus der Steigung der «Hooke'schen Geraden» bei der Messung an einer Schraubenfeder das Gesetz von Hooke und der Wert der Federkonstanten.

Positive oder negative Kraft?

Die Rückstellkraft bekommt standardmässig das negative Vorzeichen (z.B. bei einer Schraubenfeder). F ist also der Auslenkung entgegengesetzt. Wird eine Feder durch eine von aussen wirkende Kraft verlängert, bekommt die dafür investierte Arbeit das positive Vorzeichen.

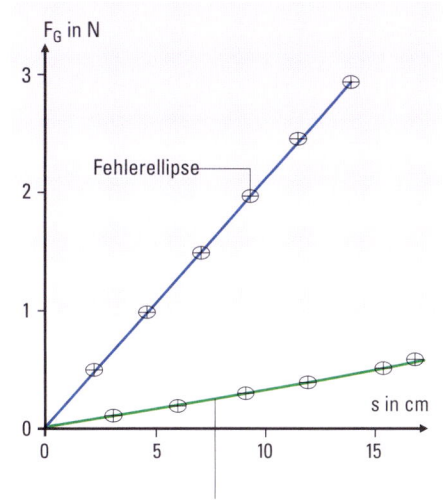

Die Verlängerung s der Feder ist proportional zur Zugkraft. Es gilt $F = D \cdot s$, D entspricht der Steigung der Geraden F(s) und beträgt hier ca. 0,03 N/m.

Links & Literatur

http://www.sandwichbau.com/German/library/biegetheorie.htm
Eingespannter Balken mit Last aus Galileis Discorsi e dimostrazioni
TIPLER, PAUL A.: *Physik.* Spektrum Akad. Verlag, Heidelberg-Berlin-Oxford 1995.

Kräfte verformen Körper

🎯 Du siehst, wie sich feste Stoffe unter Einwirkung von Kräften verhalten.
Du kannst plastisches und elastisches Verhalten unterscheiden.
Du weisst, wie eine Messreihe aufgenommen und grafisch dargestellt wird.
Du kennst das Gesetz von Hooke und seine Grenzen.

⏱ 2 Lektionen, in 2er-Gruppen

Ⓜ Kurze schmale Gummibänder aus dem Büro (neue oder im Dunkeln gelagerte), ca. 300 g Plastilin, Pfeifenputzer, Messbecher (½ l oder 1l), Eimer (5–10 Liter), Doppelmeter, Fahrradspeiche, Massstab oder Wandtafellineal, Stativmaterial, Schnur, Waage, Gewichte

Durchführung und Beobachtung

1. **Experiment mit dem Gummiband**
   Wenn du ein Bürogummiband nur wenig streckst, kehrt es nach dem Loslassen in seine ursprüngliche Form zurück. Es verhält sich also elastisch. Wenn du rasch und stark ziehst, reisst es. Im folgenden Versuch erfährst du, dass Gummibänder auch plastisch verformt werden können.
   > Hänge dazu auf dem Pausenplatz ein Gummiband an einen Haken oder mithilfe einer Schnur an den unteren Ast eines Baumes – etwa 1,5 bis 2 m über dem Boden. Befestige das Gummiband mithilfe eines Pfeifenputzers oder einer dicken Schnur am Henkel eines leeren Eimers.
   > Miss die Länge des Gummibandes und trage diese in die Tabelle unter der Wassermenge «0 Liter» ein.
   > Giesse ganz langsam Wasser in Halbliterportionen in den Eimer.
   > Miss nach jeder Wasserzufuhr von einem ½ Liter die ungefähre Länge (auf cm gerundet) des gedehnten Gummibandes und schreibe den Wert in die Tabelle!
   > Wenn 3 l im Eimer sind, leere ihn und miss die Bandlänge mit dem leeren Eimer daran. Wenn das Band vorher reisst, starte den Versuch mit einem neuen Band und unterbrich die Messreihe bereits früher!
   > Wie verhält sich das Band? Wie lang ist es, wenn der Eimer wieder leer ist? Halte deine Beobachtungen schriftlich fest.
   > Fülle den Eimer wieder ganz langsam mit 3 l Wasser und mach weiter wie vorher, bis das Band reisst.
   > Was fällt dir auf bei diesem Versuch?

   Das Band wird plastisch verformt, nimmt also seine ursprüngliche Form nicht mehr an. Es bleibt aber trotzdem immer ein wenig «elastisch». Viele Stoffe verhalten sich ähnlich, wenn sie stark verformt werden.

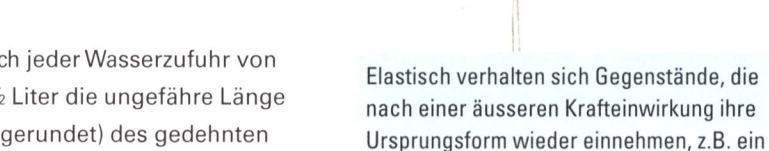

Elastisch verhalten sich Gegenstände, die nach einer äusseren Krafteinwirkung ihre Ursprungsform wieder einnehmen, z.B. ein Tennisball.

Plastisch verhält sich z.B. ein Kaugummi, der auseinandergezogen wird. Er behält danach seine neue Form.

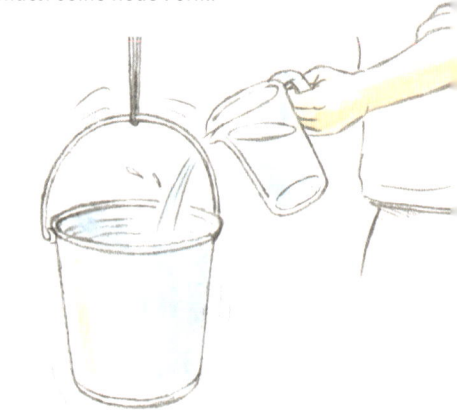

							stopp	entleert	wieder voll		Bandriss
Wassermenge (Liter)	0	½	1	1½	2	2½	3	0	3	3½ …	
Länge des Gummibandes (cm)											
Länge des Gummibandes (cm)											

Technik be-greifen **Versuch 10**

2. Experiment mit der Fahrradspeiche aus Stahl

> Spanne und belaste sie wie im Bild gezeigt. An der Schnur befestigst du mehr und mehr Plastilin.
> Bestimme mit dem Massstab jedes Mal die Auslenkung der freien Speichenspitze aus ihrer unbelasteten Lage und dazu mit einer Waage die gesamte angehängte Plastilinmenge.
> Beende den Versuch, wenn die Auslenkung 10 cm erreicht hat.

> Halte die Ergebnisse in einer Tabelle fest. Berechne die Kraft F in Newton, indem du die Plastilinmasse in kg mit dem Ortsfaktor g = 9,8 N/kg multiplizierst. Gib das Resultat in mN (Milli-newton) an.

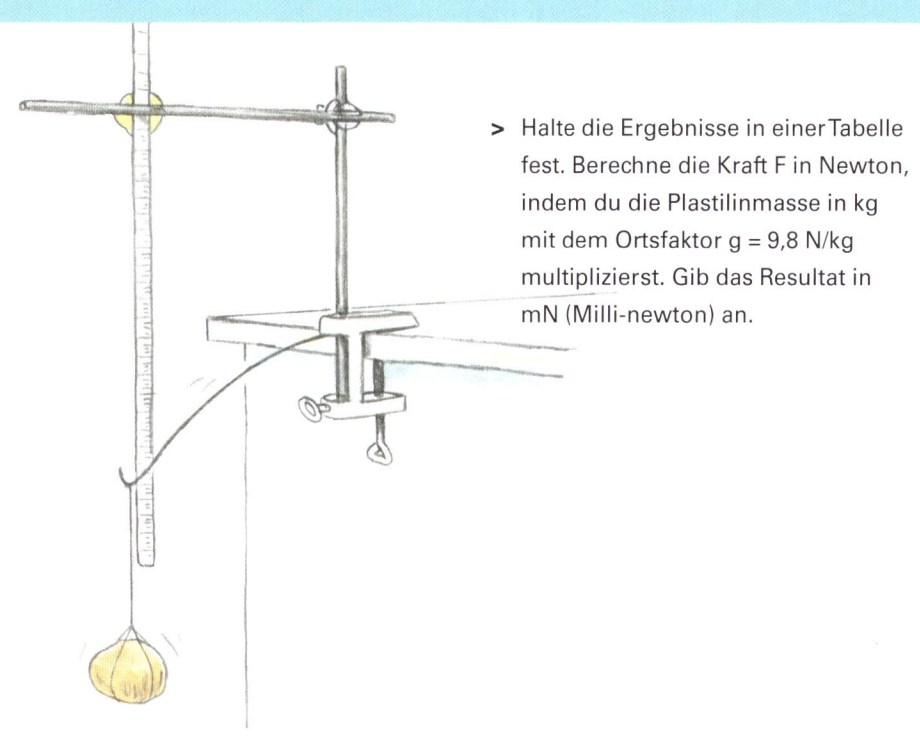

Plastilin in kg	0 kg	0,05 kg					
Kraft F auf die Speichenspitze (mN)	0 mN	491 mN					
Auslenkung x (mm)	0 mm	mm					
Berechne die Speichenhärte D = F/x (N/m)		N/m					

> Erstelle auf einem separaten Blatt eine Grafik mit der Auslenkung x auf der x-Achse und der Kraft F auf der y-Achse.
> Was kannst du aus der Grafik herauslesen? Vergleiche die Werte von D!

Der Quotient D = F/x bleibt nahezu gleich. Die Speiche verhält sich in diesem Bereich elastisch. Ändert er sich stark, ist die Speiche kräftemässig über den elastischen Bereich beansprucht worden.

> Der Wert D heisst Direktionsgrösse (hier auch «Speichenhärte»). Bestimme seinen Mittelwert im elastischen Bereich. (Lass also stark abweichende D-Werte bei der Berechnung weg.)
> D =   Was gibt D an?

D ändert sich nur wenig, da F und x zueinander proportional sind. D gibt an, wie viel Kraft es bräuchte, um die Spitze 1 m auszulenken, sofern das möglich wäre.

> Hänge zum Vergleich ein Gewicht an ein Newtonmeter und bestimme mit einer einzigen Messung die Federhärte D.

Beispiel: 5 N verlängern die Schraubenfeder um 2,5 cm. D = 500 cN/2,5 cm = 200 N/m. Die Federhärte D gibt hier an, dass durch die Einwirkung von 200 N Kraft die Feder gerade um 1 m verlängert würde, falls das möglich wäre.

Molekularkräfte
Kleben ohne Leim

Schülerinnen und Schüler
> sehen die Wirkung von Adhäsionskräften.
> erfahren die Oberflächenspannung als Folge von Kohäsionskräften.
> können über ein Experiment die Grösse der Oberflächenspannung von Wasser abschätzen.
> wissen um die Wichtigkeit der Molekularkräfte in Wissenschaft und Technik.

Themenkreis
> Einführung in die Physik der Oberflächen fester und flüssiger Stoffe

Vorkenntnisse
> Gewichtskraft, Kreisberechnung
> Fertigkeit im selbstständigen Experimentieren

Fachlicher Hintergrund

Volumenbestimmende Kräfte

Zwischen den Molekülen, Atomen oder Ionen von festen Körpern und Flüssigkeiten wirken anziehende und abstossende Kräfte. Sie regulieren die Abstände dieser Teilchen und halten sie in einer Gleichgewichtslage. Eine wichtige Rolle spielen elektrische Kräfte (Coulombkräfte) bei Ionenbindungen (z.B. in Salzlösungen) oder bei den Wechselwirkungen zwischen den molekularen Dipolen polarer Flüssigkeiten (z.B. Wasserstoffbrücken). Sehr stark zusammenhaltend sind unpolare kovalente Bindungen wie die Elektronenpaarbindungen von Metallen. Als Abstandhalter der Stoffteilchen wirken ausser den Elektronenhüllen die noch viel stärkeren Kernkräfte. Zwischen allen Atomen und Molekülen wirken ausserdem schwache elektrostatische Kräfte, die als Folge von temporären Ladungsverschiebungen in den Stoffteilchen verstanden werden. Sie heissen Van-der-Waals-Kräfte. Diese wirken praktisch nur zwischen direkt benachbarten Teilchen.

Kohäsionskräfte

Kohäsion ist die Folge zwischenmolekularer Kräfte. Bei Gasen zeigen sich diese Kräfte erst bei tiefen Temperaturen oder hohem Druck. In Flüssigkeiten sind sie verantwortlich für die Oberflächenspannung. Ein Molekül der Flüssigkeitsgrenze wird durch Molekularkräfte so lange gegen das Volumeninnere gezogen, bis es mit den abstandhaltenden Kräften der innenliegenden Teilchen im Gleichgewicht ist. Die abstandhaltenden Kräfte sind Reaktionskräfte wie die Reibung oder Normalkraft bei Festkörpern. Ein von der Oberfläche nach innen oder nach aussen ausgelenktes Teilchen wird durch die resultierenden Kohäsionskräfte wieder zurückgezogen.

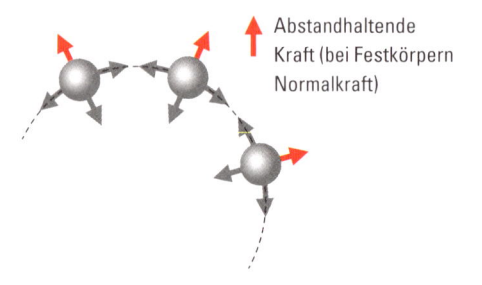

Abstandhaltende Kraft (bei Festkörpern Normalkraft)

Parallel zur Oberfläche lassen sich Moleküle zwar leicht verschieben, bilden aber eine zusammenhängende Schicht. Wird eine waagrechte Oberfläche durch einen nicht netzenden Körper eingedellt, trägt sie den Körper, bis die Oberfläche aufreisst.

Adhäsionskräfte

Berühren sich die Moleküle zweier Körperoberflächen, haften sie mehr oder weniger stark aneinander, hervorgerufen durch gegenseitige Anziehungskräfte. Solche Adhäsionskräfte wirken zwischen festen, zwischen festen und flüssigen sowie als Adsorption zwischen festen und gasförmigen Körpern.

Kapillarität

Kapillarität handelt vom Phänomen, dass Flüssigkeiten in Gefässen höher oder tiefer stehen können, als es nach dem Gesetz der verbundenen Gefässe sein müsste. Sie entsteht als Zusammenspiel von Kohäsion der Flüssigkeit und Adhäsion zwischen ihr und der Gefässwand. Ist die Adhäsion grösser als die Kohäsion, steigt die Flüssigkeit am Gefässrand. Die Flüssigkeit heisst dann benetzend (Wasser oder Alkohol in Glas). Im umgekehrten Fall überwiegt die Kohäsion und die Oberfläche senkt sich gegen den Rand. Nicht benetzend ist z.B. Wasser in Paraffin. In dünnen Röhrchen fehlt der ebene Teil der Flüssigkeit und es bildet sich ein kugeliger «Meniskus».

Der «Gecko-Effekt»

Geckos besitzen Haftflächen an ihren Zehen, die auf fast jeder Oberfläche hervorragend haften. Die Zehen selber kleben aber nicht zusammen, ihre Haftflächen werden nicht schmutzig und nützen sich nicht ab. Beim Rennen können sie aber innerhalb von Millisekunden vom Untergrund gelöst werden.

Die Struktur der Geckozehen kann mit der Elektronenmikroskopie sichtbar gemacht werden: Die Zehen sind mit Querrippen überzogen. Diese sind mit haarartigen Stielen (Setae) bedeckt. Die Enden der Stiele verzweigen sich in Hunderte winzige Endungen (Spatulae) im Nanometergrössenbereich. Diese Spatulae treten in Kontakt mit der Auftrittfläche der Geckos.

Forschungsresultate der letzten Jahren lassen vermuten, dass nur Van-der-Waals-Kräfte Ursache der «Klebrigkeit» sind, die Geckos auf glatten und rauhen, hydrophilen und hydrophoben, polarisierbaren, nassen und trockenen Materialien haften lässt. Die Haftung misslingt einzig auf Materialien, die kaum polarisierbar sind, z.B. Polytetrafluorethylen (PTFE oder Teflon). Die Spatulae der Geckos selbst bestehen aus Beta-Keratin, einer Hornsubstanz, die hydrophob ist.

Technik be-greifen   **Versuch 11**

Da die Kohäsionskraft des Wassers kleiner ist als seine Adhäsion am Glas, wird die Oberfläche am Glas «hinaufgezogen».

Da die Adhäsion zwischen Wasser und Paraffin kleiner als die Kohäsion von Wasser ist, wölbt sich die Wasseroberfläche nach oben und bildet einen «Meniskus».

Das Zusammenspiel von Adhäsion und Kohäsion lässt sich mit folgenden Versuchen zeigen. Mit zwei Glasrechtecken (z.B. Objektträgern für die Mikroskopie), Tape und einem ausgewallten Teig aus Plastilin kann auf einfache Weise ein wasserdichtes dreieckprismatisches Gefäss mit kleinem Öffnungswinkel hergestellt werden.

Das Gefäss wird nun vorsichtig mit eingefärbtem Wasser gefüllt und das Resultat diskutiert.

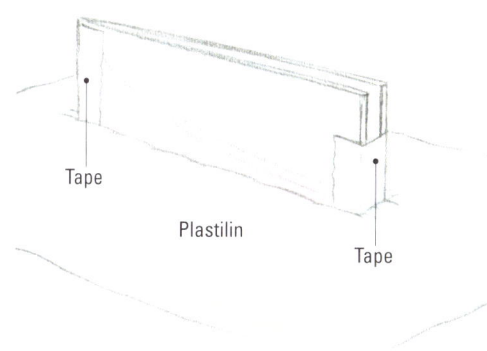

Die Haftfläche der beiden Vorderfüsse des Geckos mit dem Namen Gekko gecko beträgt rund 230 mm², das entspricht der Fläche eines Fünfrappenstücks. Ihre Haftkraft beträgt zusammen 20 N, das entspricht der Gewichtskraft von etwa 2 kg Masse. Ein Gecko besitzt eine Körpermasse von 50 bis 150 g.

Wenn die durch Messungen bestimmte Haftkraft eines einzelnen Haftstiels auf die Anzahl aller Setae an den Zehen aufgerechnet würde, ergäbe das eine Haftkraft von 1300 N. Es sind also jeweils maximal 3% der Setae im Gebrauch. Die Ablösung erfolgt rein mechanisch durch die Änderung des Stielschaftwinkels um 30 Grad.

Um das Haftprinzip der Geckos für die Technik nutzbar zu machen, sind verschiedene Forschungsteams am Testen und Entwickeln von Materialien mit Nanostrukturen. Bereits wurde ein nickelhaltiges Material mit der Struktur von Balken entwickelt, die in einem spatulaartigen Paddel enden. Die Ablösung findet durch das Ansetzen eines Magnetfelds statt, das die Form der Nickelbalken reversibel verändert. Die Forschenden hoffen, die damit erreichte Adhäsionsfähigkeit erhöhen zu können.

Anmerkungen

Wenn der mit einer Flamme erhitzte Metallgriff einer Gabel in das Wachs einer Rechaudkerze gedrückt und das Loch zur Hälfe mit Wasser gefüllt wird, bildet die Wasseroberfläche eine kugelige Erhöhung. Mit Wasser in einem Reagenzglas hingegen entsteht ein kugeliger Trichter.

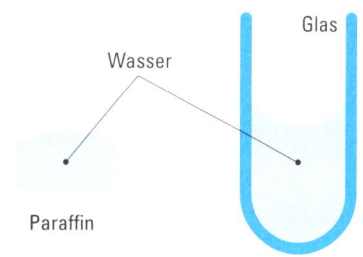

Je kleiner der Plattenabstand, umso höher steht das Wasser. Die Adhäsionskraft muss an den dünnen Stellen eine kleinere Flüssigkeitssäule «tragen».

Links & Literatur

AUTUMN, KELLAR: *How gecko toes stick*. American Scientist 94, 124 2006.
AUTUMN, KELLAR et al.: *Evidence for van der Waals adhesion in gecko setae.*
Proceedings of the National Academy of Sciences, USA 99(19): 12252–12256. www.pnas.org
NORTHEN, MICHAEL T. et al.: *A Gecko-Inspired Reversible Adhesive.*
Adv. Mater. 20, 1 (2008). http://dx.doi.org/10.1002/adma.200801340
www.pro-physik.de
www.wori.de/html/messverfahren_rheologie.htm
www.chemie.uni-rostock.de/pci/ludwig/teaching/grenzflaechen/documents/GK-6.pdf
www.wori.de/html/messverfahren_rheologie.htm (vereinfachte Du Noüy-Ring-Methode)

Kleben ohne Leim

🎯 Du siehst, dass Stoffe ohne Leim aneinanderkleben.
Du kannst aus einem Experiment die Oberflächenspannung von Wasser abschätzen.
Du weisst den Unterschied zwischen Adhäsion und Kohäsion.

⏱ 2–4 Lektionen, 2er- oder 4er-Gruppen

Ⓜ 2 Objektträger, Schnur, Faden, Zirkel, Joghurtbecher (500 ml), Stativmaterial, Messbecher, 4 Streichholzschachteln, Alkohol (Brennsprit), Spülmittel, Tischwaage (Genauigkeit 0,1 g), Aluminiumbecher einer Rechaudkerze, Glaswännchen oder Petrischale

Wie gehen Geckos die Wände hoch?

Die Geckos nutzen die Adhäsionskräfte, um ohne Klebstoff oder Saugnäpfe senkrechte Flächen zu erklimmen. Die Unterseiten ihrer Füsse tragen feinste Härchen. Diese treten in ganz engen Kontakt mit den Molekülen der Auftrittfläche und bleiben an ihr haften. Sogar auf Glas! Die Klebekraft eines Geckos (50–150 g Körpermasse) beträgt weit mehr als das 20-Fache des Körpergewichts. Forscher versuchen, dieses biologische Phänomen in der Technik zu nutzen.

Durchführung und Beobachtung

1. Flüssige «Klebstoffe»

> Unterstütze ein Objektträgerglas auf beiden Seiten durch je eine Streichholzschachtel. Befeuchte die Unterseite.
> Drücke ein zweites Objektträgerglas möglichst stark von unten «im Kreuz» an das erste. Auf seinen überstehenden Seitenflächen stellst du je eine Streichholzschachtel und darauf den Joghurtbecher mit einer Schnur als Henkel. Sichere es mit Hilfe einer Stativstange vor dem Herunterfallen.
> Giesse langsam Wasser in den Becher, bis sich der untere vom oberen Objektträger losreisst.
> Bestimme die gesamte Masse m, mit der du den unteren Objektträger belastet hast.
> Wiederhole das Experiment, nachdem du die Objektträgergläser mit Alkohol, mit Spülmittel versetztem Wasser oder mit einer Flüssigkeit deiner Wahl befeuchtet hast.
> Geht es auch mit trockenen Gläsern? Zwischen den Versuchen die Gläser mit Alkohol gut reinigen!
> Halte deine Messungen in der Tabelle fest und ergänze sie.

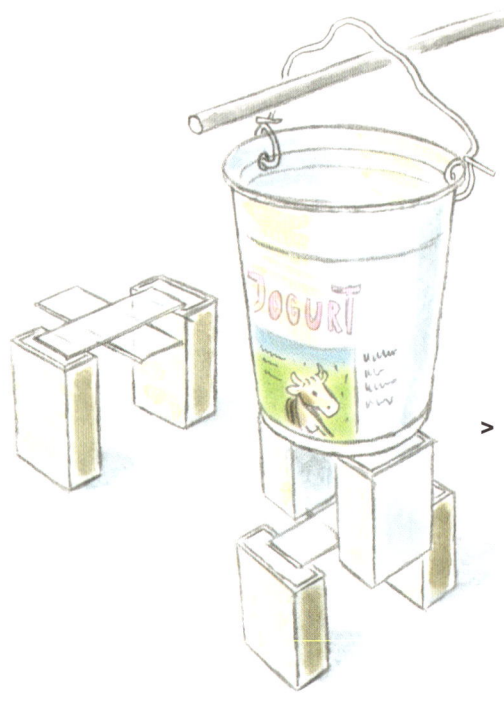

Flüssigkeit	Masse m in kg	Gewicht $F_G = m \cdot g$ (mit g = 10 N/kg)
Wasser	0,21 kg	2,1 N
Alkohol	0,06 kg	0,6 N
trocken	0 kg	sehr klein
Wasser mit Spülmittel	0,07 kg	0,7 N

> Was fällt dir auf?

Die Gläser scheinen zusammengeklebt zu sein, lassen sich aber seitlich verschieben. Der Versuch gelingt mit trockenen Platten nicht. (Die Zahlenwerte können vom Beispiel stark abweichen.)

Technik be-greifen **Versuch 11**

Das Wasser haftet an beiden Gläsern. Zwischen den Wassermolekülen (Wasserteilchen) und den Glasmolekülen (Glasteilchen) wirken anziehende Kräfte – sie heissen Adhäsionskräfte. Solche Kräfte wirken auch zwischen zwei Glasflächen. Die eine Glasfläche berührt die auf sie gedrückte andere Glasfläche aber nur in einzelnen Punkten. Wasser hingegen berührt beide Gläser auf der ganzen Fläche. Die Stärke der Adhäsion hängt also davon ab, wie gut sich die Oberflächen berühren. Die Wassermoleküle selber haften unter sich ebenfalls zusammen. Diese, einen Stoff zusammenhaltenden Kräfte heissen Kohäsionskräfte. Das Gleiche gilt für die Glasmoleküle.

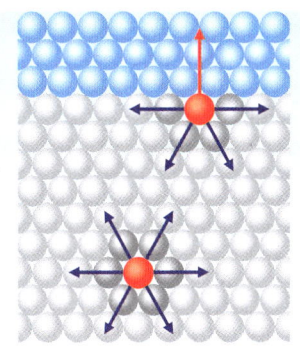

Adhäsionskraft
Anziehung durch die Moleküle an der Grenzfläche und der angrenzenden Oberfläche einer anderen Substanz.

Kohäsionskraft
Anziehungskraft auf ein herausgegriffenes Molekül durch seinen Nachbarn derselben Substanz.

2. Oberflächenspannung

> Stanze in den Alubecher einer Rechaudkerze mit einer Zirkelspitze drei Löcher.
> Hänge durch diese Löcher den Becher mit dem Boden nach oben an Fäden über die Wasserfläche eines Gefässes, das auf einer genauen Waage steht.
> Halte die über eine Stativstange oder Umlenkrolle geführte Schnur so, dass der Rand des Alubechers gerade ins Wasser eingetaucht ist.
> Lies die Waage ab. Ziehe nun langsam am Faden, bis die Flüssigkeit am Becher abreisst. Lies die Anzeige der Waage unmittelbar vor dem Abreissen ab (in kg).
> Berechne daraus, um wieviel weniger die Waage beim Abreissen anzeigt (m). Das Gewicht von m entspricht der Kraft F, dem Gewicht des vom Alu-Becher angehobenen Flüssigkeitsfilms.
> Berechne F aus F = mg mit $g = 10 \frac{N}{kg}$. Nun kannst Du die Oberflächenspannung der Flüssigkeit, nämlich $\frac{F}{s}$ berechnen. Die Strecke s entspricht dem Umfang des Alu-Bechers.

F sei die Kraft, die der Flüssigkeitsfilm an der Abrisslinie auf die am Alu haftenden Moleküle ausübt

Der Literaturwert 0,072 N/m für die Oberflächenspannung von Wasser ist mit dieser Methode etwa auf 50 % genau bestimmbar. Zu erwarten sind Messwerte zwischen 0,04 und 0,1 N/m. Eine Seifenblasenmischung hat eine viel grössere Oberflächenspannung, Wasser mit Spülmittel fast keine.

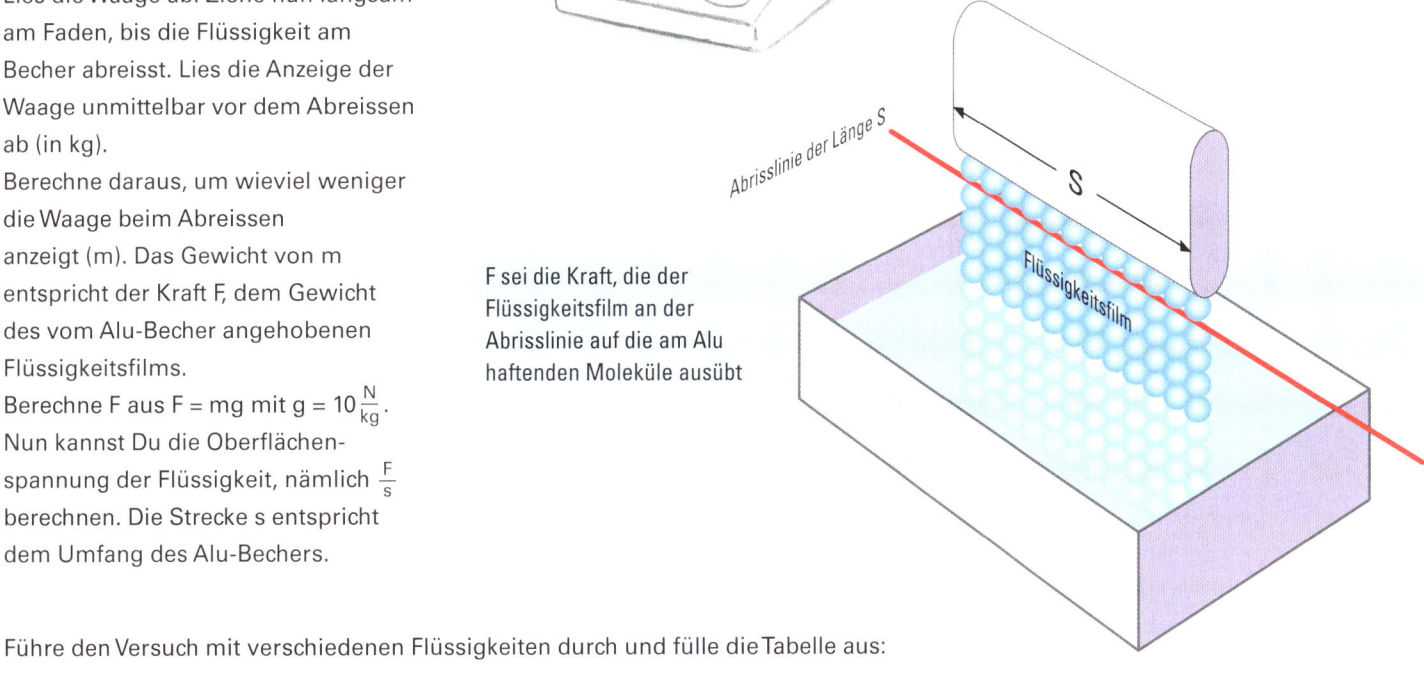

Führe den Versuch mit verschiedenen Flüssigkeiten durch und fülle die Tabelle aus:

Umfang u des Alubechers in m: 0,125 m

Flüssigkeit	Alubecher eingetaucht in Gramm	vor dem Abreissen in Gramm	Differenz m in kg	F = m · g (mit g = 10 N/kg) = m · 10 N/kg	Oberflächenspannung = F/u
dest. Wasser	54,1 g	53,2 g	0,9 g = 0,0009 kg	0,009 N	0,07 N/m
Seifenwasser	abhängig von Konzentration				
Alkohol	55,3 g	55,1 g	0,2 g = 0,0002 kg	0,002 N	0,02 N/m

51

Leiter und Isolatoren
Gute und schlechte Stromleiter

Schülerinnen und Schüler
> können einen einfachen Stromkreis aufbauen.
> können die Leitfähigkeit von Materialien selbst untersuchen.
> wissen, welche Materialien den elektrischen Strom leiten und welche nicht.
> verstehen die Funktion der Isolation elektrischer Apparaturen.

Themenkreis
> Umgang mit Bauteilen des elektrischen Stromkreises
> Einführung ins Thema Leiter und Isolatoren

Vorkenntnisse
> Einfacher Stromkreis mit einfachem Spannungs- und Stromstärkebegriff

Fachlicher Hintergrund

Was läuft ab im elektrischen Stromkreis?

Im Stromkreis werden freie Elektronen oder bewegliche Ionen durch ein elektrisches Feld (elektrische Kraft pro 1 C positive Ladung) in Bewegung versetzt. Positive Ladungsträger (z.B. positive Ionen in einem Elektrolyten) bewegen sich in Richtung des Feldvektors und bestimmen damit die Stromrichtung.

Im äusseren Stromkreis einer elektrolytischen Spannungsquelle (z.B. einer Taschenlampenbatterie) oder in einem Stromkreis mit einer induktiven Spannungsquelle (z.B. einem Generator) fliessen freie Elektronen gegen das elektrische Feld, also der definierten Stromrichtung entgegen. In einem metallischen Leiter kommt es zu elastischen Stössen der Elektronen mit den Atomrümpfen, anderen Elektronen und Phononen. Dabei verwandelt sich elektrische Energie, die durch die Spannungsquelle dem Stromkreis zugeführt wird, augenblicklich in Wärmeenergie. Die Leitungselektronen werden durch die Stö-

In der Festkörperphysik werden quantenmechanische Phänomene – wie die Gitterschwingungen in einem Kristall – vereinfacht durch fiktive Teilchen dargestellt. Diese «Quasiteilchen» oder «Schallquanten» werden Phononen genannt. Die Beeinflussung der freien Elektronen durch die Gitterschwingungen des Leiters können so als Stösse mit Phononen behandelt werden.

Modell der Flugbahn und Driftbewegung eines Elektrons, das sechs Stösse mit dem Atomgitter eines Metalls macht – rot ohne, blau unter Einfluss eines elektrischen Feldes.

Die effektive Geschwindigkeit der Elektronen ist von der Temperatur fast unabhängig und beträgt in Kupfer etwas mehr als 10^6 m/s. Die Driftbewegung in den Anschlussleitungen eines Haushaltsgerätes liegt hingegen nur zwischen 10^{-5} und 10^{-4} m/s !

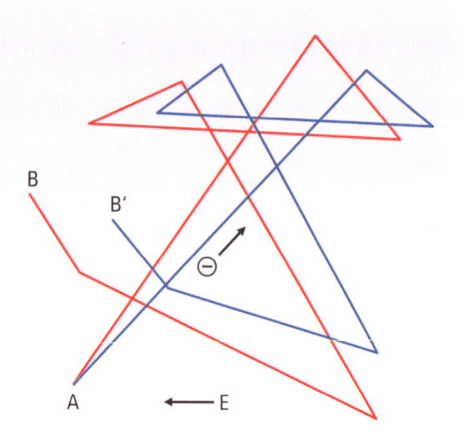

sse abgebremst und durch das Feld wieder beschleunigt.

Zwischen den Polen einer Batterie wird ähnlich wie bei einem Kondensator mit Lichtgeschwindigkeit ein elektrisches Feld aufgebaut. Die Stärke und die Richtung des elektrischen Feldes an einem bestimmten Ort zwischen den Polen werden durch die Kraft bestimmt, wie sie an dieser Stelle auf eine positive Probeladung der Grösse 1 C (Coulomb) wirken würde. Werden die Pole mit einem leitenden Material verbunden, beginnen darin vorhandene freie Ladungen zu driften. Das elektrische Feld wird je nach Leistungsfähigkeit der Batterie und je nach Stromstärke mehr oder weniger gut aufrechterhalten. Es stellt sich eine mittlere Strömungsgeschwindigkeit der freien Ladungen ein, und an den Polen findet ein Ladungsausgleichsprozess statt.

Spezifischer Widerstand

Bei der Elektrizitätsversorgung braucht es sowohl leitende als auch isolierende Materialien. Bei ihrer Wahl spielen verschiedene Faktoren eine Rolle, auch wirtschaftliche. So erhält Aluminium bei Hochspannungsleitungen den Vorzug vor Kupfer, weil es nur wenig schlechter leitet, dafür aber leichter und vor allem viel preiswerter ist. Für die Befestigung an den Masten haben sich Isolatoren aus Porzellan bewährt. Der Widerstand

Technik be-greifen

Versuch 12

eines Leiterstücks ist proportional zur Länge und indirekt proportional zu seiner Querschnittsfläche. Die materialbedingte Leitfähigkeit verschiedener Materialien wird durch eine Konstante ausgedrückt, den «spezifischen Widerstand».

Die Werte für den spezifischen Widerstand reichen von fast unendlich (Isolatoren) bis beinahe null (sehr gute Leiter). Unter speziellen Bedingungen können einige Materialien zu Supraleitern werden. Sie verhalten sich wie ein Metall, ihr Widerstand sinkt mit abnehmender Temperatur. Aber unterhalb einer kritischen Temperatur, die je nach Supraleitermaterial unterschiedlich ist, verschwindet ihr Restwiderstand sprungartig. Sie besitzen dann einen Widerstand, der wirklich null ist. Materialien, die bereits bei der Temperatur von flüssigem Stickstoff supraleitend sind, heissen «Hochtemperatur-Supraleiter». Das liegt daran, dass andere Supraleiter den Effekt erst bei der Temperatur von flüssigem Helium zeigen. Das Supraleitungsphänomen kann teilweise mithilfe der Quantentheorie verstanden werden.

Elektrische Leitfähigkeit

Der Kehrwert des spezifischen Widerstandes heisst elektrische Leitfähigkeit (Konduktivität). Sie beschreibt die Fähigkeit eines Stoffes, elektrischen Strom zu leiten. Die abgeleitete SI-Einheit der elektrischen Leitfähigkeit ist S/m (Siemens pro Meter = $1/(Ohm \cdot m) = 1\,A/(V \cdot m)$).

Die veraltete Bezeichnung Mho (Ohm rückwärts buchstabiert) oder ein verkehrtes Omega als Einheitenzeichen für das Siemens wird oft im angloamerikanischen Sprachraum verwendet, da sich die damaligen Alliierten wegen der Kriegsbeteiligung des Konzerns Siemens weigerten, die Einheit Siemens anzuerkennen.

Warum ist ein Stoff elektrisch leitfähig?

Die Leitfähigkeit eines Stoffes oder Stoffgemisches hängt von der Verfügbarkeit beweglicher Ladungsträger ab. Es handelt sich dabei um «freie Elektronen» (locker gebundene Elektronen) wie in Metallen und um Ionen oder delokalisierte Elektronen in organischen Molekülen, die häufig durch mesomere Grenzstrukturen beschrieben werden.

Mesomere sind Moleküle oder mehratomige Ionen, deren Bindungsverhältnisse nicht durch eine einzige Strukturformel, sondern nur durch mehrere «Grenzformeln» dargestellt werden können. Die tatsächliche Elektronenverteilung des Moleküls bzw. Ions liegt zwischen den von den Grenzformeln angegebenen Verteilungsmöglichkeiten.

Die Leitfähigkeit einer wässrigen Lösung steigt, wenn sie mit Ionen angereichert, ihr also Salze, Säuren oder Basen hinzugefügt werden. So hat Meerwasser eine höhere elektrische Leitfähigkeit als Süsswasser. Demineralisiertes Wasser hat eine äusserst geringe Leitfähigkeit.

In Halbleitern wird die Leitfähigkeit durch die Dotierung («gezielte Verunreinigung») mit n-Donatoren («Elektronenspendern») oder p-Donatoren («Protonenspendern») beeinflusst. Durch die p-Dotierung entstehen bewegliche Elektronenfehlstellen, auch Löcher genannt, die die Leitfähigkeit ebenso erhöhen wie die zusätzlichen freien Elektronen in n-dotierten Halbleitern.

Strom

Unter «Strom» wird hier der «Fluss» freier Ladungsträger verstanden. In anderem Zusammenhang, z.B. im Ausdruck «Stromversorgung», bedeutet «Strom» Energietransport von der Spannungsquelle zum Verbraucher.

Elektrische Leitfähigkeit verschiedener Stoffe bei 300 K

Material		Spezifische Leitfähigkeit in S/m
Silber	Metall	$61{,}39 \cdot 10^6$ (höchste Leitfähigkeit aller Metalle)
Kupfer	Metall	$58{,}0 \cdot 10^6$
Gold	Metall	$44{,}0 \cdot 10^6$
Aluminium	Metall	$36{,}59 \cdot 10^6$
Wolfram	Metall	$18{,}38 \cdot 10^6$
Eisen	Metall	$10{,}02 \cdot 10^6$
Germanium	Halbleiter	$1{,}45$
Silizium	Halbleiter	$2{,}52 \cdot 10^{-4}$
Meerwasser	–	~ 5
Leitungswasser	–	$\sim 0{,}05$
reines Wasser	–	$5 \cdot 10^{-6}$ (wird oft auch bereits als Nichtleiter bezeichnet)
Luft am Boden	–	$\sim 5 \cdot 10^{-14}$ (für Spannungen unter 3000 V/mm)

Links & Literatur

TIPLER, PAUL A.; MOSCA, GENE: *Physik für Wissenschaftler und Ingenieure.* 6. Auflage. Spektrum Verlag, Heidelberg 2009.

Gute und schlechte Stromleiter

🔘 Du kannst mit einfachen Bauteilen einen Stromkreis aufbauen.
Du siehst, welche Materialien den elektrischen Strom leiten.
Du weisst, welche Materialien als Isolatoren eingesetzt werden können.

⏱ 1 Lektion, in 2er- oder 3er-Gruppen

Ⓜ Glühlampe, evtl. Fassung, 1 m Elektrokabel, Flachbatterie, Büroklammern, verschiedene Materialien (Metalle, Porzellan, Kunststoff, Bleistift, Wasser, Salz, Zitronensaft, Seifenlauge), Becherglas, Zange, Messer. Anstelle des elektrischen Bastelmaterials kann natürlich auch Material aus Experimentierkästen oder eine Taschenlampe verwendet werden.

Durchführung

> Schneide drei Elektrokabelstücke von 30 cm Länge ab.
> Entferne bei einem Stück beidseitig die Kunststoffummantelung 1 cm lang vollständig mit dem Messer.
> Bei den anderen beiden Stücken entfernst du auf der einen Seite des Kabels den Mantel vollständig und auf der anderen Seite nur halbseitig, 1 cm vom Ende entfernt (siehe Bild 1).

> Baue gemäss Bild 2 einen vorläufig noch unterbrochenen Stromkreis auf.

> Teste ihn, indem du die Kontaktstellen (Büroklammern) verbindest.

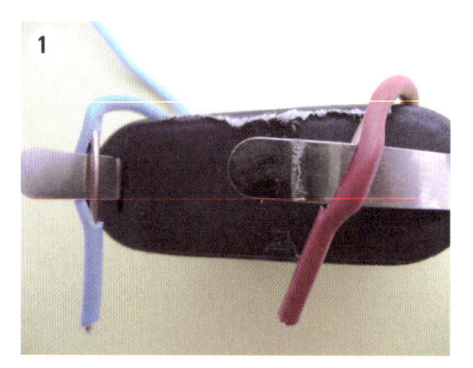

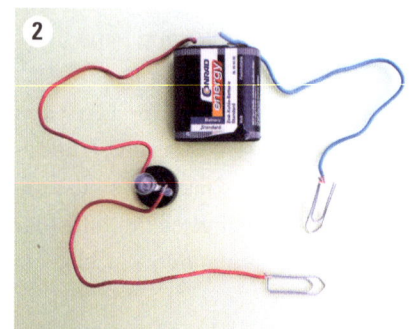

Beobachtung

1. Prüfe die Leitfähigkeit von verschiedenen Materialien, indem du sie kurz über die beiden Büroklammern in den Stromkreis einfügst. Beginne mit den Feststoffen Eisen, Kupfer, Silber, Gummi, Kunststoff, Bleistiftmine (Graphit), Zeichenkohle, Porzellan, Holz, Glas, usw. Halte deine Beobachtungen in der Tabelle oder auf einem separaten Blatt fest.

Guter Leiter	Schlechter Leiter / Nichtleiter (Isolator)

2. Untersuche anschliessend die Leitfähigkeit von Flüssigkeiten in einem Becherglas, indem du jeweils die Büroklammern (Elektroden) eintauchst: Leitungswasser, Zuckerwasser, Salzwasser, Seifenwasser, Zitronensaft, Essig, usw. Halte auch diese Beobachtungen in der Tabelle fest.

Flüssigkeit	gut ← Setze ein x → schlecht
Leitungswasser	x (schlecht)
Salzwasser	x (gut)

Technik be-greifen   **Versuch 12**

3. Untersuche die Leitfähigkeit von Leitungswasser genauer. Ersetze die Glühlampe durch ein Ampèremeter. Reduziere die Empfindlichkeit des Messgeräts schrittweise bis auf mA. Was beobachtest du und was schliesst du daraus?

    Wasser leitet zwar, aber die Stromstärke reicht nicht aus, um die Lampe zum Leuchten zu bringen.

4. Tauche die Elektroden deiner Versuchsanordnung nochmals ins Wasser ein. Kippe langsam Salz dazu (gut umrühren). Beobachte die Glühbirne und die Elektroden genau.

    Mit zunehmender Konzentration der Lösung leuchtet die Lampe heller. Gelöste Salze erhöhen also die elektrische Leitfähigkeit.

5. Welche Bedeutung kommt bei Hochspannungsleitungen den Porzellanisolatoren zu?

    Die Isolatoren verhindern das Abfliessen des elektrischen Stroms über die Masten auf die Erde.

6. Auf den Bildern siehst du elektrische Apparaturen. Umfahre oder bezeichne rot die elektrisch leitenden und grün die isolierenden Teile.

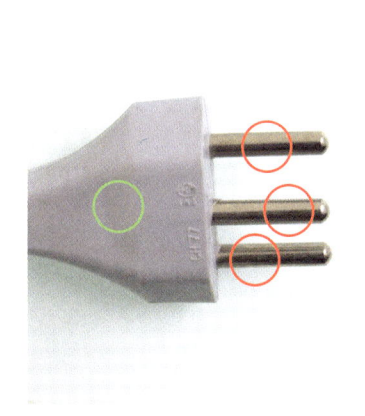

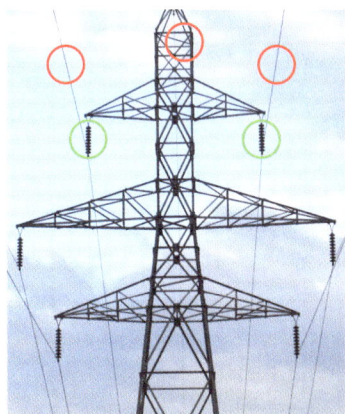

Ist Luft ein Leiter oder ein Isolator?
Luft isoliert bei kleinen elektrischen Spannungen. Deshalb fliesst in deiner Versuchsanordnung kein Strom, wenn sich die Büroklammern nicht berühren. Wenn sie sich berühren, fliesst ein Strom, weil der Stromkreis zwischen den Batterieklemmen aus mehr oder weniger gut leitenden Teilen besteht.

Erst bei grossen Spannungen (über 3000 Volt pro Millimeter Luft) wird Luft schlagartig leitend. Dabei entstehen Funken oder sogar Blitze. Der Wasserdampfgehalt der Luft ändert nicht viel daran.

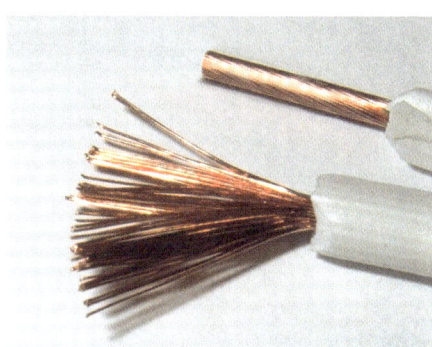

Ein elektrisches Kabel besteht aus einem oder mehreren isolierten Drähten oder Litzen. Litzen bestehen aus dünnen Einzeldrähten, die von einer gemeinsamen Isolierhülle umschlossen sind.

Elektrischer Widerstand
Kennlinien elektrischer Widerstände

Schülerinnen und Schüler
> sehen, dass in einem vorgegebenen Stromkreis die Stromstärke von der Spannung abhängt.
> können Widerstandswerte bestimmen.
> wissen, dass das Gesetz von Ohm ein Spezialfall ist.
> lernen Kennlinien kennen und interpretieren.

Themenkreis
> Umgang mit Stromstärke- und Spannungsmessgeräten
> Einführung in Methode der grafischen Auswertung einer Messung

Vorkenntnisse
> Einfacher Stromkreis

Fachlicher Hintergrund

Rolle elektrischer Widerstände im Stromkreis

Spannungsquellen wie Batterien oder Generatoren führen einem Stromkreis Energie zu. Diese Energiezufuhr wird mit der Spannung angegeben. Immer dann, wenn an einer Stelle des Stromkreises 1 Coulomb (1 C) Ladung vorbeigeflossen ist, wurden so viele Joule (J) Energie in den Stromkreis gegeben, wie die Voltzahl (V) der Spannungsquelle angibt. Wenn z.B. in einem Stromkreis durch einen der Anschlussdrähte an eine 4,5-V-Batterie 1 C Ladung vorbeigeflossen ist, hat die Batterie mit ihrem elektrischen Feld über dem Leiter dem Stromkreis 4,5 J Energie zugeführt. Diese Energie muss dem Stromkreis sofort wieder entzogen werden. Dabei wird die kleine Driftenergie der freien Ladungsträger und Ionen vernachlässigt. Elektronische Bauteile, die elektrische Energie aus dem Stromkreis in die Umgebung abgeben, heissen Widerstände oder (Energie-)Verbraucher. Wird in einem Stromkreis mit einer 4,5-V-Batterie und einer Glühbirne eine grosse Stromstärke gemessen, heisst das, dass entsprechend viel Energie umgesetzt wird. Sie stammt von der Spannungsquelle (z.B. Batterie oder Induktion), wird verbraucht durch Widerstände (z.B. Glühbirnen und Anschlussdrähte) oder durch andere elektrische Geräte (z.B. TV oder Mobile) und – wenn vorhanden – durch innere Widerstände des Stromkreises (z.B. Batterie). Die zugeführte Energie wird dem Stromkreis in jedem Augenblick von allen Verbrauchern gemeinsam entzogen.

Definition des Widerstandswertes

Ein Verbraucher besitzt definitionsgemäss einen kleinen Widerstandswert, wenn er bei gleich bleibender Spannung in kurzer Zeit viel (z.B. Batterie-)Energie umsetzen kann. Wird beispielsweise die Spannung 1 Volt angelegt, wird bei einem Verbraucher mit kleinerem Widerstandswert eine grössere Durchflussstromstärke gemessen als bei einem solchen mit grossem Widerstandswert. Das ergibt sich aus der formalen Definition des elektrischen Widerstands-(wertes): $R = U/I$.

Das Gesetz von Ohm

Wenn die Spannung U über einem Verbraucher verändert wird, ändert sich in der Regel auch die Durchflussstromstärke I. Wenn die ihm pro Coulomb zugeführte Spannung U proportional zur Ladungsmenge Q ist, die pro Sekunde durch ihn fliesst, bleibt der Quotient U/I konstant. Wir sagen U sei proportional zu I. Die Proportionalitätskonstante U/I entspricht definitionsgemäss dem Widerstandwert R. Elektrische Widerstände, die sich so verhalten, heissen ohmsche Widerstände. Für sie gilt das Gesetz von Ohm, $U = R \cdot I$.

Dieses Gesetz gilt ganz gut für Metalle, die auf konstanter Temperatur gehalten werden. Die meisten Verbraucher besitzen einen Widerstandswert, der von der Temperatur abhängt.

Im Stromkreis kommt es nicht auf die Reihenfolge an, in der die Verbraucher hintereinander geschaltet sind! Analogie: Alle Räder eines bremsenden Zuges verwandeln ihrer Haftung entsprechend kinetische Energie in Wärme um. Die vorderen Räder des Zuges entziehen dem Zug bei gleicher Belastung genau gleich viel Energie wie die hinteren. Wenn eine Familie gemeinsam ein laufendes Seil bremst, kriegen alle beteiligten Personen warme Hände, auch wenn vielleicht der Vater am stärksten drückt oder die Reihenfolge geändert wird.

Historische Bemerkung

Georg Simon Ohm fand «sein» Gesetz im Jahre 1826 erst nach langer Tüftelei. Die aus heutiger Sicht einfach zu verifizierende proportionale Zuordnung von Spannung und Stromstärke war mit den damaligen Mitteln und Kenntnissen sehr schwierig. Begriffe wie Spannung oder Stromstärke waren noch nicht so scharf formuliert und definiert wie heute. Die Messtechnik stand in den Anfängen. Bevor er sein Gesetz formulieren konnte, musste er darin den Innenwiderstand der ihm zur Verfügung stehenden Spannungsquellen berücksichtigen.

«Als Spannungsquelle dienten damals meist die 1799 von Volta erfundenen und nach ihm benannten Voltasäulen. Wurden die Enden einer Voltasäule mit einem «Schliessungsbogen» aus Metall verbunden, so entstand ein Stromkreis, der damals «geschlossene hydroelektrische Kette» oder «galvanische Kette» genannt wurde. Da der Widerstand des metallischen Schliessungsdrahtes meist wesentlich kleiner war als der Innenwiderstand der Voltasäule, stellte der Schliessungsbogen einen Kurzschluss dar. Stromkreise wurden damals also mehr oder weniger stark im Kurzschluss betrieben, und dies wirkte sich verheerend auf die zeitliche Konstanz der Spannung aus, die damals mit den von Volta entwickelten Strohhalm- und Plättchenelektrometern bestimmt werden konnte. Die Messung der Stromstärke aber war höchst problematisch. Häufig verwendete man die physiologische Wirkung. Man schaltete sich selbst in den Stromkreis ein, und die dadurch ausgelöste «elektrische Erschütterung» wurde als qualitatives Mass für die Stromstärke gewertet.» ... (Schneider, 1993, S.24)

Erst als Ohm ein Kupfer-Wismut-Thermoelement zur Verfügung stand, kam er mit seinen Untersuchungen weiter.

Kaltleiter, PTC-Widerstände (engl. Positive Temperature Coefficient)

Kaltleiter sind Materialien, die bei tiefen Temperaturen den Strom besser leiten als bei hohen. Ihr elektrischer Widerstand vergrössert sich mit steigender Temperatur.

Prinzipiell haben alle Metalle einen positiven Temperaturkoeffizienten, sind also Kaltleiter.

Ungekühlte Glühlampen eignen sich also nicht unbedingt zur Demonstration des Gesetzes von Ohm.

Heissleiter, NTC-Widerstände (engl. Negative Temperature Coefficient)

Heissleiter sind Materialien, die bei höheren Temperaturen besser leiten. Die mit der Temperatur zunehmende Leitfähigkeit tritt bei Stoffen auf, in denen aufgrund der Erwärmung zusätzliche Ladungsträger freigesetzt werden. Kohle und Halbleiter verhalten sich so. Temperaturfühler in Kraftfahrzeugen sind meist NTC-Widerstände.

Leitermodell

Leitermodell	Stromkreis
Neigung der Rampe	Elektrisches Feld im Leiter
Hubenergie (je nach Höhe der Rampe)	Elektrische Energie (je nach Spannung)
Büchergasse	Leiterstück
Büroklammern	«Drahtteilchen» (z.B. Metallatome)
Kugel	Freie, bewegliche Ladung (z.B. Elektron)
Pendelenergie der Büroklammern	Wärmebewegung der «Drahtteilchen»

Ein kleiner Versuch für die Hand der Lehrperson:

Ein Bleistift mit ganzer Mine wird auf beiden Seiten angespitzt und unter einer Abzughaube mit Klemmen an eine Spannungsquelle gehängt. Infolge der wegen der Wärmeentwicklung enormen Widerstandsabnahme wächst die Stromstärke rasch. Dabei wird soviel Energie umgesetzt, dass das Bleistiftholz verbrennt.

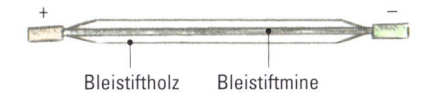

Bleistiftholz   Bleistiftmine

Anmerkungen

> Kennlinien werden in der Regel in Diagrammen mit I als Ordinate (Hochachse) und U als Abszisse (Rechtsachse) eingetragen. In der Aufgabe 3 sind die Achsen vertauscht, da so die Proportionalitätskonstante R in $U = R \cdot I$ in für die Schüler und Schülerinnen eher gewohnter Weise aus dem Diagramm bestimmt werden kann.

> Das im Schülerteil eingeführte Leitermodell kann mit dem Stromfluss durch einen elektrischen Widerstand verglichen werden:

Aus diesem Modell ist gut ersichtlich, dass elektrische «Verbraucher» eigentlich Energieumsetzer heissen müssten, weil sie dem Stromkreis Energie aus der Spannungsquelle entziehen und (z.B. in Form von Wärme) an die Umgebung abgeben.

Links & Literatur

SCHNEIDER, WERNER B. (Hrsg.): Wege in der Physikdidaktik, Band 3. Verlag Palm & Enke, Erlangen 1993.
http://www.solstice.de
http://www.computerbase.de

Kennlinien elektrischer Widerstände

🎯 Du lernst ein Modell für elektrische Leitung kennen.
Du kannst Widerstände aus Strom- und Spannungsmessungen berechnen.
Du weisst, was das Gesetz von Ohm aussagt und kannst eine Widerstandkennlinie grafisch darstellen.
Du kennst den Unterschied zwischen Kalt- und Heissleitern.

⏱ 2–4 Lektionen, in 2er- und 4er-Gruppen

Ⓜ Draht (z.B. Konstantan), Kabel, 2 Krokodilklemmen, entmineralisiertes Wasser, variable Spannungsquelle (15 V), Ampèremeter, Voltmeter, Millimeterpapier, 5-Volt-Taschenlampenbirnchen mit verschiedenen Wattzahlen, eventuell NTC-Widerstand (Heissleiter), Schnur, Karton, 4 Farbstifte, Murmel, Büroklammern

Durchführung und Beobachtung

1. Stromkreis mit Widerstand

> Lege an eine kleine Taschenlampenbirne 5 Volt an. Kontrolliere die Spannung mit einem Voltmeter. Miss dann die Stromstärke I.

> Woher stammt die notwendige Energie zum Betrieb der Glühlampe und wohin geht sie?
Sie fliesst aus der Batterie durch den Stromkreis in Form von Licht und Wärme in die Umgebung.

> Bestimme für Glühlampen unterschiedlicher Leistung (Wattzahlen) den Quotienten $R = U/I = 5 V/I$. R heisst elektrischer Widerstand. Betreibe die Lampen immer mit der Spannung 5 V (unbedingt jedes Mal messen!). Trage die Resultate in die Tabelle ein.

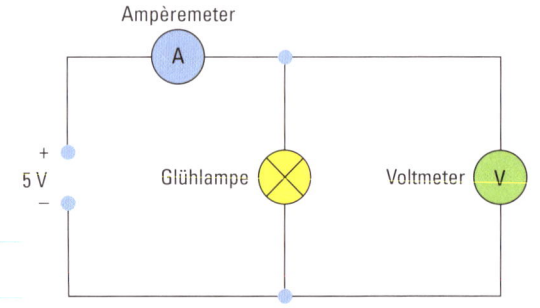

Wattangabe auf der Lampe in W	Stromstärke I in A	Widerstand R = U/I in V/A = («Ohm»)	Schätzung: «Wärmeentwicklung» (Rangordnung)	Schätzung: «Helligkeit» (Rangordnung)

Ist die Stromstärke in einer Glühlampe gross, besitzt sie – bei gleicher Spannung – einen kleinen elektrischen Widerstand.

Je grösser die Stromstärke bei gleicher Spannung in einer Glühlampe ist, umso mehr Energie gibt sie ab. Eine Glühlampe mit kleinem Widerstand wird also bei der gleichen Spannung heisser und heller als eine mit einem grossen Widerstand.

Nicht nur Glühlampen sind elektrische Widerstände, sondern z.B. auch Heizungen von Lötkolben, Elektroöfen, Toastern oder Haartrocknern.

Technik be-greifen **Versuch 13**

2. Leitermodell

> Du kannst das, was du im Kasten unter «Leiter und Isolatoren» liest, modellhaft zeigen:
> Hänge 3 Büroklammern («Cu-Teilchen») mit gleich langen Fäden an je einen Bleistift. Die Bleistifte legst du über den Zwischenraum von zwei Bücherstapeln («Leiter»).
> Über eine Kartonrampe, die du mit Hilfe mehrerer dünner Bücher höhenverstellbar machst («Veränderung der Spannung»), lässt du eine Murmel oder Holzkugel («bewegliche Ladung») in Büchergasse rollen.

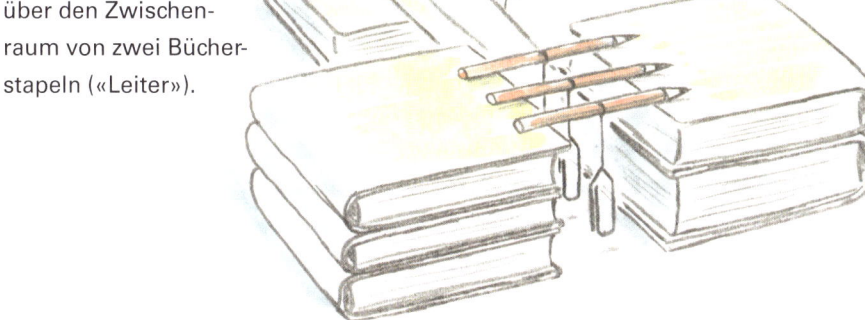

3. Kennlinien Kaltleiter

> Setze in die Schaltung von Aufgabe 1 eine der Glühlampe ein. Stelle die Spannungsquelle auf $U_0 = 0$ V. Die Stromstärke ist dann $I_0 = 0$ A.
> Erhöhe die Spannung vorsichtig, bis die Glühlampe hell brennt.
> Miss jetzt die Spannung U_{max} und die Stromstärke I_{max}. Trage auf einem Millimeterpapier die beiden Messpunkte in eine Grafik mit U als Hoch- und I als Rechtsachse ein. Wähle die Einheiten auf den Achsen so, dass der ganze Bereich ausgefüllt wird, den du für die Grafik reserviert hast.
> Miss die Stromstärke für vier weitere Spannungen zwischen 0 V und U_{max}. Trage die Messpunkte in die Grafik ein. Zeichne dann den U-I-Graphen. Er heisst Kennlinie des Widerstandes. Interpretiere den Verlauf des Graphen.

Die Stromstärke nimmt mit zunehmender Spannung immer langsamer zu, also nicht proportional.

Ohmscher Widerstand

> Wickle einen Draht (z.B. aus Konstantan, ø 1–3 mm) 10–20 mal um einen Bleistift herum, sodass eine kleine Spule entsteht.
> Ersetze die Glühlampe durch die Spule, die du in kaltes entmineralisiertes Wasser tauchst. Wiederhole mit dieser Anordnung den Versuch und zeichne die Kennlinie dieses Spulenwiderstands in den U-I-Graphen ein.
> Was fällt dir auf?

Der Graph liegt auf einer Geraden durch den Nullpunkt. U und I sind zueinander proportional.

Wenn du für beliebige Messpunkte den Proportionalitätsquotienten $U/I = R$ berechnest und dabei feststellst, dass das Resultat jedes Mal fast gleich gross ist, sind U und I zueinander proportional. Es gilt, dass $U = R \cdot I$. Das ist das Gesetz von Ohm. Es gilt nicht für alle Stoffe und Messanordnungen. Gut erfüllt ist es für Metalldrähte, wenn sie nur wenig erwärmt oder durch Kühlung auf gleicher Temperatur gehalten werden.

Leiter und Isolatoren

In den Drähten und Bauteilen eines Stromkreises werden frei bewegliche elektrische Ladungen (z.B. Elektronen) durch die Wirkung der Spannungsquelle beschleunigt. Wenn sie an «Drahtteilchen» (z.B. Kupferatome) stossen, werden sie selber abgebremst. Die Cu-Teilchen hingegen erhalten dadurch mehr Bewegungsenergie, der Draht wird warm. Wie viel Energie pro Stoss zur Verfügung steht, hängt von der Stärke der Spannungsquelle (z.B. Batterie) ab. Besonders viel Batterieenergie kann im Draht in Wärmeenergie verwandelt werden, wenn in einem Material viele freie elektrische Ladungen vorhanden sind. Solche Stoffe heissen «gute Leiter», schlechte Leiter sind «Isolatoren».

Kaltleiter

Bei vielen elektronischen Bauteilen wächst der Widerstand mit zunehmender Spannung und Stromstärke. Ein Grund dafür ist, dass die zunehmende Wärmebewegung der Glühdrahtteilchen den Ladungsfluss der freien Ladungen immer mehr hemmt. Solche Widerstände heissen **Kaltleiter** oder **PTC-Widerstände**.

Heissleiter

Es gibt Materialien, deren Widerstand beim Erwärmen stark abnimmt. Sie heissen **NTC-Widerstände** oder **Heissleiter**.

Falls du einen Heissleiter zur Verfügung hast, baue ihn vor oder nach einer 5-V-Glühlampe in einen Stromkreis mit 5 V ein. Halte ein brennendes Zündholz in die Nähe des Heissleiters. Die Lampe beginnt zu brennen.

Grafische Darstellungen, die den Zusammenhang von physikalischen Grössen (z.B. Spannung und Stromstärke oder elektrischer Widerstand und Temperatur) illustrieren, heissen Kennlinien. In der Elektrotechnik sind sie sehr wichtig, da sie wichtige Eigenschaften von Bauteilen beschreiben.

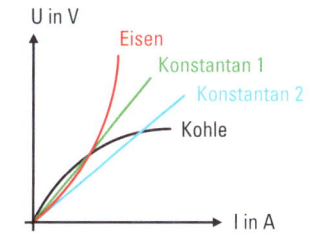

Wechselspannung
Stromerzeugung für die Steckdose

Schülerinnen und Schüler
> erhalten eine Vorstellung über den Unterschied zwischen Gleich- und Wechselstrom.
> wissen, wie eine Wechselspannung erzeugt wird.
> erfahren, dass Steckdosen im Haushalt Wechselspannung liefern.

Themenkreis
> Elektromagnetische Induktion
> Generator
> Einführung in den Umgang mit LEDs

Vorkenntnisse
> Einfacher elektrischer Stromkreis
> Spulenmagnetismus
> Elektromagnetische Induktion

Fachlicher Hintergrund

Gleich- und Wechselstrom

Beim Gleichstrom driften die Leitungselektronen im äusseren Stromkreis immer in die gleiche Umlaufrichtung. Analogie: Die Glieder einer Fahrradkette besitzen beim Pedalen immer den gleichen Drehsinn.

Werden in einem Stromkreis die Batterieanschlüsse immer wieder umgepolt, kehrt jedes Mal auch die Driftrichtung der beweglichen Ladungen. Diese bewegen sich gewissermassen an Ort und werden dabei immer wieder beschleunigt und abgebremst. Die Stromstärke I nimmt zuerst in der einen Richtung zu, dann wieder ab bis die Stromrichtung umkehrt. Dann nimmt sie in die andere Richtung zu und wieder ab, usw.

Wenn wir mit einer «gesperrten» Velokette (Kleinkindervelos oder Artistikvelos) mit den Pedalen abwechslungsweise kurz vorwärts und rückwärts drehen, können wir trotzdem Dreck mit dem Hinterrad aufwirbeln. Genauso kann auch Wechselstrom Energie von der Spannungsquelle zum Verbraucher übertragen, denn die Elektronen können die Atome bei Wechselstromverhalten auch zu Wärmebewegung anregen.

Wechselstrom entsteht als Folge einer Wechselspannung. Für eine Wechselspannung entsteht in einem Spannungs-Zeit-Diagramm z. B. eine Sinuskurve, bei der Gleichspannung hingegen eine Kurve, dessen Punkte immer auf der gleichen Seite der Zeitachse liegen, bei einer Batterie z. B. auf einer zur Zeitachse parallelen Gerade.

Einbau eines Wechselstromgenerators in Aarberg

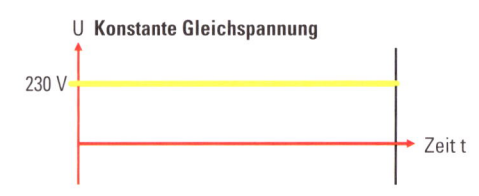

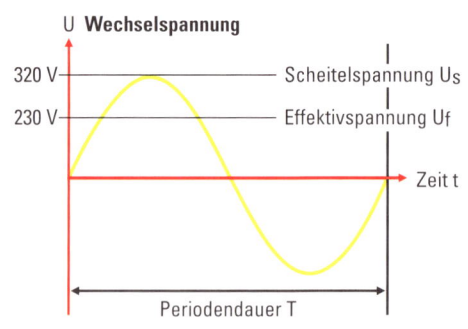

Im Stromnetz steht Wechselstrom mit einer Frequenz von 50 Hertz (d.h. der Strom wechselt 50-mal hin und 50-mal her pro Sekunde) zur Verfügung.

Vor- und Nachteile des Wechselstromes

Wechselstrom ist mit Generatoren einfach zu produzieren. Für unterschiedliche Anwendungen lässt er sich bequem transformieren. Wird er in einem Dreiphasennetzwerk eingesetzt, verbilligt sich die Zuleitung zu den Verbrauchern und es lassen sich damit Drehstrommotoren betreiben.

Ein Nachteil besteht darin, dass wegen induktiver Abstrahlung grosse Übertragungsverluste in Kauf genommen werden müssen. Diese sind aber kleiner als die Übertragungsverluste bei Gleichstrom.

Immer, wenn die beweglichen Ladungen im Stromkreis in die gleiche Richtung fliessen, wird von Gleichstrom gesprochen. Die Stromstärke kann sich dabei zeitlich ändern. Soll eine wechselnde – eine «wellige» – Gleichspannung konstant gemacht werden, wird sie mithilfe einer Kondensatorschaltung geglättet.

Wechselstrom muss zusätzlich noch gleichgerichtet werden. Um eine Wechselspannung in einen völlig geglätteten Gleichstrom, wie ihn eine Batterie liefert, zu verwandeln, ist ein grosser technischer Aufwand erforderlich. Das ist auch der Grund, warum Laborgeräte mit geglätteter Gleichspannung für den Schulunterricht teuer sind.

Versuch 14

Technik be-greifen

Stromkrieg

Am Ende des 19. Jahrhunderts gab es im Zusammenhang mit der Elektrifizierung in den USA den sogenannten Stromkrieg zwischen Edison, dem Vertreter des Gleichstromsystems, und seinen Konkurrenten George Westinghouse und Nikola Tesla, die Wechselstrom favorisierten. Edison stellte aus firmenpolitischen Gründen den Wechselstrom gefährlicher dar als den Gleichstrom. Er verketzerte ihn mit Tierversuchen. So tötete er beispielsweise einen Elefanten namens Topsy, der Menschen angriff und tödlich verletzte, mit Wechselstrom. Dieser Vorgang wurde auch auf Film festgehalten (Electrocuting an Elephant, 1903). Seine Polemik gipfelte in der Entwicklung des elektrischen Stuhls. Seine Gegner sahen dagegen die technischen Vorteile des Wechselstroms. Letztlich setzte sich der Wechselstrom bei der Elektrifizierung durch. Edison betrieb ab 1882 in New York das erste elektrische Kraftwerk, basierend auf dem Prinzip der Unipolarindikation.

Wechselspannung vom Netz

Zwischen dem Polleiter und dem Neutralleiter einer Steckdose herrscht eine effektive Spannung von 230 V. Dieser Wert entspricht zahlenmässig einer Gleichspannung mit gleicher Leistung.

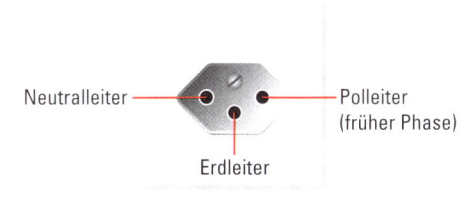

Neutralleiter — Polleiter (früher Phase)
Erdleiter

Ihr Spitzenwert (Scheitelspannung) beträgt theoretisch 325 V. Faktisch ist aber die Sinusspitze der Netzspannung bei 320 V gekappt.

Einige wichtige Formeln

Der Zusammenhang zwischen Scheitel- und Effektivspannung lautet:

$U_s = U_{ef} \cdot \sqrt{2}$

Für die Effektivstromstärke und die Effektivspannung über einem Widerstand R gilt das Gesetz von Ohm:

$I_{ef} = \dfrac{U_{ef}}{R}$

Für die Wechselstromleistung ergibt sich damit:

$P = U_{ef} \cdot I_{ef}$

Anmerkungen

Der Umgang mit LEDs könnte im Zusammenhang mit dem Versuch 6 behandelt werden.

a) Berechnung des Vorwiderstandes einer LED

Die Hersteller geben für LEDs eine Grenzstromstärke I_{max} an. Wird sie überschritten, können die Leuchtdioden zerstört werden. LEDs müssen deshalb mit einem Vorwiderstand R betrieben werden. Dieser lässt sich für die gewünschte Spannung $U_{betrieb}$ mit dem Gesetz von Ohm (R = U/I) berechnen.

b) Funktion

Werden eine rote und eine grüne LED jeweils mit einem Vorwiderstand parallel, aber in umgekehrter Polung in einen Batteriestromkreis geschaltet, brennt je nach Stromrichtung die eine oder die andere LED. Mit Wechselstrom leuchten zwar beide, aber gepulst.

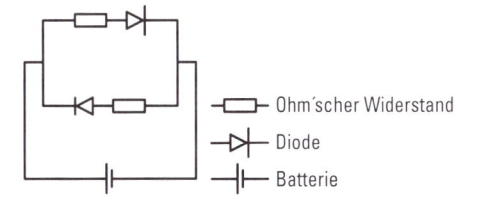

— Ohm'scher Widerstand
— Diode
— Batterie

Stromerzeugung für die Steckdose

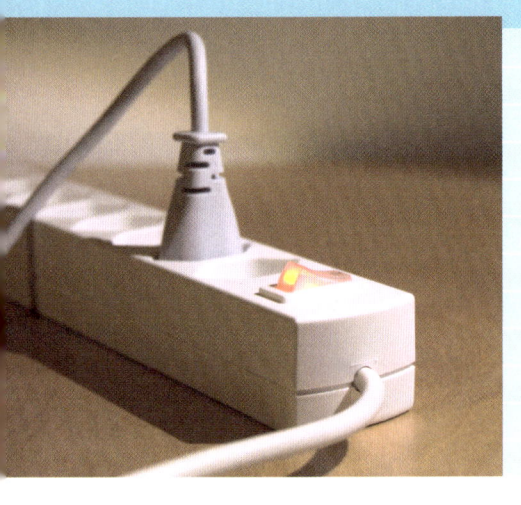

🎯 Du kennst den Unterschied zwischen Wechsel- und Gleichstrom.
Du weisst, wie eine Wechselspannung erzeugt wird.
Du kennst das Verhalten einer LED im Stromkreis.

⏱ 2 Lektionen, in 3er- oder 4er-Gruppen

Ⓜ Kompassnadel drehbar gelagert, eine grüne und eine rote LED, Vorwiderstände zu LEDs, Gleichspannungsquelle unter 20 V, Wechselspannungsquelle unter 20 V, Stromkabel, zwei Spulen mit 240 Windungen und Eisenkern, starker Stabmagnet, starker Faden, Stativmaterial, Fotoapparat

Durchführung

> Stelle die Kompassnadel horizontal drehbar gelagert vor die Spulenöffnung, in der sich zur Verstärkung der magnetischen Effekte ein Eisenkern befindet.
> Schliesse die Spulenenden an den Plus- und den Minuspol einer Gleichspannungsquelle an.
> Kehre die Polung um und beobachte die Kompassnadel.
> Kannst du durch raschen Polwechsel die Nadel in Drehung versetzen?

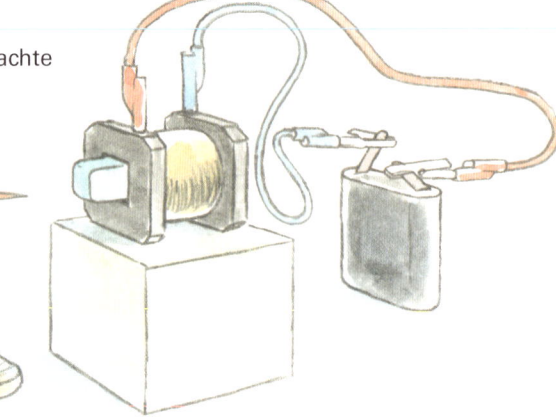

Beobachtung

1. Fasse zusammen, was du beobachtet hast.

   Eine stromdurchflossene Spule wird magnetisch und kann eine Kompassnadel beeinflussen.
   Dabei spielt die Stromrichtung eine Rolle.

2. Verbinde die Spule mit einer zweiten Spule mit Kern (siehe Bild des Generatormodells). Vor dieser Spule hängst du den Stabmagneten drehbar auf.
   > Der Stabmagnet muss von der Kompassnadel so weit entfernt sein, dass sie nicht direkt durch ihn beeinflusst wird.
   > Bewege den Stabmagneten vor seiner Spule und beobachte dabei die Kompassnadel. Lässt du den Magneten an der Schnur rotieren, erkennst du sofort das Prinzip eines Wechselstromgenerators. Beschreibe es!

   Durch den bewegten Magneten wird in der ersten Spule ein Strom induziert. Rotiert der Magnet, erzeugt er in ihr einen Wechselstrom, der auch in der zweiten Spule ein magnetisches Wechselfeld aufbaut. Dadurch wird die Kompassnadel in Bewegung versetzt.

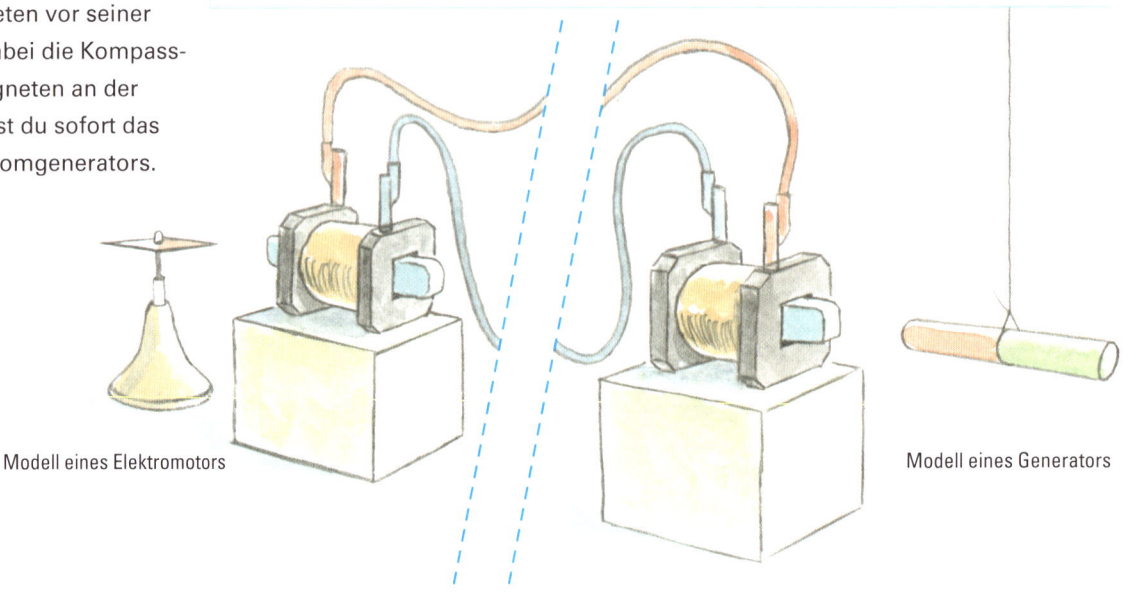

Modell eines Elektromotors

Modell eines Generators

Technik be-greifen   **Versuch 14**

3. Die Generatoren der Kraftwerke geben elektrische Energie in den Stromkreis. Diese Energie kann nicht im Stromkreis bleiben, sondern muss aus diesem sofort wieder abgegeben werden. Das geschieht im Verbraucher. Zeige im Generatormodell mit den beiden Spulen den Stromkreis, die Spannungsquelle und den Verbraucher.

Die beiden Drähte der Spulen und ihre Verbindungsstrippen bilden den Stromkreis. Der grosse bewegte Magnetstab und die Spule, vor der er steht, bilden die Spannungsquelle (Generator). Die zweite Spule und die in Bewegung versetzte Kompassnadel sind Verbraucher (Elektromotor).

In vielen Kraftwerken drehen sich starke durch Wasser- oder Dampfturbinen in Rotation versetzte Magnete (Polräder) vor riesigen Spulen. Dadurch wird ein Wechselstrom erzeugt, der über 230-V-Steckdosen den Haushaltungen zur Verfügung steht. Das Bild zeigt die Turbine und das Polrad des Wasserkraftwerks Gösgen.

4. Obwohl eine Spannung von 230 V für den Menschen tödlich sein kann, wird sie seit der Elektrifizierung in jedem Haushalt zur Verfügung gestellt. Diskutiert Vorteile und Risiken einer solchen technischen Entscheidung.

5. Suche im Internet Beiträge unter dem Suchbegriff «Stromkrieg». Halte fest, worum es dabei ging!

6. LED-Lampen lassen den Strom nur in eine Richtung durch. Mit folgender Anordnung kannst du den Wechselstrom «sichtbar» machen:
> Schliesse eine LED an die Wechselspannung an. Lass sie im Dunkeln vor einer auf einem Stativ (oder Tisch) stehenden Digitalkamera pendeln, am besten an ihren Zuleitungskabeln. Fotografiere mit einer Belichtungszeit von mindestens 0,5 s. Wiederhole die Aufnahme, wenn die LED an einer konstanten Gleichspannung angeschlossen ist. Vergleiche die beiden Bilder. Kannst du den Unterschied erklären?

Ist die LED richtig gepolt, leuchtet sie bei Gleichstrom immer. Bei Wechselstrom blitzt sie 50-mal pro Sekunde auf, wenn die Polung stimmt. Nach der Umkehrung der Stromrichtung löscht sie jeweils wieder ab. Während sie brennt, legt sie infolge der Pendelbewegung einen auf dem Bild sichtbaren Weg zurück.

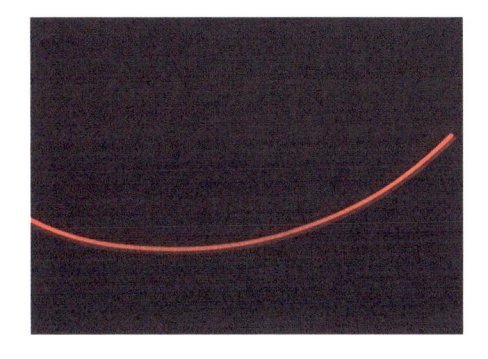

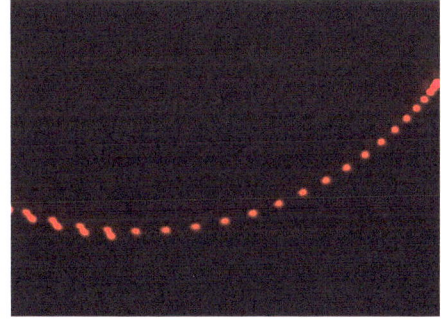

Spulenmagnetismus
Strom messen mit Spulen

Schülerinnen und Schüler
> sehen, was die magnetische Kraft von Spulen beeinflusst.
> erhalten eine Vorstellung, wo in der Technik Spulenmagnetismus eingesetzt wird.
> wissen, wie die Spulenkraft auf Weicheisen gemessen werden kann.

Themenkreis
> Umgang mit magnetischen Kräften von Spulen

Vorkenntnisse
> Stromkreis, Fertigkeit im Umgang mit Kraftmesser und Stromstärkemessgerät

Fachlicher Hintergrund

Auf Stufe Sek I wird der Magnetismus stromdurchflossener Drähte meistens als Grundphänomen dargestellt. Auf das Herleiten aus grundlegenderen Erscheinungen wird verzichtet. Das liegt wohl daran, dass dafür der auf Sek I ungewohnte Weg über die Spezielle Relativitätstheorie (SRT) von Einstein beschritten werden muss.

> Gemäss der Speziellen Relativitätstheorie von Einstein (SRT) schrumpfen für einen Beobachter* in einem ruhenden System relativ zu ihm bewegte Körper und Massstäbe in Bewegungsrichtung – und zwar exponentiell – umso mehr, je schneller sie sich bewegen.
> *Als Beobachter wird ein System von örtlich getrennten Messstellen, die zeitlich aufeinander abgestimmt sind, verstanden – also nicht eine einzelne Person.

Betrachten wir zwei parallel zueinander geführte elektrische Leiterdrähte L1 und L2, in denen – modellhaft – positive Atomrümpfe ruhen und sich Elektronen in die gleiche Richtung bewegen. Wir wissen, dass zwischen solchen Leitern anziehende Lorentzkräfte wirken. Wie lassen sich diese Kräfte erklären?
1. Die ruhenden positiven Atomrümpfe von L1 stossen die ruhenden positiven Atomrümpfe von L2 ab, da sie gleichnamig geladen sind.
2. Die bewegten Elektronen auf L1 stossen die bewegten Elektronen auf L2 ab.
3. Die ruhenden positiven Atomrümpfe auf L1 sehen die Abstände d' zwischen den relativ zu ihnen bewegten Elektronen wegen der Längenkontraktion der SRT kleiner als die Abstände d zwischen den ruhenden Atomrümpfen auf L2. Für die ruhenden positiven Atomrümpfe auf L1 überwiegt also auf L2 die negative Ladungsdichte.
4. Aus Sicht der bewegten Elektronen auf L1 scheinen sich die in L2 ruhenden positiven Atomrümpfe zu bewegen. Die Abstände d' zwischen ihnen werden – wiederum wegen der Längenkontraktion der SRT – als kleiner wahrgenommen als die Abstände d zwischen den sich in L2 bewegenden Elektronen. Für die bewegten Elektronen in L1 überwiegt also die positive Ladungsdichte in L2.

L1 und L2 ziehen sich also an. Rechnerische Abschätzungen ergeben genau den Wert der Lorentzkraft zwischen zwei parallelen Leitern mit in die gleiche Richtung fliessenden Strömen.

Eine ähnliche Überlegung kann für die abstossenden Lorentzkräfte zwischen zwei parallelen Leitern mit entgegengesetzt fliessenden Strömen gemacht werden. Hinweis: Die Längenkontraktion der SRT wächst exponentiell mit der Relativgeschwindigkeit!

Die Kräfte zwischen relativ zueinander bewegten Ladungen lassen sich also unter Berücksichtigung der SRT von Einstein auf die Coulombkräfte der Elektrostatik zurückführen. Wo immer solche Kräfte auftreten, wird von «Magnetismus» gesprochen.

Magnetkräfte zwischen zwei Spulen oder zwischen einer Spule und einem Permanentmagneten

Stromdurchflossene Drähte können zu Spulen gewickelt werden. Ein solcher

(1) (2) Die Ladungen auf dem linken Leiter sind relativ zu den entsprechenden gleichnamigen Ladungen auf dem rechten Leiter in Ruhe.

(3) (4) Die Ladungen auf dem rechten Leiter sind relativ zu den ungleichnamigen Ladungen auf dem linken Leiter in Bewegung.

Leiter 1

Von den relativ ruhenden Ladungen aus erscheinen die Abstände zwischen den bewegten Ladungen kleiner, die Ladungsdichte erscheint also grösser als im ruhenden Teil. Die Anziehung zwischen L1 und L2 überwiegt.

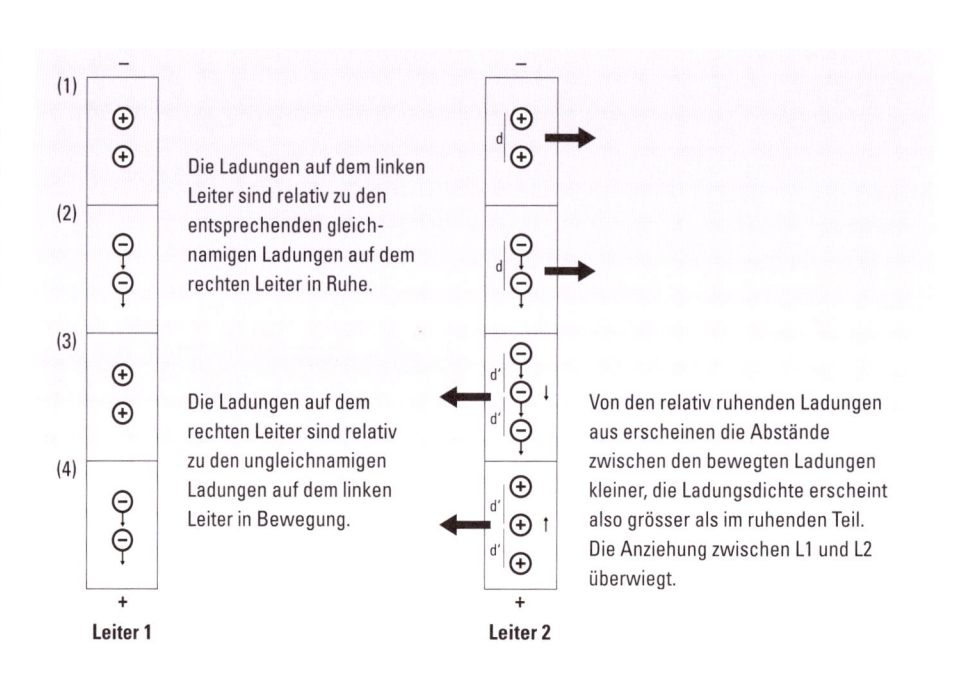

Leiter 2

Versuch 15

Spulen- oder Elektromagnet verhält sich bei entsprechender mechanischer Lagerung oder Aufhängung wie eine Kompassnadel. Die nach dem geografischen Norden weisende Seite der Spule heisst magnetischer N-Pol der Spule. Zwischen zwei Elektromagneten herrscht als Folge der Lorentzkräfte je nach Stromrichtung und Ausrichtung Anziehung oder Abstossung. Ein Elektromagnet übt z.B. auf Eisen ebenfalls Kräfte aus. Eisen besitzt also «magnetische» Eigenschaften. Alle Stoffe können mehr oder weniger stark und unterschiedlich auf Elektromagnete reagieren. Ein ausgeprägtes magnetisches Verhalten zeigen Permanentmagnete. In Schulsammlungen waren das früher vor allem ALNICO-Legierungen, heute handelt es sich oft um nickelbeschichtete keramische Materialien (Supermagnete).

Die **ALNICO-Legierung** ist eine homogene Mischung (Schmelze) aus Eisen, Aluminium, Nickel und Cobalt.

Supermagnete bestehen aus einer durch Sinterung hergestellten Keramik mit Neodym-, Eisen- und Borbestandteilen. Die keramischen Eigenschaften bedingen auch einen kleinen Nachteil der Magnete: Sie sind sehr spröde, sodass bei einem plötzlichen Aufprall leicht einige Splitter abplatzen können. Die glänzende Oberfläche wird durch einen Überzug aus Nickel erreicht. Die magnetischen Kräfte können so stark sein, dass eingeklemmte Haut verletzt wird.

Sintern heisst die Verfestigung kristalliner, körniger oder pulvriger Stoffe durch Zusammenwachsen kristalliner Strukturen bei entsprechender Erwärmung. Beim Sintern werden nicht alle Komponenten aufgeschmolzen.

Technische Anwendungen

Die magnetische Kraft stromdurchflossener Spulen auf Weicheisen wird in der Technik gebraucht für Waagen, Relais oder Schützen, Hubmagnete im Magnetkran, Magnetschienenbremsen, Weichensteller, elektrische Gongs, Klingeln usw.

Die Kraft von Spulen auf Permanentmagnete wird verwendet in Elektromotoren, Weicheisen-Stromstärkemessern usw.

Magnetische Kraft von Spulen

Das Magnetfeld B einer im Verhältnis zur Dicke langen Spule ist proportional zum Produkt aus Stromstärke I und Windungszahl n, der «Durchflutung» oder «Amperewindungszahl».

Anmerkungen

Sehr kleine Ströme oder Stromstösse lassen sich im Prinzip leicht durch die Drehung einer kleinen Magnetnadel, die an einem Faden vor einer Messspule hängt, nachweisen.

Der Nachteil ist, dass die Kompassnadel durch andere Magnete in der Nähe beeinflusst wird. Das wirkt sich verheerend aus, wenn z.B. durch bewegte Magnetstäbe die Induktion in Spulen gezeigt werden soll. In der Messtechnik werden deshalb Drehspulinstrumente gebraucht. In diesen ist eine Messspule drehbar vor einem Magneten gelagert. Im Handel sind sehr empfindliche derartige Geräte erhältlich. Wir haben versucht ein solches Gerät für den «Low cost»-Eigenbau auszutüfteln. Statt der in Profigeräten verwendeten Uhrfederachsabgriffe haben wir uns für eine an einem dünnen Faden aufgehängte Spule entschieden, deren Zuleitungen frei beweglich in einer leitenden Flüssigkeit hängen. Für die Spule werden von Hand 200 Windungen aus 0,4 mm lackiertem Kupferdraht (Spulendraht) auf einen Trinkhalm gewickelt (siehe Schülerteil).

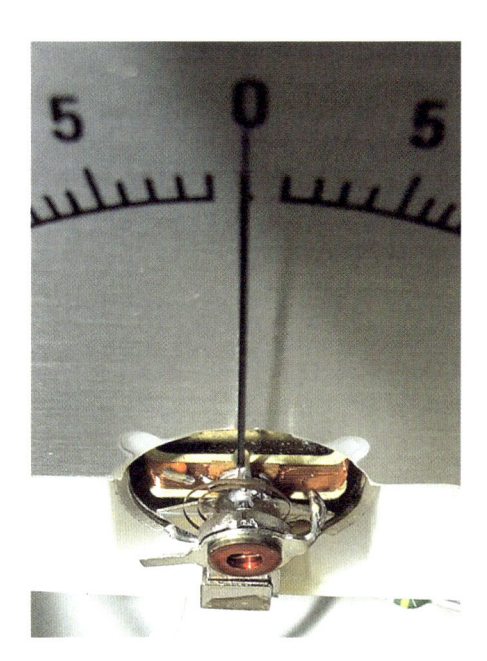

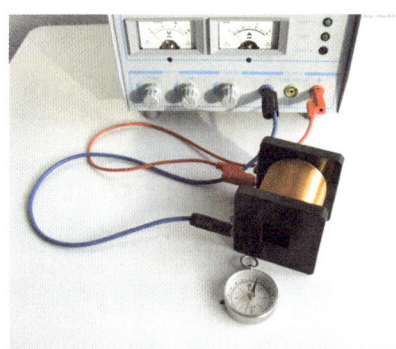

Links & Literatur
BREDTHAUER, WILHELM; BRUNS, KLAUS GERD et al: *Impulse Physik, Mittelstufe.* Ernst Klett Verlag, Stuttgart 2002.

Strom messen mit Spulen

🎯 Du siehst, dass stromdurchflossene Spulen magnetisch sind.
Du weisst, welche Grössen die Stärke des Spulenmagnetismus beeinflussen.
Du kannst das Prinzip der Strommessung mit Spulen nachvollziehen.

⏱ 2 Lektionen, in 2er- oder 4er-Gruppe

🛠 Massstab, Newtonmeter, Schnur, Spulen, Eisenkern, Kompassnadel, Ampèremeter, variable Spannungsquelle, Stativmaterial, Trinkhalm, lackierter Kupferdraht (0,4-mm-Spulendraht), 2 Glasschalen, Salz, dünner Faden, Schere, zwei kurze Stativstangen (10 cm) oder 2 geköpfte grosse Eisennägel, Schmirgelpapier, Kabel

Durchführung und Beobachtung

1. **Eine Spule herstellen**
   Eine Spule ist ein zylinderförmiger Gegenstand, der mit einem elektrisch leitenden (isolierten) Draht umwickelt ist.
   > Umwickle einen Trinkhalm in der Mitte 200- bis 300-mal mit Spulendraht (Kupferdraht, der durch eine Lackschicht isoliert ist). Am Anfang und am Ende sollten etwa 10 cm Draht übrig bleiben. Damit hast du bereits eine Spule hergestellt, die du im 3. Versuch brauchen wirst.

2. **Die magnetische Kraft stromdurchflossener Spulen**
   > Stelle eine Spule mit der Spulenöffnung gegen oben auf einen Tisch. Über die Spule hängst du an einer Schnur (oder an einem beweglichen Haken) einen Kraftmesser (Newtonmeter) und daran einen Spulenkern aus Eisen, wie im Bild gezeigt.

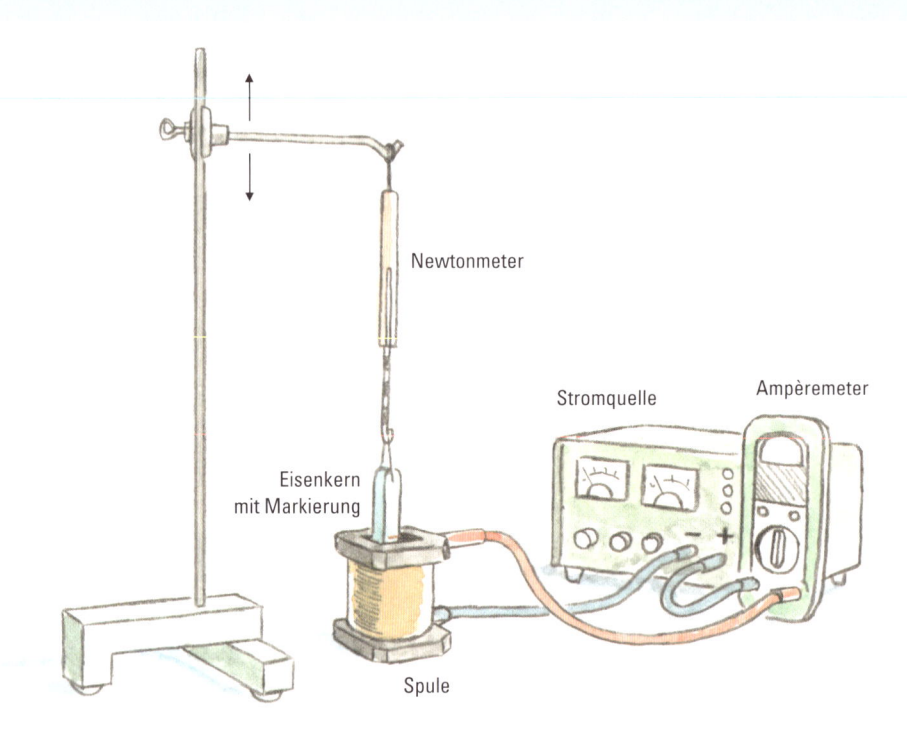

   > Das untere Ende des Eisenkerns sollte ungefähr in der Spulenmitte hängen. Zeichne eine Markierung auf den Eisenkern auf Höhe der Spulenöffnung.
   > Verändere schrittweise die Stromstärke I durch die Spule. Hänge den Eisenkern nach jeder Änderung der Stromstärke so, dass das untere Ende des Eisenkerns wieder entsprechend der Markierung auf gleicher Höhe in der Spulenmitte hängt. Lies die Kraft F der Spule auf den Kern am Newtonmeter ab. Trage die Werte in die Tabelle ein und erstelle daraus eine Grafik (mit der Kraft F auf der x-Achse und der Stromstärke I auf der y-Achse).

Stromstärke I (Ampère)							
Kraft F (Newton)							

Was stellst du fest?   **Die magnetische Wirkung der Spule ist umso grösser, je grösser die Stromstärke ist.**

Technik be-greifen   **Versuch 15**

3. Ein Strommessgerät selber bauen

Die magnetische Wirkung stromdurchflossener Spulen wird zur Messung der Stromstärke genutzt. Verschiedene Konstruktionen sind seit Entdeckung der magnetischen Wirkung von stromdurchflossenen Spulen zur Anwendung gekommen.

a) das Weicheiseninstrument

> Lege zwei kurze Stativstangen oder zwei dicke «geköpfte» Nägel in eine Spule und lass Strom durch die Spule fliessen. Beobachte und erkläre:

Die Eisen werden durch das Magnetfeld der Spule selber zu Magneten. Sie werden in die gleiche Richtung gepolt und stossen sich deshalb ab. Je stärker die Stromstärke, desto stärker das Magnetfeld und desto stärker die Abstossung.

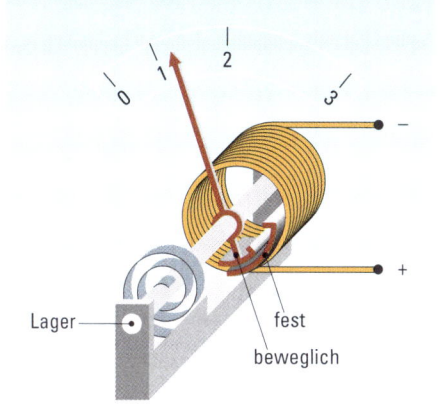

Beim Weicheiseninstrument werden statt Metallstäben Metallplättchen verwendet. Eines der Metallplättchen wird befestigt und das zweite drehbar gelagert und mit einem Zeiger versehen. Sobald Strom fliesst, stossen sich die Plättchen aufgrund der magnetischen Krafteinwirkung ab und der Zeiger schlägt entsprechend aus. Eine Spiralfeder lässt die Plättchen mit der Stromabnahme wieder zurückfedern.

b) das Drehspulinstrument

Dazu brauchst du die selbst hergestellte kleine Spule:
> Knicke die beiden Rohrenden ab und schneide mit einer Schere eine Öffnung in beide Knicke. Führe die Drahtenden durch diese Öffnungen in die Rohrenden.
> Schleife den Lack an den Drahtenden mit Schleifpapier ab (um die Isolierung zu entfernen).
> Stelle in zwei Glasschalen eine Salzlösung mit je einem Teelöffel Salz her (Salzlösungen leiten Strom!).
> Befestige entsprechend der Abbildung die Spule und einen Stabmagneten. Die beiden Enden müssen in die Salzlösung eintauchen. Die Röhrchenenden dürfen nicht in die Nähe des Glasrandes der Schalen kommen, weil sie sonst vom Glas elektrostatisch angezogen werden.
> Verbinde die beiden Drähte A und B
   1. mit einer Gleichspannungsquelle und erhöhe ganz langsam die Stromstärke.
   2. (sehr schwierig zu realisieren!) mit einer Spule von sehr grosser Windungszahl (über 700 Windungen). Halte einen Stabmagneten (Supramagnet!) in die Spulenöffnung und ziehe ihn ganz schnell wieder heraus.
> Was geschieht jeweils?

Die Messspule auf dem Röhrchen wird magnetisch und dreht sich je nach Polung in Richtung Magnet oder von ihm weg. Der Draht, an dem die Spule hängt, wird verdreht und übt eine Rückstellkraft aus. Fliesst kein Strom mehr, dreht sich die Spule in die ursprüngliche Position zurück. Beim Umpolen der Spule wird der magnetische Nordpol der Spule zu einem magnetischen Südpol.

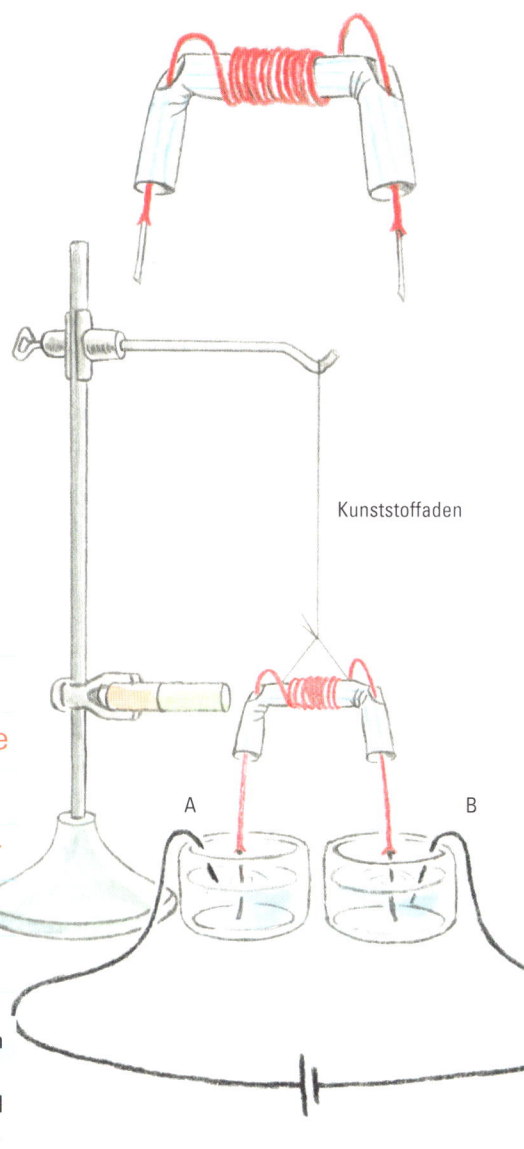

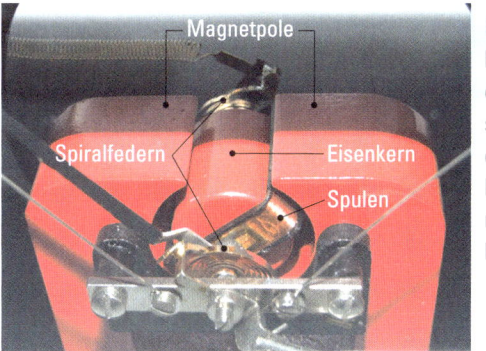

Im Versuch wird die Spule an einen dünnen Faden gehängt und die Spulenenden werden in Salzwasser getaucht. Die Spule wird somit nicht durch angehängte Kabel behindert und ist frei drehbar. Sie kann auf kleinste Ströme reagieren. Beim professionellen Drehspulinstrument wird die Spulenachse auf feinen Spiralfedern gelagert.

67

Elektromagnetische Induktion
Bremsen mit Wirbelstrom

Schülerinnen und Schüler
> lernen, wie das Magnetfeld in der Öffnung (Lichte) eines Ringes verändert werden kann.
> sehen, wie ein elektrisch leitender Ring auf ein sich veränderndes Magnetfeld reagiert.
> wissen, wie die Regel von Lenz auf einfache Beispiele angewendet werden kann.
> verstehen, was elektromagnetische Induktion ist.
> kennen Anwendungen der elektromagnetischen Induktion in der Technik.

Themenkreis
> Umgang mit veränderlichen Magnetfeldern
> Einführung in die Physik der elektromagnetischen Induktion

Vorkenntnisse
> Strom, Stromkreis, Dauermagnetismus, Spulenmagnetismus
> Fertigkeit im Aufbau einfacher Versuchsanordnungen

Fachlicher Hintergrund

Elektromagnetische Induktion

Zwischen Strömen und bewegten Ladungen treten relativistische Kräfte auf, die Lorentzkräfte. So ziehen sich zwei parallele Leiter an, wenn darin Ströme in die gleiche Richtung fliessen. Bei unterschiedlicher Stromrichtung stossen sie sich ab. Das Phänomen wird als Magnetismus bezeichnet.

Die Umgebung von Strömen oder Permanentmagneten wird als magnetisches Feld bezeichnet. Jedem Punkt eines solchen Magnetfeldes wird ein magnetischer Feldvektor B zugeordnet. Seine Richtung gibt an, wie sich ein magnetischer Nordpol an dieser Stelle bewegen würde, und seine Länge gibt uns Auskunft, wie stark dort die Lorentzkraft auf eine bewegte positive Ladung wirkt.

Eine Konsequenz der Lorentzkräfte ist die elektromagnetische Induktion. Im Folgenden soll die Entstehung der Induktionsspannung in einem Leiter und des Induktionsstroms in einer Metallscheibe auf die Wirkung der Lorentzkraft zurückgeführt werden. Es ist sicher befriedigend, zu erkennen, dass alle magnetischen Phänomene letztlich auf die Wirkung von elektrischen Kräften zwischen elektrischen Ladungen zurückgeführt werden können.

Leiterstück im Magnetfeld

Wird ein Leiterstück wie in der Abbildung senkrecht zu einem Magnetfeld B bewegt, erfahren die Ladungen darin eine Lorentzkraft. Das Leiterstück wird dadurch elektrisch polarisiert, eine Spannung wird induziert. In der Abbildung bewegt sich ein Leiterstück mit der Geschwindigkeit v senkrecht zu den magnetischen Feldvektoren. Auf eine dort relativ zum bewegten Draht ruhende positive Ladung wirkt dann die Lorentzkraft F. Elektronen werden entgegen der Lorentzkraft F an das linke Leiterende bewegt. Werden die beiden Leiterenden miteinander verbunden, fliesst in der dadurch entstehenden Leiterschlaufe ein Induktionsstrom.

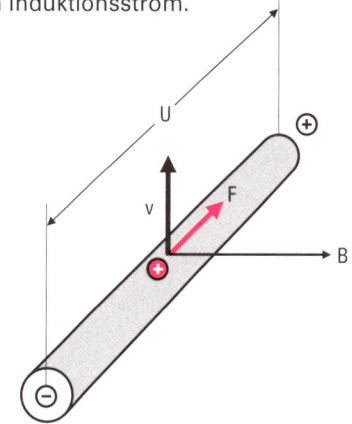

Leiterplatte im elektrischen Feld

Es soll hier versucht werden, modellhaft zu erklären, warum eine magnetische Feldänderung in einer Leiterplatte elektrische Ströme erzeugt. In der Literatur wird praktisch ausschliesslich formal mit den Gesetzen von Maxwell argumentiert, Erklärungsmodelle fehlen. Wagen wir es also: Wird eine Leiterplatte senkrecht zu den magnetischen Feldvektoren (repräsentiert durch B) in ein magnetisches Feld gehalten, erfahren alle Ladungen, die sich darin (z.B. aufgrund der Wärme) bewegen, senkrecht zu den magnetischen Feldvektoren Lorentzkräfte. In der Abbildung links wird eine positive Ladung irgendwo auf dieser Scheibe betrachtet, die sich zufällig nach oben bewegt. Sie erfährt die Lorentzkraft F_p. Auf eine negative Ladung **an der gleichen Stelle** wirkt F_e und zwar in die umgekehrte Richtung. Auf Ladungen, die in oder gegen die Feldrichtung fliegen wirkt keine Lorentzkraft. Lokal führt das zu einer Ladungstrennung oder der Polarisation von positiven Kernen und ihren Elektronen. Wird das Magnetfeld z.B. verkleinert, bewegten sich negative Ladungen zurück in Richtung der positiven Kerne. Durch Wechselwirkung mit dem abnehmenden Magnetfeld – wieder infolge der Lorentzkraft – erfahren sie eine Richtungsänderung. Es entstehen so auf atomarer Ebene Induktionsströme, eine Art atomare «Wirbelströme». Daraus resultiert ein makroskopisch wahrnehmbarer Induktionsstrom in der Leiterplatte.

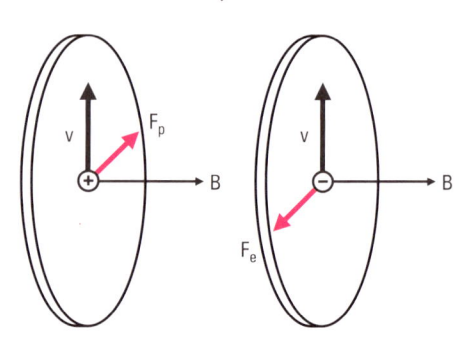

Wichtige Erkenntnis

Elektromagnetische Induktion ist immer mit der Bewegung eines Leiters in einem Magnetfeld oder mit der zeitlichen Veränderung eines Magnetfeldes verknüpft. Ist das bewegte Drahtstück Teil einer Leiterschlaufe, hat das eine Veränderung ihres Flächeninhalts A zur

Folge. Das Produkt A · B heisst magnetischer Fluss. Dieses Produkt ändert sich also, wenn A oder B zu- oder abnehmen. Allgemein gilt: Immer wenn der magnetische Fluss A · B sich zeitlich ändert, wird in einer Leiterschlaufe ein Induktionsstrom erzeugt. Wenn B nicht senkrecht sondern im Winkel α auf A steht, nehmen wir für die Berechnung des magnetischen Flusses nur die senkrecht zu A stehende Komponente von B, nämlich A · B · cos α. Die induzierte Spannung wird damit zu

$$U = -\frac{d(A \cdot B \cdot \cos \alpha)}{dt}$$

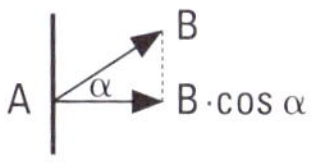

Wenn A und B fest vorgegeben sind, die Schlaufe aber mit der Kreisfrequenz $\omega = 2\pi\nu$ rotiert, folgt daraus durch Ableitung nach t die **Wechselspannung** $U = A \cdot B \cdot \omega \cdot \sin(\omega t) = U_0 \cdot \sin(\omega t)$. Dabei ist ν die Drehfrequenz der Schlaufe in Hertz und U_0 die Scheitelspannung.

Die Regel von Lenz

Das Verhalten von Spulen, in deren Lichte («Tunnel-Querschnittfläche» der Spule) der magnetische Fluss sich zeitlich ändert, kann sehr einfach beschrieben werden durch die Lenz'sche Regel. Die durch eine magnetische Flussänderung bewirkte Induktionsspannung in einer kurzgeschlossenen Spule erzeugt in ihr immer ein Magnetfeld, das der Flussänderung entgegenwirkt. Beispiel: Ein Stabmagnet dringt mit der Geschwindigkeit v in die Lichte einer Spule mit einer einzigen geschlossenen Windung (Ring). Bewegt sich der Nordpol des Stabmagneten auf den Metallring zu, so fliesst der Strom (gelb) in Richtung des gelben Pfeils. Aufgrund dieses Stroms entsteht ein Magnetfeld (rote Feldlinien), das dem äusseren zunehmenden Feld (blaue Feldlinien) entgegengerichtet ist. Auf der rechten Ringseite entsteht durch den Induktionsstrom ein Nordpol, der bewegungshemmend auf den Nordpol des Stabmagneten einwirkt. Der Ring selber wird vom Magneten abgestossen. Die Energie für den Aufbau des Magnetfeldes im Ring stammt aus der kinetischen Energie des sich auf den Ring zu bewegenden Stabmagneten. Bei seiner Annäherung an den Ring muss also Arbeit verrichtet werden. Wenn der Stabmagnet stoppt, würde in einem Ring aus supraleitendem Material der induzierte Strom ewig weiterfliessen. Besitzt der Ring einen elektrischen Widerstand, gibt er die durch den Induktionsvorgang gewonnene Energie in Form von Wärme ab. Der Induktionsstrom hört dann auf zu fliessen. Der Ring «muss die eingedrungenen magnetischen Feldlinien akzeptieren». Bewegt sich der Nordpol des Stabmagneten nach links vom Metallring weg, so möchte der Ring die seine Lichte durchdringende magnetische Feldliniendichte behalten. Er produziert – salopp ausgedrückt – mithilfe der kinetischen Energie des sich entfernenden Stabmagneten einen Induktionsstrom in die dem gelben Pfeil entgegengesetzte Richtung. Aufgrund dieses Stromes im Ring entsteht ein Magnetfeld, das dem äusseren abnehmenden Feld gleichgerichtet ist. Auf der linken Ringseite entsteht durch den Induktionsstrom ein Südpol, der bewegungshemmend auf den Nordpol des Stabmagneten einwirkt. Die Regel von Lenz kann analog auf andere Induktionsvorgänge angewendet werden.

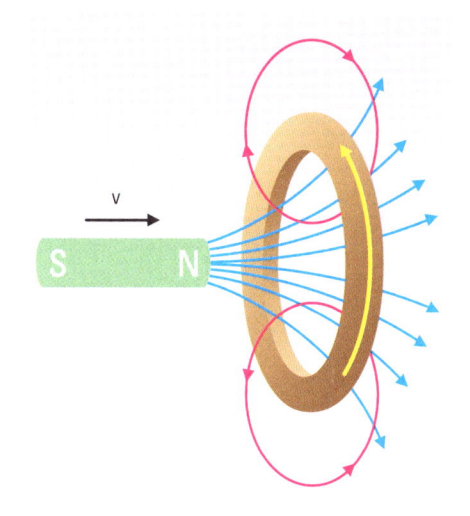

Link & Literatur

HILSCHER, H. et al.: *Physikalische Freihandexperimente, Band 2.* Aulis Verlag Deubner, Köln 2004.

Anmerkungen

Der Versuch mit dem Ring wurde in abgewandelter Form von Michael Faraday vorgeschlagen, missglückte ihm aber.

Als Ausweitung des Experiments könnten die Schülerinnen und Schüler versuchen, mit ihrem Wissen eine LED zum Aufleuchten zu bringen, ohne sie an der Spannungsquelle anzuschliessen.

Dazu muss man aus der Spule und der LED einen geschlossenen Stromkreis machen. In der Spulenöffnung wird durch Bewegen des Stabmagneten ein Strom induziert.

Technische Anwendung

Für technische Anwendungen wie Transformator, Generator oder Wirbelstrombremse wird auf die reichlich vorhandene einschlägige Literatur verwiesen. Hier als Beispiel die Bremswirkung von Wirbelstrom bei einem ICE-3-Zug. Stromdurchflossene Spulen werden auf etwa 8 mm über die Schiene gesenkt.

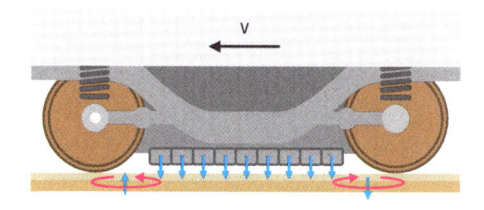

Rot: in der Schiene induzierte Ströme
Blau: Magnetfelder

Das befahrene Schienenstück bewegt sich in das Magnetfeld der Spulen hinein und dann wieder heraus. Durch Induktion wird in der Schiene ein starkes Magnetfeld aufgebaut. Dieses bezieht seine Energie aus der Bewegungsenergie der Spule und damit des Zuges. Der Zug wird dadurch gebremst.

Bremsen mit Wirbelstrom

🎯 Du lernst, wie du ein Magnetfeld in der Öffnung eines Ringes verändern kannst.
Du siehst, wie sich ein elektrisch leitender Ring in einem veränderlichen Magnetfeld verhält.
Du weisst, wie die Regel von Lenz auf einfache Beispiele angewendet werden kann.
Du kannst die elektromagnetische Induktion beschreiben.
Du kennst Anwendungen in der Technik.

⏱ 2 Lektionen

Ⓜ Drei Alubecher von Rechaudkerzen, spitze Schere, Nähfaden, Stativmaterial, durchsichtiges Klebeband, Stabmagnet, Spule mit mind. 240 Windungen, kurze Stativstange als ein über die Spulenseiten hinausragender Eisenkern, zwei elektrische Verbindungsschnüre, Kompass, Zahnstocher, Plastilin, Styropor, Gleichspannungsquelle

Durchführung

> Entferne die Böden von zwei Alubechern mit einer spitzen Schere, sodass du zwei Aluringe erhältst.
> Befestige mit Klebeband links und rechts an jedem Ring zwei Fadenstücke.
> Hänge beide Ringe mithilfe der Fäden wie Pendel an eine horizontal gelagerte Stativstange.
> Schneide einen der Ringe durch und verbinde die Schnittstelle so mit Tape, dass ein Aluspalt bleibt.

> Lege eine kurze Stativstange in die Spule und fixiere sie mit einem Gummiband. Verbinde die eine Seite der Spule mit dem Pluspol einer Gleichspannungsquelle. Stecke die andere Verbindungsschnur in den Minuspol.

Mit ihrem freien Ende kannst du nun die andere Spulenseite berühren und so bei Bedarf Strom durch die Spule fliessen lassen.

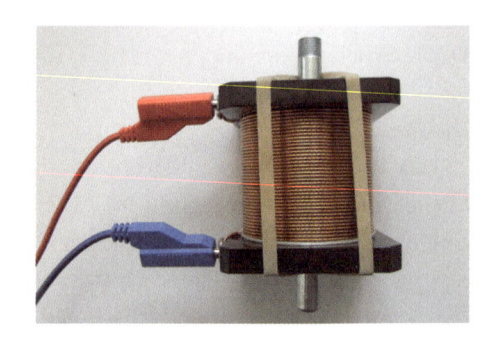

Beobachtung

1. **Wie verhält sich Aluminium? Wo ist der Nordpol eines Magneten?**

a) Lass Strom durch die Spule fliessen und zeige, dass sie dadurch zum Magneten wird, der Eisen anzieht, Aluminium aber nicht.

b) Zeige, dass auch der Stabmagnet Eisen anzieht, nicht aber Aluminium.

c) Zeige, dass Aluminium den elektrischen Strom leitet, indem du ein Stück Aluminium zwischen die Strippe, die vom Pluspol kommt und das eine Ende der Spule hältst. Der Stromkreis bleibt trotzdem geschlossen und die Spule wird magnetisch.

d) Befestige einen Faden in der Mitte des Stabmagneten und halte das andere Fadenende so in der Hand, dass der Stab drehen kann. Halte dich von «Eisen» im Schulzimmer fern. Markiere mit einem roten Filzstift die Seite des Stabes, die sich (gemäss Kompass) gegen Norden wendet, als magnetischen Nordpol des Stabes. Wenn der Stabmagnet schon markiert ist, überprüfe, ob sich die markierte Seite nach Norden dreht.

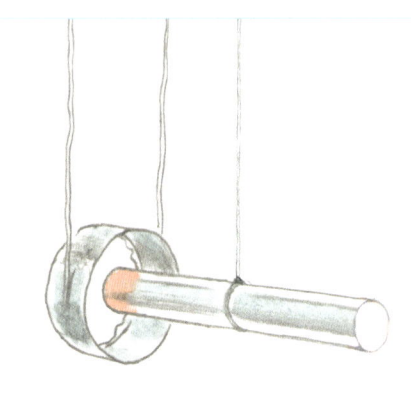

2. **Ein unmagnetisierbarer Ring zeigt magnetisches Verhalten!**

a) Bewege den Stabmagneten mit dem Nordpol voran auf den noch ganzen Ring zu, bis der Nordpol durch die Ringöffnung ragt. Dabei darf der Magnet den Ring nicht berühren. Ziehe den Stabmagneten rasch wieder zurück. Was geschieht? Wiederhole nun den Versuch mit dem geschlitzten Ring.

Der Ring weicht zurück, wenn der Stabmagnet auf ihn zu bewegt wird. Wird er weggezogen, folgt ihm der Ring.

Der geschlitzte Ring reagiert nicht.

Technik be-greifen **Versuch 16**

b) Halte die Spule so vor den ungeschlitzten Ring, dass die Stativstange in der Spule in den Ring ragt. Schliesse nun den Stromkreis mit der Spule und öffne ihn wieder. Was beobachtest du?

Einschalten: Der Ring weicht zurück.
Ausschalten: Der Ring nähert sich der Spule.
Keine Reaktion beim geschlitzten Ring.

3. **Elektromagnetische Induktion**

a) Lies den Text «elektromagnetische Induktion». Erkläre damit die Versuche, die du mit dem ungeschlitzten Ring gemacht hast.

Der Ring wird selber zum Magneten, wenn ein Magnet auf ihn zu oder von ihm wegbewegt wird oder wenn der Strom in der Spule ein- oder ausgeschaltet wird. Im geschlitzten Ring kann kein Strom fliessen.

Elektromagnetische Induktion
Wenn das Magnetfeld in der Öffnung eines Metallringes oder einer kurzgeschlossenen Spule verändert wird, fliesst in jedem dieser Leiter Strom. Wir sagen: Im Ring oder in der kurzgeschlossenen Spule wird durch ein sich veränderndes Magnetfeld ein Strom induziert. Dadurch wird der Ring oder die Spule selber zu einem Magneten. Das Phänomen heisst elektromagnetische Induktion.

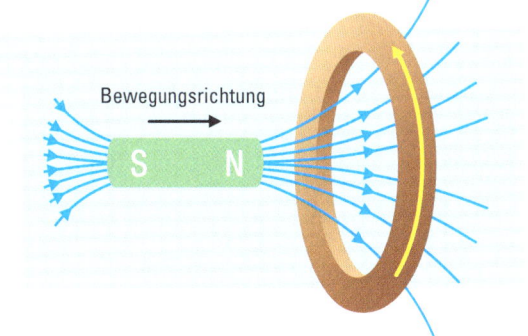

b) Das Magnetfeld in der Öffnung des Ringes lässt sich also durch einen Magneten verändern. Wie könntest du das Magnetfeld durch den Ring hindurch auf eine andere Weise verändern? Versuche es.

Die Spule vor dem Ring bewegen, drehen oder schwenken. Den Ring vor der stromdurchflossenen Spule oder dem Stabmagneten bewegen. Wechselstrom in der Spule fliessen lassen.

c) Bringe den Aluring zum Pendeln. Versuche ihn, ohne ihn zu berühren, mithilfe des Stabmagneten zu bremsen. Versuche auch, eine kleine, leichte, pendelnde Aluplatte abzubremsen.

Halte den Stabmagneten so, dass er bei jeder Schwingung durch den pendelnden Ring dringt. Die Aluplatte kannst du abbremsen, wenn du sie vor dem Magneten pendeln lässt.

4. **Bremsen mit Wirbelstrom**
Du kannst einen drehenden Aluminiumbecher so abbremsen (siehe Bild). Stecke dazu einen Zahnstocher als Achse durch den Boden eines mit Styropor gefüllten Rechaudkerzenbechers. Befestige die Achse auf der anderen Seite in einem Plastilinklumpen. Nähere dem drehenden Becher einen starken Magnetpol.

Nun kannst du verstehen, wie die Wirbelstrombremse eines ICE-Zuges funktioniert! Die Lenz'sche Regel sagt, dass der in einem Ring, in einer Spule oder in einer Metallplatte induzierte Strom immer so fliesst, dass der «eindringende» Magnetismus geschwächt, der «abnehmende» aber verstärkt wird. Wenn sich also beispielsweise einem Magneten, das kann z. B. ein Stabmagnet oder ein Elektromagnet sein, ein Ring, eine kurzgeschlossene Spule oder eine Metalplatte nähert, werden sie vom Magneten abgestossen. Bewegen sie sich vom Magneten weg, werden sie von ihm angezogen. Die Energie für die Erzeugung des induzierten Stromes stammt aus der Bewegungsenergie der beteiligten Körper. Ströme, die in einer Metallplatte induziert werden, heissen Wirbelströme.

Die Bremsvorrichtung eines ICE-Zuges besteht aus stromdurchflossenen Spulen, die zum Bremsen bis auf etwa 8 mm über die Schiene gesenkt werden. Das Schienenstück darunter bewegt sich in das Magnetfeld der Spulen hinein und dann wieder hinaus. Dabei werden in der Schiene starke Ströme induziert. Diese beziehen ihre Energie aus der Bewegungsenergie der Spulen und damit des Zuges. Der Zug wird abgebremst.

Rot: in der Schiene induzierte Ströme
Blau: Magnetfelder

Selbstinduktion
Röhren zum Leuchten bringen

Schülerinnen und Schüler
> lernen das Phänomen der Selbstinduktion kennen.
> können sich die Zündfunken beim Ausschalten eines Stromes erklären.
> wissen, wo Selbstinduktion in der Technik eine Rolle spielt.
> können anhand von Schaltplänen eine einfache Schaltung zusammenbauen.

Themenkreis
> Spulen im Stromkreis

Vorkenntnisse
> Elektromagnetische Induktion, Regel von Lenz
> Fertigkeit im Aufbau einfacher Schaltungen

Fachlicher Hintergrund

Selbstinduktion in Spulen

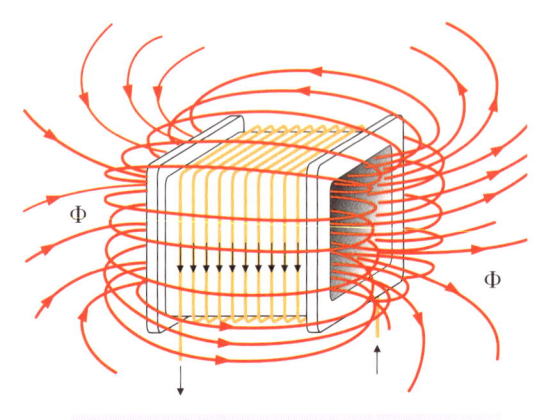

Das Produkt aus der magnetischen Induktion (d. h. magn. Feldstärke oder Flussdichte) B und der vom Magnetfeld durchdrungenen und vom Leiter eingeschlossenen Fläche A heisst magnetischer Fluss Φ. In einer Spule ist $\Phi = A \cdot B$ also proportional zur Fläche A der Spulenlichte und – auf Grund der Definition von B – auch proportional zur Windungszahl N und zur Stromstärke I durch die Spule. Spulenkerne erhöhen den magnetischen Fluss. Anschaulich entspricht der magnetische Fluss der «Feldlinienzahl» durch die Spule.

Wenn sich der magnetische Fluss Φ in einer Spule mit N Windungen zeitlich ändert, wird in ihr eine Spannung $U_i = -N \cdot d\Phi/dt$ induziert. Das Minuszeichen zeigt, dass die Induktionsspannung in Gegenrichtung zur angelegten Spulenspannung wirkt.

Energetisch sieht das so aus: Das Magnetfeld einer Spule speichert Energie. Eine Verkleinerung des magnetischen Flusses in der Spule verändert ihren Energiezustand. Mit dieser frei werdenden Energie wird zwischen den Spulenenden eine Spannung – die Selbstinduktionsspannung – aufgebaut. Das bedeutet, dass jedem Coulomb Ladung, das durch eine Windung der Spule fliesst, Energie zugeführt wird, die aus dem abnehmenden Magnetfeld der Spule stammt. Ändert sich der magnetische Fluss, weil die Spulenstromstärke abnimmt, ist die Selbstinduktionsspannung proportional zur zeitlichen Änderung der Stromstärke I. Damit folgt $U_i = L \cdot dI/dt$.

Die Proportionalitätskonstante L heisst Induktivität und ist von der Geometrie der Spule abhängig. Sie heisst Selbstinduktivität L der Spule und wird in Henri (1 H = 1 Vs/A) gemessen. Die hier gewählte energetische Betrachtungsweise kann natürlich durch eine Untersuchung der in der Spule auf die bewegten Ladungen wirkenden Lorentzkräfte ergänzt werden.

Selbstinduktion als Phänomen

Die Selbstinduktion spielt in der Technik eine so grosse Rolle, dass sie auch auf Stufe Sek I thematisiert werden sollte. Der formale physikalische und mathematische Zugriff ist natürlich nicht möglich und auch nicht nötig. Es genügt, das Phänomen der Selbstinduktion über einfache Experimente sichtbar zu machen.

Selbstinduktion in der Technik

In Spulen mit grosser Windungszahl und grosser Stromstärke wird beim raschen Abschalten des Stromes eine sehr grosse Spannung induziert. Diese macht sich durch einen Lichtbogen an Schaltkontakten und als Durchschlag der Spulenisolierung bemerkbar. In der Regel geht dabei die Spule oder ein Schaltrelais kaputt. Halbleiterbauelemente im gleichen Stromkreis können in Mitleidenschaft gezogen werden. Die durch Selbstinduktion leicht zu erzeugenden hohen Spannungen werden zum Beispiel in Drosselspulen (Starter) der Leuchtstofflampen zum Zünden des Gases, in der Zündung des Autos oder im Elektrofeuerzeug technisch nutzbar gemacht.

Anmerkungen

Induktiver Wechselstromwiderstand

Je nach Interesse und verfügbarer Zeit kann mit den Schülerinnen und Schülern zusätzlich das Induktionsverhalten von Spulen unter Wechselspannung angeschaut werden. Durch ein ganz einfaches Experiment kann der Begriff «Impedanz» veranschaulicht werden.

Wird eine Spule an die Netzspannung angeschlossen, ändert sich die Selbstinduktionsspannung 50-mal pro Sekunde. Die Selbstinduktionsspannung ist nach der Regel von Lenz eine Gegenspannung zur Wechselstromspannung. Das wirkt sich aus wie ein zusätzlicher Widerstand im Stromkreis. Im Gegensatz zu einem ohmschen Widerstand heisst dieser Widerstand Wechselstromwiderstand einer Spule. Er wird auch als Scheinwiderstand oder Impedanz Z bezeichnet. Z kann aus dem Quotienten der

Technik be-greifen   Versuch 17

Effektivspannung und der Effektivstromstärke des Wechselstromes berechnet werden. Seine Einheit ist das Ohm.

Die Impedanz einer Spule kann durch folgendes einfaches Experiment gezeigt werden: Eine Glühlampe wird in Serie mit einer Spule an eine Wechselspannung gelegt. Wird ein Spulenkern in die Spulenlichte eingeführt, brennt die Glühlampe weniger hell. Da durch die Spule Wechselstrom fliesst, ändert sich das Magnetfeld in ihr dauernd. Dadurch entsteht eine Selbstinduktionsspannung, die in jedem Moment der angelegten Spannung entgegensteht. Durch den Spulenkern wird die Selbstinduktionsspannung stark erhöht. Zur Wirkung kommt in der Glühlampe nur die Differenz zwischen angelegter und induzierter Spannung.

In der Technik werden eisengefüllte Spulen Drosselspulen genannt. Sie dienen z.B. als Vorwiderstände in Leuchtstoffröhren. Im Gegensatz zu ohmschen Widerständen verbrauchen Drosselspulen kaum Energie, da diese zwar in der ersten Halbperiode als magnetische Feldenergie aufgenommen wird, aber in der zweiten wieder als elektrische Energie abgegeben wird.

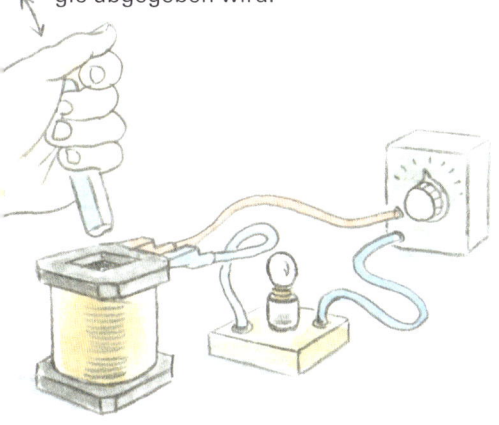

Angelegte Spannung und Selbstinduktionsspannung stehen in jedem Augenblick gegeneinander.

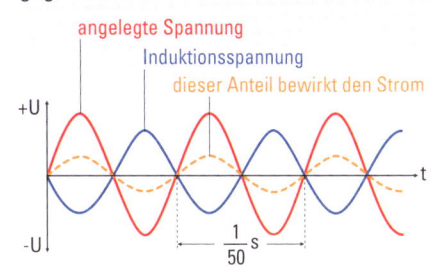

Schaltplan einer Leuchtstoffröhre

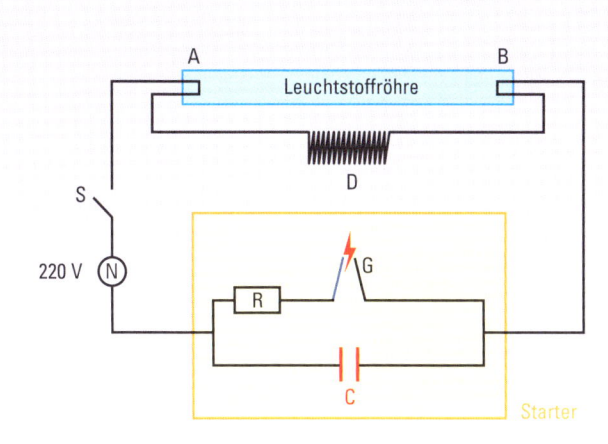

Beim Einschalten des Netzstromes mit dem Schalter S zündet die Glimmlampe G, deren Elektroden gleichzeitig die Rolle eines Bimetall-Thermoschalters spielen. Der Widerstand R reduziert die Netzspannung auf etwas über 100 V und begrenzt den Strom durch die Glimmlampe. Dieser kleine Strom fliesst auch durch die Drosselspule D. Durch die Wärme der Glimmlampe schliessen ihre Bimetall-Elektroden den Stromkreis. Dadurch wird das leuchtende Gas der Glimmlampe «überbrückt», sie erlischt. Durch die Drosselspule fliesst nun ein grosser Strom, bis sich der Bimetallschalter wegen der Abkühlung der Glimmlampe wieder öffnet. Weil dadurch der Strom durch die Drosselspule plötzlich sehr klein wird, entsteht eine hohe Induktionsspannung zwischen den Röhrenenden A und B. Die Leuchtstoffröhre zündet, das Gas wird leitend und beginnt zu leuchten. Der Strom durch die Röhre wird durch die Wirkung der Drosselspule begrenzt. Spulen sind ja für Wechselstrom elektrische Widerstände.

Bemerkung: Der Kondensator C reguliert den Selbstinduktionsspannungsstoss, damit keine elektromagnetische Störwelle in die Umgebung abgestrahlt wird. Solche Störwellen verursachen in elektrischen Geräten (z.B. Radio) störende Knackgeräusche.

Um die Wirkung des Thermoschalters zu zeigen, kann das Glas der Glimmlampe zerschlagen werden und die Bimetallwirkung ihrer Elektroden mit einem Zündholz getestet werden.

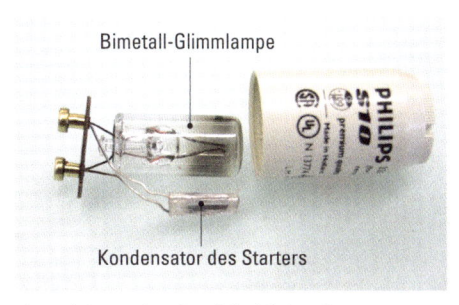

«Innenleben» eines handelsüblichen Starters einer Leuchtröhre.

Links & Literatur
WALZ, ADOLF: *Physik*. Schroedel, Hannover 1974.

Röhren zum Leuchten bringen

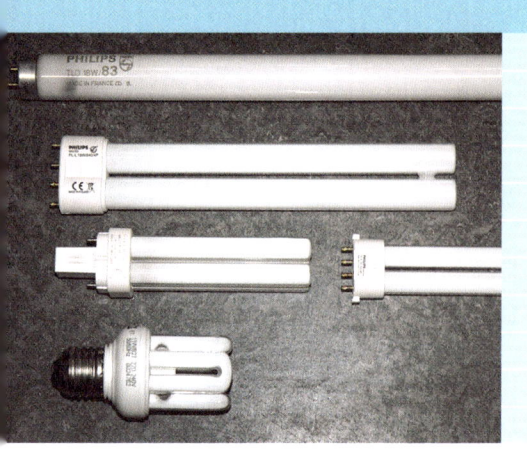

🎯 Du lernst das Phänomen der Selbstinduktion von Spulen kennen.
Du kennst technische Anwendungen der Selbstinduktion.
Du übst dich im Lesen von Schaltplänen.

⏱ 2 Lektionen, in 2er- oder 4er-Gruppen

Ⓜ Glimmlampe, diverse Spulen mit und ohne Kern und unterschiedlicher Windungszahl, Kabel, Gleichspannungsquelle 12 V (oder Taschenlampenbatterie 4,5 V), Starter einer Leuchtstoffröhre

Durchführung und Beobachtung

1. Baue gemäss Schaltschema mit der Batterie und einer Spule einen Stromkreis. Als Handschalter S1 benützt du die beiden Kabelenden, die von der Batterie und der Spule kommen. Öffne und schliesse damit den Stromkreis. Mach den Versuch mit verschiedenen Spulen – mit und ohne Spulenkern. Du darfst die Spulen auch seriell schalten. Was passiert?

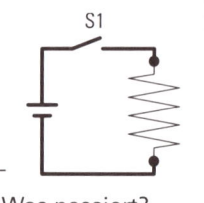

Beim Unterbrechen des Stromkreises springt ein kleiner Funke zwischen den Kabelenden. Der Funke wird umso grösser, je grösser die Windungszahl der Spule ist, sofern die Stromstärke vor dem Ausschalten gleich ist. Spulen mit Kern erzeugen beim Ausschalten einen grösseren Funken als kernlose. Die Batteriespannung allein würde nicht ausreichen zur Erzeugung eines solchen Funkens.

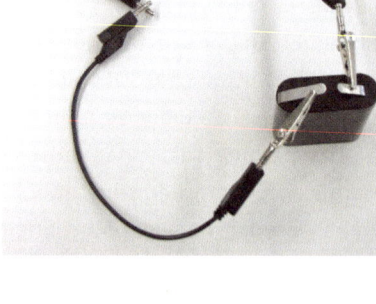

2. **Funken im Schalter**
Lies den Text zum Phänomen Selbstinduktion.

3. Weisst du, wie die Feldlinien des Magnetfelds einer stromdurchflossenen Spule dargestellt werden können? Schaue nach Bedarf in deinem Physikbuch nach und zeichne die Feldlinien in die Abbildung ein.

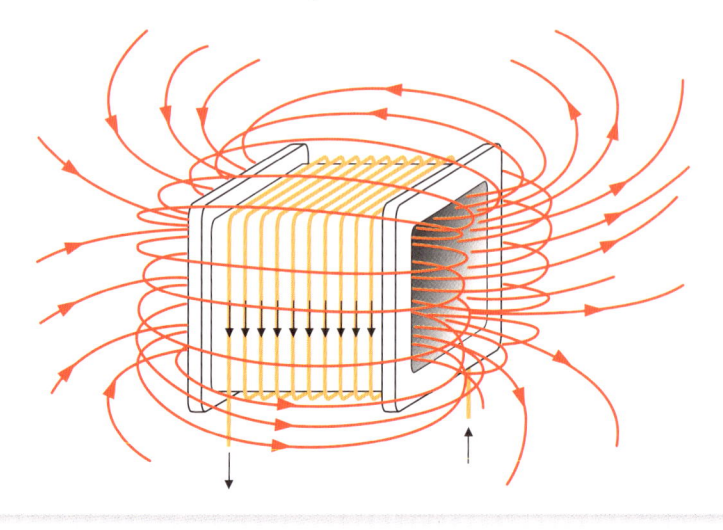

Phänomen Selbstinduktion

Wird der Strom eingeschaltet, baut sich in der Spule ein Magnetfeld auf, dessen Feldlinien die Spule in immer grösserer Zahl durchdringen. Nach der Regel von Lenz «wehrt» sich die Spule mit einem Gegenfeld und versucht so den anwachsenden Strom zu hemmen. Dieses Gegenfeld entsteht aufgrund einer beim Ansteigen des Stromes in der Spule induzierten (erzeugten) Gegenspannung, die der angelegten Spannung entgegenwirkt.

Beim Ausschalten passiert das Gegenteil, die Spule wird zu einer Spannungsquelle, die durch die Energie ihres zusammenbrechenden Magnetfeldes gespeist wird. Dieses Phänomen heisst Selbstinduktion.

Im Magnetfeld einer stromdurchflossenen Spule steckt also Energie. Beim Ausschalten erzeugt die Spule damit einen Spannungsstoss, Selbstinduktionsspannung genannt, dessen Grösse unter anderem von der Windungszahl und vom Spulenkern abhängt.

Technik be-greifen **Versuch 17**

4. Mit diesem Prinzip wird in Verbrennungsmotoren der Zündfunken in der Zündkerze erzeugt. Studiere den folgenden Schaltplan und erkläre, was geschieht.

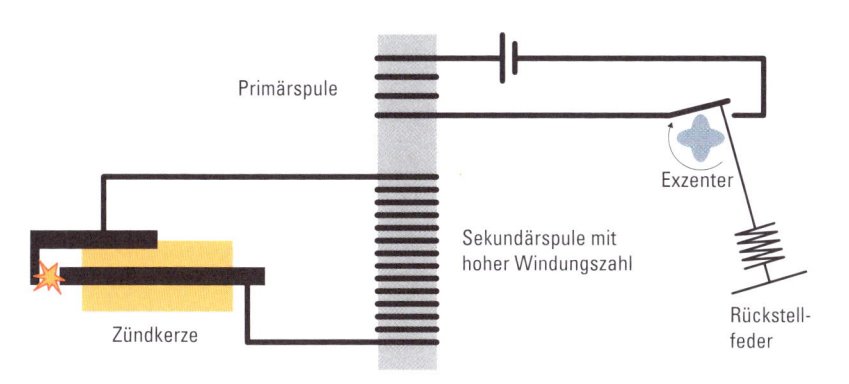

Aufgrund dieses Phänomens entstehen in Lichtschaltern und beim Entfernen von Geräten aus der Steckdose Funken: In den Stromkreisen des Haushalts gibt es fast immer spulenartige Leiterführungen. So besitzen viele Glühlampen eine spulenartige Lampenwendel. In einem Toaster oder einem Heizgerät können Drähte ebenfalls so verlegt sein, dass sie spulenartiges Verhalten zeigen.

Primärspule
Exzenter
Sekundärspule mit hoher Windungszahl
Zündkerze
Rückstellfeder

Der Exzenter rotiert, öffnet den Schalter des Stromkreises mit der Batterie und der Primärspule. Wenn der Schalter geschlossen ist, wird in der Spule ein Magnetfeld aufgebaut. Beim Öffnen wird das Magnetfeld in der Spule rasch abgebaut. In der Primärspule wird durch Selbstinduktion ein Spannungsstoss induziert, der durch die Sekundärwicklung zu einer Hochspannung transformiert wird. Diese erzeugt im Zylinder des Motors einen Zündfunken.

5. Schalte parallel zu einer Spule eine Glimmlampe an die Spannungsquelle von 4,5 V. Schliesse und öffne den Schalter. Verwende wieder Spulen mit verschiedenen Windungszahlen (200 bis 800) mit und ohne Kern. Halte deine Beobachtungen fest!

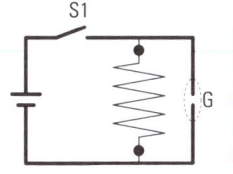

Beim Ausschalten der Gleichspannung entsteht in der Spule eine Selbstinduktionsspannung, die die Glimmlampe auf einer Seite kurz aufleuchten lässt. Diese Spannung ist so hoch, dass die Glimmlampe zündet. Hinweis: Glimmlampen zünden erst bei Spannungen über 100 V.

6. Warum kannst du eine Glimmlampe nicht mit einer Taschenlampenbatterie zünden und betreiben?

Die Spannung reicht nicht. Erst ein Spannungsstoss von über 100 V als Folge der Selbstinduktion einer Spule beim Ausschalten zündet die Glimmlampe. Zum weiteren Betrieb wären etwa 90 V notwendig.

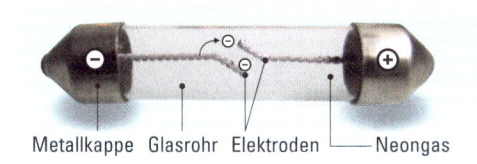

Metallkappe Glasrohr Elektroden Neongas

In einer Glimmlampe wandern jeweils am negativen Pol (am Netz wechselt die Polung 50-mal pro Sekunde zwischen Plus und Minus) Elektronen in das Füllgas (z.B. Neon) der Lampe. Dieses wird dadurch zum Leuchten angeregt und gleichzeitig leitend. Um eine Glimmlampe zu zünden, braucht es eine Spannung wenig über 100 V. Einmal gezündet kann ein kleiner Strom bereits bei 90 V Spannung fliessen. Bei einer zu grossen Spannung wird das ganze Füllgas schlagartig sehr gut leitend, und die Glimmlampe wird wegen der Hitzewirkung zerstört.

Leuchtstoffröhren funktionieren nach dem gleichen Prinzip. Der Abstand zwischen den Elektroden ist aber viel grösser als bei der Glimmlampe. Die Zündspannung muss daher sogar grösser sein als die Netzspannung von 230 V. Deshalb brauchen Leuchtstoffröhren einen sogenannten Starter. Einmal gezündet reicht die Netzspannung für den weiteren Betrieb der Leuchte.

Drehstrom
Strom aus der Steckdose

Schülerinnen und Schüler
> erfahren, dass die Elektrizitätsversorgung jedes Haushalts mit drei Phasen erfolgt.
> kennen den Sinn des Dreiphasenstroms im Haushalt.
> wissen um das Prinzip des Drehstrommotors.

Themenkreis
> Drehstrom

Vorkenntnisse
> Elektrodynamische Grundbegriffe
> Wechselspannung

Fachlicher Hintergrund

Pol- und Neutralleiter

Die Elektrizität wird in jedem Haushalt über drei verschiedene, Wechselspannung führende Polleiter – auch Phasen genannt – zugeführt. Früher wurden sie mit R, S und T bezeichnet, heute mit L1, L2 und L3. Auf Polleiter L1 folgen sich die positiven Spannungsspitzen U_{L1s+} immer nach 0,02 Sekunden, weil diese Schwingungszeit ja bei einer 50-Hertz-Wechselspannung 1/(50 Hz) beträgt. Die Spannungsspitze von L2 folgt jeweils $\frac{0,02}{3}$ s, also nach ca. 0,0066 Sekunden, die von L3 nach rund 0,013 s $\frac{2 \cdot 0,02}{3}$ s. Die Wechselspannungen von L1, L2 und L3 sind also jeweils um eine drittel Periode gegeneinander versetzt. Die elektrische Rückleitung aller Polleiter erfolgt über den Neutralleiter NL (früher Nullleiter).

Zwischen je zwei Polleitern beträgt die effektive Spannung 400 V mit einem Spitzenwert von 400 V $\cdot \sqrt{2} \cong 365$ V. Die effektive Spannung zwischen einem Polleiter und dem Neutralleiter (Scheitelspannung) beträgt $\frac{400}{\sqrt{2}} = 230$ V mit einem Spitzenwert von 230 V $\cdot \sqrt{2} \cong 325$ V.

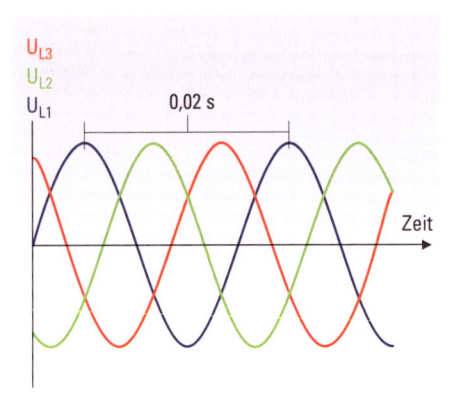

Die «effektive» Spannung eines Wechselstromes vermag pro Coulomb die gleiche Energiemenge umzusetzen wie eine konstante Gleichspannung dieses Wertes.

Drei- und Vierleitersystem

Dank der Verkettung von drei um 120° phasenverschobenen Wechselspannungen gleicher Frequenz und Amplitude in Sternschaltung oder Dreieckschaltung werden nur drei Polleiter benötigt, wenn immer zwei Polleiter die Rückleitung des dritten Polleiters übernehmen. Dieses Dreileitersystem wird für Hochspannungsanlagen (über 1000 V) angewendet, wenn die Belastung aller drei Phasen gleich gross ist. Das «Vierleitersystem» arbeitet mit drei Polleitern und einem an den geerdeten Mittelpunkt der Sternschaltung angeschlossenen Neutralleiter. Es wird für Niederspannung verwendet, um sicherzustellen, dass die Rückleitung auch bei unsymmetrischer Belastung der drei Polleiter gewährleistet bleibt. Es stehen dabei zwei verschiedene Spannungen zur Verfügung: 400 V zwischen je zwei Polleitern und 230 V zwischen einem Polleiter und dem Neutralleiter. An die 400-V-Spannung werden grössere Verbraucher (z.B. Elektroherde, Motoren) angeschlossen. Kleinere Verbrauchsgeräte (z.B. Glühlampen, Computer) werden «einphasig» zwischen einem der drei Polleiter und dem Neutralleiter angeschlossen.

Prinzip der Dreiecksschaltung

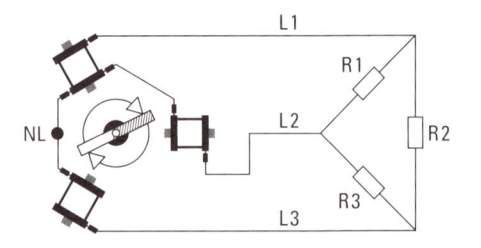

Für die Verbraucher R1, R2 oder R3 zwischen den Polleitern L1, L2 oder L3 und dem Anschlusspunkt des Neutralleiters NL beträgt die Wechselspannung 230 V – im Haushalt z.B. verwendet für Licht und Steckdosen für Haushaltgeräte. Werden die Polleiter ungleich belastet, so fliesst im Neutralleiter ein Strom.

Prinzip der Sternschaltung

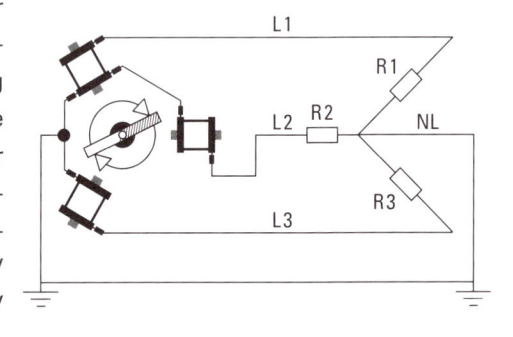

Zwischen je zwei Polleitern beträgt die Spannung ca. 400 V. Den Verbrauchern R1, R2 oder R3 (im Haushalt z.B. Boiler, Waschmaschinenmotor) werden in dieser Schaltungsart je 400 V Spannung («Kraftstrom») zugeführt. In dieser Schaltungsart müssen alle Polleiter symmetrisch belastet sein, ein Grund dafür, dass alle drei Polleitungen in jedem Haushalt installiert und angewendet werden.

Drehstrommotoren

Falls die Schule mit einem Drehstrom-Stromversorgungsgerät ausgerüstet ist, kann die Lehrperson mit drei Spulen, einer Kompassnadel und einem auf einem umgekehrten, auf einem Nagel zentrierten Alubecher das Prinzip der Drehstrommotoren demonstrieren.

Synchronmotor

Bei diesem Motor erzeugen drei Statorspulen L1, L2 und L3 in der Mitte B ein drehendes Magnetfeld. Ein magnetischer Rotor (hier zur Demonstration eine sehr kleine Kompassnadel) dreht sich synchron mit diesem Feld. Da der Läufer (Rotor B) immer synchron mit dem Statordrehfeld läuft, heisst diese Maschine Drehstrom-Synchronmaschine.

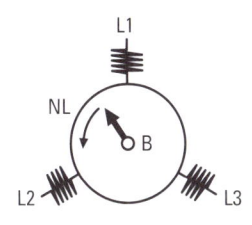

Der Rotor besteht aus Spulen, denen über Schleifringe Gleichstrom zugeführt wird. Das dadurch entstehende elektromagnetische Feld reagiert mit dem Feld der drei Statorspulen.

Bei Maschinen kleiner Leistung können die Rotorspulen durch Permanentmagnete ersetzt werden.

Asynchronmotor

In einem unmagnetischen Rotor (z.B. ein Aludeckel auf einem Nagel) erzeugt das Drehfeld Wirbelströme. Die dabei entstehenden Lorentzkräfte versetzen den Deckel in Rotation Das rotierende Statorfeld «schleppt» den Rotor mit. Der Rotor kann deshalb langsamer drehen als das Statordrehfeld (Schlupf).

Der Asynchronmotor ist heute der am meisten verwendete Elektromotor. Drehstrom-Asynchronmaschinen werden mit Leistungen bis zu mehreren Megawatt hergestellt. Der Vorteil gegenüber anderen Elektromotoren ist das Fehlen von Kommutator und Bürsten.

Anmerkungen

In den Versuchen soll das Prinzip des Drehstroms auf ungefährliche Art gezeigt werden. Deshalb wird nicht auf Netzstrom zugegriffen.

Reizvoll ist es, die Anordnung «Drehstromgenerator» aufzubauen und, A_1, A_2, A_3, je durch eine Spannungsquelle (4,5-V-Flachbatterien genügen) zu ersetzen und einen kleinen Kompass in die Mitte zu stellen. Drei Personen spielen nun die Polleiter, in-dem sie nacheinander Spannung auf die Spulen geben. Mit etwas Geschick kann die Kompassnadel in Drehung versetzt werden.

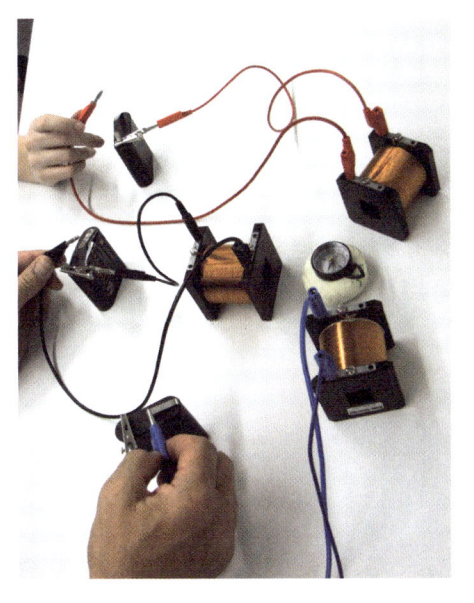

Kabel sparen!

Wenn in der Sternschaltung von Aufgabe 1 alle A eingebaut sind, kann NL weggelassen werden, weil immer zwei Zuleitungen die Rückleitung der dritten Zuleitung übernehmen.

Werden A1 und A2 entfernt, schlägt A3 nur aus, wenn NL nicht weggelassen wird. NL übernimmt also in diesem Fall die Rückleitung.

Wenn die drei Galvanometer durch Verbraucher (z.B. Lampen) ersetzt werden, genügen also vier Verbindungsdrähte zwischen dem Drehstromgenerator und den Verbrauchern: drei Polleiter und ein NL, der die Rückleitung bei ungleicher Auslastung der Polleiter garantiert.

Bezugsquellen für sehr empfindliche Galvanometer

Leybold: Drehspul-Galvanometer, Art.-Nr. 531 67, Fr. 125.–, 2008 (Ermässigung beim Bezug von mehreren Geräten)

Conrad: Analogeinbauinstrument 100 Microampère DS, Art.-Nr. 134937, Fr. 19.–, 2008

Conrad: Voltcraft An- und Einbau-Messgerät, Art.-Nr. 122327, Fr. 7.40, 2008

Umgekehrter Rechaudkerzen-Alubecher zentral auf einem Nagel gelagert

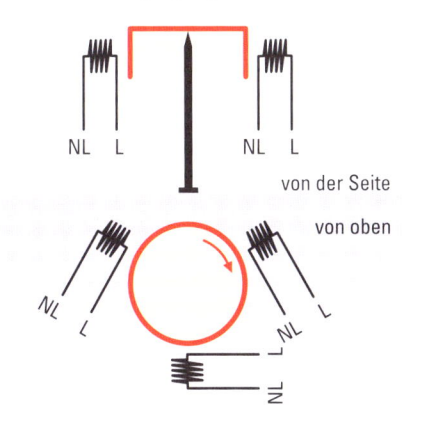

von der Seite

von oben

Links & Literatur

ANGST, WALTER; SCHATZMANN, MAX: Physikalische Schulversuche. Logos Verlag, Zürich 1980.
http://freeweb.dnet.it/motor/
www.elmo-kunz.at
www.schule-bw.de/unterricht/faecher/physik/online_material/e_lehre_1/stromsteckdose/drehstrom.htm

Strom aus der Steckdose

🎯 Du siehst, wie ein Wechselstrom erzeugt wird.
Du kannst ein Drehfeld erzeugen.
Du weisst, wie die Haushalte mit Strom versorgt werden.
Du kennst Vorteile und Anwendungen des Drehstroms.

🕐 2 Lektionen

Ⓜ Stabmagnet, 3 Spulen mit 600 Windungen, Faden, Stabmagnetnadelhalter oder andere drehbare Aufhängung für Stabmagneten, Kompass, 3 analoge Drehspulgalvanometer A1, A2, A3 (mit Nullmarke entweder ganz links oder besser mit Nullmarke in der Mitte der Anzeige), Verbindungskabel

Durchführung

Wechselstrom

> Hänge einen Magnetstab fern von Metall drehbar auf und markiere den nach dem geografischen Norden gerichteten Pol mit einem roten Filzstift als magnetischen Nordpol des Stabes.
> Hänge oder lagere dann den Magnetstab drehbar vor eine Spule mit Eisenkern.
> Verbinde die beiden Spulenenden mit einem Drehspulmessinstrument (Galvanometer) (A_1). Lass den Magneten rotieren. Was beobachtest du?

Der Spulenstromkreis erhält einen Stromstoss in eine Richtung, wenn der Nordpol vorbeidreht, und einen Stromstoss in die andere Richtung, wenn der Südpol vorbeidreht.

> Merke dir: In einer Spule, vor der ein Magnet rotiert, wird ein Wechselstromfluss induziert, der von A angezeigt wird.

Drehstrom

> Stelle zwei weitere gleiche Spulenstromkreise mit je einem Galvanometer A_2, A_3 so auf, wie das Bild zeigt.
> Drehe den Magnetstab so, dass die Galvanometer immer nach rechts ausschlagen, wenn der N-Pol an einer Spule vorbeidreht und nach links, wenn der S-Pol folgt.
> Versuche mit drei unterschiedlichen Farben auf einem Blatt den zeitlichen Verlauf von Stromstärke und Stromrichtung in jeder Spule grafisch darzustellen.
> Ersetze A1, A2 und A3 je durch eine 4,5 V-Batterie. Versuche den Magneten durch Ein- und Ausschalten der Batterie in Drehng zu versetzen.

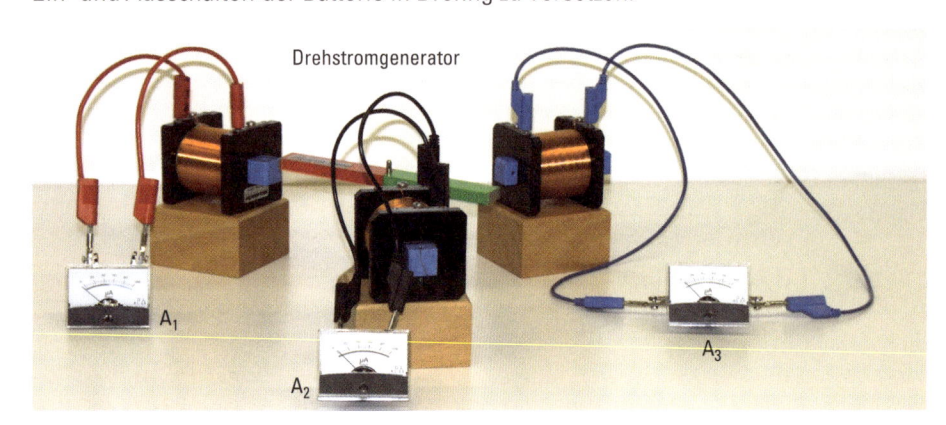

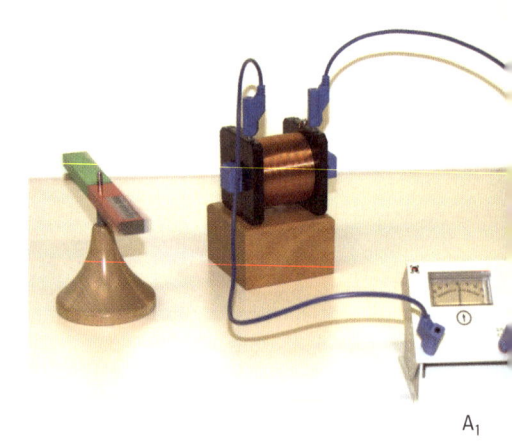

A_1

Prinzip des Drehspulmessgeräts (Galvanometer)

In einem Magnetfeld wird einer drehbar gelagerten Spule mit Zeiger Strom zugeführt. Die Spule richtet sich im Magnetfeld entsprechend der Stromstärke gegen die Spiralfedern aus. Diese drehen Spule und Zeiger zurück, sobald kein Strom mehr fliesst.

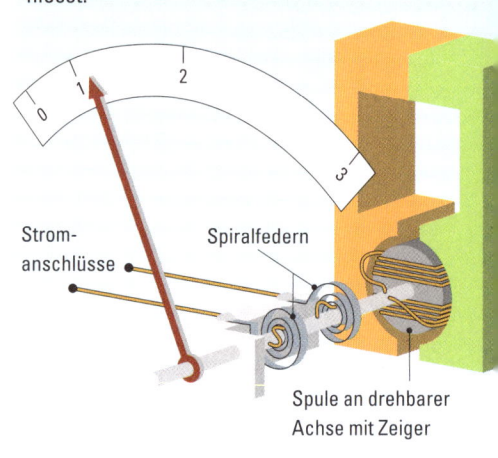

Drehstromgenerator

A_1 A_2 A_3

Stromanschlüsse — Spiralfedern

Spule an drehbarer Achse mit Zeiger

Technik be-greifen

Versuch 18

Zeitlicher Verlauf der Stromstärke in drei Spulen, die symmetrisch um einen rotierenden Magneten angeordnet sind:

Die Kurven sind zeitlich gegeneinander versetzt. Immer, wenn der Strom in der einen Spule ein Maximum hat, fliesst er in den beiden anderen mit halber Stärke in die entgegengesetzte Richtung.

Das ist nicht nur so beim Maximum, sondern gilt allgemein: Die Stromstärken der drei Spulen heben sich zu jedem Zeitpunkt gegenseitig auf.

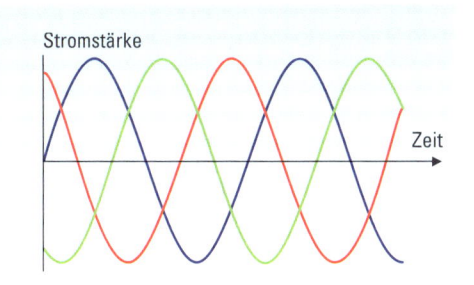

Drehstrom und Sternschaltung

> Die Schaltung links hast du bereits gebaut. Baue mit den Spulen und den Galvanometern A1, A2 und A3 auch die Schaltung rechts.

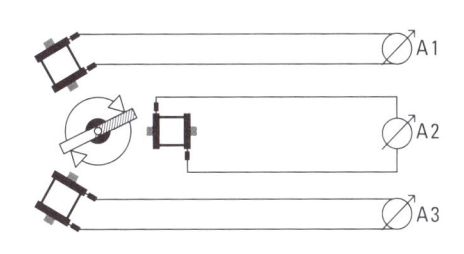

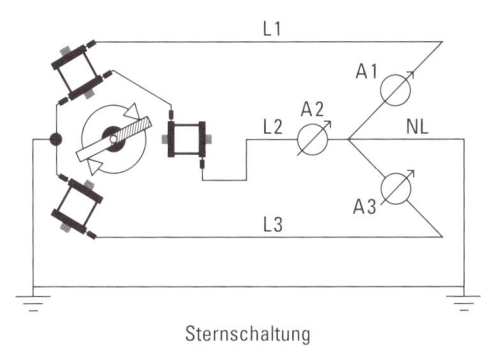

Sternschaltung

Beobachtung

1. Diskutiere Unterschiede, Vor- oder Nachteile der beiden Betriebsarten. Entferne in der Anordnung rechts zuerst die Leitung NL (Neutralleiter), dann zusätzlich A1 und dann noch A2. Schreibe nach jedem Schritt genau auf, was du beobachtest. Welche Rolle spielt wohl der Neutralleiter NL?

In der linken Schaltung besitzt jedes Galvanometer (A1, A2, A3) eine eigene Zu- und Rückleitung. Im Bild rechts gibt es auch drei Zuleitungen, nämlich L1, L2 und L3, aber nur eine Rückleitung (NL).

Haustechnik

Bei der Erzeugung und Verteilung der elektrischen Energie für die öffentliche Versorgung ist ein solches dreipoliges (dreiphasiges) Wechselspannungsnetz üblich. Es wird auch als Drehstromnetz bezeichnet. Die elektrische Energie wird durch einen Drehstromgenerator erzeugt: Ein starker Magnet dreht, angetrieben durch eine Turbine mit 50 Hz (50 Umdrehungen pro Sekunde) vor drei Spulen und induziert in jeder eine Wechselspannung. Dadurch entstehen drei zeitlich versetzte Spannungen, die über drei Polleitungen L1, L2 und L3 dem Netz zugeführt werden. Zwischen je zwei Polleitern kann eine Spannung von 400 V (Dreiecksschaltung), zwischen den Polleitern und dem Neutralleiter NL eine solche von 230 V (Sternschaltung) abgenommen werden.

Damit die Polleiter möglichst symmetrisch ausgelastet werden, werden alle drei Polleiter in jeden Haushalt geführt.

2. Warum gibt es in jedem Haushalt drei Hauptsicherungen?

L1, L2 und L3 sind separat abgesichert.

3. Neben den üblichen Steckern werden für Waschmaschinen und Kochherde Stecker verwendet wie auf dem Foto.

> Kreuze im Steckdosenbild an, um welchen Typ es sich dabei handelt. Bezeichen auf dem Foto die Anschlüsse mit L1, L2, L3, PE und N.

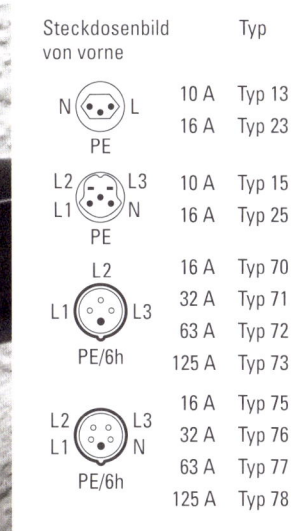

L1, L2, L3: Polleiter (früher Phasen)
PE: Schutzleiter (früher Erde)
N (NL): Neutralleiter (früher Nullleiter)

Steckdosenbild von vorne		Typ
N, L, PE	10 A	Typ 13
	16 A	Typ 23
L2, L3, L1, N, PE	10 A	Typ 15
	16 A	Typ 25
L2, L1, L3, PE/6h	16 A	Typ 70
	32 A	Typ 71
	63 A	Typ 72
	125 A	Typ 73
L2, L3, L1, N, PE/6h	16 A	Typ 75
	32 A	Typ 76
	63 A	Typ 77
	125 A	Typ 78

Hohl- und Parabolspiegel
Mit Spiegeln Licht einfangen

Schülerinnen und Schüler
> lernen Phänomene kennen, die mit dem Hohlspiegel zu tun haben.
> können einfache optische Abbildungen am Hohlspiegel verstehen.
> wissen, wie ein Spiegelteleskop funktioniert.

Themenkreis
> Optik

Vorkenntnisse
> Ebener Spiegel

Radarantenne  — Satellitenschüssel  — Scheinwerfer  — Teleskopspiegel

Fachlicher Hintergrund

Das Konzept der Lichtstrahlen

Die geometrische Optik arbeitet mit dem Modell der korpuskularen Lichtausbreitung. Eine punktförmige Lichtquelle sendet in alle Richtungen und stetig Lichtteilchen (Photonen) aus, die sich mit Lichtgeschwindigkeit geradlinig von der Quelle weg im Raum ausbreiten. Dabei gelten folgende Abmachungen:

> Eine Linie, auf der sich ein «Photonenstrom» bewegt, heisst Lichtstrahl. Mehrere von einem Punkt ausgehende Lichtstrahlen bilden einen Lichtkegel, parallel laufende Lichtstrahlen ein Lichtbündel. Experimentelle Realisierung mit Blenden oder mit LASER!

> Lichtstrahlen können über das Auge wahrgenommen werden, wenn sie auf die Netzhaut treffen.
> Der Weg eines Lichtbündels kann durch Streulicht sichtbar gemacht werden.

> Lichtstrahlen werden bezüglich Ausbreitung, Ausbreitungsrichtung und Geschwindigkeit durch Materie beeinflusst.

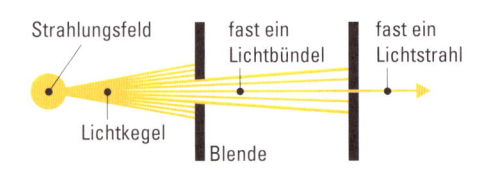

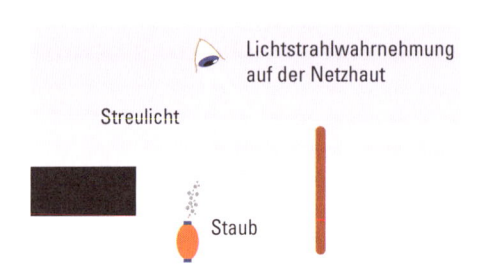

Mit diesem Konzept können Lichtphänomene wie die Reflexion (Spiegel), die Brechung (Linsen) oder das Gesetz der Strahlumkehrung («ein an einer senkrecht zu seiner Ausbreitungsrichtung stehenden Ebene gespiegelter Lichtstrahl kehrt exakt auf dem gleichen Weg zurück, auf dem er hergekommen ist».) experimentell untersucht werden.

Die Gesetze der geometrischen Optik gelten auch für Hohlspiegel. Besonders einfach lassen sie sich formulieren, wenn sie auf Parabolspiegel angewendet werden:

> Die Summe der inversen Gegenstandsweite g und der inversen Bildweite b ist gleich der inversen Brennweite f, also kurz $\frac{1}{g} + \frac{1}{b} = \frac{1}{f}$ (in Analogie zur Linsengleichung). g ist der Abstand des Gegenstandes vom Punkt S, b der Abstand des Bildes von S.

> Alle Lichtstrahlen, die vom gleichen Punkt ausgehend auf den Hohlspiegel treffen, schneiden sich wieder in einem Punkt, entweder reell (a) oder virtuell (b) als rückwärtige Verlängerung der gespiegelten Strahlen.

> Parallel einfallende Lichtstrahlen schneiden sich in der Brennebene, achsenparallele im Brennpunkt.

> Vergrösserung: Die Bildgrösse B verhält sich zur Gegenstandsgrösse G wie die Bildweite b zur Gegenstandsweite g, kurz $\frac{B}{G} = \frac{b}{g}$ = v, wobei v Vergrösserung heisst.

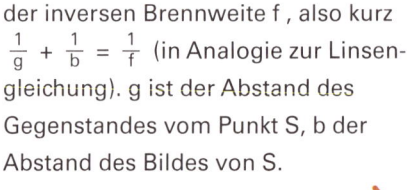

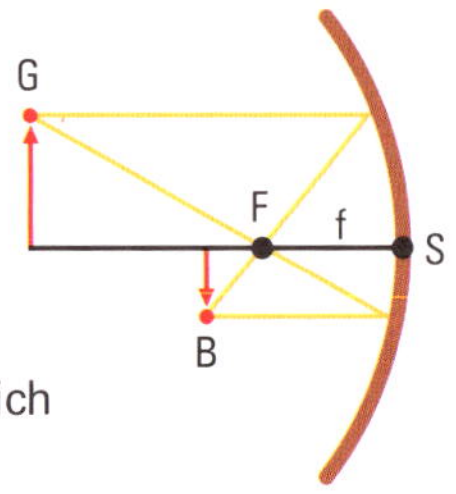

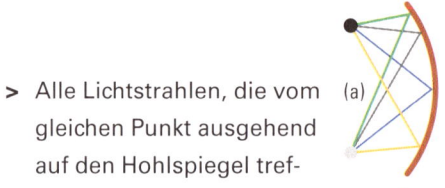

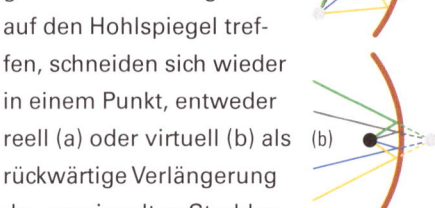

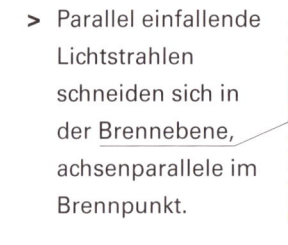

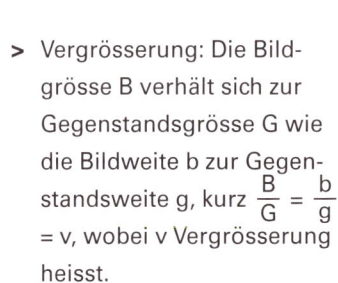

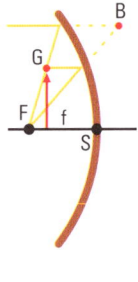

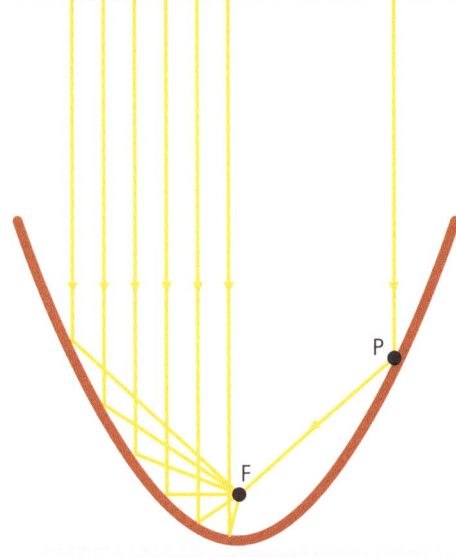

Technik be-greifen   Versuch 19

Rasier- oder Schminkhohlspiegel sind keine richtigen Parabolspiegel. Ihr Querschnitt ist kreisförmig. Deshalb läuft hier ein Randstrahl nicht exakt durch den Brennpunkt F. Sie besitzen deshalb keinen Brennpunkt, sondern lediglich eine «Brennzone».

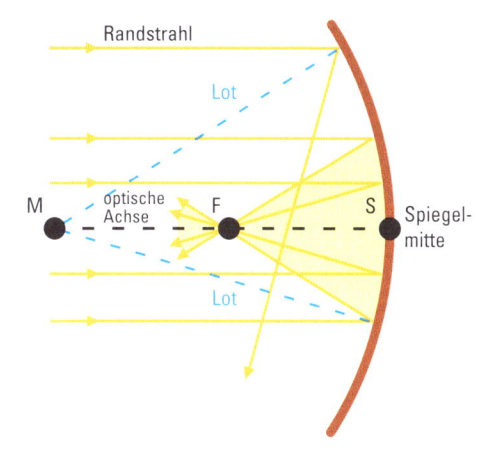

Die Brennweite FS = f eines solchen Kugelspiegels entspricht ungefähr der Hälfte des Hohlspiegelradius.

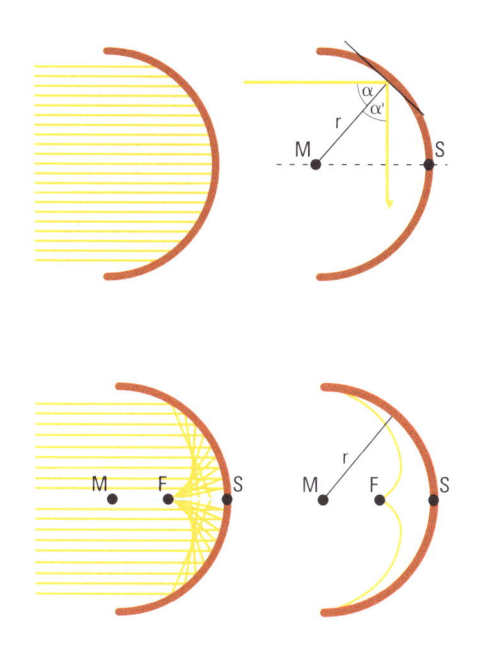

Bei Parabolspiegeln schneiden sich alle achsenparallel einfallenden Lichtstrahlen im Punkt F. Dieser heisst deshalb Brennpunkt. Die Spiegelquerschnitte solcher Spiegel sind Parabeln, also Kurven, die mit einer Gleichung wie $y = ax^2$ beschrieben werden können.

Parabolspiegel spielen in der Technik eine wichtige Rolle, wenn es darum geht, Strahlen zu bündeln, oder, wenn diese von einem Punkt ausgehen, sie parallel auszurichten.

Fällt Licht schräg auf die Innenseite eines auf einer hellen Oberfläche liegenden glänzenden Fingerrings, lässt sich diese Brennzone als helles Gebiet beobachten. Ihre Grenzlinie heisst Brennlinie oder Katakaustik. Sie kann auch in einer Kaffeetasse beobachtet werden.

Wird der Fingerring ersetzt durch einen aus einer glatten PET-Flasche geschnittenen 1 cm breiten Ring, wird ebenfalls eine Katakaustik sichtbar. Wird der Ring aufgeschnitten, lässt er sich so halten, dass er eine parabolische Form annimmt. Aus der Brennzone wird ein Brennpunkt!

Das für viele Gebiete erfolgreiche Konzept der geometrischen Optik erklärt wesentliche Aspekte der Lichtausbreitung nur mangelhaft. Erst die wellenoptische, elektromagnetische Lichttheorie erlaubt die Berechnung und das Verständnis fast aller Lichterscheinungen: Interferenz, Beugung, Reflexion, Totalreflexion, Brechung, Lichtgeschwindigkeit in Materie, Strahlungsdruck, Polarisation, Dispersion, Holographie.

Licht entsteht infolge elektromagnetischer Störungen im Raum. Diese breitet sich als elektromagnetische Welle aus, die in Wechselwirkung mit der Materie tritt – entsprechend der Wellentheorie von Huygens und den Gesetzen der elektromagnetischen Strahlung. Der Teilchencharakter des Lichtes wird nicht beachtet.

Keine Erklärung liefert diese Theorie für die Konstanz der Lichtgeschwindigkeit im Vakuum (siehe Relativitätstheorie) und die Vorgänge bei der Ausstrahlung und der Absorption von Licht, wie Lumineszenz, Fotoeffekt, Laser (siehe Quantenoptik).

Katakaustik

Links & Literatur
TIPLER, PAUL A.: *Physik. Spektrum*. Akad. Verlag, Heidelberg-Berlin-Oxford 1995.
BREDTHAUER, WILHELM; KLAR, GUNTER et al.: *Impulse Physik 1*. Klett und Balmer & Co. Verlag, Zug 1996.

Mit Spiegeln Licht einfangen

🎯 Du lernst wichtige Phänomene im Zusammenhang mit Hohlspiegeln kennen.
Du kannst ein Spiegelprofil aufnehmen und die Brennweite eines Hohlspiegels bestimmen.
Du verstehst das Prinzip des Spiegelteleskops.

⏱ 2 Lektionen, in 3er- oder 4er-Gruppen

🔧 Grosser Rasierspiegel mit Hohl- und Planspiegel ca. 10–20 cm Durchmesser, Doppelmeter, Massstab mit Kantenbeginn bei 0 cm, Papierbildschirm aus Kartonrahmen A4 und Backpapier (siehe Foto), Taschen- oder Laborlampe, Rechaud- oder Lampionkerze, Streichhölzer, Zirkel, A2-Papier, Karton

Beobachtung

Stelle den Rasierspiegel auf eine leere Tischfläche. Beobachte auf der Hohlspiegelseite das Spiegelbild deines Gesichts, zuerst ganz nahe vor dem Spiegel, dann in Schritten von 10 cm immer weiter von ihm entfernt (bis ca. 4 m). Mache das auch mit der ebenen Seite des Rasierspiegels. Notiere deine Beobachtungen.

Beim ebenen Spiegel wandert das Spiegelbild nach hinten und wird perspektivisch kleiner, wenn der Abstand zwischen Gesicht und Spiegelebene wächst. Beim Hohlspiegel wird das Spiegelbild immer grösser und wandert zuerst ebenfalls nach hinten. Bei grösserer Entfernung wird es unscharf, dann kehrt es sich um und wird wieder kleiner.

Durchführung

1. Hohlspiegelprofil aufnehmen

> Schneide einen Kartonstreifen von der Länge des Hohlspiegeldurchmessers d aus.

> Unterteile den Streifen mit nummerierten Bleistiftmarken in acht gleich lange Stücke.

> Nimm von der Spiegelfläche ein Profil, indem du bei jeder Marke die Entfernung der Spiegelfläche vom Karton misst und aufschreibst.

> Übertrage das Profil auf ein Blatt A2-Papier und konstruiere daraus die Spiegelwölbung.

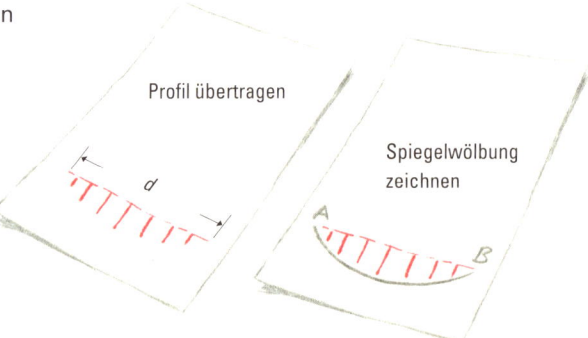

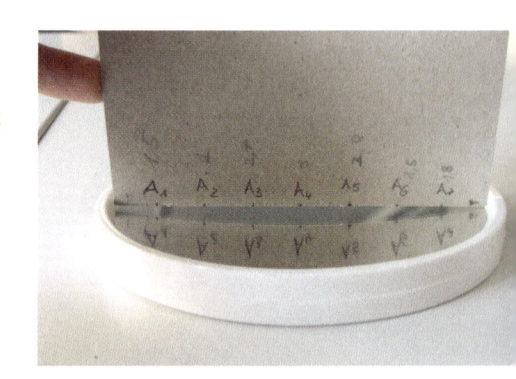

Profil übertragen

Spiegelwölbung zeichnen

2. Spiegelmittelpunkt und Brennpunkt bestimmen

> Suche nun den Scheitelpunkt S des Spiegels, indem du die Mittelsenkrechte m über AB errichtest.

> Errichte eine zweite Mittelsenkrechte über AS und schneide sie mit m. Der Schnittpunkt M heisst Spiegelmittelpunkt.

> Im Mittelpunkt F der Strecke MS liegt der Brennpunkt oder Fokus des Spiegels, der Abstand SF wird als Brennweite f des Spiegels bezeichnet. Bestimme die Länge von f deines Hohlspiegels.

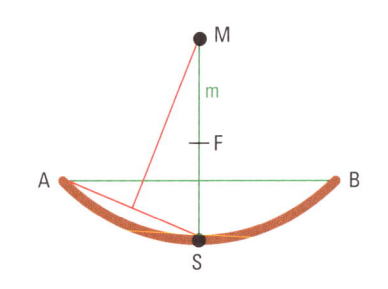

f =

Technik be-greifen   Versuch 19

3. Bilder am Hohlspiegel

> Stelle im stark abgedunkelten Raum eine Rechaudkerze mit kleiner Flamme (kurzer Docht) gemäss der Skizze auf.
> Beleuchte die Kerze mit einer starken Taschenlampe von der Seite, damit sie im Spiegel gut sichtbar ist.
> Von der Kerze und ihrer Flamme entsteht ein Spiegelbild, das auf einem Papierbildschirm aufgefangen werden kann. Bewege den Schirm hinter der Kerze so weit vom Spiegel und von der Spiegelachse weg, bis ein scharfes umgekehrtes Bild erscheint.
> Miss die Höhe der Kerze G und des Kerzenbildes B. Berechne $\frac{B}{G}$. Dieser Quotient v heisst Vergrösserungsfaktor. Miss auch die Abstände vom Spiegel bis zur Kerze (g) und bis zum Schirm (b). Berechne $\frac{b}{g}$. Was stellst du fest?

$$v = \frac{B}{G} = \frac{b}{g}$$

Beide Quotienten sind ungefähr gleich gross.

> Schaue aus ungefähr 4 m Entfernung so, dass das Bild auf dem Papierbildschirm in der Hohlspiegelmitte steht. Eventuell musst du den Spiegel entsprechend durch eine andere Person drehen oder neigen lassen.
> Lass den Schirm von jemandem langsam seitlich wegschieben. Du solltest die Kerze nun an dieser Stelle im Raum schweben sehen. Ein solches Bild heisst «reelles Bild».

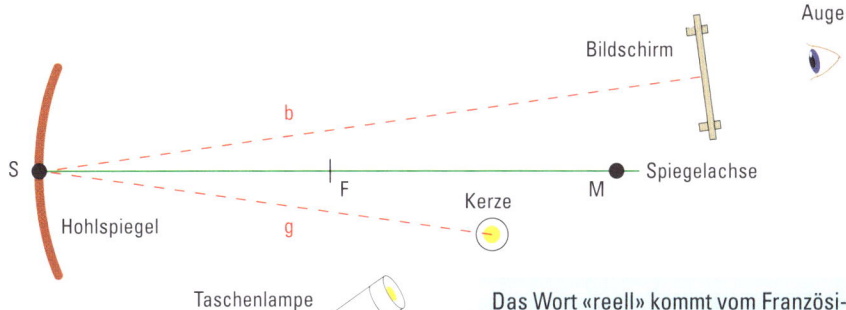

4. Bildtypen: virtuelle und reelle Bilder

> Stecke ein Zündholz zwischen Spiegel und Brennpunkt auf einen Plastilinsockel. Du siehst sein Bild hinter dem Spiegel! Stelle neben dieses Bild ein zweites Zündholz im gleichen Abstand zum Spiegel auf, und vergleiche das Spiegelbild mit der richtigen Zündholzgrösse.
> Um welchen Bildtyp handelt es sich bei diesem Spiegelbild?

Das Bild eines Gegenstandes zwischen Brennpunkt und Spiegel ist virtuell.

5. Spiegelteleskop

> In der Astronomie wird der Hohlspiegel für Spiegelteleskope verwendet. Der Hohlspiegel erzeugt von einem entfernten Stern ein Bild, das praktisch im Brennpunkt entsteht und deshalb sehr klein ist. Mit einem kleinen ebenen Spiegel wird das vom Hohlspiegel reflektierte Licht seitlich nach aussen abgelenkt. Das Bild im Brennpunkt des Hohlspiegels wird durch das Okular (eine Lupe) betrachtet. Je grösser die Fernrohröffnung ist, umso mehr Licht kann vom beobachteten Stern eingefangen werden.

Das Wort «reell» kommt vom Französischen *réel*: wirklich vorhanden, tatsächlich; und «virtuell» vom Französischen *virtuel*: «fähig», mit der Bedeutung «fähig, eine Illusion zu erzeugen».

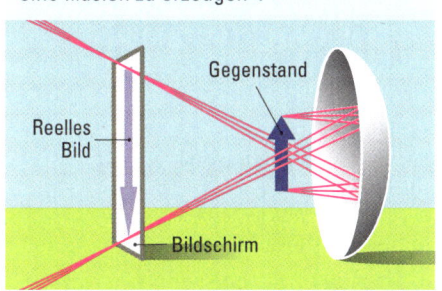

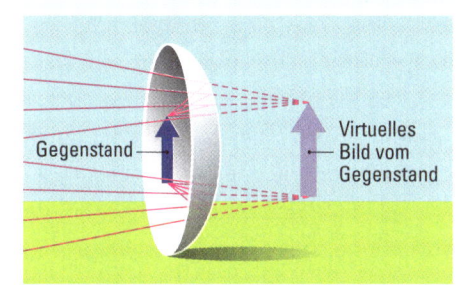

Virtuelle Bilder entstehen hinter dem Hohlspiegel. Sie lassen sich deshalb nicht erfassen, weil der Spiegel die Bilder nur vortäuscht. Sie entstehen, wenn sich der Gegenstand zwischen Brennpunkt und Hohlspiegel befindet. Das Spiegelbild, das von einem Gegenstand kommt, der vom Hohlspiegel weiter weg liegt als der Brennpunkt, ist reell und kann auf einer Leinwand sichtbar gemacht werden. Reelle Bilder lassen sich also mit einem Bildschirm «auffangen», weil das Licht wirklich vom Bild kommt.

> Überlege, wie du ein solches Teleskop mit einem Rasierspiegel und zusätzlichem Material selber bauen könntest!

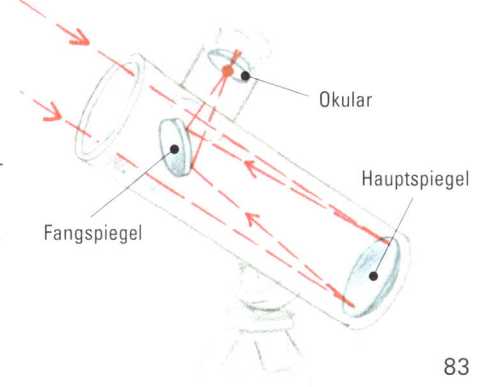

Wärmeleitung
Isolation gegen Wärmeverlust

Schülerinnen und Schüler
> kennen den Unterschied zwischen Wärme und Temperatur.
> erfahren, dass Wärmeenergie durch Stoffe fliesst.
> wissen, dass unterschiedliche Materialien die Wärmeenergie verschieden leiten.
> erhalten eine Vorstellung von der Bedeutung einer guten Hausisolation.

Themenkreis
> Wärmediffusion
> Bauphysik

Vorkenntnisse
> Elementare Vorstellungen aus der kinetischen Gastheorie
> Fertigkeit im Umgang mit Thermometern

Fachlicher Hintergrund

Temperaturleitfähigkeit

Tropfen von heissem Kerzenwachs auf kühle Haut sind weniger schmerzhaft als Tropfen von gleich heissem Wasser. Wie warm oder kalt sich ein Körper «anfühlt», wird im ersten Moment durch die Temperaturleitfähigkeit α bestimmt. α ist eine Materialkonstante, die der Beschreibung der räumlichen Verteilung der Temperatur durch Wärmeleitung als Folge eines Temperaturgefälles dient. Die Wärmeleitfähigkeit beschreibt den damit verbundenen Energietransport. Die Temperaturleitfähigkeit α ist abhängig von der Wärmeleitfähigkeit λ, der Dichte ρ und der spezifischen Wärmekapazität c des betrachteten Materials und ist definiert als $\alpha = \frac{\lambda}{(\rho \cdot c)}$. Die Einheit der Materialkonstanten α ist $\frac{m^2}{s}$.

Beispiele: In Granit läuft die räumliche Temperaturverteilung langsamer ab als in Marmor, obwohl beide Stoffe fast die gleiche Wärmeleitfähigkeit besitzen. Die Metalle Blei und Nickel unterscheiden sich stark in ihrer Wärmeleitfähigkeit, besitzen aber fast die gleiche Temperaturleitfähigkeit.

In Schulversuchen wird die Temperaturleitfähigkeit wegen der damit verbundenen Komplexität meistens ausgeblendet. Experimentiert wird deshalb mit Stoffen, deren α nur von λ abhängt.

Wärmeleitung durch eine Platte

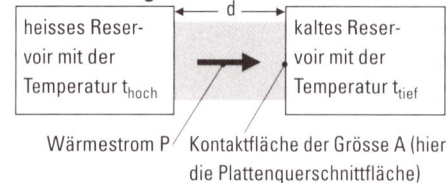

heisses Reservoir mit der Temperatur t_{hoch} → kaltes Reservoir mit der Temperatur t_{tief}

Wärmestrom P / Kontaktfläche der Grösse A (hier die Plattenquerschnittfläche)

Wärmeleitfähigkeit

Sie macht Aussagen über die in Hinblick auf ein Temperaturgefälle stationäre Wärmeleitung. Stehen zwei Körper unterschiedlicher Temperatur in Wärmekontakt, so wird nach dem «nullten Hauptsatz» der Thermodynamik Energie vom wärmeren zum kälteren Körper fliessen.

Wenn wir z.B. eine Schöpfkelle aus Metall in heisses Wasser halten, wird nach einer Weile auch der Griff heiss (Temperaturleitfähigkeit). Durch das heisse Wasser erhalten die Metallatome mit ihren Elektronen höhere Schwingungsamplituden. Die damit verbundene Schwingungsenergie wird durch Stösse auf die Nachbaratome übertragen und breitet sich so aus. Nur solange zwischen dem Schöpfteil und dem Griff eine Temperaturdifferenz besteht, fliesst Wärmeenergie. Dieser Wärmestrom P wird definiert als die durch eine Fläche wandernde Wärmeenergie Q, bezogen auf eine Zeiteinheit, also Q/t. Experimentell zeigt sich, dass die Grösse des Wärmestromes P (angegeben in Joule pro Sekunde oder in Watt) durch eine Platte zwischen einem kalten und einem heissen Wärmereservoir abhängt von:

> der (als konstant vorausgesetzten) Temperaturdifferenz $\Delta t = t_{hoch} - t_{tief}$ (in Kelvin) zwischen den beiden Wärmereservoirs,
> der Plattendicke d (in Meter),
> der Grösse A (in Meterquadrat) einer der beidseitig gleich gross angenommenen Kontaktflächen,
> der Materialkonstanten λ, die thermische Leitfähigkeit, spezifische Wärmeleitfähigkeit oder auch Wärmeleitzahl genannt wird.

Dabei gilt: $P = Q/t = \lambda A (\Delta t/d)$

Die Wärmeleitzahl wird angegeben in Watt / (Kelvin · Meter)

Ihre Masszahl (in dieser Einheit) beträgt für Kupfer 428, Aluminium 200, für Glas 0,8, für Wasser 0,6, Holzspäne 0,05, für Steinwolle 0,043 und für trockene Luft 0,026.

Temperatur

Die Temperatur beschreibt nur die mittlere kinetische Energie der ungeordneten Molekularbewegungen in einem Stoff, nicht die anderen Bewegungsmöglichkeiten (wie z.B. die Freiheitsgrade der Rotation). Beim Abkühlen kommt die Wärmebewegung der Atome immer mehr zum Stillstand.

Die Temperatur ist eine makroskopische, phänomenologische Grösse. Sie beschreibt den Zustand eines Systems. Wegen seines statistischen Charakters verliert der Temperaturbegriff auf Teilchenebene seinen Sinn.

Temperaturskalen

SI-Einheit der heute verbindlichen thermodynamischen Temperaturskala (Kelvin-Skala) ist das Kelvin (K). Der absolute Nullpunkt und der Tripelpunkt des Wassers (273,16 K) sind ihre Festpunkte. Beim Tripelpunkt sind der feste, flüssige und gasförmige Aggregatzustand des Wassers in einem abgeschlossenen Gefäss miteinander im Gleichgewicht. Der Tripelpunkt des Wassers (273,16 K und 6,11 mbar) ist im Labor leicht herzustellen und mit einer Toleranz von einigen Millikelvin reproduzierbar. Die 13. Generalkonferenz für Masse und Gewichte (GKMG) legte 1967 als Einheit für die Temperatur 1 Kelvin als den 273,16-ten Teil der thermodynamischen Temperatur des Tripelpunktes von Wasser fest.

Die direkte Messung der thermodynamischen Temperatur ist sehr aufwendig. Deshalb werden in der Praxis international festgelegte Temperaturskalen (1990, ITS-90) verwendet, die in bestimmten Temperaturbereichen mit geeigneten Messgeräten eine gute Annäherung liefern. Sie erstrecken sich von 0,65 bis rund 2200 K. Sie beruhen auf 17 die Temperaturskala unterteilenden Festpunkten, denen entsprechende Temperaturwerte zugeordnet sind. Zwischen den Festpunkten werden die Temperaturen mit Geräten gemessen, die an den Festpunkten kalibriert werden.

Die folgende Tabelle zeigt einige Festpunkte der Skala:

Festpunkt	Temperatur (K)	Temperatur (°C)
Tripelpunkt von Wasserstoff	13,8033	-259,3467
Tripelpunkt von Sauerstoff	54,3584	-218,7916
Tripelpunkt von Wasser	273,16	0,01
Schmelzpunkt von Gallium	302,9146	29,7646
Gefrierpunkt von Aluminium	933,473	660,323
Gefrierpunkt von Gold	1337,33	1064,18

Mit Helium-Mischkryostaten lassen sich Temperaturen von wenigen Millikelvin (mK) erzeugen. Mit Lasertechnik sogar Millionstel Kelvin.

k-Wert, heute oft auch U-Wert genannt

Der k-Wert bezeichnet den Wärmestrom in Watt durch ein Bauteil je m² Fläche, wenn der Temperaturunterschied zwischen der Luft in den beidseitig angrenzenden Räumen ein Kelvin beträgt, z.B. zwischen der Raumluft und der Aussenluft bei einem Fenster. Je niedriger der k-Wert ist, desto besser ist das Fenster oder das Bauteil aus wärmetechnischer Sicht konstruiert. Der k-Wert ist also ein «Gütefaktor» für die Wärmedämmeigenschaften von Bauteilen. Hier die k-Werte einiger Bauteile:

Bauteil	k-Wert oder U-Wert in W/(m²K)
Aussenwand Beton (ø 35 cm)	2,3
Aussenwand Styroporstein (ø 25 cm)	0,3
Einfachfenster	7,0
Wärmeschutzverglasung	1,7

Berechnung des k-Werts bzw. U-Werts für mehrere Schichten

Er hängt von den sogenannten λ-Werten (Wärmeleitzahl oder spezifische Wärmeleitfähigkeit) der benutzten Baustoffe und deren Schichtdicken ab. Die Berechnung des U-Wertes für eine mehrschichtige Wand erfolgt nach der Formel: $U = 1/(R_a + s_1/\lambda_1 + s_2/\lambda_2 + ... + R_i)$
s_i = Schichtdicke der i-ten Schicht in m
λ_i = spezifische Wärmeleitfähigkeit der i-ten Schicht in W/(K · m)

Der Wärmeübergang an der Grenze zwischen Wandmaterial und mehr oder weniger bewegter Luft wird mit einer Kennzahl, dem sogenannten Wärmeübergangswiderstand R beschrieben. Er muss bei der Berechnung des U-Wertes berücksichtigt werden.

Anmerkungen

Wärmedämmung und Wärmekapazität

Die Wärmedämmung beschreibt den Energiefluss durch eine Wand bei konstant gehaltener Innen- und Aussentemperatur.

Im Versuch bleibt zwar die Umgebungstemperatur aufgrund der Grösse des Wärmereservoirs konstant, die Innentemperatur nimmt aber kontinuierlich ab, da der Wärmeverlust nicht durch Zufuhr von Energie konstant gehalten wird. Zu Beginn der Messungen spielt eine weitere Materialeigenschaft der Aussenwand eine Rolle, die Wärmekapazität. Sie beschreibt das Temperaturverhalten eines Materials bei Erwärmung respektive Abkühlung. Eine hohe Wärmekapazität besitzen Materialien, denen viel Energie zugeführt werden muss, um sie zu erwärmen und die dementsprechend auch viel Wärme abgeben können. Solche Materialien finden zum Beispiel als Kacheln bei Speicheröfen Anwendung (Speckstein, Keramikkacheln).

Materialien mit niedriger Wärmekapazität lassen sich rasch aufheizen, kühlen aber auch rasch wieder ab.

Zu Messbeginn, während der ersten 30 Sekunden des Versuchs, sinkt die Temperatur bei allen Materialien rasch ab. Dabei geht die Wärmeenergie des Wassers hauptsächlich für die Erwärmung der benetzten Versuchsmaterialien «verloren» (Thermometer, Glas, Isolationsmaterial). Erst danach kommen die dämmenden Eigenschaften der Isolationsmaterialien zum Tragen. Der Versuch vermag zwar das Prinzip der Wärmedämmung zu demonstrieren, kann aber quantitativen Ansprüchen streng genommen nicht genügen, da die Temperaturverhältnisse nicht stationär sind.

Links & Literatur
Versuchsthemen Energie, Teil 3, Wärmedämmung, Phywe. Art.-Nr. 16630.31.

Isolation gegen Wärmeverlust

🎯 Du stellst fest, dass Wärme immer von einem Gebiet hoher Temperatur zu einem mit tieferer Temperatur fliesst.
Du beobachtest, dass unterschiedliche Materialien die Temperatur und die Wärme verschieden schnell leiten.
Du merkst, dass dabei die Materialdicke eine Rolle spielt.
Du verstehst die Begriffe Wärmeleitfähigkeit und Wärmedämmung.

⏱ 2 Lektionen

🔧 1 Reagenzglas mit durchbohrtem Zapfen, 1 Becherglas (100 ml, Durchmesser 1,5-mal Durchmesser des Reagenzglases), 1 runde Styroporplatte, die ins Becherglas passt und dort einen Boden bildet, 1 Thermometer, 1 Styroporscheibe oder Verpackungsschaumstoff als Deckel für Becherglas mit geeigneter Lochung für Reagenzglas (Alternative: Kartonstück zum Abdecken des Becherglases, (5 cm x 5 cm mit eingeschnittenem Kreuz als Reagenzglashalter), Wasserkocher, 1 Messzylinder 50 oder 100 ml, diverses Isolationsmaterial (z.B. Sand, Gips, Holzspäne, Styroporkügelchen oder feine Styroporschnitzel, je etwa 100 ml), Aluminiumfolie, 1 Stoppuhr, 1 Becken mit kaltem Wasser

Durchführung

Simuliere ein Zimmer, seine Wände und die Hausumgebung mit einem Reagenzglas in einem Becherglas, wie im Bild dargestellt:
> Lege die Styroporscheibe als Bodenisolation auf den Boden des Becherglases.
> Stelle das Reagenzglas in die Mitte des Becherglases. Fülle das Becherglas um das Reagenzglas mit Sand als Isolationsmaterial.
> Decke das Becherglas mit der gelochten Styroporscheibe zu.
> Giesse kochendheisses Wasser bis auf die Höhe des oberen Randes der Styroporabdeckung ins Reagenzglas.
> Stecke ein mit Wasser benetztes Thermometer von oben in den durchbohrten Zapfen des Reagenzglases.
> Setze den Zapfen mit dem Thermometer auf das Reagenzglas.

Beobachtung

1. Starte die Stoppuhr. Notiere den ersten Temperaturwert nach 30 Sekunden, den zweiten nach 1 Minute und danach jede Minute während 8 Minuten. Schreibe die Werte in die Tabelle.
> Was stellst du fest? Durch welche Materialien werden «Zimmer» und «Aussenbereich» in diesem Modell voneinander abgetrennt (isoliert)?

Isolationsmaterial Sand

Zeit in Minuten	1/2	1	2	3	4	5	6	7	8
Temperatur in °C									

Die Temperatur nimmt mit der Zeit ab. Das «Zimmer» ist zweimal durch die Isolationsmaterialien Glas und Sand und durch etwas Luft dazwischen von der Aussenluft getrennt.

2. Tauche das Reagenzglas und das Becherglas zum Abkühlen in kaltes Wasser.
> Nach dem Abtrocknen setzt du das Reagenzglas wieder auf das Becherglas. Fülle den Zwischenraum mit Styroporkügelchen. Verfahre wie vorher bei Aufgabe 1.
> Welche Materialien dienen jetzt als Isolation? Vergleiche die neue Messtabelle mit der ersten. Was stellst du fest?

Isolationsmaterial Styropor

Zeit in Minuten	1/2	1	2	3	4	5	6	7	8
Temperatur in °C									

Als Isolation dienen nun Glas und Styropor mit Luft dazwischen. Die Temperatur im «Zimmer» fällt langsamer ab als vorher.

Technik be-greifen   **Versuch 20**

3. Wiederhole den Versuch mit Sägemehl und dann mit einem Material deiner Wahl. Stopfe die Materialien so, dass möglichst wenig Luft dazwischen ist. Halte die Ergebnisse wieder fest.

Isolationsmaterial Sägemehl

Zeit in Minuten	1/2	1	2	3	4	5	6	7	8
Temperatur in °C									

Isolationsmaterial ...

Zeit in Minuten	1/2	1	2	3	4	5	6	7	8
Temperatur in °C									

4. Erstelle im Koordinatensystem für das Isolationsmaterial Sand ein Temperatur-Zeit-Diagramm. Verbinde die Punkte miteinander.
> Zeichne mit jeweils einer anderen Farbe im gleichen Koordinatensystem die Kurven für die anderen Isolationsmaterialien.
> Diskutiert miteinander, welches Isolationsmaterial ihr beim Bauen eines Hauses verwenden würdet und warum!

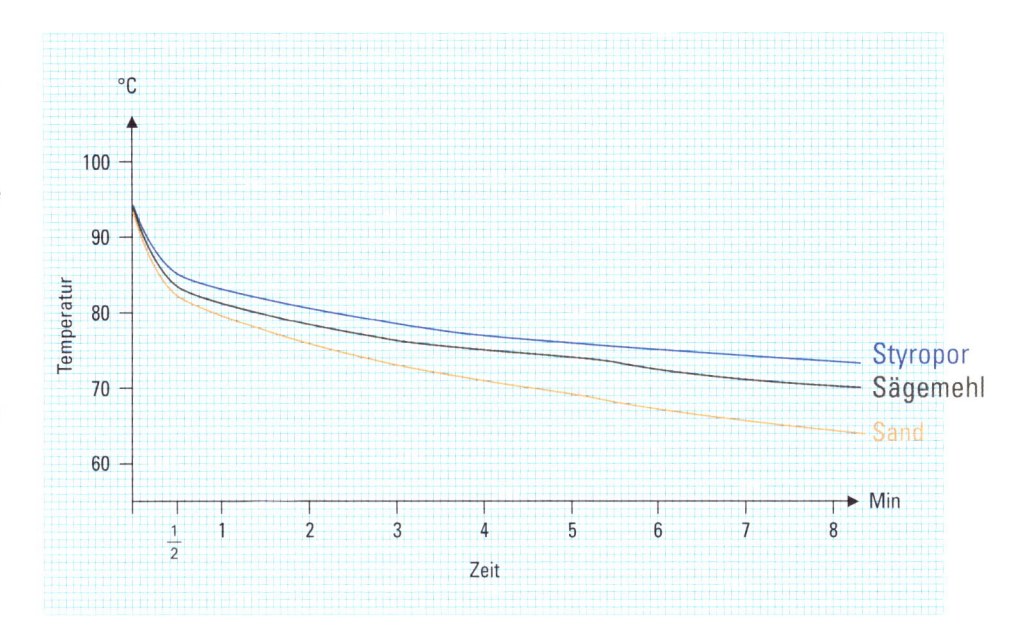

5. Von welchen Faktoren hängt wohl der Wärmefluss durch eine Isolation ab?
   Material, Temperaturunterschied, Materialdicke, Zeit, Wärmeübergang Luft – Isolation

6. Setze «kalt» und «heiss», «innen» und «aussen» richtig ein: Lies dazu den Text «Wärmefluss».
   Wärme fliesst immer von **heiss** zu **kalt**. In unserem Versuch also von **innen** durch das Isolationsmaterial nach **aussen**.

7. Lies den Text «Wärmedämmung». Erkläre diesen Ausdruck anhand des Hausbildes am Kapitelanfang.
   Ein gut isoliertes («wärmegedämmtes») Haus verhindert, dass im Winter die Wärme aus dem Wohnbereich in die Umgebung «fliesst».

Wärmefluss
Wenn zwei physikalische Körper (ein Gegenstand, eine Flüssigkeits- oder Gasmenge), die eine unterschiedliche Temperatur besitzen, miteinander in Kontakt kommen, fliesst Wärmeenergie vom Körper mit der höheren zum Körper mit der tieferen Temperatur, bis beide die gleiche Temperatur haben. Das wird Wärmeaustausch oder besser Wärmefluss genannt.

Wärmedämmung
Auch dann, wenn sich zwei Körper unterschiedlicher Temperatur nicht direkt berühren, kann Wärme durch Materialien, die sich zwischen ihnen befinden, fliessen. Solche Materialien können den Wärmefluss aber verlangsamen. Sie dämmen den Wärmefluss. Wir sagen dann: «Zwischen den beiden Körpern befindet sich eine Wärmeisolation.»

Destillation
Hochprozentigen Alkohol brennen

Schülerinnen und Schüler
> lernen das Destillationsverfahren am Beispiel der Destillation von Wein kennen.
> haben den Temperaturverlauf der Destillation mit einem Siededigramm dokumentiert.
> haben aus der Dichte der Destillate den Alkoholgehalt bestimmt.
> haben die Grenze der Brennbarkeit von Alkohol gesehen.

Themenkreis
> Fraktionieren
> Alkohole
> Dichtebestimmung
> Wein und Rebbau

Vorkenntnisse
> Grundprinzip Fraktionierverfahren
> Fertigkeit im Bedienen der Waage

Fachlicher Hintergrund

Weinentstehung und Inhaltsstoffe des Weines

Wein ist das durch alkoholische Gärung aus dem Saft der frischen Weintrauben hergestellte Getränk. Es gibt weltweit etwa 8000 verschiedene Rebsorten, die jede für sich charakteristische Weine liefert. Die Qualität des Weines hängt neben der Rebsorte vom Anbauort, dem Klima und von der Pflege im Keller ab.

Im Zeitpunkt der Vollreife werden die Traubenbeeren in der Traubenmühle zerquetscht und entsaftet. Für die Weissweinbereitung wird gleich anschliessend diese Maische ausgepresst («Keltern»). Dabei wird der Traubensaft von den Stielen, Schalen und Kernen getrennt.

Für die Gewinnung von Rotwein überlässt man die Maische direkt der Hauptgärung. Der entstehende Alkohol extrahiert den in den Schalen der roten und blauen Weinbeeren enthaltenen Farbstoff. (Mit Ausnahme der Färbertraube ist der Saft aller Weinbeeren farblos.) Nach vier bis fünf Tagen Stehenlassen erfolgt dann das Auspressen.

Aus 100 kg Trauben gewinnt man zwischen 60 und 80 kg Traubensaft. Dieser enthält (vor dem Gären) 70 bis 80% Wasser, 12 bis 25% Zucker (Glucose und Fructose), 0,12 bis 0,15% Pektin, 0,02 bis 0,04% Gerbstoffe (im Rotweinmost ca. 6-mal mehr), 0,9 bis 1,5% Säure (hauptsächlich Weinsäure und Apfelsäure), 0,12 bis 0,25% stickstoffhaltige Substanzen, 0,3 bis 0,5% mineralische Bestandteile nebst Spuren von Fermenten und Vitaminen.

Die Gärung des Traubensaftes tritt durch die an der Aussenseite der Beeren haftenden Hefepilze spontan ein. Wegen unerwünschter «wilder» Hefepilzen wird der Saft pasteurisiert und dann die Gärung durch Zusatz von gezüchteter Reinhefe (z.B. Saccharomyces cerevisiae) eingeleitet. Unter stürmischem Aufschäumen (Kohlendioxidbildung) entsteht der durch die Hefezellen getrübte «Sauser». Bei weiterem Fortschreiten der 4 bis 8 Tage dauernden Hauptgärung wird schliesslich fast der ganze Zuckergehalt von den Hefepilzen aufgebraucht und zu Ethanol umgewandelt: $C_6H_{12}O_6 \longrightarrow 2\ C_2H_5OH + 2\ CO_2$

Die Eiweissstoffe und Pektinstoffe scheiden sich in unlöslicher Form ab und bilden mit der Hefe den als «Trub» oder «Drusen» bezeichneten Bodensatz, von dem der Wein abgetrennt wird.

Im ersten Jahr kann in langsamer Nachgärung in kühlen Kellern noch Restzucker vergären. Dabei entsteht zum zweiten Mal ein Sediment aus Hefe und Weinstein (Kaliumhydrogentartrat).

Gleichzeitig bilden sich Verbindungen, die das Aroma («Bouquet») des Weines ausmachen.

Der nach dem völligen Abschluss der Gärung vorliegende «Jungwein» wird in fest verschlossene Lagerfässer abgefüllt, in denen der Wein seine Reife erlangt. Hefen wandeln in ihrem Stoffwechsel nicht nur Zucker um, sondern auch andere Stoffe, die im Traubensaft vorhanden sind. So bilden sich unter anderem die Fuselöle aus der Umwandlung von Aminosäuren. Diese Fuselöle prägen das Bukett und Aroma vom Wein und sind bei der Destillation im Nachlauf zu finden.

Aus dem Pektin entsteht bei der Gärung der giftige Methylalkohol CH_3OH. Der Pektingehalt ist bei Rotwein grösser, da durch den Extraktionseffekt nicht nur Farbstoffe, sondern auch mehr Pektin aus den Beeren herausgelöst wird. Methanolmengen von 10 bis 90 ml führen zur Erblindung, 100 bis 200 ml sind für den Menschen tödlich. Beim Destillieren verdampft Methanol (Siedepunkt 65 °C) vor dem Ethanol und ist somit zusammen mit den leicht verdampfbaren Estern und Acetaldehyd im Vorlauf zu finden.

Aminosäure	Entstehender Alkohol	Siedetemperatur Alkohol
α-Aminobuttersäure	n-Propanol	97,4 °C
Valin	Isobutanol	108,0 °C
Leucin	3-Methylbutanol-1	128,5 °C
Isoleucin	2-Methylbutanol-1	128,0 °C
Phenylalanin	2-Phenylethanol	218,2 °C

Technik be-greifen   Versuch 21

Effekt der Anreicherung von Alkohol bei der Destillation eines Alkohol/Wasser-Gemisches in Abhängigkeit von der anfänglichen Alkoholkonzentration

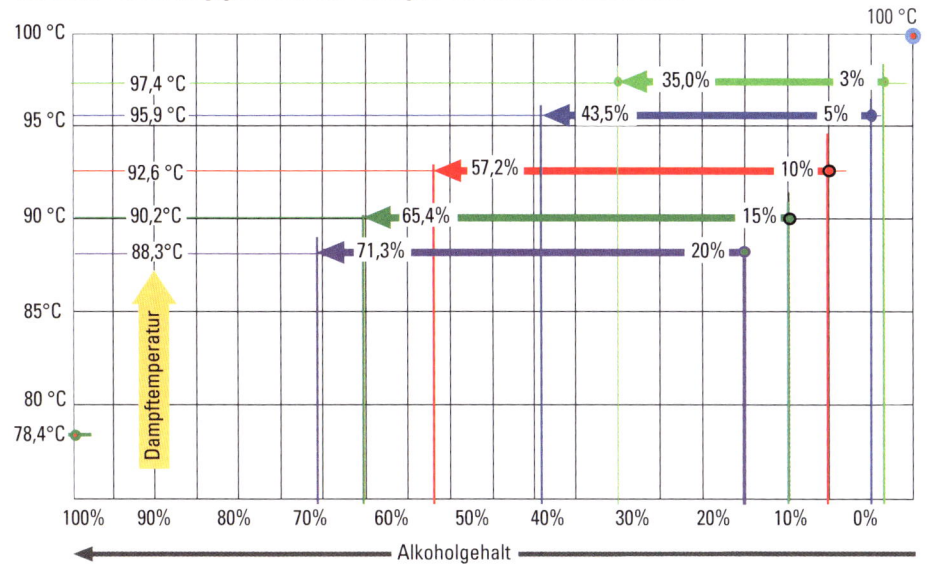

Destillation des Weines

Die Destillation ist ein Anreicherungsverfahren und wird dann als Fraktionierverfahren eingesetzt, wenn ein Gemisch verschiedene Stoffe aufweist, die sich in ihren Siedepunkten (Sdp) genügend stark unterscheiden (Alkohol Sdp 78 °C, Wasser Sdp 100°C).

Beim Erhitzen des Gemisches entweichen die Stoffe mit dem tieferen Siedepunkt viel stärker als die Substanzen mit einem höheren Siedepunkt. Im Dampf finden wir somit einen höheren Gehalt der Substanz mit dem tieferen Siedepunkt als im ursprünglichen Gemisch. Beim Kondensieren dieses Dampfes erhält man somit ein Gemisch, das von der Substanz mit dem tiefsten Siedepunkt viel mehr enthält als vorher (anreichern).

Während der Destillation nimmt der Alkoholgehalt im Destillationskolben laufend ab, da der Alkohol vorzugsweise wegdampft. Aus diesem Grund steigt die Temperatur im Kolben langsam an und im Destillat erscheint eine Flüssigkeit mit immer kleinerem Alkoholgehalt.

Nach längerem Destillieren erreicht der Dampf schliesslich die Siedetemperatur von Wasser. Dieser Teil der destillierten Stoffe wird als Nachlauf bezeichnet. Eine Geschmacksprobe zeigt, dass er neben Wasser noch andere Stoffe beinhaltet, die das Aroma verändern (Fuselöle).

Wenn ein Getränk mit höherem Gehalt gewünscht wird, muss das Destillat mehrere Male hintereinander destilliert werden. Man erreicht so einen Alkohol mit 95,6 Vol.-% Gehalt. Würde dieser Alkohol nochmals destilliert, käme kein weiterer Trenneffekt zustande. 95,6%-iger Alkohol verhält sich gegenüber der Destillation wie ein reiner Stoff. Ein solches Stoffgemisch nennt man azeotropes Gemisch.

Durch Einsatz einer Fraktionierkolonne geschieht die Auftrennung automatisch. Die Dämpfe steigen in der mit Glasrohrstücken gefüllten Kolonne nach oben und kondensieren an der kühleren Oberfläche. Beim Kondensieren wird Wärmeenergie frei, die leichter flüchtigen Stoffe verdampfen wieder, während die schwerer flüchtigen Anteile im flüssigen Zustand bleiben und nach unten zurückfliessen. Die aufsteigenden Dämpfe kondensieren weiter oben wieder, die Kondensationswärme bringt die leichter flüchtigen Stoffe erneut zum Verdampfen usw. Mit der abgebildeten Kolonne wird ein rund sechsmal grösserer Trenneffekt erreicht.

Zur Gewinnung von absolutem Alkohol kann im Labormassstab das restliche Wasser mit Natrium zur Reaktion gebracht werden. Die entstandene Natronlauge lässt sich durch eine weitere Destillation gut vom Alkohol abtrennen.

Grosstechnisch wird absoluter Alkohol durch Zugabe von Benzol hergestellt. Das Gemisch aus Benzol und Alkohol 96% / Wasser 4% siedet als neues Azeotrop bei 64,85 °C. Beim Destillieren entsteht jetzt ein Destillat, das sich beim Stehenlassen in zwei Phasen auftrennt: unten das Wasser mit nur noch wenig Alkohol, oben das wasserunlösliche, leichtere Benzol mit dem gelösten Alkohol. Anschliessend wird in einer weiteren Destillation das Benzol vom Alkohol abgetrennt.

Anmerkungen

Vor dem Start der Destillation müssen dem Destillierkolben einige Siedesteinchen zugegeben werden, damit es zu keinem Siedeverzug kommt. An Stelle der teuren Pyknometer kann auch mit einer Pipette die Dichte der Alkoholfraktion bestimmt werden. Das Destillat wird mit einem Peleusball und einer 5-ml-Pipette in ein vorher tariertes Becherglas gegeben und die Masse bestimmt. Die Schülerinnen und Schüler können so den exakten Umgang mit Pipettierwerkzeug und Waage üben.

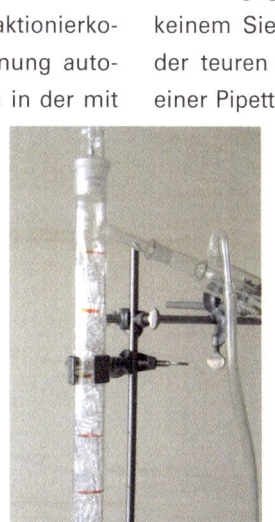

Diese Fraktionierkolonne erreicht pro 6 cm Füllhöhe eine zusätzliche Destillationswirkung

Links & Literatur
DEMUTH, REINHARD (Hrsg.): *Chemie im Kontext*. Cornelsen-Verlag, Berlin 2006.
BALTES, WALTER: *Lebensmittelchemie*. Springer, Berlin 2000.
AUTORENTEAM: *Laborpraxis, Band 3. Trennmethoden*. Aprentas, Basel 1996.
www.chemielehrer.ch

Hochprozentigen Alkohol brennen

🎯 Du führst das Destillationsverfahren selbst durch und kannst das Trennprinzip erklären.
Du bestimmst die Dichte des Destillats mithilfe eines Pyknometers und kannst den Alkoholgehalt aus einer Tabelle ablesen.
Du erlebst die Grenze der Brennbarkeit von Alkohol/Wasser-Gemischen.

🕐 1 Doppelstunde

Ⓜ Rotwein, Siedesteinchen, Keramikplatte mit Gestell, Gasbrenner, Erlenmeyerkolben, Stopfen mit Bohrung für Thermometer und Verbindungsrohr zum Kühler, Kühler mit Schläuchen, Thermometer, 4 Uhrglasschalen, Stativ mit Kreuzklemme und Klemme für Kühler, 5 graduierte Reagenzgläser, Reagenzglasgestell, 1 Pyknometer 5 ml, Laborwaage, Zündhölzer, Glycerin

Durchführung und Beobachtung

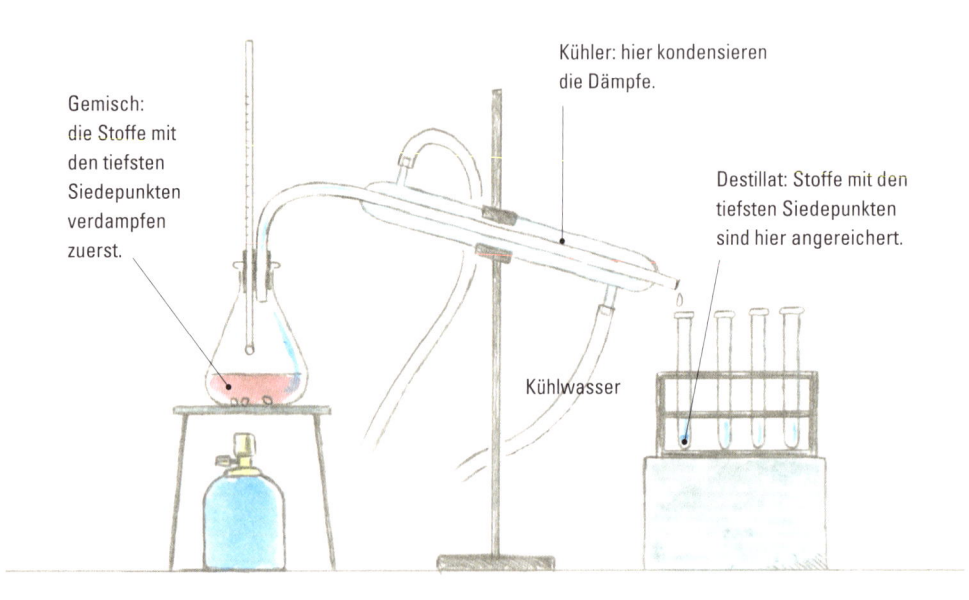

Gemisch: die Stoffe mit den tiefsten Siedepunkten verdampfen zuerst.

Kühler: hier kondensieren die Dämpfe.

Destillat: Stoffe mit den tiefsten Siedepunkten sind hier angereichert.

Kühlwasser

1. Destillation von Wein

> Baue die Destillationsanlage nach der obenstehenden Skizze auf. Durch Zugabe von einigen Tropfen Glycerin lassen sich das Thermometer und das gebogene Glasrohr problemlos in den 2-Loch-Stopfen einführen.
> Fülle in den Erlenmeyerkolben 100 ml Rotwein und gib 2 bis 3 Siedesteinchen dazu.
> Befestige einen Schlauch am unteren Ende des Kühlers und schliesse ihn an einen Wasserhahn an. Befestige am oberen Anschluss des Kühlers einen Schlauch, der das Kühlwasser vom Kühler in den Spültrog leitet.

> Stelle ein Reagenzglasgestell auf eine Unterlage, damit die Oberkante der Reagenzgläser unter den Auslauf des Kühlers passt. Nummeriere die Reagenzgläser mit 1/2/3/4 und stelle das erste Reagenzglas mit Skala unter den Kühler.
> Erhitze den Wein mit dem Gasbrenner und notiere in der Tabelle unten die Temperatur, bei der der erste Tropfen Destillat erscheint.
> Reduziere die Heizleistung, sodass pro Sekunde etwa ein Tropfen Destillat entsteht. Notiere nach jedem ml die Temperatur.

> Wenn 6 ml Destillat aufgefangen wurden, halte wieder die Temperatur in der Tabelle fest und stelle Reagenzglas Nr. 2 unter den Auslauf des Kühlers.
> Stelle das Reagenzglas Nr. 3 unter den Auslauf, wenn 6 ml Destillat im Glas Nr. 2 gebildet wurden. Notiere weiter nach jedem ml die Siedetemperatur.
> Fahre genauso fort, bis auch die Reagenzgläser 4 und 5 mit je 6 ml Destillat gefüllt sind. Notiere nach jedem ml die Siedetemperatur.
> Übertrage die gewonnenen Daten in das Diagramm «Verlauf der Siedetemperatur».
> Demontiere vorsichtig den Erlenmeyerkolben und giesse den verbleibenden Rückstand in den Ausguss. Wirf die Siedesteinchen weg, sie können nicht wieder verwendet werden.

Die Destillation trennt aufgrund verschiedener Siedepunkte. Die Substanzen mit den tieferen Siedepunkten reichern sich im Destillat an, der Rückstand enthält am Schluss die Stoffe mit den höheren Siedepunkten.

Die Siedesteinchen verhindern, dass es beim Destillieren zu einem Siedeverzug kommt, ähnlich wie der «Milchwächter».

Technik be-greifen   **Versuch 21**

2. Messung der Dichte und Konzentration als Vol.-%

> Wäge das leere 5-ml-Pyknometer inklusive Deckel auf der Laborwaage und notiere das Leergewicht.
> Fülle den Inhalt von Reagenzglas 1 in das Pyknometer und setze den Deckel auf. Wische das überschüssige Material weg und bestimme die Masse des gefüllten Pyknometers.
> Berechne daraus die Masse des Inhalts und die Dichte ρ der Flüssigkeit. (Dichte ρ = Masse m : Volumen V)
> Bestimme mithilfe der Dichtetabelle den Alkoholgehalt (Volumen-%) und trage die Werte in die Tabelle ein. Giesse den Inhalt des Pyknometers ins Reagenzglas zurück.
> Bestimme auf dieselbe Weise Dichte und Alkoholgehalt der Destillate aus den Gläsern 2 bis 5. Übertrage die Werte in das Siedediagramm.

3. Test der Brennbarkeit

> Giesse die Hälfte des Inhalts von Reagenzglas 1 in eine Uhrglasschale und teste mit einem brennenden Zündholz, ob sich das Destillat entzünden lässt. Versuche dasselbe mit der Hälfte von Reagenzglas 2 bis 5. Notiere die Ergebnisse in der Tabelle und im erstellten Diagramm.

Die Destillate aus Reagenzglas 1 und 2 lassen sich leicht entzünden, der Inhalt von Reagenzglas 3 ist nur noch mit Mühe entflammbar, der Inhalt von Nummer 4 und 5 ist nicht mehr entzündbar.

Zusammenhang zwischen Dichte und Konzentration in Volumen-%

Dichte 20 °C	0,8999	0,9023	0,9046	0,9069	0,9091	0,9114	0,9136	0,9157	0,9179
Volumen-%	64	63	62	61	60	59	58	57	56
Dichte 20 °C	0,9199	0,9221	0,9241	0,9261	0,9282	0,9301	0,9321	0,9340	0,9360
Volumen-%	55	54	53	52	51	50	49	48	47
Dichte 20 °C	0,9377	0,9395	0,9413	0,9430	0,9447	0,9464	0,9480	0,9496	0,9512
Volumen-%	46	45	44	43	42	41	40	39	38
Dichte 20 °C	0,9527	0,9542	0,9556	0,9570	0,9584	0,9597	0,9609	0,9622	0,9634
Volumen-%	37	36	35	34	33	32	31	30	29
Dichte 20 °C	0,9646	0,9658	0,9669	0,9681	0,9692	0,9703	0,9714	0,9725	0,9736
Volumen-%	28	27	26	25	24	23	22	21	20
Dichte 20 °C	0,9746	0,9757	0,9767	0,9778	0,9789	0,9800	0,9812	0,9823	0,9835
Volumen-%	19	18	17	16	15	14	13	12	11
Dichte 20 °C	0,9847	0,9859	0,9872	0,9884	0,9897	0,9910	0,9924	0,9938	0,9952
Volumen-%	10	9	8	7	6	5	4	3	2

	Volumen	V total	Dampf-Temp.	ρ, V%	brennbar?
	1 Tropfen	0			
	1ml	1			
1	2	2		m =	
	3	3			
	4	4		ρ =	
	5	5			
	6	6		V% =	
	1	7			
	2	8		m =	
2	3	9			
	4	10		ρ =	
	5	11			
	6	12		V% =	
	1	13			
	2	14		m =	
3	3	15			
	4	16		ρ =	
	5	17			
	6	18		V% =	
	1	19			
	2	20		m =	
4	3	21			
	4	22		ρ =	
	5	23			
	6	24		V% =	
	1	25			
	2	26		m =	
5	3	27			
	4	28		ρ =	
	5	29			
	6	30		V% =	

Verlauf der Siedetemperatur bei der Destillation von Wein

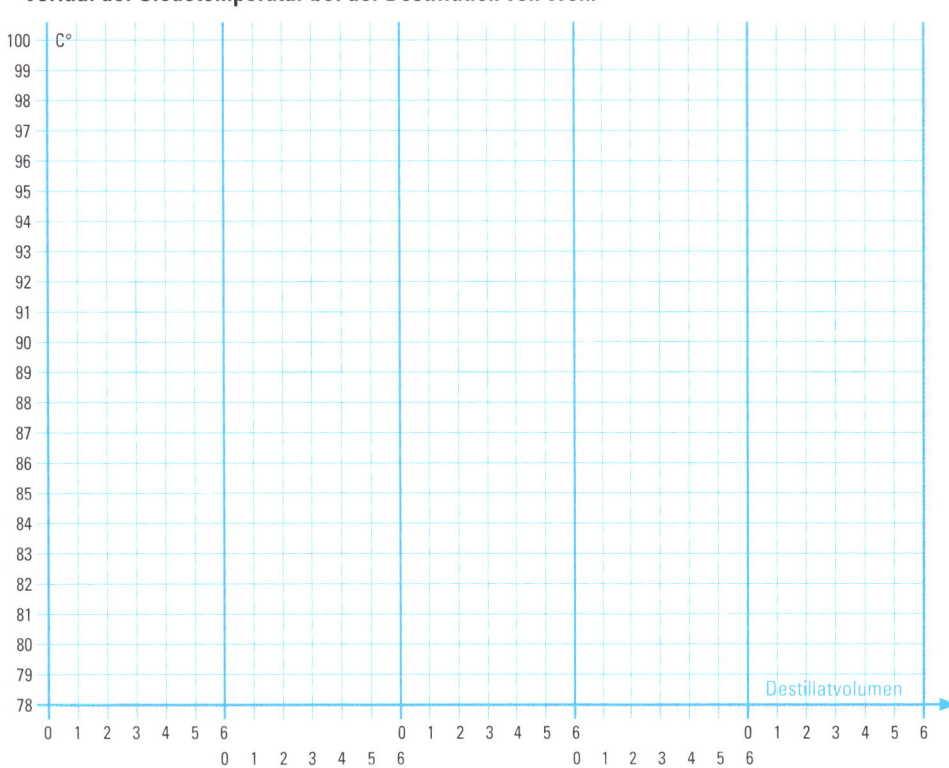

Trinkwassergewinnung
Trinkwasser aus Salzwasser

Schülerinnen und Schüler
> lernen den Effekt der Osmose im Experiment kennen.
> erproben das Modell einer solarbetriebenen Destillationsanlage.
> können die Problematik einer Bewässerung mit Meerwasser erklären.

Fachlicher Hintergrund

Vom Weltall aus erscheint die Erde als blauer Planet. Grosse Flächen sind mit Wasser bedeckt. Die Gesamtmenge des Wassers auf der Erde beträgt 1,4 Milliarden Kubikkilometer. Die Menge des sich erneuernden Süsswassers, das in Form von Niederschlägen auf die Landfläche fällt, beträgt jedoch nur 41 000 Kubikkilometer und muss für zirka 6,6 Milliarden Menschen ausreichen. 97,5 % des globalen Wassers sind Meerwasser (zu salzhaltig, um für die Bewässerung oder zum Trinken verwendet zu werden), 2,5 % sind Frischwasser. Das Frischwasser besteht zu 69 % (24 060 000 Kubikkilometer) aus Gletschern und ewigem Eis, zu 30 % (10 530 000 Kubikkilometer) aus sauberem Grundwasser und zu 0,3 % (93 000 Kubikkilometer) aus erneuerbarem Frischwasser von Flüssen und Seen.

Das Wasser ist ein kostbarer, überlebensnotwendiger Rohstoff. Die verfügbare Menge an sauberem Trinkwasser ist in vielen Ländern der Erde zu klein. Folgende Faktoren sind für den Mangel an sauberem Wasser verantwortlich:
- Die Niederschlagsmenge nimmt als Folge der globalen Klimaänderung in verschiedenen Gebieten der Erde ab.
- Die Landwirtschaft und die Tourismusgebiete verschwenden das Wasser zum Bewässern der Plantagen, Golfplätze und Hotelanlagen, wobei viel kostbares Trinkwasser verdunstet.
- Fehlende Systeme zum Sammeln und Reinigen des Abwassers haben zur Folge, dass das Wasser durch Fäkalien kontaminiert wird und als Trinkwasser nicht mehr genutzt werden kann.
- Fehlende Finanzen und mangelnde Ausbildung verhindern eine nachhaltige Entwicklung.

In Ländern entlang der Meere mit einem Mangel an Süsswasser kann das kostbare Gut durch Entsalzung des Meerwassers gewonnen werden. Für die Verringerung des Salzgehalts kommen hauptsächlich folgende Verfahren zum Einsatz:

Thermische Verfahren:
- Mehrstufige Entspannungsverdampfung (Multistage-Flash-Verfahren)
- Mehrfacheffektverdampfung (Multi-Effect-Destillation)
- Dampfkompressions-Verfahren (Vapor Compression)
- Verdunstung

Membran-Verfahren:
- Umkehrosmose-Verfahren (Reverse Osmosis)

Thermische Verfahren

Unter Verdampfen wird der Übergang vom flüssigen in den gasförmigen Zustand bezeichnet. Die spezifische Verdampfungsenergie von Wasser ist sehr hoch. Um einen Kubikmeter Wasser zu verdampfen, braucht es rund 620 kWh, was einem Heizölverbrauch von etwa 70 Litern entspricht. Als Energieträger kommen Öl, Erdgas oder Kernenergie zum Einsatz. Die weltweit für die Entsalzung aufgewendete Energie entspricht dem gesamten Energieverbrauch von Schweden.

Das Verdampfen findet beim Siedepunkt statt, die Verdunstung findet schon vor dem Erreichen des Siedepunktes statt. Der umgekehrte Prozess (vom gasförmigen zum flüssigen Zustand) wird als Kondensation bezeichnet. Die zum

Themenkreis
> Destillation
> Diffusion
> Osmotischer Druck

Vorkenntnisse
> Fraktionierverfahren
> Salze

Verdampfen notwendige Energie wird beim Kondensieren wieder freigesetzt und kann mit geeigneten technischen Massnahmen zur Verringerung der notwendigen Energie beitragen.

Natürliche Verdunstung

Die grösste Meerwasserentsalzungs-Anlage der Welt ist die Sonne. Durch die Sonneneinstrahlung verdunstet das Meerwasser, die feuchten Luftmassen kondensieren in der Höhe, die entstandenen Wolken werden vom Wind in Richtung Festland transportiert. Die Niederschläge in Form von Regen oder Schnee versickern und können als Quell- und Grundwasser zum Bewässern und als Trinkwasser genutzt werden. Die Überschüsse fliessen via Bäche und Flüsse zurück zum Meer.

Solare Entsalzungsanlage

1872 wurde in Chile eine der ersten solaren Meerwasserentsalzungs-Anlagen gebaut. Sie hatte eine Fläche von 4730 m^2 und produzierte bis zu 22 700 Liter Süsswasser pro Tag.

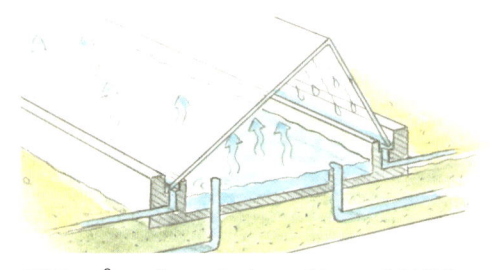

Nach demselben Prinzip wurden 1967 bis 1973 auf verschiedenen griechischen Inseln acht solare Entsalzungsanlagen mit Flächen zwischen 306 und 9 072 m^2 errichtet. Sie waren bis zu 25 Jahre in Betrieb und wurden durch Hagelunwetter zerstört. Solche Anlagen werden im Verhältnis zu Grösse und Ertrag heute nicht mehr als wirtschaftlich erachtet und nur noch selten und an abgelegenen Standorten gebaut, wie z.B. auf Porto Santo (Madeira). Eine in 20 Jahren amortisierte Anlage ergäbe bei 8% Zins einen Wasserpreis von 2,9 US-Dollar/m^3.

Mehrstufige Entspannungs-Verdampfungsanlage (MSF)

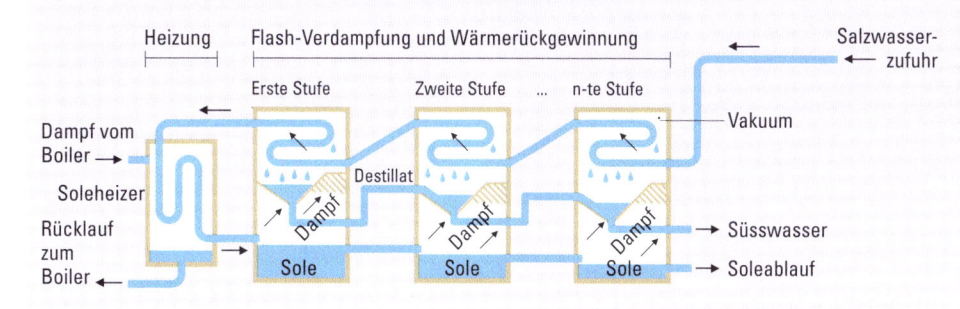

Von diesem Anlagetyp sind weltweit die meisten Grossanlagen in Betrieb. Das Wasser wird in mehreren Stufen verdampft. Die bei der Kondensation freigesetzte Wärme wird zum Vorwärmen des Meerwassers verwendet. In jeder Kammer herrscht ein anderer Druck, sodass weiteres Wasser aus der immer konzentrierteren Sole abgedampft werden kann. Der Energieverbrauch liegt bei 12–30 kWh pro Kubikmeter Wasser.

Mechanisches Dampfkompressions-Verfahren

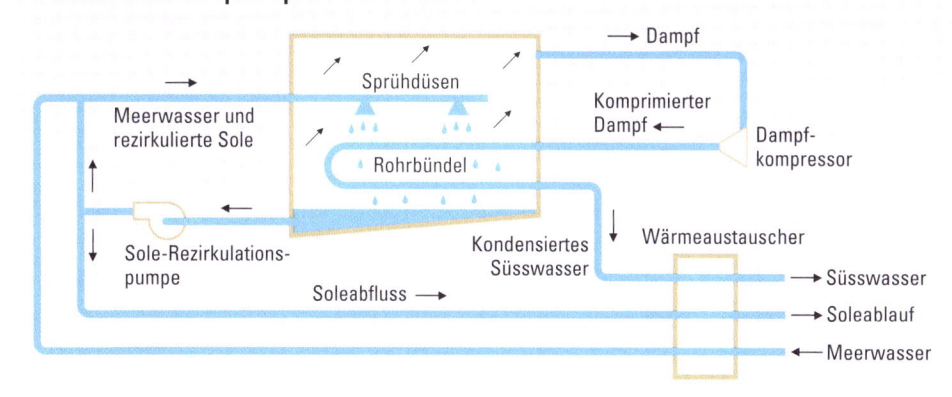

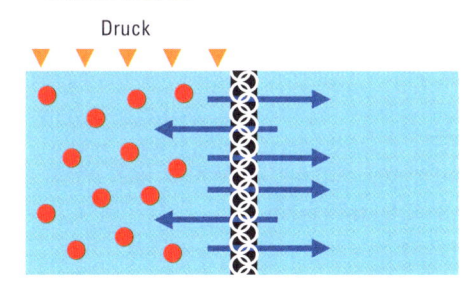

Der beim Verdampfen des Meerwassers entstehende Dampf wird komprimiert und liefert so Energie zum Verdampfen des neu zufliessenden Meerwassers. Heisse Rohre im Innern der Anlage werden mit Meerwasser besprüht, reines Wasser verdampft. Dieser Dampf wird vom Kompressor angesaugt, durch Kompression erhitzt und durch die Verdampfungsrohre gepresst. Am Ende wird das kondensierte Süsswasser durch einen Wärmeaustauscher geleitet, um neu hereinfliessendes Meerwasser vorzuheizen. So kann Energie zurückgewonnen werden. Der Energiebedarf liegt zwischen 7 und 12 kWh/m^3.

Umkehrosmose

Die Umkehrosmose wurde in den 60er Jahren im Auftrag der NASA für die bemannten Raumflüge entwickelt und ist heute als energiegünstige Variante zu den thermischen Verfahren immer häufiger anzutreffen. Das Meerwasser wird zuerst vorgereinigt und dann mit hohem Druck gegen eine semipermeable Membran gepresst.

Das Wasser diffundiert infolge des hohen Drucks (bis 70 bar) mehr aus der Zelle mit der Sole durch die Membran in die Zelle ohne Salze als umgekehrt. Der Energieverbrauch liegt bei weniger als 7 kWh pro m^3 Wasser.

Anmerkungen

Beim Experiment 1 geht es darum, den Schülerinnen und Schülern zu zeigen, warum Meerwasser zum Pflanzengiessen ungeeignet ist.

Das Experiment 2 zeigt, dass mit Sonnenenergie tatsächlich Wasser destilliert werden kann. Die Mengen sind zwar klein, aber mit der Modellanlage wird das Prinzip erlebbar. Durch Einfärben des Wassers im inneren Behälter wird der Trenneffekt auch optisch gut sichtbar.

Eine weitere Möglichkeit, um die Trennwirkung aufzuzeigen, ist die Messung der elektrischen Leitfähigkeit der Modellsole und des Destillats. Im Gegensatz zur Salzlösung enthält reines Wasser (ausser je 10^{-7} Mol/l Wasserstoff- und Hydroxidionen) keine gelösten Ionen und besitzt deshalb nur eine sehr geringe Leitfähigkeit.

Zusätzliches Experiment

Mithilfe eines käuflichen KATADYN-Filters lässt sich die Umkehrosmose im Unterricht sehr gut demonstrieren. Die Pumpe zum Aufbau des notwendigen Drucks wird von Hand betrieben, das Prinzip einer grossen Anlage wird sichtbar.

Links & Literatur

STIEGER, MARKUS: *Elemente, Grundlagen der Chemie*, Klett, Zug 2007.
BAUMANN, SABINE; BOLLER, FELIX: *Biologie be-greifen*. Lehrmittelverlag des Kantons Aargau, Buchs 2005.
FRIEDER, FRANZ; GIESA, MARTIN; RENNER, FLORIAN: *Einführung in die Verfahrenstechnik Meerwasserentsalzung*. www.hs-heilbronn.de

Trinkwasser aus Salzwasser

🎯 Du kennst die Problematik, wenn Meerwasser zum Bewässern in der Landwirtschaft eingesetzt würde.
Du hast das Modell einer solarbetriebenen Entsalzungsanlage selbst erprobt und kannst den Aufbau einer Grossanlage beschreiben.
Du hast den Aspekt der Osmose experimentell erlebt und kannst ihn mit einer Modellvorstellung erklären.

⏲ 2 Lektionen, mit Langzeitversuch über etwa 1 Woche

Ⓜ Becherglas, Kochsalz, Waage, Polylöffel, Filzschreiber, 2 Erlenmeyerkolben, Lebensmittelfarbe, grosses Glas mit dicht schliessendem Deckel, ins grosse Glas passende Plastik- oder Kartontüte (z.B. Milchtüte), zwei Schnittblumen

Die moderne Landwirtschaft benötigt grosse Mengen an Wasser für die Produktion unserer Nahrungsmittel. In Gebieten mit wenig Niederschlag ist das Wasser sehr knapp für die Landwirtschaft, sodass bewässert werden muss. Gerade in den Staaten rund um das Mittelmeer herrscht häufig Wassermangel. Es könnte die Idee auftauchen, mit Meerwasser die Kulturen zu bewässern. Ob dies geht, soll der nachfolgende Versuch zeigen.

Wasserverbrauch für Herstellung von:

Rindfleisch	13 510 Liter/kg
Schweinefleisch	4 610 Liter/kg
Geflügel	4 100 Liter/kg
Reis	1 410 Liter/kg
Früchten, Gemüse	500 Liter/kg
Raps für Dieselöl	4 000 Liter/kg

Durchführung und Beobachtung

1. Pflanzen in Leitungswasser und Meerwasser
> Fülle 3 Gramm Kochsalz in ein Becherglas und giesse 100 ml Leitungswasser dazu. Löse das Salz auf und fülle die Lösung in einen Erlenmeyerkolben.
> Fülle einen zweiten Erlenmeyerkolben gleich hoch mit Leitungswasser und beschrifte die beiden Gläser, damit nachher klar ist, in welchem Gefäss sich das «Meerwasser» befindet.
> Stelle in beide Kolben je eine gleiche Schnittblume und beobachte ab und zu, ob sich ein Unterschied zeigt.
> Notiere deine Beobachtungen:

Nach einigen Stunden ist die Blume im Meerwasser verwelkt, die Blume im Leitungswasser gedeiht.

Zeichne

Süsswasser	Meerwasser

Osmotischer Druck
Pflanzenzellwände sind für **Wassermoleküle** durchlässig, grössere Moleküle oder **Ionen (von Salzen)** können nicht durch diese Membran durchtreten. (Fachausdruck: semipermeable Membran).

Im **reinen Wasser** hat es pro Raumeinheit mehr Wassermoleküle als in der **Salzlösung**. Es treten somit pro Sekunde mehr Wassermoleküle vom reinen Wasser in die Salzlösung als umgekehrt; der Druck im Innern der Pflanzenzelle nimmt zu, die Pflanze ist straff, da Zellen unter Druck stehen.

Wenn die Pflanze in Salzwasser gestellt wird (aussen grössere **Salz**konzentration als im Innern der Zelle), so verläuft der Wasserdurchtritt mehr in Richtung Salzwasser. Der Druck im Innern der Zelle nimmt ab, die Pflanze beginnt zu welken.

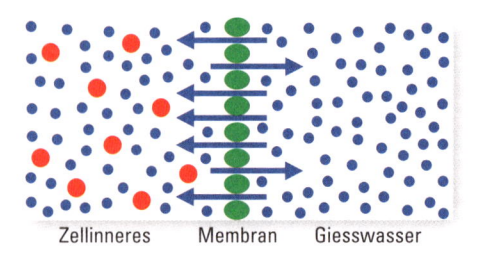

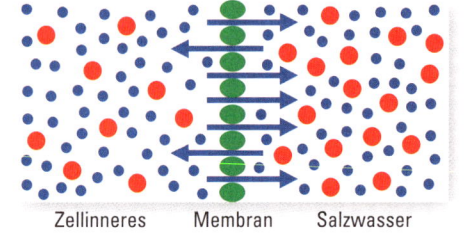

Technik be-greifen Versuch 22

2. Modell einer solarbetriebenen Destillationsanlage

> Schneide eine kleine Milchtüte etwas oberhalb der Mitte längs auf und fülle sie halbvoll mit Wasser und einigen Tropfen Lebensmittelfarbe.
> Schiebe die Tüte vorsichtig in ein grösseres transparentes Gefäss, das sich dicht abschliessen lässt (z.B. grosses Gurkenglas mit Drehverschluss). Verschliesse vorsichtig das äussere Gefäss, es darf kein Wasser aus dem inneren Gefäss verschüttet werden!
> Stelle die Anlage auf etwas Sand oder Humus (damit sie sich nicht drehen kann) an einen geschützten, sonnigen Platz.
> Kontrolliere zweimal am Tag, was im Glas drin abläuft.
> Auf dieselbe Weise kann Meerwasser entsalzt werden. Finde heraus, wie eine Meerwasserentsalzungsanlage funktioniert:

> Notiere Deine Beobachtungen:

Nach einigen Minuten beschlägt sich die Innenseite des Glases mit feinen Tröpfchen, nach einem Tag hat sich etwa 10 mm hoch farbloses Wasser am Boden des äusseren Gefässes angesammelt, nach 4 Tagen Sonnenschein ist der innere Behälter fast leer.

So funktioniert die Meerwasserentsalzungsanlage: Sonnenenergie dringt durch die Scheiben ins Innere, die Temperatur steigt aufgrund des Treibhauseffekts an. Wasser verdunstet und kondensiert anschliessend an den kühleren Teilen des Glases. Verunreinigungen haben einen viel höheren Siedepunkt und bleiben im restlichen Wasser gelöst. Bevor die Salzlösung zu konzentriert wird, erfolgt ein Wasserwechsel: Die nun salzreichere Sole wird ins Meer zurückgeleitet und durch neues Meerwasser ersetzt.

Schnittzeichnung durch eine mit Sonnenenergie betriebene Entsalzungsanlage.

Meerwasser kann auf folgende Arten entsalzt werden:

- Destillation: Meerwasser wird mit einer Ölheizung zum Sieden gebracht.
- Solare Meerwasserentsalzung
- Umkehrosmose: Meerwasser wird unter hohem Druck durch eine semipermeable (halbdurchlässige) Membran gepresst, Salze können nicht durchtreten.

> Wie heisst das hier verwendete Fraktionierverfahren und nach welchem Prinzip erfolgt die Trennung des Gemisches Meerwasser?

Destillation: Trennung aufgrund der verschiedenen Siedepunkte der Bestandteile des Gemisches.

> Welche Vor- und Nachteile hat diese Art von Anlage?

Vorteil: umweltfreundlich, geringer Energieaufwand

Nachteil: grosser Platzbedarf

Kristallisation
Salzkristalle aus Meerwasser ernten

Schülerinnen und Schüler
> erleben die Kristallisation in einem Modellversuch.
> kennen die ungefähre Zusammensetzung von Meerwasser.
> erklären mithilfe einer Modellvorstellung die Kristallisation.

Themenkreis
> Salze
> Fraktionierverfahren

Vorkenntnisse
> Keine

Fachlicher Hintergrund

Kochsalz (NaCl) lässt sich entweder aus dem Meerwasser gewinnen oder aus den Salzlagerstätten durch bergmännischen Abbau oder durch Herauslösen mit Wasser und anschliessende Kristallisation (Versuch 24).

Verwendung von Kochsalz

> Die chemische Industrie benötigt rund 85% des weltweit geförderten Kochsalzes:
- für die Herstellung von Soda und Natron mit dem Solvey-Verfahren: Eine gesättigte Kochsalzlösung wird zuerst mit Ammoniak und anschliessend mit CO_2 zur Reaktion gebracht. Dabei entstehen Ammoniumchlorid und Natriumhydrogenkarbonat (Natron). Durch Erhitzen werden daraus Soda (Na_2CO_3, Natriumkarbonat) + H_2O + CO_2 gewonnen.
- für die Elektrolyse von NaCl: liefert Natronlauge (NaOH), Chlorgas (Cl_2) und Wasserstoffgas (H_2).
  – Natronlauge wird für die Seifenfabrikation sowie bei der Aluminiumgewinnung eingesetzt (aus Bauxit kann mit NaOH Tonerde hergestellt werden).
  – Chlorgas wird unter anderem für die Herstellung des Kunststoffs PVC, für die Gewinnung von Reinst-Silicium und zur Herstellung von Lösungsmitteln (z.B. Chloroform) benötigt.
> Das Gewerbe braucht 7% des geförderten Kochsalzes für die Wasserenthärtung (Regeneriersalz für Ionentauscher von Wasseraufbereitungsanlagen und Spülmaschinen), für das Einsalzen von Fleisch und Fisch, das Färben von Textilien und für die Herstellung von Leder aus Tierhäuten (gerben).
> Als Auftausalz kommen 5% des Kochsalzes zum Einsatz.
> Als Speisesalz werden 3% der Salzproduktion eingesetzt: zum Würzen von Speisen und als Pökelsalz.

Einige ausgewählte Anwendungen für Natriumchlorid

- **Medizin: physiologische Kochsalzlösung**
  Unser Blut hat einen Gehalt an Natriumchlorid von 0,9%. Bei grossen Blutverlusten kann mit der physiologischen Kochsalzlösung (0,9% NaCl) in Notfällen die fehlende Flüssigkeit ersetzt werden. Diese Lösung hat dieselben osmotischen Eigenschaften wie unser Blut: Werden rote Blutkörperchen in reines Wasser gegeben, platzen sie, weil zu viel Wasser durch die Zellmembran ins Innere eindringt. Werden sie in eine konzentrierte Salzlösung gegeben, schrumpfen sie, da nun Wasser aus den Blutkörperchen durch die Membran in die Salzlösung diffundiert und der osmotische Druck in der Zelle abnimmt.

- **Nahrungsmittel: Konservierungsmittel für Fleisch und Fisch**
  Bevor es Kühlgeräte gab, musste Fleisch frisch gegessen oder mit Kochsalz eingerieben werden (Pökelsalz enthält neben Natriumchlorid noch Nitrat und Nitrit). Das Salz entzieht dem Lebensmittel Wasser. Dadurch wird den Mikroorganismen, die das Verderben der Lebensmittel bewirken, die Lebensgrundlage entzogen. Auch zur Herstellung von Hartkäse braucht es Salz. Die Käselaibe kommen für einige Stunden bis wenige Tage in ein Salzbad von 16 bis 20% Kochsalzgehalt. Das Salz entzieht dem Käse das Wasser, dringt auch in den Käselaib ein und konserviert dadurch.

- **Technik: Auftausalz**
  Vereiste Strassen können mit Kochsalz aufgetaut oder die Eisbildung kann durch Streuen von Salz vorbeugend verhindert werden. Dies ist deshalb möglich, weil die Kochsalz/Eis-Mischung einen tieferen Schmelzpunkt hat als das reine Wasser. Das Eis schmilzt, sofern die Aussentemperatur höher liegt als der Schmelzpunkt (= Erstarrungspunkt) der Eis/Kochsalz-Mischung (= Sole). Der Schmelzpunkt einer Sole hängt von der Konzentration des Salzes ab:

Salzmenge / Liter Wasser	Schmelzpunkt
10 g/Liter	−0,6 °C
50 g/Liter	−3,2 °C
100 g/Liter	−6,4 °C
150 g/Liter	−9,5 °C
188 g/Liter	−12,0 °C

Je kälter es ist, desto mehr Streusalz muss somit eingesetzt werden, um die Wege eisfrei zu bekommen. Sinkt die Temperatur unter −11 °C, lässt sich das Eis mit Natriumchlorid nicht mehr auftauen, es muss Streusplit oder

Calciumchlorid CaCl$_2$ (bis –20 °C tauglich) eingesetzt werden. Hohe Salzkonzentrationen sind für die Pflanzen schädlich, der Einsatz von Salz sollte deshalb gezielt erfolgen.

- **Technik: Kältemischung**
  Bis zur Mitte des 20. Jahrhunderts, als es noch keine Tiefkühlschränke gab, wurde mit Eis und Kochsalz eine Kältemischung erzeugt, die es ermöglichte, Speiseeis herzustellen. Wenn Eis infolge der Salzzugabe schmilzt, sinkt die Temperatur stark ab, da Wasser für den Aggregatszustandswechsel von fest nach flüssig (Schmelzenthalpie) 335,2 kJ/kg Energie benötigt. In einem Metallgefäss (guter Leiter) kann so eine Eiscrememischung eingefroren werden.

Historische Aspekte

Salz war früher eine begehrte Handelsware. Die Strassen, auf denen das Salz transportiert wurde, hiessen Salzstrassen. Bei Flussübergängen wurden Zölle erhoben, die den entsprechenden Städten Reichtum und Wohlstand brachten. Noch heute ist der Salzhandel in der Schweiz kantonal geregelt. Der Kanton Waadt verkauft sein eigenes Salz aus der Saline Bex, die restlichen Kantone beziehen ihr Salz von den Schweizer Rheinsalinen.

Daten von Natriumchlorid NaCl:

- Löslichkeit in Wasser: nur geringer Zuwachs der Löslichkeit bei höherer Temperatur
  0 °C: 356 g/l   20 °C: 359 g/l
  40 °C: 364 g/l   60 °C: 371 g/l
  80 °C: 385 g/l   100 °C: 392 g/l
- Schmelzpunkt = 801 °C
- Siedepunkt = 1413 °C
- Dichte ρ = 2,165 g/cm^3
- Letaldosis DL$_{50}$ = 3 g/kg Körpergewicht (eine Verwechslung von Salz und Zucker kann für Säuglinge somit tödlich enden!)
- Kristallform: kubisch, farblos

● Na$^+$ ○ Cl$^-$ **1 Ångström**
$1 \text{ Å} = 10^{-10} \text{ m} = \frac{1}{100'000'000} \text{ cm}$

5,6396 Å

Anmerkungen

Das Experiment geht von einer Wasserzusammensetzung aus, wie sie im Meer auch anzutreffen ist: Die Salzlösung ist noch viel zu stark verdünnt und muss zuerst eingeengt, d.h. konzentriert werden. Dies geschieht durch Verdunstung des Wassers mithilfe der Sonnenenergie, wie es im Mittelmeerraum häufig anzutreffen ist.

Das Meerwasser wird in riesige flache Becken geleitet. Wenn die Konzentration des Salzes angestiegen ist, wird die Sole in andere Becken in Richtung Landesinnere gepumpt. Die konzentrierten Salzlösungen kommen schliesslich zusammen in Becken, wo die Kristallisation bei einem Salzgehalt von rund 360 g/Liter beginnt. Diese Konzentrierung wird im Experiment mit den beiden flachen Tellern und dem Umgiessen der konzentrierten Lösungen in die kleine Schale simuliert. Sobald die Lösung gesättigt ist, beginnt beim weiteren Verdunsten die Bildung von Natriumchlorid-Kristallen. Die anderen gelösten Stoffe haben ihre Löslichkeitsgrenze noch nicht erreicht und bleiben im Wasser gelöst. Bevor alles Wasser verdunstet ist, muss die gesättigte Sole mit allen gelösten Verunreinigungen abgepumpt werden. Die etwa 20 cm dicke Salzkruste wird manuell zu Haufen geschüttet. Das noch anhaftende Wasser mit den gelösten Verunreinigungen fliesst nach unten weg. Dieser Prozess der Salzgewinnung ist sehr anschaulich auf der DVD der Schweizer Rheinsalinen (www.saline.ch) mit dem Titel «Schweizer Salz, von der Sole zum Salzkristall» zu sehen.

Links & Literatur
ROOS, A.: *Salz, die Wunderwelt des weissen Goldes*. Schweizer Rheinsalinen, Pratteln 2002.
EISNER, W.: *Elemente Chemie*. Klett Verlag, Stuttgart 1998.
CD-ROM: *Schweizer Salz*. Schweizer Rheinsalinen, Pratteln
www.saline.ch
www.selbex.com

Salzkristalle aus Meerwasser ernten

🎯 Du stellst künstliches Meerwasser her.
Du kennst die wichtigsten Inhaltsstoffe von Meerwasser.
Du beobachtest die Bildung von Kristallen aus dem «Meerwasser».
Du kannst mithilfe einer Modellvorstellung erklären, was bei der Kristallisation genau passiert.

⏱ 1 Lektion, Langzeitversuch etwa eine Woche

Ⓜ Laborwaage, Becherglas (250 ml), Polylöffel, demineralisiertes Wasser, 2 Teller, farbige Dessertschale, Lampe (mind. 60 W), Natriumchlorid, Magnesiumsulfat, Magnesiumchlorid, Calciumchlorid, Natriumhydrogenkarbonat, Lebensmittelfarbe

Durchführung

1. Herstellung von künstlichem Meerwasser

> Stelle ein Becherglas auf die Laborwaage und gib folgende Stoffe hinein:
> 2,8 g Natriumchlorid
> 0,7 g Magnesiumsulfat
> 0,5 g Magnesiumchlorid
> 0,24 g Calciumchlorid
> 0,02 g Natriumhydrogenkarbonat

> Löse diese Salzmischung in 98,5 ml destilliertem Wasser auf. Du hast jetzt künstliches Meerwasser nach der DIN-Norm 50900 geschaffen.

Die Lösung ist jetzt gesättigt und wird zum weiteren Einengen in eine kleine Schale umgegossen.

2. Auskristallisieren von Salz aus dem künstlichen Meerwasser

> Gib zusätzlich **einen** Tropfen Lebensmittelfarblösung als Modell für gelöste organische Verbindungen dazu. Organische Verbindungen sind Stoffe, die aus Kohlenstoff aufgebaut sind (z.B. Erdölprodukte, Zucker, Eiweisse).

> Giesse die Salzlösung in zwei grosse flache Teller. Beleuchte sie mit einer Tischlampe von mindestens 60 Watt (Ersatz für die Sonne) oder stelle sie an ein Fenster, wo die Sonne hinscheint.

> Das Wasser wird langsam verdunsten. Kontrolliere zweimal pro Tag, wie weit das Verdunsten fortgeschritten ist.

> Sobald nur noch ein Drittel der Flüssigkeit vorhanden ist, schiebst du die allfällig am Tellerrand entstandene Salzkruste mit einem Spatel in die Lösung.

> Giesse die beiden Lösungen zusammen in ein kleineres, farbiges Gefäss (z.B. blaues Dessertschälchen, zur Verbesserung der Sichtbarkeit) und stelle sie wieder unter die Lampe respektive an die Sonne.

> Wenn sich am Boden eine Salzkruste gebildet hat und nur noch wenig Wasser mit den restlichen gelösten Salzen darüber zu sehen ist, wird das überstehende Wasser sorgfältig in ein Becherglas abgegossen. Das Gefäss mit der Salzkruste wird schräggestellt, damit die noch anhaftende Flüssigkeit aus den Kristallen wegfliessen kann. Lass die Kristalle zum Trocknen stehen.

Kochsalz besteht zur Hauptsache (97%) aus Natriumchlorid. Daneben kann es geringe Mengen an Gips, Magnesiumsulfat, Kaliumchlorid und Wasser enthalten.

Natriumchlorid ist für Mensch und Tier lebensnotwendig und wird hauptsächlich über das Salzen von Speisen aufgenommen. Der Tagesbedarf des Menschen beträgt bei mässiger Arbeit etwa 6 Gramm. Unsere Nahrung enthält durchschnittlich 10–20 g Kochsalz (Probleme für Bluthochdruck). Verwendet wird Kochsalz als Speisesalz, als Pökelsalz für Fleisch und Fische (Konservierung), als Auftausalz für Strassen (bis –11°C) und in der chemischen Industrie für verschiedene Anwendungen.

Technik be-greifen						Versuch 23

Beobachtung

Was hast du nach dem Start des Verdunstungsexperimentes festgestellt?

Nach etwa 24 Stunden haben kleine farblose Kristalle zu wachsen begonnen, die Lösung ist intensiver gefärbt. Nach dem Weggiessen der Mutterlauge bleiben farblose würfelförmige Kristalle zurück. Die Lösung ist intensiv gefärbt.

Kochsalz aus Meerwasser

So wie im Experiment wird zum Beispiel in der **Saline** bei Aigues-Mortes (Südfrankreich) Kochsalz aus dem Wasser des Mittelmeers gewonnen: Im Frühjahr werden riesige Becken mit Meerwasser gefüllt. Die Sonne lässt das Wasser verdunsten, die Konzentration der gelösten Stoffe nimmt zu. Das nun konzentriertere Meerwasser wird zusammen mit dem Inhalt von weiteren Becken in Becken gepumpt, die weiter gegen das Landesinnere liegen. Je länger das Wasser an der Sonne stehen bleibt, umso geringer wird infolge Verdunstung die Wassermenge, die Salzkonzentration (gelöste Stoffmenge pro Liter) nimmt weiter zu.

Wenn pro Liter Wasser 358 g Kochsalz gelöst sind (20°C), ist die maximal lösliche Kochsalzmenge erreicht. Der Fachausdruck für diese spezielle Lösung heisst **gesättigte Lösung**. Verdunstet noch mehr Wasser, kann nicht mehr alles Natriumchlorid in Lösung bleiben. Es beginnen sich kleine Salzkristalle zu bilden. Die Kristallisation muss gestoppt werden, bevor alles Wasser verdunstet ist. Die sogenannte Mutterlauge mit allen noch gelösten Fremdsubstanzen soll abgetrennt werden, bevor noch andere Stoffe auskristallisieren.

Schliesslich wird das auskristallisierte Kochsalz zu Haufen aufgeschüttet, damit die Mutterlauge mit den gelösten Fremdsubstanzen nach unten wegfliessen kann (Trennprinzip Sedimentation). Oben bleiben die farblosen Salzkristalle übrig.

Im Herbst türmen sich riesige Berge von Meersalz an, diese werden im Verlauf von Winter und Frühjahr weiterverarbeitet und abgepackt.

Studiere das Prinzip der Kristallisation am Gedankenmodell des Sesseltanzes und vergleiche es mit der Situation beim Eindampfen eines Lösungsmittels:

Sesseltanz — ● Person, ◼ Stuhl

Mehr Stühle als Personen, beim Stopp der Musik finden alle Mitspieler einen Platz, es hat noch leere Plätze

↓ Vor jedem erneuten Start der Musik wird ein Stuhl entfernt

Genau so viele Stühle wie Personen: Grenze erreicht, dass noch alle sitzen können

↓ Vor jedem erneuten Start der Musik wird ein Stuhl entfernt

Weniger Stühle wie Personen: Wer keinen Stuhl mehr erwischt, setzt sich auf den Boden, «kristallisiert aus»

→ auskristallisierte Teilchen

Verhalten einer Substanz beim Eindampfen des Lösungsmittels — ● Substanz, ◼ Lösungsmittel

Untersättigte Lösung – es könnte noch mehr Salz gelöst werden.

↓ Lösungsmittel verdampfen lassen

Gesättigte Lösung – maximale Teilchenanzahl pro cm^3 erreicht

↓ Lösungsmittel verdampfen lassen

Oben gesättigte Lösung Teilchen, deren Lösungsmittel beim Verdampfen «weggenommen» wurden, müssen am Boden auskristallisieren.

Salzgewinnung
Salzkristalle aus Steinsalz gewinnen

Schülerinnen und Schüler
> wissen, dass es Gebiete in der Schweiz gibt, die im Boden Steinsalz enthalten.
> haben im Experiment die Kochsalzgewinnung erlebt.
> können das Prinzip der Kristallisation am Beispiel der Salzgewinnung erklären.
> können die Zusatzstoffe und ihre Wirkung aufzählen.

Fachlicher Hintergrund

Eindampfprozess der Sole

Früher wurde die salzhaltige Lösung aus dem Boden heraufgepumpt, in grossen «Pfannen» erwärmt und das Wasser «wegverdampft». Das zum Auflösen verwendete Trinkwasser enthält gelöstes Calciumhydrogenkarbonat. Das Steinsalz enthält neben dem Natriumchlorid auch Calciumsulfat und Magnesiumsulfat. Diese liegen in der Sole im gelösten Zustand vor. Beim Eindampfen der Sole bildeten sich an den Heizflächen Krusten von Magnesiumsulfat und Calciumsulfat (Gips), die sich nicht mit Säure entfernen liessen. Diese Schichten mussten in mühsamer Arbeit periodisch mechanisch abgetragen («ausgesteint») werden.

Im Zeitraum von 1898 bis 1902 entwickelte der Chemiker Dr. Vis Rotterdam das sogenannte Schweizerhalle-Solereinigungsverfahren. Dabei geht es nicht darum, die glasklar aus dem Bohrloch kommende Sole vom Schmutz zu reinigen, sondern darum, die unerwünschten gelösten Sulfate in wasserunlösliche Stoffe umzuwandeln, die dann vor dem Verdampfungsprozess abgetrennt werden können. Dies geschieht in einem zweistufigen Verfahren: Durch Zugabe von gebranntem Kalk werden die Magnesiumionen entfernt, in einem zweiten Schritt die Calciumionen ausgefällt.

Themenkreis
> Fraktionierverfahren
> Extraktion, Sedimentation, Kristallisation, Zentrifugation
> Salze

Das Kalk-Sulfat-Kohlensäure-Verfahren

In einem ersten Behälter werden bei einer Reaktionstemperatur zwischen 10 °C und 30 °C der Rohsole gebrannter Kalk (Calciumoxid CaO) und Natriumsulfat (Glaubersalz) zugesetzt. Das Calciumoxid stammt aus der Kalkfabrik Netstal (GL), das Natriumsulfat entsteht beim Eindampfen der Mutterlauge und muss somit nicht zugekauft werden. Es finden folgende Prozesse statt:

Vorkenntnisse
> Gemisch, reiner Stoff
> Allgemeines Prinzip für die Fraktionierverfahren
> Prinzip der Kristallisation (Versuch 23)

Das ausgefällte Magnesiumhydroxid und der Gips setzen sich als Schlamm am Boden des Behälters ab (Sedimentation) und können so leicht abgetrennt werden.

In einem zweiten Behälter wird die geklärte Sole aus dem ersten Prozess mit Kohlendioxid und zusätzlichem Natriumkarbonat (Soda) zur Reaktion gebracht. Auf diese Weise lassen sich die restlichen unerwünschten Salze durch

1. Prozess: Ausfällen der gelösten Magnesiumsalze durch Zugabe von Calciumoxid, Teilausfällung von Gips, Bildung von Natronlauge

$$Mg^{2+} + SO_4^{2-} + CaO + H_2O \longrightarrow \underline{Mg(OH)_2}\downarrow + Ca^{2+} + SO_4^{2-}$$

Magnesiumsulfat + Calciumoxid ⟶ Magnesiumhydroxid + Calciumsulfat gelöst
fällt als Niederschlag aus

$$Mg^{2+} + 2\,Cl^- + CaO + H_2O \longrightarrow \underline{Mg(OH)_2}\downarrow + Ca^{2+} + 2\,Cl^-$$

Magnesiumchlorid + Calciumoxid ⟶ Magnesiumhydroxid + Calciumchlorid gelöst

Durch Rückführung der natriumsulfatreichen Mutterlauge aus der Eindampfanlage wird ein Teil der Calciumionen als Gips ausgeschieden:

$$2\,Na^+ + SO_4^{2-} + CaO + H_2O \longrightarrow \underline{CaSO_4} + 2\,Na^+ + 2\,OH^-$$

Natriumsulfatlösung + Calciumoxid ⟶ Gipsabscheidung + Natronlauge gelöst

2. Prozess: Herstellung von Soda, Entfernen der Calcium-Ionen durch Fällung

- Umwandlung der Natronlauge (aus Prozess 1) in Natriumkarbonat (Soda) durch Einblasen von Kohlendioxid aus Rauchgasen (vereinfachte Formulierung):

$$2\,Na^+ + 2\,OH^- + CO_2 \longrightarrow 2\,Na^+ + CO_3^{2-} + H_2O$$

Natronlauge gelöst + Kohlenstoffdioxid ⟶ Soda gelöst + Wasser

- Die Karbonationen CO_3^{2-} bilden mit den Calciumionen aus dem 1. Prozess einen weissen wasserunlöslichen Niederschlag von Calciumkarbonat (Kalk), übrig bleiben dann die wasserlöslichen Natriumsalze:

$$Ca^{2+} + SO_4^{2-} + 2\,Na^+ + CO_3^{2-} \longrightarrow \underline{CaCO_3}\downarrow + 2\,Na^+ + SO_4^{2-}$$

Gelöster Gips + gelöstes Soda ⟶ Kalk + Natriumsulfat gelöst

$$Ca^{2+} + 2\,Cl^- + 2\,Na^+ + CO_3^{2-} \longrightarrow \underline{CaCO_3}\downarrow + 2\,Na^+ + 2\,Cl^-$$

Calciumchloridlösung + gelöstes Soda ⟶ Kalk + Kochsalz gelöst

Sedimentation als Schlamm aus der Sole abtrennen. Bei den Fällungsreaktionen werden auch allfällige in der Rohsole enthaltene wasserunlösliche Stoffe (Tonmineralien) und Schwermetallspuren (z.B. Blei) ausgeschieden.

Die beiden Solereinigungsprozesse laufen diskontinuierlich ab. Die Anlage besteht aus zwei Behältern für den 1. Prozess und zwei Behältern für den 2. Prozess. Jeder Behälter fasst 1200 m^3. In 18 Stunden werden mit dieser Anlage 1700 m^3 Sole für das Eindampfen vorbereitet, was knapp für einen Betriebstag der Saline reicht.

Der abgetrennte Schlamm aus Kalk, Gips und Magnesiumhydroxid wird mit einer Schlammentwässerungsanlage ausgepresst und anschliessend in den ausgelaugten Hohlräumen unter der Erde deponiert, wo vorher das Salz lag. Die abgetrennte Sole wird dem Verdampfungsprozess zurückgegeben.

Früher wurden grosse «Pfannen» mit Kohle beheizt. Der Energieaufwand betrug 3000 kWh pro Tonne Salz für das Eindampfen des Wassers. Die heutige Thermokompressor-Technik benötigt lediglich noch 185 kWh/Tonne Energie. Das verdampfte Wasser wird oben in der Eindampfanlage über eine Rohrleitung vom Thermokompressor angesaugt und verdichtet. Der Thermokompressor ist ähnlich aufgebaut wie eine Dampfturbine und wird von einem Elektromotor angetrieben. Er verdichtet den Dampf von 110 °C und 0,5 bar auf 2,5 bar und 140 °C. Dieser heisse Dampf wird durch Wärmetauscherrohre der Verdampfungsanlage geleitet, wo die Sole zum Sieden gebracht wird. Die noch vorhandene Energie wird anschliessend zum Vorwärmen der Frischsole verwendet, das dabei kondensierte Wasser verlässt schlussendlich die Anlage mit 25 °C via Rhein. (Das Wärmepotenzial wäre ideal für Wasser-Wasser-Wärmepumpen weiter nutzbar.)

Informationen zur Salzgewinnung sowie ein Fabrikationsschema finden sich unter www.saline.ch.

Anmerkungen

Im Experiment 1 geht es darum, den Auflöseprozess des Kochsalzes und die Sedimentation der im Steinsalz enthaltenen unlöslichen Stoffe zu demonstrieren. Wichtig ist, dass bei Experiment 2 die sedimentierten Stoffe nicht mehr aufgewirbelt werden, die Sole somit frei von optisch erkennbaren Partikeln ist. Diese Sedimentation findet auch im Bohrloch statt.

Der Tauchsieder muss so in die Sole eingetaucht werden, dass die minimale respektive maximale Eintauchtiefe eingehalten und der Heizstab nicht beschädigt wird.

Bei einer Konzentration von 392 g Salz/Liter (100 °C) ist der Sättigungswert der Sole erreicht und es beginnen sich feine Kochsalzkristalle zu bilden. Kochsalz braucht keinen Impfkristall zum Auslösen der Kristallisation. Die würfelförmigen Kristalle bilden sich spontan, sobald nicht mehr genügend Lösungsmittel für die Na$^+$ und Cl$^-$ -Ionen vorhanden ist. Die Grösse der Kristalle hängt von den Wachstumsbedingungen ab.

In diesem Versuch entstehen viele neue Keime und somit viele kleine Kristalle. Wenn die Kristallisation langsam verläuft, so wie beim Versuch **Kochsalz aus Meerwasser**, bilden sich wenige, dafür grosse Kristalle. Die Mischung aus Mutterlauge (gelöste Verunreinigungen und gesättigte Kochsalzlösung) und den Kochsalzkristallen kann in einen bei mittlerer Drehzahl laufenden Haushaltentsafter (Modell einer Siebzentrifuge) gegossen werden. Die Kristalle, die grösser als die Porenweite des Siebes sind, werden zurückgehalten.

Die Mutterlauge wird im Fabrikationsprozess der Saline wieder zugeführt. Das Kochsalz wird nach der Trocknung für den Lebensmittelbedarf mit Kaliumhexacyanoferrat (II) (E 536) besprüht, das als Antiklumpmittel dient. Als Regeneriersalz für die Entkalkungsgeräte darf deshalb kein Speisesalz verwendet werden, sondern das speziell für diesen Zweck im Handel erhältliche Regeneriersalz.

Nach dem Experiment sofort alle Metallteile gründlich reinigen, um der Korrosion vorzubeugen!

Links & Literatur

ROOS, ARMIN: *Salz, die Wunderwelt des weissen Goldes*. Rheinsalinen, Pratteln 2002.
BÄURLE, WOLFRAM et al: *Umwelt Chemie*. Klett, Stuttgart 1995.
DVD: ROOS, ARMIN: *Schweizer Salz*, Rheinsalinen Pratteln
www.saline.ch.
www.mines.ch

Salzkristalle aus Steinsalz gewinnen

🎯 Du hast im Modellexperiment erlebt, wie das Kochsalz aus dem Boden extrahiert und durch Kristallisation zurückgewonnen wird.
Du kannst das Prinzip der Kristallisation erläutern.
Du kennst verschiedene Zusätze von Speisesalz und ihre Wirkungen.

⏱ 2 Lektionen

🧪 Laborwaage, Becherglas, Natriumchlorid, Natriumsulfat, Aluminiumoxid, Calciumoxid, Quarzsand, Becherglas (1 Liter, hohe Form), Tauchsieder, Stativ mit Klemmen, Entsafter (Haushaltgerät), Becherglas (600 ml)

Auf dem Festland findet man Salz als Ablagerung in Form von Steinsalz einige Hundert Meter im Boden unter dicken Stein/Kies-Schichten verborgen. Um genutzt werden zu können, muss es zuerst an die Oberfläche gebracht werden. In der Schweiz geschieht dies im Gebiet Rheinfelden/Möhlin/Schweizerhalle und in Bex (VD). Dazu wird Wasser in die salzhaltige Schicht (Steinsalz) hinuntergepumpt und damit das Salz im Boden aufgelöst. An der Oberfläche wird aus dieser Lösung das Natriumchlorid zurückgewonnen.

Durchführung und Beobachtung

1. Extraktion von Kochsalz
> Wäge mit einer Laborwaage 97,3 g Kochsalz, 0,25 g Natriumsulfat, 0,5 g Calciumoxid, 1,2 g Quarzsand und 0,4 g Aluminiumoxid ein. Dies entspricht etwa der Zusammensetzung des im Boden vorhandenen Steinsalzes.
> Vermische die Zutaten und gib sie in ein Becherglas (600 ml).
> Fülle 500 ml Wasser in das Becherglas und rühre mit einem Glasstab um.
> Was kannst du erkennen?

Das Salz löst sich langsam auf, es bleibt eine kleine Menge unlöslichen Materials zurück.

200 m unter der Erdoberfläche wird das Salz mit Wasser aus dem Boden herausgelöst. Der Fachbegriff dafür heisst Extraktion.

Die Salzablagerungen im Boden sind steinhart (Steinsalz) und kommen nicht in rieselfähiger Form vor, wie wir unser Speisesalz kennen. Das Kochsalz (Natriumchlorid) kann somit nicht mit einem «Staubsauger» an die Oberfläche gebracht werden, sondern muss entweder extrahiert (Rheinsaline) oder bergmännisch weggesprengt und abtransportiert werden.

Zusätzlich zum Wasser wird ein Schutzgas (Stickstoff) ins Bohrloch gepumpt. Dieses Gas sammelt sich oberhalb des Wassers an. Dadurch wird erreicht, dass das Salz nur unterhalb dieser Grenzschicht aufgelöst wird und oben eine tragende Salzschicht erhalten bleibt. Zwischen den ausgelaugten Kavernen muss ein genügender Abstand eingehalten werden, damit die verbleibende Salzschicht tragfähig genug ist. Sonst besteht die Gefahr, dass die Kavernen einstürzen.

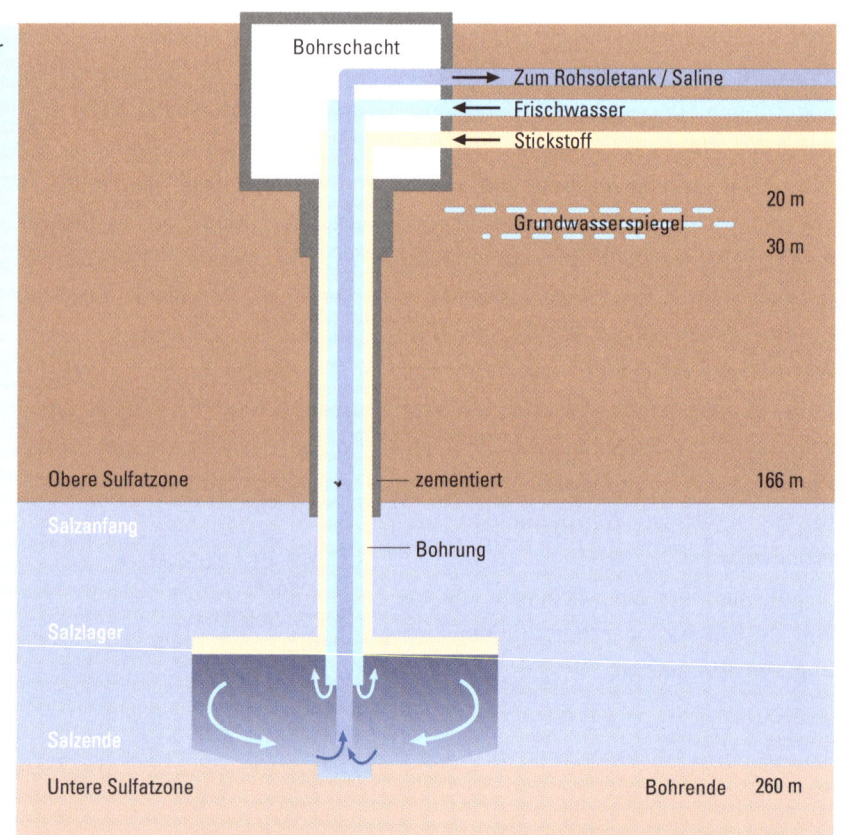

Technik be-greifen Versuch 24

2. Verdampfung

> Warte, bis sich die unlöslichen Bestandteile der Lösung abgesetzt haben. Giesse dann die so gereinigte Sole in ein Becherglas 1000 ml.
> Montiere mit Stativ und Klemme einen kleinen Tauchsieder in die Mitte des Becherglases. Die Heizspirale soll so weit in die Sole eintauchen, dass die Markierung für den maximalen Flüssigkeitsstand sich gerade an der Flüssigkeitsgrenze befindet.
> Schalte die Stromzufuhr ein und beobachte, was passiert. Eventuell muss der Tauchsieder in seiner Lage nachjustiert werden, damit er in der richtigen Eintauchtiefe seine Energie abgibt.
> Schalte den Tauchsieder rechtzeitig aus, bevor der Pegelstand der Flüssigkeit unter die Minimalmarke abgesunken ist.
> Notiere die Beobachtungen:

Das Wasser beginnt zu sieden, Dampf steigt auf.

Nach einiger Zeit beginnen sich kleine Kristalle zu bilden,

die dann auf den Boden des Gefässes absinken.

3. Siebzentrifugation

> Rühre die erkaltete Sole/Salzkristall-Mischung mit einem Glasstab auf und giesse die Flüssigkeit mit den Kristallen in den Einfülltrichter einer schnell laufenden Entsaftungsmaschine (Modell der Siebzentrifuge).
> Notiere die gemachten Beobachtungen:

Die Kristalle bleiben fast trocken auf dem Sieb zurück.

Die Sole enthält noch sehr kleine Kristalle, die nicht von der

Siebzentrifuge zurückgehalten worden sind.

Zum Nachforschen

> Finde heraus, welche Zusätze die einzelnen im Verkauf erhältlichen Salzarten enthalten und wozu sie dienen:

- Antiklumpmittel (E 536) verhindert das Verklumpen der Kristalle
- Fluorid als Vorbeugung gegen Karies
- Jodid gegen Jodmangel – keine Kropfbildung

Diese Verarbeitungsschritte, die du gerade im Labor nachvollzogen hast, laufen in Salinen im grösseren Stil ab. Eine Übersicht über den Prozess der Salzgewinnung findest du auf www.saline.ch.

Herstellung und Eigenschaften von Glas
Glas – nicht nur für Gläser

Schülerinnen und Schüler
> lernen die Ausgangsmaterialien für die Glasherstellung kennen.
> können Eigenschaften von Glas und ihre Anwendungen im Alltag erläutern.
> kennen die Funktionsweise der Lichtleitung in Glas und deren technische Anwendungen.

Themenkreis
> Gemisch/Reinstoffe
> Eigenschaften von Stoffen
> Reflexion von Licht

Vorkenntnisse
> Bedienung Gasbrenner
> Exaktes Arbeiten mit der Waage
> Reflexionsgesetze

Fachlicher Hintergrund

Glas entsteht dort, wo Gemische aus Quarzsand und Salzen wie Kalk oder Soda einer grossen Hitze ausgesetzt werden, wie z.B. in vulkanischen Gebieten oder bei Blitzeinschlägen. Obsidian («Vulkanglas») gehört zur Sorte natürlich entstandener Gläser. Er wurde in der Jungsteinzeit zur Fertigung von Pfeil- und Speerspitzen verwendet.

Glas gilt als einer der ältesten Werkstoffe: Vor mehr als 3500 Jahren wurden bereits aus Glasschmelzen Vasen mit einer Glasur und Glasperlen hergestellt. Etwa 1500 Jahre v. Chr. stellten die Ägypter kleine Gefässe aus Glas her, indem sie einen tonhaltigen Sandkern um einen Stab befestigten und diese Form in eine Glasschmelze tauchten. Nach dem Erstarren des Glases zog man den Stab heraus und entfernte das Sand/Ton-Gemisch aus dem Gefäss.

Im 1. Jahrhundert v. Chr. wurde die Glasmacherpfeife erfunden. Mit dem etwa 1,5 m langen Eisenrohr konnte man geschmolzene Glasklumpen zu einer Kugel aufblasen. Da das Glas beim Abkühlen nicht mit kühleren Fremdkörpern in Kontakt kam, wurde es nicht durch vorzeitiges Erstarren trüb, sondern war jetzt klar und durchsichtig. Diese Technik ist bis heute unverändert in Gebrauch (und ist z.B. in der Glasfabrik Hergiswil zu bestaunen).

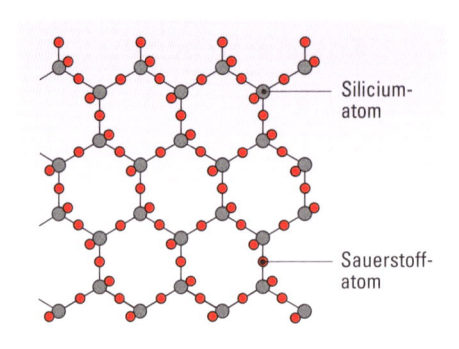

Quarz ist reines Siliciumdioxid SiO_2 (z.B. Bergkristall): jedes Siliziumatom hat 4 Sauerstoffatome mit Elektronenpaar-Bindungen tetraedrisch an sich gebunden. Die Sequenz -O-Si-O-Si-O-Si-O- bildet dreidimensional verknüpfte Sechserringe.

Wenn Quarz geschmolzen werden soll, müssen die Bindungen aufgespalten werden. Dies braucht grosse Energiebeträge und findet deshalb erst oberhalb von 1700 °C statt.

Wenn die Schmelze erstarrt, entsteht Quarzglas. Dabei bilden sich neue Bindungen, es verbleiben aber Bruchstellen im Kristallgefüge.

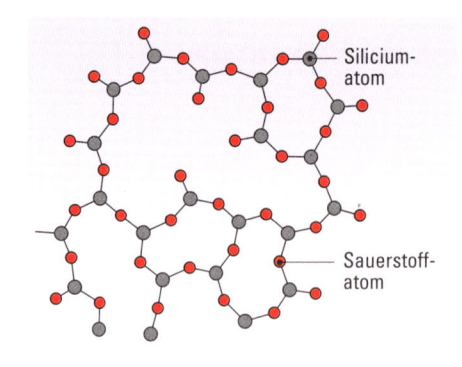

Quarzglas kann vom glühend heissen Zustand im kalten Wasser gekühlt werden, ohne dabei in die Brüche zu gehen. Quarzglas ist sehr teuer und wird deshalb nur für spezielle Gläser verwendet, z.B. zur Herstellung von Ultraviolettlampen (lässt die UV-Strahlung durchtreten) und hochschmelzenden Glasapparaturen.

Kalknatronglas, auch **Normalglas** genannt, entsteht, wenn zu Quarz noch Kalk ($CaCO_3$) und Soda (Na_2CO_3) zugegeben werden. Dieses Gemisch wird auf etwa 1300 °C erhitzt. Dabei schmilzt das Gemisch. In der Hitze werden die Karbonate unter Kohlendioxid-Abspaltung in die entsprechenden Natrium- und Calciumoxide umgewandelt. Der Schmelzpunkt kann durch Zumischen dieser Stoffe massiv gesenkt werden. Kalknatronglas beginnt sich bereits bei etwa 700 °C zu erweichen.

Die Verarbeitung erfolgt bei einer Temperatur von rund 900 °C. Durch Zugabe von bis zu 70% Altglas können die Rohstoffvorräte geschont werden.

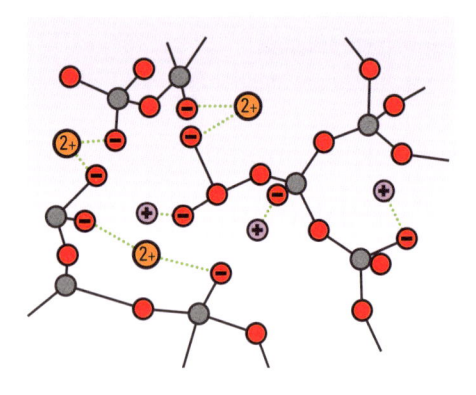

Modell des Aufbaus von Normalglas: Grüne Linien bedeuten elektrostatische Kräfte zwischen entgegengesetzt geladenen Ionen, gelbe Kreise stellen die Ca^{2+}-Ionen, violette Kreise die $Alkali^{1+}$-Ionen dar.

Borosilikatglas (PYREX®, DURAN®)

Durch Zugabe von Boroxid (B_2O_3) und geringeren Mengen an Alkali- und Erdalkalisalzen zum Quarzsand erhält man ein Glas, das eine geringe Wärmeausdehnung aufweist und sehr beständig gegen Temperaturwechsel und Chemikalieneinwirkung ist. Es ist formbeständig bis 550 °C und besteht aus etwa 70–80% SiO_2, 7–13% B_2O_3, 4–8% Na_2O, K_2O, 0–5% MgO, CaO, BaO und 2–7% Al_2O_3.

Diese Glassorte wird für Laborgläser, feuerfestes Geschirr, Glühlampen und Glasampullen eingesetzt.

Bleiglas

Dieses zeichnet sich aus durch ein grosses Gewicht, eine hohe Lichtbrechung (ergibt die «Brillanz»), eine geringe Wärmeleitfähigkeit und grosse Wärmeausdehnung.

Bleiglas besteht aus 54–65 % SiO_2, 18–38 % PbO, 13–15 % Na_2O, K_2O, 0–4 % MgO, CaO und 0–1 % Al_2O_3.
Obwohl Bleiglas das giftige Bleioxid enthält, ist es völlig ungiftig. Die Bleiionen sind im Kristallgitter fest eingebaut und lassen sich nicht herauslösen. Bleiglas wird für edle Trinkgläser und Schmuckgläser («Bleikristallglas») eingesetzt.

Anmerkungen

Glasherstellung

Die Glasherstellung im Schulversuch gelingt nur knapp, da die erreichte Temperatur des Brenners oft nicht genügend hoch ist, um eine dünnflüssige Schmelze zu erhalten, die auf eine feuerfeste Oberfläche ausgegossen werden kann.

Die Mischung wird in kleinen Portionen (etwa 2 mm hoch) in den Tiegel gegeben und zum Schmelzen gebracht. Dabei sollte ein Deckel auf den Tiegel gelegt werden, um Wärmeverluste zu reduzieren. Erst wenn alles geschmolzen ist, wird wieder etwa 2 mm hoch weiteres Gemisch zugegeben und mit geschlossenem Deckel geschmolzen. Mit dem Magnesiastäbchen lässt sich die zähflüssige Schmelze zu einer kleinen Kugel aufrollen. Nach kurzem Abkühlen kann weiteres Glasmaterial auf das Stäbchen gebracht werden.

Herstellung von farbigem Glas

Von der Glasmaterialmischung werden 5 g abgewogen und 250 mg Kobaltoxid (Xn) dazugemischt. Für einen zweiten Färbeversuch werden 250 mg Eisen-II-Oxid zugemischt. Staub nicht einatmen! Damit die Mischung möglichst homogen wird, erfolgt das Mischen im Mörser mit Hilfe des Pistills.

Als Schutz gegen Redoxprozesse in der Flamme (Kupferoxid wird teilweise zu Kupfer reduziert; das ergibt dann kein blaugrünes Glas, sondern einen Braunton) und gegen die metallhaltigen Stäube wird das Schmelzen im Innern eines Glasrohrs durchgeführt.

3. Licht geht um die Kurve

Als Hinführung zum Lichtleiter lässt sich mit zwei schmalen, langen Spiegeln, die mit der spiegelnden Seite etwa 2 cm voneinander entfernt einander parallel gegenüberstehen, und einem Laserpointer (Vorsicht: nicht in die Augen leuchten) die Lichtausbreitung sehr gut demonstrieren. Beim Übergang von einem Medium mit geringer Dichte zu einem Medium grosser Dichte tritt ab einem bestimmten flachen Winkel Totalreflexion ein.

Derselbe Effekt ist bei Glas zu sehen. Sofern es ganz rein ist und somit praktisch keine Streulichtverluste auftreten, lässt sich ein Lichtstrahl über mehrere Kilometer im Glas weiterleiten. Die Lichtquelle wird im Takt der Digitalsignale (ein/aus) von den zu übertragenden Daten ein- und ausgeschaltet. Am anderen Ende der Faser steht ein lichtempfindlicher Empfänger, der die Lichtimpulse in elektrische Impulse umwandelt, die anschliessend verstärkt werden und der Datenübermittlung zur Verfügung stehen.

In der Medizin werden Lichtleiter für Operationen am Knie (Arthroskopie), bei Bauchoperationen («Schlüssellochtechnik»), zur Untersuchung des Dickdarms, der Speiseröhre usw. eingesetzt.

Lichtleiterbündel eines Endoskops

Links & Literatur

BÄURLE, WOLFGANG; GIETZ, PAUL et al.: *Umwelt Chemie Gesamtband*. Klett, Stuttgart, Neuauflage
BÄURLE, WOLFGANG; GIETZ, PAUL et al.: *Umwelt Chemie Kopiervorlagen*. Klett, Stuttgart 1990.
EISNER, WERNER; GIETZ, PAUL: *Element Chemie II*. Klett, Stuttgart 2000.
DEMUTH, REINHARD; PARCHMANN, ILKA et al. (Hrsg.): *Cornelsen. Chemie im Kontext*. Cornelsen, Berlin 2006

Glas – nicht nur für Gläser

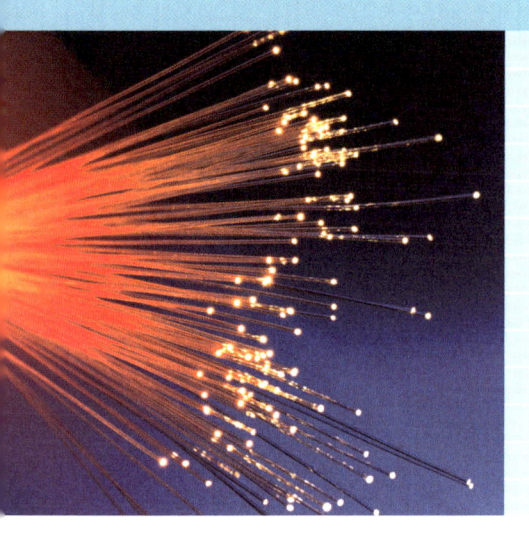

🎯 Du kennst die wichtigsten Rohmaterialien zur Glasherstellung.
Du stellst selber Glas her.
Du erlebst, wie farbiges Glas entsteht.
Du lernst die Funktionsweise und Einsatzgebiete von Lichtleitern kennen.

⏱ 2 Lektionen

Ⓜ Schutzbrille, Brenner mit Dreibein und Tondreieck, feuerfeste Unterlage, Porzellantiegel mit Deckel, Zündhölzer, Magnesiastäbchen, Borsäure, Lithiumkarbonat, Soda, Calciumkarbonat gepulvert, Quarzpulver, Polylöffel, Waage, Kupfer-II-Oxid, Kobaltoxid (X_n), Glasrohre Ø 6 mm, Mörser mit Pistill, Stabtaschenlampe oder Laserpointer

Durchführung

1. Herstellung von Glas im Labor
> Mische 20,5 g Borsäure, 5 g Lithiumkarbonat, 3,6 g Soda, 3,4 g Calciumkarbonat und 2 g Quarzpulver in einem Mörser mit Pistill.
> Stelle einen Porzellantiegel auf ein Dreibeinstativ mit Tondreieck und erhitze den Tiegel mit dem Brenner zur Rotglut.
> Gib einige Spatel des Gemisches in den Tiegel und füge weiteres Gemisch portionenweise zu, sobald das Material geschmolzen ist.
> Bedecke den Tiegel mit einem Deckel und heize während etwa 20 Minuten weiter.
> Nimm ein Magnesiastäbchen und tauche es in das geschmolzene Glas. Versuche durch Drehen des Stäbchens ein Kügelchen zu formen.
> Nimm das Kügelchen aus der Schmelze zum Erstarren.
> Tauche es erneut in die Schmelze, um eine grössere Kugel zu erhalten.

2. Herstellung von farbigem Glas
> Wäge 5 g von der Glaspulver-Mischung ab und füge 250 mg Kobaltoxid (X_n) hinein. Atme den Staub nicht ein!
> Fülle das Gemisch in einen Mörser und vermische die Bestandteile zu einem gleichmässigen Pulver.
> Befülle ein Glasrohr auf einer Seite mit der Pulvermischung und erhitze es in der Brennerflamme. Verhindere Staubbildung! Drehe das pulvergefüllte Glasrohr regelmässig, bis eine gleichmässige Schmelze entsteht.
> Welche Farbe hat das Glas?
> Stelle aus 5 g Glaspulver-Mischung und 250 mg Kupfer-II-Oxid eine neue Glasrohmaterial-Mischung her und fülle sie in ein weiteres Glasrohr ein, das ebenfalls in der Brennerflamme erhitzt wird.
> Welche Farbe hat dieses Glas? Ergänze die Tabelle mit den fehlenden Farben.
Entsorgung: Behälter für anorganische Chemikalien

Glasfarbe	Zugegebene Salze	Verwendung
Grün	Eisen-II-Oxid	
Braun	Eisen-III-Oxid	Bierflaschen
Blaugrün	Kupfer-II-Oxid	Weinflaschen
Grüngelb	Chrom-III-Oxid	
Gelb	Nickeloxid	
Tiefblau	Kobaltoxid	Kobaltglas
Violett	Mangan-IV-Oxid	
Rot	Kupfer-I-Oxid	

Technik be-greifen — Versuch 25

3. Licht geht um eine Kurve

Erweiche einen Glasstab in der Brennerflamme und verbiege ihn beliebig. Montiere nach dem Abkühlen mit undurchsichtigem Klebeband eine kleine Taschenlampe an das eine Ende des Glasstabes und schalte (am besten in einem abgedunkelten Raum) das Licht ein. Was siehst du?

Das Licht tritt vorne am Glasstab aus. Es wird durch das Glas umgelenkt.

Anwendung dieses Effekts

Endoskopie: Mit dem Endoskop kann z.B. ohne Operation die Speiseröhre oder der Dickdarm untersucht werden. Meniskus- und andere Operationen können über kleine Einschnitte durchgeführt werden.

Lichtleiterkabel: Über Glasfaserkabel werden riesige Datenmengen transportiert, was mit herkömmlichen Kupferkabeln nicht möglich wäre.

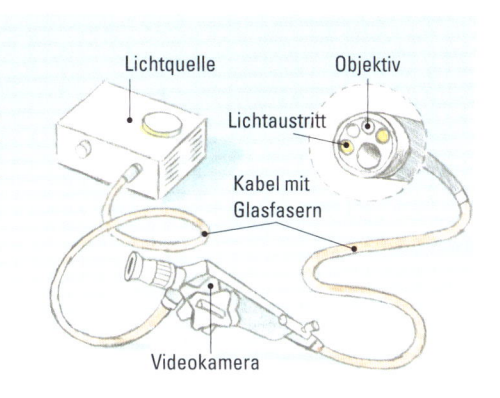

Überlegung

Die Eigenschaften von Glas werden vielfältig genutzt. Überlege, wo diese Eigenschaften im Alltag zur Anwendung kommen:

Glaseigenschaften	Anwendung im Alltag
Lichtdurchlässig	Fensterglas schützt vor Witterung, lässt aber das Licht hindurchscheinen, Lichtleitertechnik.
Porenfreie Oberfläche	Hygienisch, geruchsfrei, leicht zu reinigen, nimmt keine Fremdstoffe auf (z.B. Auflaufform).
Gasundurchlässig	Keine Verluste von Kohlensäure (Bsp. Mineralwasser), kein Eindringen von Fremdgerüchen möglich.
Erweicht ab etwa 750 °C	Leicht formbar zu Flaschen, Scheiben, Laborgeräten und Kunstgegenständen.
Beständig gegen Säuren	Chemikaliengefässe sind meist aus Glas. Nur Flusssäure (HF) löst Glas auf: Verwendung zum Glasätzen.
Unbeständig gegen Laugen	Glas im Geschirrspüler wird von alkalischen Waschmitteln angegriffen und wird matt.
Zerbrechlich	Sorgfältiger Umgang ist zu empfehlen, Volumenreduktion bei Altglas ist leicht machbar.
Geringe Temperaturwechsel-Beständigkeit	Glas nicht abrupten grossen Temperaturschwankungen aussetzen, sonst besteht Bruchgefahr.
Mit Zusätzen lichtbeständig einfärbbar	Braune Gläser schützen Inhalt vor UV-Strahlen. Farbige Gläser für Glasmalerei, Schmuck verwendbar.

Werkstoff Glas
Schmuckperlen aus Glas

Schülerinnen und Schüler
> lernen Methoden der Glasbearbeitung kennen.
> üben sich in handwerklicher Geschicklichkeit.
> stellen eigene Pipetten her.
> können farbige Glasperlen herstellen und kreativ gestalten.

Themenkreis
> Glas
> Techniken der Glasbearbeitung

Vorkenntnisse
> Bedienungsweise des Gasbrenners kennen

Fachlicher Hintergrund

Sandkerntechnik

Glas wurde bereits 1500 Jahre vor Christus in Ägypten hergestellt: Im Sandkern-Verfahren wurde am Ende eines Stabes ein tonhaltiger Sandkern in der Form des gewünschten Gefässes modelliert und anschliessend in eine Glasschmelze eingetaucht. Nach dem Erkalten der entstandenen Glasschicht konnte der Sandkern aus dem Gefäss entfernt werden. Nachteil dieses Verfahrens: Für jedes Gefäss musste ein neuer Kern geformt werden.

Glasblastechnik

Im 1. Jahrhundert v. Chr. konnte erstmals durchsichtiges Glas hergestellt werden. Ein etwa 1,5 m langes Eisenrohr wurde in die Glasschmelze gehalten und der anhaftende Glastropfen anschliessend aufgeblasen. Da das erstarrende Glas nicht mit kalten Gegenständen in Kontakt kam, blieb die Oberfläche klar und wurde nicht eingetrübt.

Römisches Gussverfahren

Die Römer fertigten Fensterscheiben in der Grösse von ca. 40 x 40 cm an, indem sie das verflüssigte Glas auf feuchte Holzformen gossen und abkühlen liessen.

Walz- und Streckverfahren

Vom 9. bis zum 13. Jahrhundert wurden Fensterscheiben oft in Klöstern gefertigt (z.B. für Kirchen), indem grosse Glaszylinder geblasen wurden. Diese wurden längs aufgetrennt und in einem Streckofen ausgebreitet, wo man sie zu einer Scheibe auswalzte.

Schleuderverfahren für Mondglas

Dieses Verfahren wurde zwischen dem 14. und 18. Jahrhundert zur Herstellung von Scheiben eingesetzt. Zuerst wurde eine grosse Kugel geblasen, eine Öffnung eingeschnitten und das heisse, verformbare Glas aufgeweitet. Das Glasgebilde wurde darauf geschleudert, bis eine runde Scheibe von maximal 90 cm Durchmesser entstand. Die Scheibenstücke schnitt man zurecht, fasste sie in Blei und verband sie zu grösseren Fensterflächen.

Gussverfahren

Im 17. Jahrhundert entstand ein Verfahren zur Herstellung von ebenen Spiegeln. Glas wurde geschmolzen und auf einen ebenen Metalltisch gegossen. Mit einer Kupferwalze wurde die gewünschte Dicke des Glases ausgewalzt. Diese Technik hatte den Nachteil, dass durch den Kontakt mit dem kalten Metall die Scheiben an der Oberfläche trübe wurden. Durch Schleifen und Wegpolieren dieser Schicht kam das durchsichtige Glas zum Vorschein.

Ziehverfahren

Seit 1905 existiert das Ziehverfahren, bei dem eine Eisenstange auf die Glasschmelze gelegt wird und die daran haftende Glasmasse langsam nach oben gezogen wird. Mithilfe von Walzen wird die entstandene Glasscheibe kontinuierlich nach oben weitertransportiert, in einem Kühltunnel abgekühlt und oben dann auf die gewünschte Länge geschnitten.

Floatverfahren

Seit 1959 gibt es ein Verfahren, das absolut ebene Gläser liefert und die anderen Methoden weitgehend abgelöst hat. Die Glasschmelze wird auf flüssiges Zinn gegossen und verteilt sich gleichmässig auf dem zwischen 1000 °C (beim Eingang) und 600 °C (beim Ausgang) heissen flüssigen Zinn.

Flachglasformung nach dem Floatverfahren

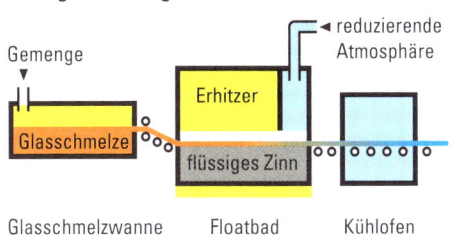

Auf speziellen Walzen wird das Glasband in einen Kühlofen geleitet, wo es sich langsam abkühlen kann.

Anmerkungen

Das Tragen der Schutzbrille ist beim Arbeiten mit Glas ein absolutes MUSS! Glas kann zersplittern und die scharfkantigen Bruchstücke können im Auge irreparable Schäden erzeugen.

Glasrohr zurechtschneiden

Wichtig ist, dass die vorgeritzte Stelle nicht mit Gewalt abgebogen und auseinandergezogen wird. Wenn das Rohr sich nicht mit geringem Kraftaufwand trennen lässt: Ritzvorgang an derselben Stelle wiederholen, eine etwas längere Rille einfräsen und nochmals versuchen, mit wenig Druck das Rohr zu teilen.

Kanten rund schmelzen

Vorsicht beim Abkühlen: das heisse Glas auf eine feuerfeste Platte legen und nicht auf den Holztisch!

Pipette ziehen

Das erweichte Glas nicht in der Flamme auseinanderziehen, sonst schmelzen die Seitenwände aneinander (Glas wird nur dann in der Flamme auseinandergezogen, wenn es darum geht, das Ende zu verschliessen, z.B. bei einer Ampulle oder zur Kugelherstellung).

Schmuckperlen aus Glas

Für gute Belüftung des Raumes sorgen, da die Abgase der Brenner in den Raum gelangen. Sonnenbrille tragen!

Zu Beginn gleich das Trennmittel auf die Stahlstäbe auftragen! Es dauert etwa 20 Minuten, bis das Trennmittel trocken ist. Wenn die Stäbe neu sind, müssen sie zuerst mit Spülmittel oder Brennsprit entfettet werden, damit das Trennmittel am Metall haften bleibt. Die Trennmittelschicht sollte regelmässig sein und keine Verdickungen oder Klumpen aufweisen. Wenn das Trennmittel zu dickflüssig ist, kann es mit wenig Wasser verdünnt werden.

Die Beschichtung erfolgt durch kurzes Eintauchen der einen Stabseite in das Trennmittel. Die noch nassen beschichteten Stäbe werden am einfachsten mit der Schicht nach oben in ein Gefäss gestellt, das mit Vermiculit gefüllt ist.

Wenn die Trennschicht trocken ist, wird sie zuerst einmal kurz glühend gemacht. Anschliessend wird ein farbiger Glasstab in der Brennerflamme auf einer Länge von etwa 3 cm zum Erweichen gebracht, sodass das Glas sich langsam nach unten biegt. Der Stahlstab sollte unterdessen ausserhalb der Flamme gehalten werden. Das weiche glühende Glas wird nun sanft auf den mit Trennmittel beschichteten Stahlstab gelegt und durch Drehen zu einer Scheibe aufgewickelt. Gleichzeitig wird weiteres Glas in der Flamme geschmolzen und die Drehgeschwindigkeit der geschmolzenen Glasmenge angepasst. Es braucht etwas Übung und Geduld, bis eine schöne Perle entsteht. Mit einer anderen Farbe kann gleich daneben eine zweite Schicht geschmolzenes Glas auf den Stahlstab gewickelt werden. Die beiden Glasgebilde sollten etwa gleich gross sein. Nun wird der Stahlstab waagrecht in die Flamme gehalten und die Perle unter ständigem Drehen stark erhitzt. Das Glas nimmt infolge der Oberflächenspannung eine kugelige Form an. Wenn die Kugelform erreicht ist, wird der Stahlstab aus der Flamme genommen, immer noch horizontal gehalten und weiter gedreht, bis das Glas erstarrt ist.

Wird der Stahlstab vertikal gehalten, entsteht eine birnenförmige Perle. Wenn nicht gleichmässig weitergedreht wird, bildet sich eine unsymmetrische Perle, die unterhalb des Stahlstabs mehr Material hat. Zum langsamen Abkühlen wird der Stab mit der Perle in ein mit Vermiculit gefülltes Glas hineingestossen. Ist die Perle erkaltet, wird sie in ein Glas mit Wasser gestellt. Nach einigen Minuten lässt sie sich durch Drehen vom Stahlstab lösen.

Fehlerquellen: Wenn das Glas zu wenig heiss ist und auf den Stahlstab aufgedrückt wird oder der Stahlstab mit zu grosser Kraft gedreht wird, schert das Trennmittel ab und das Glas bleibt an der ungeschützten Metallfläche haften. Das Resultat ist nicht erfreulich: Die Perle lässt sich nicht mehr vom Stahlstab lösen und muss vorsichtig mit einem Hammer weggeschlagen werden. Das anhaftende Glas sollte darauf sorgfältig abgeschliffen werden, bevor der Stahlstab für eine neue Perle eingesetzt wird. Sonst kann diese Verdickung das Herausziehen des Stahlstabs bei einer nächsten Perle blockieren.

Bezugsquellen

- crea-arte GMBH, 5737 Menziken, Tel. 062 772 07 07, www.crea-arte.ch
- Glascafé, Winterthurerstrasse 18b, 8610 Uster, Tel. 043 466 95 11, www.glascafe.ch
- Glas-Dreams, 8902 Urdorf, Tel. 044 741 27 51, www.glas-dreams.ch
- Creative Glass AG, 8604 Volketswil, Tel. 044 946 12 22, www.creative-glass.com

Links & Literatur

JENKINS, CINDY: *Glasperlen*. Haupt, Bern 2005.
BÄURLE, WOLFRAM, GIETZ, PAUL et al.: *Umwelt: Chemie, Kopiervorlagen für Arbeitsblätter*. Klett, Stuttgart 1990.

Schmuckperlen aus Glas

🎯 Du lernst, Glas selbst zu bearbeiten.
Du stellst selber Glasperlen her und gestaltest sie.

🕐 2 bis 3 Lektionen

Ⓜ Feuerfeste Unterlage, Dreikantfeile, Filzstift, Bunsenbrenner, Glasrohr, 2 Saughütchen, Hartlötbrenner, farbige Glasstäbe, Trennmittel, 8 Chromstahlstäbe Ø 3 mm, 2 Glasgefässe mit Vermiculit (Abkühlgranulat), 1 Glasgefäss mit Wasser, Kombizange, Feueranzünder, Sonnenbrille

Durchführung

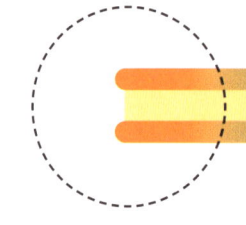

1. Herstellung von Pipetten

a) Glasrohr schneiden
> Miss auf einem Glasrohr ein 30 cm langes Stück ab und markiere mit einem Filzstift die Stelle. 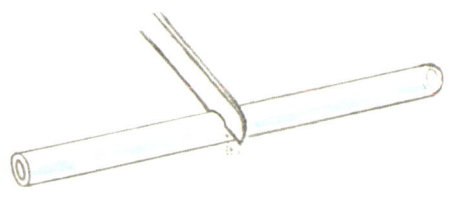
> Ritze mit einer Dreikantfeile oder einer Glasfeile das Glasrohr auf einer Breite von etwa 5 mm ein (Einritzen nicht rundherum notwendig).
> Halte das Glasrohr mit beiden Händen so, dass sich die Daumen auf der Unterseite des Glasrohrs befinden.

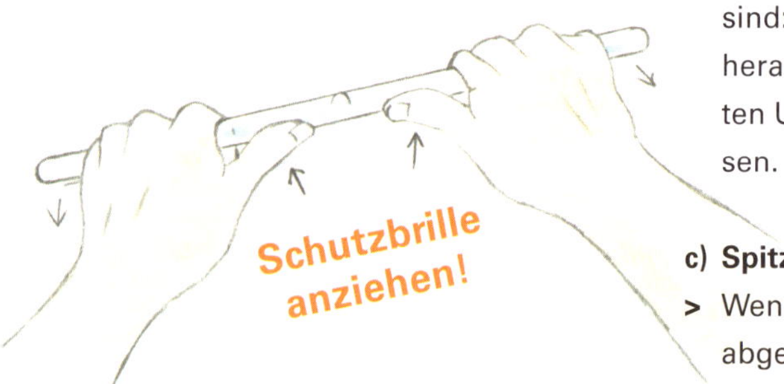

Schutzbrille anziehen!

> Drücke mit den beiden Daumen leicht nach oben und ziehe gleichzeitig die beiden Glasrohrhälften leicht auseinander, ohne Gewalt anzuwenden!
> Falls das Brechen nicht gelingt: Ritzstelle vertiefen und wieder versuchen, mit leichtem Daumendruck das Glas zu trennen.

b) Scharfe Kanten rund schmelzen
> Erwärme das abgetrennte scharfkantige Glasrohrstück zuerst auf einer Länge von etwa 5 cm (um Spannungen zu vermindern).
> Halte die abgetrennte Stelle des Rohrs in die rauschende Brennerflamme und drehe das Glasrohr langsam um die eigene Achse. Das Rohr sollte schräg nach oben gehalten werden, damit die Brennerflamme auch das Innere erwärmen kann.
> Sobald die scharfen Kanten durch dieses **Rundschmelzen** abgerundet sind: Glas aus der Brennerflamme herausnehmen und auf der feuerfesten Unterlage langsam abkühlen lassen. **Vorsicht: Das Glas ist sehr heiss.**

c) Spitze ausziehen und abtrennen
> Wenn das rund geschmolzene Ende abgekühlt ist, wird in der Mitte des Glasrohrs eine Stelle von etwa 5 cm mit dem Brenner unter langsamem Drehen so lange erhitzt, bis das Glas rotglühend ist und sich verformen lässt. 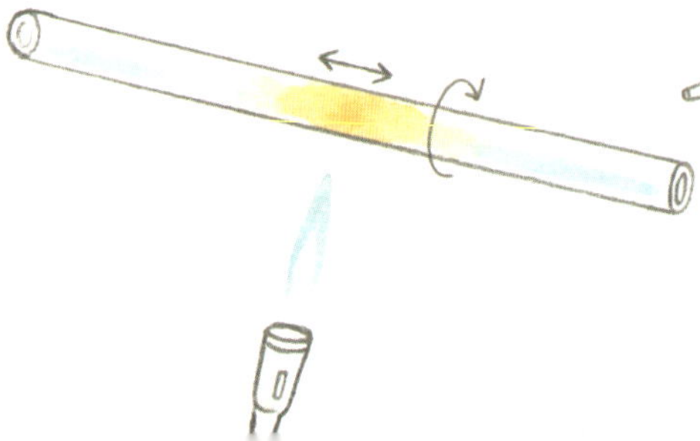
> Ziehe das Glasrohr **ausserhalb der Flamme** langsam auseinander, achte darauf, dass die Glasrohrhälften auf einer gemeinsamen Geraden liegen. 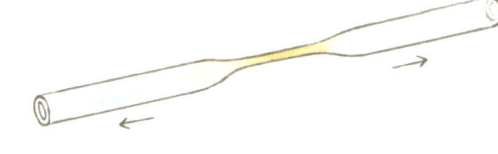
> Lege dieses zu einem Engpass ausgezogene Glasrohr zum Abkühlen auf die feuerfeste Unterlage.

d) Spitze abtrennen und Saughütchen anbringen
> Ritze (nach dem Abkühlen!) vorsichtig das auseinandergezogene Glasrohr mit der Feile in der Mitte des Engpasses und trenne das Rohr durch leichtes Drücken analog zu a) in zwei Pipetten.
> Stülpe je ein Saughütchen auf das dicke Ende der Pipetten und teste mit Wasser, ob die selbstgezogenen Pipetten funktionieren.

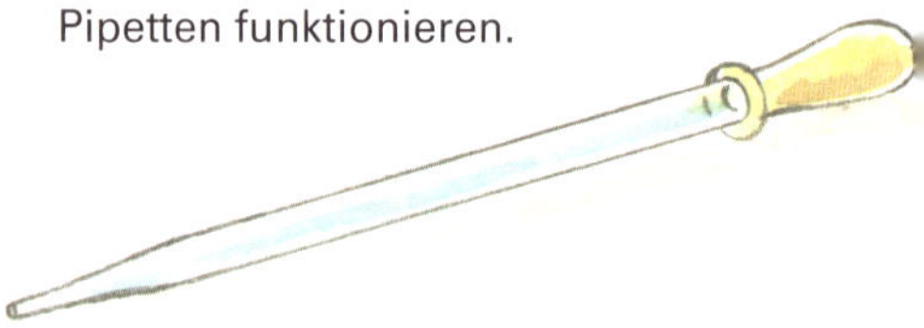

Technik be-greifen **Versuch 26**

2. Schmuckperlen aus Glas

a) Arbeitsplatz einrichten
- Stelle den Hartlötbrenner und alle Arbeitsmaterialien auf einer feuerfesten Unterlage vor dir bereit. Entferne alle brennbaren Gegenstände (Papier, Stoff, Zündhölzer) in deiner Reichweite.

b) Trennmittel auf Stahlstab auftragen
- Tauche einen entfetteten Stahlstab in das Trennmittel (vor Gebrauch gut umrühren).
- Stelle den Stab umgekehrt in ein Glas und lasse das Trennmittel für mindestens 20 Minuten trocknen.
- In der Zwischenzeit kannst du auf der Website www.crea-arte.ch zusätzliche Informationen erhalten und Bildsequenzen mit der Anleitung zur Herstellung einer Glasperle ansehen. Hier findest du auch einige Bilder von gelungenen Ergebnissen.

c) Glasstab schmelzen und auf Stahlstab aufwickeln
- Ziehe unbedingt eine Sonnenbrille an!
- Erhitze mit dem Hartlötbrenner einen farbigen Glasstab (etwa 6 cm vom Brenner entfernt). Erhitze gleichzeitig den mit dem Trennmittel überzogenen Stahlstab kurz bis zur schwachen Rotglut.
- Halte den heissen Stahlstab horizontal etwas hinter der Flamme bereit. Schmelze, sobald das Glas am Ende des Stabes schön weich geworden ist, etwas weiter hinten liegendes Glas in der Flamme.
- Der kleine Glastropfen am Glasstab-Ende kann nun auf den Stahlstab gelegt und durch langsames Drehen darum aufgewickelt werden. Die Flamme schmilzt dauernd weiteres Glas, das sich dann aufrollen lässt.
- Zum Abtrennen muss der Glasstab in der Brennerflamme stark erhitzt und dann **in der Flamme** weggezogen werden. Es bildet sich eine kurze Spitze, die beim anschliessenden Rundschmelzen verschwindet.
- Mit einer andern Farbe kann ein zweiter solcher Glasring dicht anliegend aufgerollt werden.

d) Zu einer Perle rundschmelzen
- Halte den Stahlstab horizontal und drehe die Glasperle langsam in der Flamme. Das Glas zieht sich allmählich zu einer Kugel zusammen.
- Wenn dir das Resultat gefällt, lässt du die Perle kurz ausserhalb der Flamme abkühlen, indem du den Stahlstab weiter horizontal hältst und drehst.

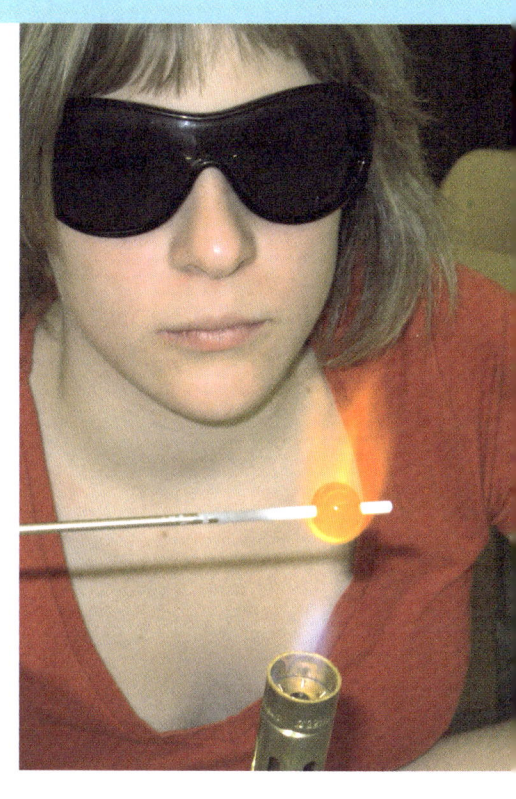

e) Abkühlen lassen
- Anschliessend (die Perle darf nicht mehr verformbar sein) steckst du die Perle mit dem Stahlstab in einen Behälter mit Vermiculit (Abkühlgranulat). Dort muss sie während mindestens 30 Minuten zum langsamen Abkühlen belassen werden.

f) Perle vom Stahlstab lösen
- Tauche die kalte Perle für einige Minuten in kaltes Wasser ein, das Trennmittel wird dabei erweicht.
- Halte mit einer Zange den Stahlstab fest und drehe die Perle um ihre Achse. Sobald sie sich gut bewegen lässt, kann der Stab unter Drehen aus der Perle herausgezogen werden.
- Spüle mit Wasser das Trennmittel aus der Öffnung heraus.

Nach dieser hoffentlich gelungenen ersten Perle kannst du weitere Perlen herstellen, die mit feinen Tupfen oder mit andersfarbigen Glasbändern verziert sind. Der Fantasie sind fast keine Grenzen gesetzt. Informiere dich in Büchern oder im Internet, wie dies gemacht wird.

Verbrennungsreaktionen
Wie es zu einem Brand kommt

Schülerinnen und Schüler
> nennen die Bedingungen, die zu einem Brand führen.
> messen den Flammpunkt.
> kennen vier Brandklassen mit je einem Beispiel.

Themenkreis
> Redoxreaktionen
> Energiediagramm exotherm
> Verbrennungsreaktionen

Vorkenntnisse
> Experimentiererfahrung
> Reaktionsgeschwindigkeit
> Geschwindigkeitsfaktoren

Fachlicher Hintergrund

Ein Brand ist eine mehr oder weniger rasch ablaufende, stark exotherme Redoxreaktion zwischen einem brennbaren Material (kann fest, flüssig oder gasförmig sein) und einem Oxidationsmittel (häufig der Luftsauerstoff).

Wenn folgende drei Faktoren an einem Ort gleichzeitig auftreten, brennt es (Branddreieck):
a) Brennbares Material (Brandklassen A, B, C oder D) vorhanden
b) Oxidationsmittel (meist Luftsauerstoff) im Kontakt mit dem brennbaren Material
c) Entzündungstemperatur der Substanz ist überschritten

Im Alltag sind wir uns selten bewusst, dass meist schon zwei dieser Faktoren vorhanden sind und ein Brand somit leicht entstehen kann.
Beispiel:
a) entflammbare Kleider
b) Sauerstoff der Luft
c) beim Trocknen der Kleider auf einem Elektrospeicherofen wird die Entzündungstemperatur überschritten, in Folge beginnen die Kleider zu brennen.

Faktoren, die eine chemische Reaktion steuern:

Ein Brand ist eine chemische Reaktion, die den Gesetzen der Reaktionsgeschwindigkeit gehorcht. Der Stoffumsatz pro Zeiteinheit kann mit folgenden Parametern gesteuert/beeinflusst werden:

Zerteilungsgrad

Die chemischen Reaktionen zwischen Sauerstoff und brennbarem Material finden an den Kontaktflächen der beiden Brandfaktoren statt. Je feiner zerteilt die Stoffe, desto grösser die Angriffsflächen und desto mehr Reaktionen pro Zeiteinheit finden statt. Der Zerteilungsgrad ist bei Gasen am grössten, deshalb verlaufen Reaktionen von Gasgemischen meist explosionsartig.

Konzentration

Je konzentrierter der Sauerstoff, desto heftiger verlaufen die Verbrennungsreaktionen. Beispiel: Eine glimmende Zigarette brennt in reinem Sauerstoff hell glühend innerhalb weniger Sekunden ab.

Temperatur

Je wärmer, desto heftiger und schneller bewegen sich die kleinsten Teilchen (Atome, Moleküle, Ionen). Die Wahrscheinlichkeit eines Zusammenstosses von Teilchen, die genügend Energie haben, um miteinander reagieren zu können, nimmt zu. Die Reaktionsgeschwindigkeits-Temperatur-Regel besagt, dass eine Temperaturzunahme um 10 °C im Durchschnitt eine Verdopplung des Stoffumsatzes ergibt. Ein Brand beginnt meist ganz klein und örtlich stark eingeschränkt, z.B. mit einem Zündholz. Die bei der Verbrennung frei werdende Wärmeenergie erhöht die Temperatur rasch, weiteres Material wird aktiviert, noch mehr Wärme wird frei. So wächst das Brandgeschehen lawinenartig an. Ab einem gewissen Ausmass ist die Branddynamik so gross, dass es äusserst schwierig wird, den Brand zu löschen.

Katalysator

Gewisse Stoffe (Katalysatoren) können durch ihre Anwesenheit die Reaktionsgeschwindigkeit um ein Vielfaches erhöhen und eine Reaktion ermöglichen, die sonst erst bei sehr viel höherer Temperatur in Gang kommen würde. Beispiel: Wasserstoffgas braucht zum Entzünden ein brennendes Streichholz oder eine ähnliche Zündquelle. Wird fein verteiltes Platin an das ausströmende Wasserstoffgas gehalten, genügt als Aktivierungsenergie bereits die Umgebungswärme, das Gas beginnt ohne Einwirkung einer Zündquelle spontan zu brennen.

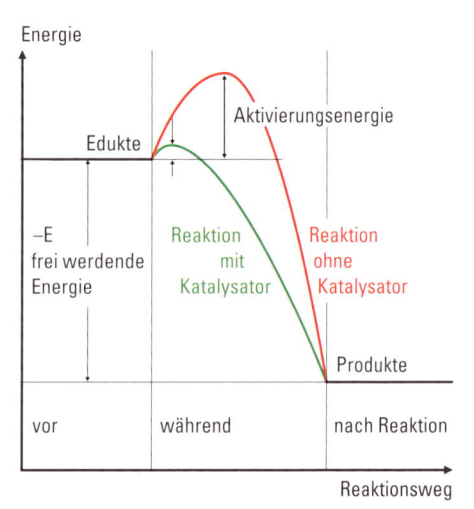

Energiediagramm einer exothermen Reaktion ohne und mit Katalysator

Die Verbrennungsreaktion hört dann auf,
- wenn keine ausreichende Menge brennbaren Materials mehr vorhanden ist und/oder
- wenn der Sauerstoff knapp wird (beispielsweise bei einem Brand in einem geschlossenen Raum, wo Fenster und Türen dicht geschlossen sind; dabei entsteht ein Glimmbrand, der von selbst aufhört) und/oder
- wenn die Temperatur unter die Entzündungstemperatur des brennbaren

Materials gesenkt werden kann (z.B. durch Wassereinsatz beim Löschen oder durch Niederschläge bei einem Waldbrand).

Die Feuerwehr setzt erfolgreich sogenannte Hydroschilder ein, mit denen sie die dahinterliegenden Objekte mit einer kalten «Wasserwand» vor den in Brand geratenen schützt.

Eskalationsstufen von Verbrennungsreaktionen

Glimmbrand

Beispiel: Glutnester nach einem Brand in einer Holzkonstruktion werden mit modernen Infrarotkameras lokalisiert und dann gekühlt, bevor ein neuer Brand entstehen kann.

Verbrennung

Das brennbare Material verbrennt unter Rauchentwicklung und Flammenbildung.

Verpuffung

Die Verbrennungsreaktion läuft sehr schnell ab. Die ganze Verbrennungsenergie wird in kurzer Zeit freigesetzt, was zu einem enormen Druckanstieg führt und zum Beispiel ein Silo zum Bersten bringen kann.

Explosion

Indem das Oxidationsmittel und der brennbare Stoff sehr fein verteilt gemischt und sehr nahe beisammen sind, wird eine grosse Reaktionsgeschwindigkeit erreicht. In einem Sprengstoff ist das Oxidationsmittel häufig im zu verbrennenden Stoff eingebaut.

Detonation

Detonationen sind Explosionen, die mit höchster Geschwindigkeit (zwischen 1000 und 10 000 m/s) sehr hohe Temperaturen erreichen (zwischen 2500 °C und 6000 °C). Die Druckwellen können bis zu 300 000 bar aufweisen und massive Zerstörungen des umgebenden Materials bewirken.

Beispiel: Ethin (Acetylen) bildet mit Luft ein explosives Gemisch und wird im Schulversuch häufig in einer Büchse mit Deckel gezündet. Bei einem ganz bestimmten Ethin/Luft-Gemisch findet statt einer harmlosen Verpuffung eine Detonation statt, die die Büchse in gefährliche, geschossähnliche Splitterstücke zerreissen kann.

Anmerkungen

Modell Branddreieck

Die drei Brandfaktoren lassen sich anschaulich anhand eines modifizierten Pannendreiecks visualisieren. Das Dreieck ist nur dann in Funktion, wenn alle 3 Seiten zu einem Ganzen zusammengefügt sind. Wird eine Seite entfernt, bricht das Dreieck zusammen. So muss auch bei einem Verbrennungsvorgang ein Faktor entfernt werden, damit der Brand erlischt.

Modell für das lawinenartige Anwachsen des Stoffumsatzes

Ein Brand ist eine stark exotherme Reaktion, die infolge der freiwerdenden Energie einen Temperaturanstieg erzeugt. Die Reaktionsgeschwindigkeits-Temperatur-Regel (RGT-Regel) besagt, dass eine Temperaturerhöhung um 10 °C eine Verdoppelung des Stoffumsatzes pro Zeiteinheit ergibt. Die Verbrennungsreaktion verläuft also immer rascher, es wird noch mehr Material erfasst, noch mehr Energie freigesetzt, noch heisser, noch rascher ...

Ein Klötzchen muss zuerst mit Energieaufwand gekippt werden, die frei werdende Fallenergie lässt weitere Hölzchen kippen, diese aktivieren das Kippen weiterer Hölzchen usw. Das ergibt eine rasante Zunahme der Verbrennungsdynamik.

Ein Brand kann in der Entstehungsphase meist problemlos mit geeigneten Löschmitteln und gekonntem Agieren unter Kontrolle gebracht werden. Sobald der Brand eine gewisse Temperatur und eine gewisse Grösse erreicht hat, ist das Löschen schwierig und gefahrvoll für die Einsatzkräfte.

Zusätzliches Experiment: Messung des Flammpunkts von Paraffin

Das Erhitzen von Mineralöl oder Kerzenwachs zeigt das Verhalten der Stoffe der Brandklasse B auf: Erst bei genügend hoher Temperatur werden genügend Dämpfe freigesetzt, dass sich ein zündfähiges Gemisch bildet. Die Dämpfe oberhalb der Flüssigkeiten brennen, nicht die Flüssigkeit selbst.

Vorsicht: Keine Pflanzenöle für die Messung des Flammpunkts verwenden! Sie zersetzen sich in unangenehm stinkende Gase. Zudem besteht die Gefahr, dass die sich zersetzenden heissen Öle herumspritzen. Das Experiment gelingt gut mit Kerzenresten.

Links & Literatur

SUVA: *Sicherheit beim Umgang mit Lösungsmitteln.* SBA 155.d.
Beratungsstelle für Brandverhütung: *Feuer, Faszination und Gefahr.*
EKAS: *Brennbare Flüssigkeiten.* EKAS-Richtlinie 1825.d.
BÄURLE, WOLFRAM: *Umwelt Chemie.* Gesamtband. Neubearbeitung. Klett, Stuttgart
ASSELBORN, WOLFGANG; JÄCKEL, MANFRED (Hrsg.): *Chemie heute, Sek I.* Schroedel, Hannover 2001.

Wie es zu einem Brand kommt

🎯 Du kannst die drei Faktoren nennen, die zu einem Brand führen.
Du weisst, wie die Entzündungstemperatur und der Flammpunkt gemessen werden.
Du hast den Flammpunkt selbst bestimmt.
Du kannst die vier Brandklassen mit je zwei Beispielen nennen.

⏱ 1 Lektion

Ⓜ Haselnüsse, Büroklammer, Holzklammer, Feuerzeug, feuerfeste Unterlage, Erlenmeyerkolben (500 ml), Sauerstoff-Flasche, lange Pinzette, Gasbrenner, Dreibein, Eisenblech (ca. 20x20 cm), Digitalthermometer mit Messfühler bis 900 °C, lange Zündhölzer

Durchführung

1. Faktor: Brennbares Material
> Biege eine metallene Büroklammer auseinander und spiesse eine Haselnuss auf.
> Fasse das Haselnuss-Spiesschen mit einer Holzklammer und versuche, über einer feuerfesten Unterlage mit einem Feuerzeug die Haselnuss zu entzünden.
> Puste die Flamme aus, sobald die Nuss intensiv brennt. Beobachte, was geschieht.
> Versuche, den entstandenen Rauch über der Haselnuss zu entzünden, was stellst du fest?
> Tauche die verbrannte Nuss ins Wasser, damit sie ganz sicher gelöscht ist. Beschreibe das Aussehen der Nuss.

2. Faktor: Oxidationsmittel
> Fülle 500 ml reinen Sauerstoff in einen Erlenmeyerkolben.
> Halte mit der Pinzette eine auf die Büroklammer aufgespiesste, schwach brennende Haselnuss in den Erlenmeyerkolben hinein.

3. Faktor: Entzündungstemperatur
> Lege auf ein Dreibeingestell eine Eisenplatte von ca. 20x20 cm und stelle einen Gasbrenner darunter.
> Halbiere eine Haselnuss und lege eine Hälfte mit der Schnittfläche nach unten in die Mitte der Eisenplatte.
> Montiere den Messfühler eines Digitalthermometers so, dass die Temperatur gleich neben der Nuss gemessen werden kann.
> Schalte das Thermometer ein und beginne mit dem Gasbrenner zu heizen.

> Halte ein langes brennendes Zündholz in die entstehenden Dämpfe. Miss die Temperatur, bei der sich die Gase entzünden lassen (-> Flammpunkt).
> Schalte den Brenner aus und gib die brennende Haselnuss in ein mit Wasser gefülltes Glas.

Vorsicht im Umgang mit dem Feuer:

• Nie Kerzenwachs direkt auf dem Herd oder im Feuer schmelzen, sondern immer im Wasserbad. Das geschmolzene Wachs erreicht sonst rasch die Zündtemperatur und beginnt spontan zu brennen. Solche Zwischenfälle ereignen sich häufig beim Kerzenziehen.

• Friteuse nie unbeaufsichtigt in Betrieb lassen. Das Öl kann sich selbst entzünden.

• Asche nie in brennbare Gefässe abfüllen. Sie kann noch Glut enthalten, die rückzündend wirkt.

Es brennt, wenn diese drei Faktoren am selben Ort vorhanden

Technik be-greifen   **Versuch 27**

Beobachtung

1. Was beobachtest du, wenn du die Haselnuss entzündest, das Feuer auspustest und den entstehenden Rauch wieder anzündest?

Die Haselnuss lässt sich entzünden und brennt spontan weiter. Nach dem Auspusten steigt gelbbrauner Rauch aus der Nuss auf, der sich entzünden lässt.

2. Erkläre die Vorgänge, die zum Brand der Haselnuss und zum Rauch führen.

Um die Haselnuss zu entzünden, muss man so lange heizen, bis brennbare Gase austreten, die sich entzünden lassen. Nach dem Auspusten entwickelt die glimmende Nuss weiter brennbare Dämpfe.

3. Beschreibe das Aussehen der Haselnuss, nachdem du sie im Wasser gelöscht hast.

Die Nuss ist aussen verkohlt. Nach dem Löschen entwickelt sich kein Rauch mehr.

4. Was hast du beim Eintauchen der glimmenden Haselnuss in reinen Sauerstoff bemerkt?

Im reinen Sauerstoff beginnt die glimmende Haselnuss nach einem kurzen Moment mit einem kleinen Verpuffungsgeräusch intensiv zu brennen und erlöscht dann plötzlich.

5. Kannst du aufgrund dieser Beobachtung das Phänomen eines Glimmbrandes erklären?

Im Erlenmeyerkolben bildet sich ein Gemisch aus den austretenden Dämpfen und dem Sauerstoff. Diese Mischung entzündet sich explosionsartig, wenn die Zündgrenze erreicht ist.

6. Was passiert beim Aufheizen der Haselnuss auf der Eisenplatte?

Die Haselnuss beginnt mit steigender Temperatur Dämpfe zu entwickeln, bei etwa 150 °C können diese Dämpfe mit einem brennenden Zündholz entzündet werden.

7. Was folgerst du aus dieser Beobachtung?

Jeder Stoff besitzt eine bestimmte Temperatur, die erreicht werden muss, um von einer Zündquelle in Brand gesetzt werden zu können. Diese Temperatur nennt man den Flammpunkt.

Folgende Begriffe sind für die Beurteilung der Brandgefahr wichtig:

Flammpunkt
Der Flammpunkt ist die tiefste Temperatur, bei der eine Substanz noch genug Dampf entwickelt, sodass sich das Dampf-Luft-Gemisch beim Annähern einer Flamme kurzzeitig entzünden kann.

Zündtemperatur
Diejenige Temperatur, bei der ein Stoff auch ohne Fremdzündung von selbst spontan zu brennen beginnt.

Zündgrenze
Sie gibt die minimale und maximale Konzentration dieser Substanz in der Luft an, damit sich die Mischung entzünden lässt.

Einige Beispiele von Flammpunkten und Zündtemperaturen:

Substanz	Flammpunkt	Zündtemperatur	Zündgrenze
Benzin	-20 °C	595 °C	4,4–16,5 %
Äthanol (Brennsprit)	13 °C	425 °C	3,5–15 %
Heizöl	60 °C	220 °C	
Papier	185 °C	185–320 °C	
Holz	ca. 250 °C	250–320 °C	

Die brennbaren Stoffe werden in Brandklassen eingeteilt. Dies ist wichtig für die Wahl des geeigneten Löschertyps:

Brandklasse	Stoffart	Beispiele
A	glutbildende feste Stoffe	Holz, Papier, Textilien
B	nicht glutbildende feste und flüssige Stoffe	Kerzenwachs, Teer, Petrol, Benzin, Lösungsmittel
C	brennbare Gase	Butan, Erdgas, Biogas, Acetylen
D	brennbare Metalle	Magnesium, Aluminium, Natrium

Brandbekämpfung
Brände löschen

Schülerinnen und Schüler
> können erklären, wie ein Brand gelöscht wird.
> haben erfolgreich die Experimente zum Thema Brandbekämpfung durchgeführt.
> sind sich der Gefahren von Bränden bewusst und handeln verantwortungsvoll im Umgang mit dem Feuer.

Themenkreis
> Redoxreaktionen
> Exotherme, endotherme Reaktionen

Vorkenntnisse
> Brandklassen
> Rolle des Sauerstoffs bei Verbrennungsreaktionen
> Wann brennt etwas?
> Wie es zu einem Brand kommt (Versuch 27)

Fachlicher Hintergrund

Sobald einer der drei Faktoren des Branddreiecks aus dem Brandgeschehen entfernt wird, hört eine Verbrennungsreaktion auf und der Brand erlischt. Die Brandbekämpfung kann somit auf drei Arten erfolgen:

1. Brennbares Material entfernen

1.1 vorbeugende Massnahmen:
- Im Zweiten Weltkrieg mussten alle Estriche vorsorglich geräumt werden, damit allfällige Brandbomben keine Nahrung fanden.
- Zur Verhinderung von grossflächigen Waldbränden können Schneisen geschlagen werden. Die Flammenfront kommt infolge Mangel an brennbarem Material zum Stillstand.
- Brennbare Materialien sollten nicht auf Elektroöfen oder Kochplatten gelagert werden. Beim Betrieb von Wärmequellen können sie sich entzünden.

1.2 Sofortmassnahmen bei einem Entstehungsbrand:
- Brennenden Gegenstand entfernen: Kleinere Gegenstände (z.B. Adventskranz, Vorhänge, Bettinhalt), die zu brennen beginnen (Entstehungsbrand), können durch Hinauswerfen ins Freie das Haus vor weiterem Schaden (Russ, Löschwasser oder Vollbrand) bewahren.

2. Zutritt des Oxidationsmittels (Sauerstoff) verhindern
- Brennende Pommes-frites-Pfanne: Sauerstoffzufuhr durch Auflegen eines Deckels oder einer Löschdecke unterbinden. (Nicht vergessen: Stromzufuhr unterbrechen!)
- Brennendes ausgelaufenes Benzin oder Flugpetrol mit einem Schaumteppich überdecken, damit kein Sauerstoff mehr dazukommt.
- Brennende Personen in Decken einwickeln oder am Boden rollen, wenn keine Löschmöglichkeiten vorhanden sind, um die Sauerstoffzufuhr zu unterbinden. Anschliessend müssen die Brandwunden unbedingt sofort gekühlt werden.
- Bei einem Brandausbruch in einem Raum: sofort Raum verlassen und Türen/Fenster schliessen.
- Ein Kohlendioxidlöscher verdrängt den Sauerstoff vom Brandgeschehen, der Brand stoppt, ausser bei Rückzündung von glutbildenden Stoffen oder wenn die Entzündungstemperatur der Stoffe noch überschritten ist.
- Die Löscher für die Kategorie D (Metallbrände) sprühen feines Kochsalzpulver auf das brennende Metall. Durch die enorme Hitze von über 1000 °C schmilzt das Kochsalz und überzieht das brennende Metall mit einer Salzschmelze, die die Sauerstoffzufuhr unterbindet. Notfalls kann mit Zement oder trockenem Sand versucht werden, die brennende Fläche abzudichten und somit den Sauerstoffzutritt zu verhindern.

3. Entzündungstemperatur unterschreiten
- Durch Kühlen mit Wasser können Stoffe der Brandklasse A (glutbildende feste Stoffe) so weit gekühlt werden, dass der Flammpunkt unterschritten und der Brand gelöscht wird.
- Kohlendioxidlöscher entwickeln Trockeneis mit einer Sublimationstemperatur von −78 °C. Der Kühleffekt ist jedoch nicht die Ursache für den Löscherfolg, vielmehr verdrängt das Kohlendioxid den Luftsauerstoff vom Brandgeschehen und der Brand stoppt infolge des Sauerstoffmangels. Dies gelingt allerdings nur dann, wenn die Brandumgebung nicht zu heiss ist, sonst entzündet sich das Material nach dem Verflüchtigen des Kohlendioxides von Neuem. Deshalb errichtet die Feuerwehr bei einem Autobrand einen dreifachen Brandschutz aus Schaum, CO_2 und Pulver.

Anmerkungen

Experiment 1

Der brennende Tannenzweig wird mit Wasser unter den Flammpunkt gekühlt, die Glutbildung damit unterbrochen. Bei Bränden der Brandklasse A ist es wichtig, den Brandherd zu überwachen. Heute setzt die Feuerwehr Wärmebildkameras ein, mit denen das Vorhandensein allfälliger Glutstellen feststellbar ist, bevor ein Brand erneut ausbricht. Es ist darauf hinzuweisen, dass glutbildende Stoffe ganz abgekühlt sein müssen, bevor sie in einen Abfalleimer geworfen werden. Asche muss kalt sein, bevor sie mit einem Staubsauger aus einem Cheminee gesaugt wird.

Experiment 2

Für Benzinbrände ist Wasser als Löschmittel nicht geeignet, da es infolge grösserer Dichte unter das brennende Benzin absinkt. Mit dem Wegfliessen des Wassers nimmt die brennende Fläche zu.

Wasserlösliche Stoffe der Brandklasse B werden mit Wasser verdünnt. Bei genügender Verdünnung wird der Dampfdruck des Lösungsmittels zu gering, dass noch genügend Dämpfe aufsteigen können. Eine Zündung ist bei diesen Temperaturen nicht mehr möglich.

Experiment 3

Kohlendioxid verdrängt zwar den Sauerstoff, das Brandgeschehen wird aber nur so lange unterbunden, bis sich das CO_2 verflüchtigt hat. Gelangt erneut Sauerstoff zum glimmenden Material, erfolgt eine Rückzündung, wenn die Glut nicht gekühlt wird. «Kohlensäurelöscher» entwickeln zwar Trockeneis (festes Kohlendioxid) mit einer Temperatur von −78 °C, diese Kühlwirkung ist jedoch nicht ausreichend zum Kühlen von glimmendem Holz, im Innern glimmt der Brand weiter.

Experiment 4

Das Löschen eines Flüssigkeitsbrandes mit CO_2 gelingt gut, solange die Umgebung nicht so stark erhitzt worden ist, dass eine Rückzündung der brennbaren Dämpfe erfolgt, sobald sich das Kohlendioxid verflüchtigt hat. Kohlendioxidlöscher eignen sich deshalb zur Bekämpfung von Entstehungsbränden in Labors ausgezeichnet. Sie haben den Vorteil, dass keinerlei Löschmittelrückstände zurückbleiben.

Experiment 5

Schaum wirkt mit dem zugesetzten Waschmittel benetzend und geht einen intensiven Kontakt mit dem brennenden Material ein. Das in den Brennstoff eindringende Wasser kühlt unter 100 °C, sodass der Flammpunkt der Materialien unterschritten wird.

Experiment 6

Schaum hat eine geringere Dichte als das Lösungsmittel und schwimmt auf dem flüssigen Brennstoff. Dadurch bildet sich eine luftundurchlässige «Schaumdecke», die den Zutritt von Sauerstoff zum brennbaren Lösungsmittel verhindert. Starker Wind kann allerdings die Schaumdecke wegdrängen. Es muss also eine Reserve bereitgehalten werden, um notfalls den Schaumbelag ergänzen zu können.

Die im Experiment verwendete Reaktion war früher in den Schaumlöschern üblich:

Zum Starten der Schaumreaktion wurde ein kleiner Behälter mit Säure im Innern des Löschers durch einen Schlagstift von aussen zerstört. Die Säure reagiert mit dem Hydrogenkarbonat und es bilden sich das Natriumsalz der Säure, Kohlendioxid und Wasser. Das entstehende Kohlendioxid bringt das Abwaschmittel zum Schäumen. (Im Backpulver findet diese Reaktion ebenfalls statt, allerdings ohne Schaummittel.)

Die heutigen Schaumlöscher enthalten eine Druckpatrone mit Kohlendioxid. Beim Auslösen des Löschers wird das unter Druck stehende Kohlendioxid ins Wasser mit dem Schaumextrakt hineingepresst.

Schaumlöscher sind im Haushalt sehr gut geeignet. Gasbrände lassen sich allerdings mit Schaum nicht löschen.

Demonstrationsversuch

Falsches Vorgehen beim Löschen einer Fritteuse.
Dieses Experiment unbedingt im Freien auf nicht brennbarem Untergrund durchführen!

Kerzenwachs wird in einem Eisentiegel so lange erhitzt, bis Dämpfe aufsteigen, die sich mit einem Zündholz entzünden lassen. Das Wachs hat den Flammpunkt erreicht. **Der Brenner wird abgestellt und aus dem Bereich des Tiegels entfernt**. Die Zuschauer müssen vor dem Einsatz des Wassers mindestens 2 m vom Tiegel entfernt sein! Aus einer Entfernung von mindestens 1 m wird ein kräftiger Wasserstrahl aus einer Spritzflasche in den Eisentiegel gespritzt. Beim Eintritt des Wassers schiesst eine gewaltige, heisse Stichflamme empor.

Danach wird das brennende Wachs durch Aufsetzen eines Deckels gelöscht.

Links & Literatur

HÄUSLER, KARL: *Experimente für den Chemieunterricht.* Oldenburg, München 1995.
ASSELBORN, WOLFGANG; JÄCKEL, MANFRED (Hrsg.): *Chemie heute, Sek I.* Schroedel, Hannover 2001.
GEISSMANN, FELIX: *Chemiewehr für Einsatzkräfte.* Simowa, Bern 2006.
www.seilnacht.com/versuche/exbrand.html
www.minimax.de

Brände löschen

🎯 Du testest mit Experimenten die Möglichkeiten und Grenzen der Brandbekämpfung.
Du kennst die Wirkungsmechanismen des Löschens.
Du kannst den geeigneten Löschertyp wählen und die Wahl begründen.

⏱ 1 Lektion

Ⓜ feuerfeste Unterlage, Sprühflasche, 3 trockene kleine Tannenzweige, Zündhölzer, Brennsprit, niedrige Blechbüchse, 2 Bechergläser (400 ml, hohe Form), Trockeneis, Erlenmeyerkolben (500 ml), 2 Polylöffel, Auffangwanne, Zitronensäure, Natriumhydrogenkarbonat, Abwaschmittel

Durchführung

1. **Wasser als Löschmittel für Brandklasse A (glutbildende Stoffe)**
   > Lege einen kleinen dürren Tannenzweig in die Mitte einer feuerfesten Unterlage und entzünde ihn an einer Stelle.
   > Wenn sich die Flammen etwa 3 cm ausgebreitet haben: Spritze mit der Sprühflasche Wasser auf den Brandherd, bis der Brand gelöscht ist.
   Bevor du den Zweig entsorgst: Spritze ihn mit Wasser vollständig nass und kontrolliere, ob alle Stellen kalt sind (Brand verhindern!).

2. **Wasser als Löschmittel für Brandklasse B (nicht glutbildende Stoffe)**
   > Stelle eine niedrige Blechbüchse auf die feuerfeste Unterlage und fülle etwa 5 mm hoch Brennsprit hinein. Stelle die mit Wasser gefüllte Sprühflasche bereit.
   > Entzünde den Brennsprit mit einem Zündholz und versuche mit dem Wassernebel den Brand zu löschen.

3. **CO_2 als Löschmittel Löschmittel für Brandklasse A**
   > Lass dir in ein Becherglas etwas Trockeneis (festes CO_2) geben und entzünde einen trockenen Tannenzweig auf der feuerfesten Unterlage.
   > Gib das vom Trockeneis ausgehende Kohlendioxid über die brennende Stelle. Was ist der Unterschied zum Wassernebel? Lösche den Zweig durch Eintauchen in Wasser vollständig.

4. **CO_2 als Löschmittel Löschmittel für Brandklasse B**
   > Stelle eine niedrige Blechbüchse auf die feuerfeste Unterlage und gib etwa 5 mm hoch Brennsprit hinein. Lass dir nochmals Trockeneis in ein Becherglas geben.
   > Verschliesse die Spritflasche und stelle sie weg.
   > Entzünde den Brennsprit in der Büchse und gib das Kohlendioxid aus dem Becherglas über den Brandherd.

5. **Modell-Schaumlöscher**
   > Lege auf eine feuerfeste Unterlage in einer Auffangwanne einen trockenen Tannenzweig.
   > Gib in einen 500-ml-Erlenmeyerkolben 300 ml Wasser, 3 gehäufte Polylöffel Zitronensäure und etwa 1 ml Abwaschmittel. Vermische die Stoffe gut.
   > Fülle in ein Becherglas 200 ml Wasser und löse darin 5 gehäufte Polylöffel Natriumhydrogenkarbonat.
   > Entzünde den Tannenzweig auf der feuerfesten Unterlage, halte den Erlenmeyerkolben mit der Öffnung in Richtung des Brandes und giesse rasch den Inhalt des Becherglases in den Erlenmeyerkolben. Lenke die Öffnung des Erlenmeyerkolbens so, dass der herausschiessende Schaum den Brandherd einschäumt.

6. **Schaum Löschmittel für Brandklasse B**
   > Erstelle nochmals dieselbe Mischung für den Schaumlöscher wie bei Experiment 5 beschrieben.
   > Stelle die feuerfeste Unterlage in die Auffangwanne, klebe die Blechbüchse mit doppelseitigem Klebband fest und fülle etwa 5 mm Brennsprit hinein.
   > Verschliesse die Spritflasche und stelle sie weg.
   > Entzünde den Brennsprit in der Blechbüchse.
   > Giesse wie beim Experiment 5 rasch den ganzen Becherglasinhalt in den Erlenmeyerkolben und richte den Schaumstrahl über die Büchse mit dem brennenden Sprit.

Was ist zu tun im Brandfall?

- Notruf an Feuerwehr 118
- Hausbewohner alarmieren
- Menschen und Tiere retten
- Fenster und Türen schliessen
- Brandstelle über Fluchtweg verlassen
- Brand eindämmen

Ein Brand kann gelöscht werden, wenn einer der drei Brandfaktoren entfernt wird:

> den Sauerstoff fernhalten (z.B. mit Löschdecke, Schaum)

> die Entzündungstemperatur unterschreiten (z.B. durch Wasserkühlung)

> das brennbare Material entfernen (z.B. durch Schlagen einer Schneise)

Technik be-greifen　　　　　　　　　　　　　　　　　　　　　　　　　　　　　　　　　　　**Versuch 28**

Beobachtung

1. Was ist beim Besprühen des brennenden Zweiges mit Wassernebel geschehen? — Der Brand wird mit wenig Wasser sehr rasch gelöscht.

2. Wie verläuft der Löschversuch mit Wassernebel beim Brand von Brennsprit? — Der Flüssigkeitsbrand lässt sich mit Wasser nur mühsam löschen.

   Welche Schlussfolgerung ziehst du aus diesen beiden Experimenten? — Wasser eignet sich sehr gut als Löschmittel für glutbildende Stoffe (A), ist ungeeignet bei Bränden der Brandklasse B.

3. Wie verhält sich der brennende Tannenzweig beim Einsatz von Trockeneis? — Die Flammen erlöschen zwar, der Zweig glimmt jedoch weiter.

4. Wie verhält sich der brennende Brennsprit beim Zugeben von Kohlendioxid? — Die Flammen werden «erstickt», das Feuer ist sehr rasch gelöscht.

   Welche Schlussfolgerung ziehst du aus den Lösch-Experimenten mit Trockeneis (Kohlendioxid)? — CO_2 ist ungeeignet gegen glutbildende Brände, löscht Brandklasse B sehr gut.

5. Was passiert beim Mischen der Lösungen und beim Einwirken von Schaum auf den brennenden Tannenzweig? — Beim Zusammengiessen der Lösungen bildet sich Schaum, der den Brandherd bedeckt und das Feuer löscht.

6. Wie verhält sich brennender Brennsprit beim Schaumeinsatz? — Die Schaumdecke erstickt die Flammen, der Brand wird gelöscht.

   Welche Schlussfolgerungen ziehst du bezüglich der Wirksamkeit von Schaum? — Schaum wirkt sehr gut gegen Brandklasse A und B.

Übersicht und Einsatz der Löschmittel

Je nach Art des Brandes muss der dazu passende Löschmitteltyp angewendet werden. Aus der nachfolgenden Tabelle kannst du herauslesen, wie die verschiedenen Löschmittel wirken und wo sie eingesetzt werden können:

Löschmittel	geeignet für	Wirkung	Beispiele	Bemerkungen
Wasser	glutbildende Stoffe (Brandklasse A)	kühlend	Holz, Textilien	billig, in grosser Menge vorhanden, nicht frostsicher
Schaum, Lightwater	glutbildende (A) und nicht glutbildende Stoffe (B)	kühlend, sperrt mit der Schaumdecke den Sauerstoff weg	Holz, Benzin, Flugpetrol	bei Notlandungen zum Pisteneinschäumen, nicht frostsicher
CO_2	nicht glutbildende Stoffe (B) und Gase (C)	verdrängt Sauerstoff	Benzin, Wachs, Stoffe (B) und Gase (C)	Trockeneis, -78 °C kalt
Pulver	glutbildende (A), nicht glutbildende Stoffe (B) sowie Gase (C)	greift in die chemischen Prozesse der Verbrennung ein (antikatalytisch)	Autolöscher, in Eisenbahnen	frostsicher; Pulverrückstände für Elektronik problematisch
D-Pulver	Metalle (D)	verhindert Sauerstoffzutritt	Magnesium, Aluminium	Kochsalzpulver schmilzt zu kompakter Schicht
Halon	Brände im Flugzeug	blockiert Radikale	Elektronik	zerstört die Ozonschicht; heute verboten, nur in Flugzeugen erlaubt

Der 4-Takt-Ottomotor
Autofahren mit brennendem Benzin

Schülerinnen und Schüler
> erleben das Grundprinzip des Verbrennungsmotors.
> können die Funktionsweise des Motors erklären.
> können den Ablauf der vier Takte im Motor nachvollziehen und erläutern.

Themenkreis
> Redoxreaktionen
> Organische Chemie
> Reaktionsgeschwindigkeit

Vorkenntnisse
> Begriff Verbrennung
> Exotherme Reaktionen
> Begriff Zerteilungsgrad

Fachlicher Hintergrund

Rohstoffe für die Mobilität

Praktisch der gesamte Individualverkehr beruht auf der Verbrennung von fossilen Brennstoffen (Benzin, Diesel, Erdgas). Diese Stoffe entstanden im Verlaufe von Jahrmillionen durch Umwandlung von abgestorbenen Kleinstlebewesen (Plankton) unter Druck und Luftabschluss tief unter der Erdoberfläche. Die Erdöl- und Erdgasvorräte werden vermutlich in nur 200 Jahren von der Menschheit ausgebeutet und verbrannt.

Rohöl wird durch Bohrungen aus der Tiefe der Erde heraufgepumpt und zu einer Raffinerie transportiert. Im Rohzustand ist es praktisch zu nichts zu gebrauchen, es muss zuerst durch fraktionierende Destillation in einer Erdölraffinerie aufgetrennt werden. Als Produkte der atmosphärischen Destillation entstehen: Diesel-/Heizöl, Petrol, Benzin, Propan- und Butangase. Die nicht verdampfbaren Anteile bilden das Schweröl. Mit Vakuumdestillation lassen sich daraus u.a. Schmieröl und Bitumen herstellen.

Benzin

Der Begriff Benzin ist eine Sammelbezeichnung für ein Gemisch aus gesättigten kettenförmigen (aliphatischen) Kohlenwasserstoffen mit 5 bis 12 Kohlenstoffatomen, in dem auch noch wechselnde Mengen von gesättigten Cycloalkanen (Naphthenen) und aromatischen Kohlenwasserstoffen enthalten sind (Siedebereich: 80 °C bis 130 °C; Dichte 0,72 bis 0,76 g/cm^3).

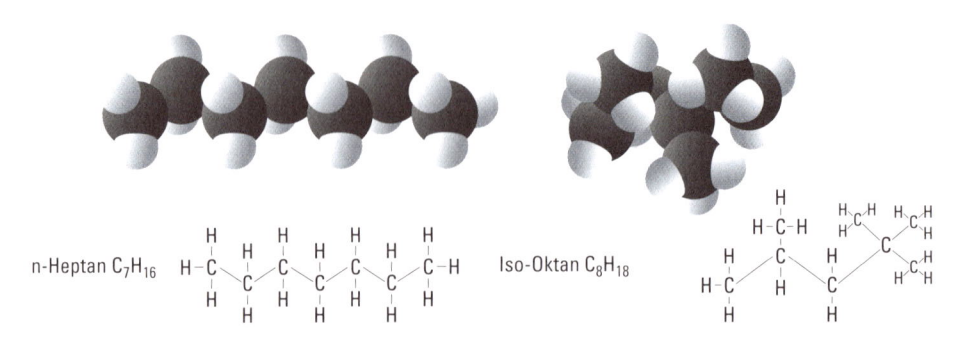

n-Heptan C_7H_{16}

Iso-Oktan C_8H_{18}

Oktanzahl und Klopffestigkeit

Selbst bei den gesättigten Bestandteilen gibt es eine Vielzahl von verschiedensten Kohlenwasserstoffen. Je nach Herkunft des Rohöls enthalten sie mehr unverzweigte Moleküle wie zum Beispiel n-Oktan C_8H_{18} oder verzweigte Moleküle wie das Iso-Oktan C_8H_{18}.

Die beiden Sorten von Oktan haben zwar dieselbe Summenformel, die Atome sind jedoch verschieden miteinander verknüpft. Diese so genannten Isomere unterscheiden sich nicht nur in ihren Siedepunkten, sondern auch im Verhalten beim Erhitzen, wie es im Motor beim Verdichtungstakt passiert: Das n-Oktan spaltet sehr leicht Wasserstoffradikale (H•) ab, die darauf spontan mit dem Sauerstoff reagieren, ohne dass die Zündkerze den zündenden Funken liefert. Dies kann zu Schäden am Motor führen.

Die Benzinqualität bezüglich spontaner Zündung wird als Klopffestigkeit bezeichnet. Die Klopffestigkeit wird mit der Oktanzahl angegeben:

> Benzingemische, die sich bezüglich Spontanzündung wie n-Heptan verhalten, erhalten die Oktanzahl 0.
> Benzine, die kaum zu Selbstzündung neigen, wie das reine Iso-Oktan, erhalten die Oktanzahl 100.

Funktionsweise der Antiklopfwirkung von Iso-Oktan

Iso-Oktan spaltet bei relativ niedrigen Temperaturen Methylradikale ab (CH_3•), die sofort mit allfällig entstehenden Wasserstoff-Radikalen (H•) zu Methan (CH_4) reagieren und somit das vorzeitige Zünden des Benzins verhindern.

Je höher das Benzin/Luft-Gemisch in einem Motor verdichtet wird, desto höher muss die Oktanzahl sein, damit es nicht zu einer spontanen Zündung kommt. Heute sind zwei Benzinsorten im Handel: 95 Oktan (normaler bleifreier Treibstoff) und 98 Oktan («super»). Durch Zumischung von aromatischen Kohlenwasserstoffen (z.B. Toluol) kann die Klopffestigkeit weiter erhöht werden.

Bis vor einigen Jahren wurde zur Erhöhung der Klopffestigkeit Tetraethylblei dem Benzin zugemischt. Beim Verbrennen entstanden giftige Bleiverbindungen, die entlang den Strassen im Boden und somit auch im Viehfutter nachgewiesen werden konnten. Heute ist Tetraethylblei verboten. Es wird durch Methyl-tert-butylether (MTBE) ersetzt (etwa 10% im Benzin).

Struktur MTBE

Technik be-greifen

Versuch 29

Herstellung des Benzin-/Luft-Gemisches

Das Benzin/Luft-Gemisch wird bei älteren Automodellen im Vergaser hergestellt (siehe Schnittmodell im Schülerteil). Zum Starten wird ein etwas stärker mit Benzin angereichertes Benzin/Luft-Gemisch gebraucht. Oldtimer-Autos besitzen einen sogenannten «Choke», einen Hebel, der vor dem Anlassen des Motors betätigt werden muss und nach erfolgtem Start vom Fahrer zurückgesetzt wird. Heute geschieht dies automatisch.

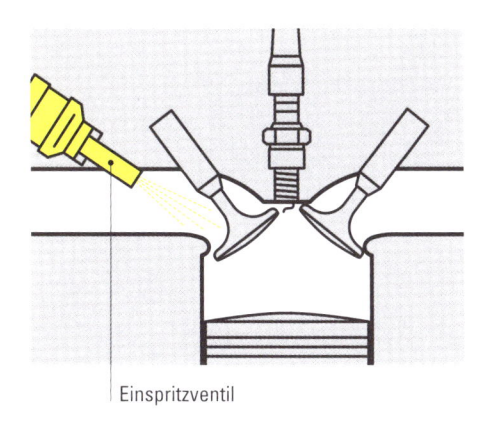

Einspritzventil

Modernere Motoren besitzen anstelle des Vergasers elektronisch gesteuerte Einspritzventile, die das Benzin via eine Düse in das Ansaugrohr oder direkt in den Zylinder einspritzen.

Eine kräftige Benzinpumpe baut den notwendigen Druck von bis zu 200 bar auf.

Energiewandelprozesse

Benzin ist ein Träger von chemischer Energie. Durch die Verbrennung mit Sauerstoff wird Wärmeenergie freigesetzt (im Motor bis 2000 °C Temperatur und 70 bar Druck). Dies bewirkt im Verbrennungsraum eine Volumenzunahme, was eine grosse Kraft auf den Kolben erzeugt und ihn im Zylinder nach unten schleudert (Umsetzung in mechanische Energie).

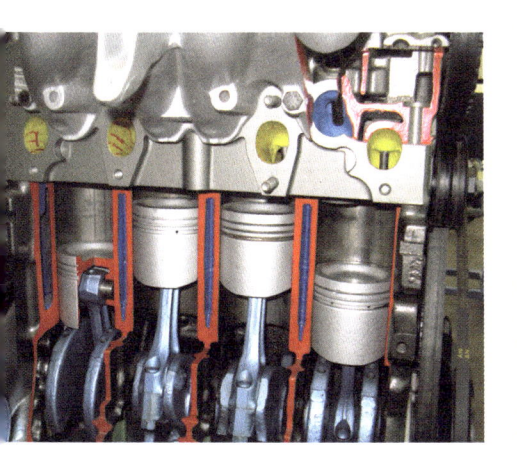

Der Kolben ist via Pleuelstange mit der Kurbelwelle verbunden, sodass aus der Auf- und Ab-Bewegung des Kolbens eine Drehbewegung entsteht.

Um einen möglichst ruhigen Lauf zu erhalten, werden mehrere Kolben in einem Motorblock angeordnet. Meistgebräuchlich sind 4, 6 oder 8 Zylinder. Eine mögliche Zündfolge ist 4/1/2/3.

Der Wirkungsgrad eines Benzinmotors beträgt etwa 35%. Im Aussenbereich des Motors befinden sich Kanäle, in denen Kühlwasser zirkuliert, denn der Motor liefert mehr Abwärme als mechanisch nutzbare Energie. Die Abwärme kann im Winter zum Beheizen des Fahrgastraums eingesetzt werden, im Sommer muss sie via Kühler an die Umgebungsluft abgegeben werden.

Anmerkungen

Experiment 1

Wenn zu viel Benzin in das Uhrglas gegossen wurde: Benzin kontrolliert abbrennen lassen oder das Uhrglas mit einem Stück Blech zudecken und löschen; das gelöschte Benzin in den Behälter mit wassergefährdenden organischen Stoffen giessen.

Experiment 2

Anstelle des Kartonrohres kann auch ein käufliches Modell aus Plexiglas zum Einsatz kommen. Dieses Modell hat den Vorteil, dass die Zündkerze und der piezoelektrisch erzeugte Funke sichtbar sind. Zusätzlich kann kontrolliert werden, ob alles Benzin am Boden verdunstet ist. Erst wenn es am Boden kein Benzin mehr hat, ist die optimale Mischung erreicht. Das Gemisch explodiert recht imposant.

Bei diesem Modell mit rund einem Liter Inhalt werden 6 Tropfen Benzin (40 °C bis 80 °C) auf die Mitte des Bodens in das Rohr hineingetropft (Benzin nicht der Wand entlang einlaufen lassen, da sonst feine Haarrisse entstehen können) und der Deckel sofort oben festgedrückt. Es ist unbedingt darauf zu achten, dass der Raum in Abschussrichtung frei ist, um Schäden zu verhindern.

Nur Luft, auf keinen Fall reinen Sauerstoff, ins Rohr einfüllen. Niemals Acetylen verwenden, es kann detonieren!

Zündkerzen-Explosionsrohr KEQ 1
Hersteller: Hediger Stuttgart
Bezug Schweiz: Bachmann Lehrmittel, 9500 Wil

Links & Literatur

HELLING, KLAUS: *Umwelt Technik kompakt*. Klettverlag, Stuttgart 2008.
DEMUTH, REINHARD: *Chemie im Kontext*. Cornelsen, Berlin 2007.
WALBLINGER, WILLY: *Physik für die Sekundarstufe I*. Orell Füssli, Zürich 1991.
BÄURLE, WOLFRAM: *Umwelt Chemie*. Klett, Stuttgart. Neubearbeitung.
ASSELBORN, WOLFGANG (Hrsg): *Chemie heute, Sek I*. Schroedel, Hannover 2001.
www.hediger.de

Autofahren mit brennendem Benzin

🎯 Du hast das Grundprinzip des Verbrennungsmotors im Experiment erlebt.
Du kannst die Funktionsweise eines Benzinmotors erklären.
Du kannst den Ablauf in einem Viertaktmotor erläutern.

⏱ 1 Doppelstunde

Ⓜ Reinbenzin, Pipette, Kartonrohr mit 2 Deckeln oder Ovomaltinebüchse, Bohrer (6 mm), lange Zündhölzer, Uhrglas, feuerfeste Unterlage, Schutzbrille, Korkstücke

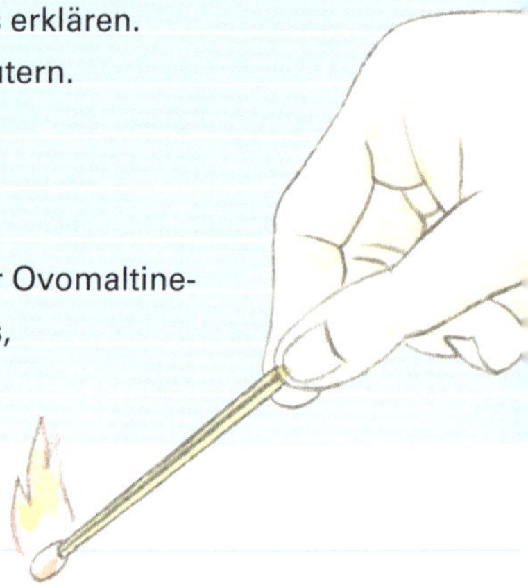

Durchführung

1. Brennbarkeit von Benzin
> Schutzbrille anziehen.
> Lege ein Uhrglas auf eine feuerfeste Unterlage. Kontrolliere, dass kein offenes Feuer in der Nähe brennt.
> Entnimm der Reinbenzinflasche vorsichtig eine halbe Pipette Reinbenzin und gib es in die Mitte der Uhrglasschale. Verschliesse die Benzinflasche und stelle sie mindestens 1 m weit vom Uhrglas weg!

> Nähere mit augestrecktem Arm ein langes brennendes Zündholz dem Benzin in der Uhrglasschale. 
> Was ist geschehen, als du das brennende Zündholz dem Benzin im Uhrglas genähert hast?

Die Dämpfe des Benzins entzünden sich bereits etwa 2 cm vor dem Glas, das Benzin verbrennt mit leuchtend gelber Flamme.

2. Explosionsmotor
> Schutzbrille anziehen.
> Bohre etwa 2 cm vom unteren Rand ein 6 mm grosses Loch in eine Kartonröhre (z.B. leere Badmintonshuttle-Verpackung oder Ovomaltinebüchse), die oben und unten einen Deckel besitzt.
> Gib in diese Röhre einige Scheiben eines Korkzapfens und fülle mit der Pipette pro Liter Inhalt der Röhre 6 Tropfen Reinbenzin auf den Boden. Verschliesse die Benzinflasche dicht und stelle sie beiseite.
> Halte das Loch mit einem Finger zu und kippe die Röhre einige Male, damit das Benzin verdunsten kann und sich aufgrund der herunterfallenden Korkstücke gut mit der Luft mischt.
> Stelle die Röhre mit der Zündöffnung nach unten auf die feuerfeste Unterlage und sorge dafür, dass sich oberhalb der Röhre nichts befindet. Halte mit ausgestrecktem Arm ein brennendes langes Zündholz vor die Öffnung der Röhre.

> Was geschieht?

Der Deckel fliegt mit einem Knall explosionsartig nach oben, eine Stichflamme tritt kurz aus der Röhre heraus.

> Blase die Abgase aus der Röhre heraus. Versuche herauszufinden, welches die minimale und welches die maximale Tropfenzahl ist, damit sich das Benzin/Luft-Gemisch zünden lässt.

Minimale Tropfenzahl:

Maximale Tropfenzahl:

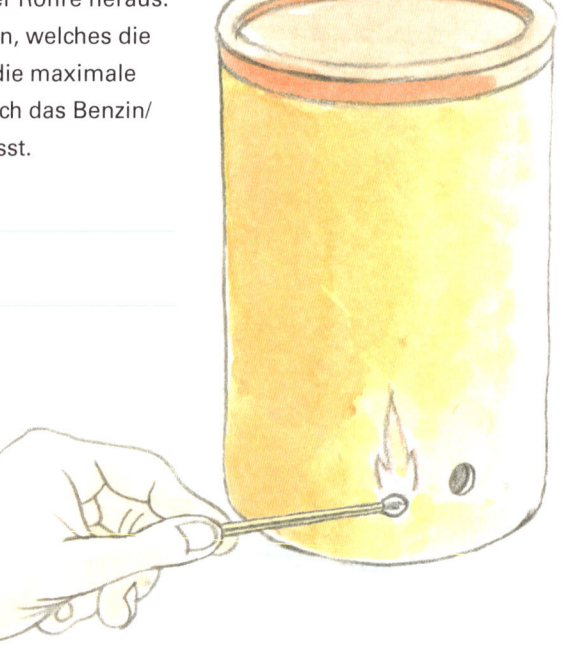

Technik be-greifen   Versuch 29

Beobachtung

1. Was ist geschehen? Lies den Text.

Nicht das flüssige Benzin brennt, sondern die Benzindämpfe, die durch das rasche Verdunsten des Benzins freigesetzt werden. Das Benzin im Uhrglas hat eine kleine Oberfläche, die Benzindämpfe brennen nur langsam an der Kontaktstelle zum Sauerstoff der Luft. In der Kartonröhre wurde eine zündfähige Benzin/Luft-Mischung erzeugt, der Zerteilungsgrad ist maximal, für jedes Benzinteilchen stehen die optimale Anzahl Sauerstoffmoleküle der Luft zur Verfügung. Nach dem Zünden breitet sich die Verbrennungsreaktion schlagartig nach allen Seiten aus.

Zum Starten des Verbrennungsmotors ist ein kräftiger Elektromotor (Anlasser) notwendig. Dieser wird beim Betätigen des Zündschlosses via ein Zahnrad mit der Kurbelwelle verbunden und liefert die nötige Energie zum Ansaugen und Verdichten. Beim nachfolgenden Arbeitstakt liefert der Motor genügend Energie für das Weiterlaufen. Der Anlasser wird sofort von der Kurbelwelle ausgeklinkt.

Beim laufenden Rasenmäher (hat nur einen Kolben) übernimmt das sich drehende Messer als Schwungscheibe die Aufgabe, für die Takte 1, 2 und 4 die notwendige Energie zu überbrücken. Bei den Automotoren sind 4, 5, 6 oder 8 solche Kolben in einem Motorblock zusammengefügt, die zu unterschiedlichen Zeitpunkten ihren Arbeitstakt aufweisen. Dadurch werden die Vibrationen minimiert, der Motor läuft «rund».

2. Wie entsteht aus einer Explosion eine Drehbewegung? Lies den Text zum Thema 4-Takt-Ottomotor und trage die fehlenden Fachbegriffe (fett markiert) ein:

Einlassventil:
öffnet sich beim Ansaugtakt.

Zuleitung:
des Benzin/ Luftgemisches.

Zündkerze:
zündet elektrisch das Benzin/Luft-Gemisch.

Drosselklappe:
(öffnet sich beim Betätigen des Gaspedals).

Vergaser:
(nur bei alten Modellen noch zu finden) erzeugt das Benzin/Luft-Gemisch. Moderne Motoren spritzen das Benzin mit einer elektronisch gesteuerten Düse direkt in den Verbrennungsraum ein.

Ölwanne:
enthält das für die Schmierung nötige Motorenöl.

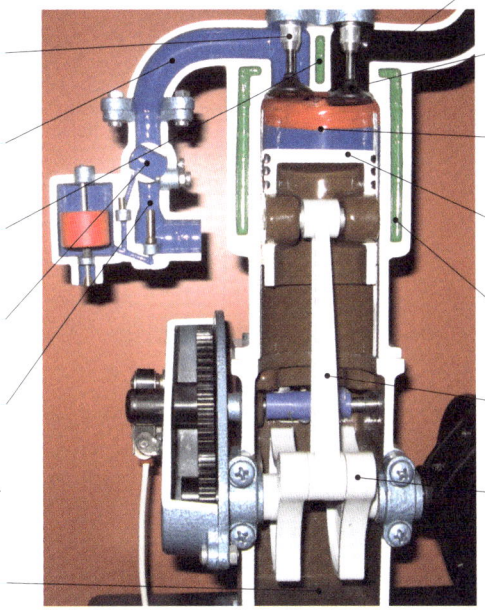

Gasauslass:
Abgase strömen zum Auspuff.

Auslassventil:
öffnet sich beim Auspufftakt.

Verbrennungsraum:
setzt Energie frei.

Kolben:
lässt sich im Zylinder auf und ab bewegen.

Zylinder:
wassergekühlt

Pleuelstange:
überträgt die Kraft vom Kolben auf die Kurbelwelle.

Kurbelwelle:
wandelt die Auf-und-ab-Bewegung des Kolbens in eine Drehbewegung, überträgt die Kraft der Kolben an die Kupplung, die Bewegungsenergie wird dann via Getriebe auf die Räder übertragen.

4-Takt-Ottomotor

1. Takt: Ansaugtakt
Wenn der **Kolben** oben steht und die **Kurbelwelle** gedreht wird (z.B. durch den Anlasser), bewegt sich der Kolben nach unten, das Volumen im Verbrennungsraum wird grösser und es strömt vom **Vergaser** ein Benzin/Luft-Gemisch in den **Verbrennungsraum**. Das **Einlassventil** ist geöffnet.

2. Takt: Verdichtungstakt
Wenn der Kolben unten ist, wird er durch die Drehung der Kurbelwelle mit der **Pleuelstange** nach oben bewegt. Beide **Ventile** sind nun geschlossen, der Druck im **Verbrennungsraum** steigt stark an. Kurz vor Erreichen des obersten Punktes erzeugt die **Zündkerze** einen kleinen Funken.

3. Takt: Arbeitstakt
Das verbrennende Benzin/Luft-Gemisch erzeugt eine starke Temperatur- und Druckzunahme im Verbrennungsraum. Der **Kolben** wird nach unten geschleudert. Die bei der Verbrennung frei werdende Energie wird durch die **Kurbelwelle** in eine Drehbewegung umgewandelt.

4. Takt: Auspufftakt
Das **Auslassventil** öffnet sich, der sich nach oben bewegende **Kolben** drückt die Abgase durch den **Gasauslass** in Richtung Auspuffleitung via Katalysator ins Freie.

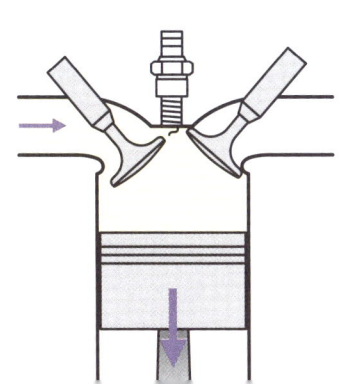

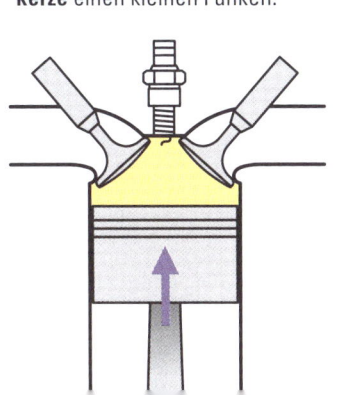

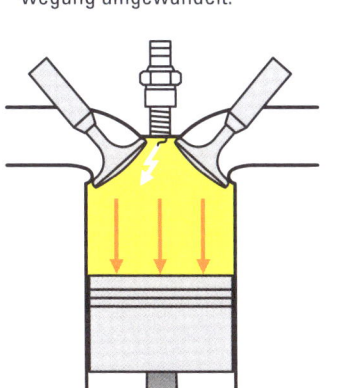

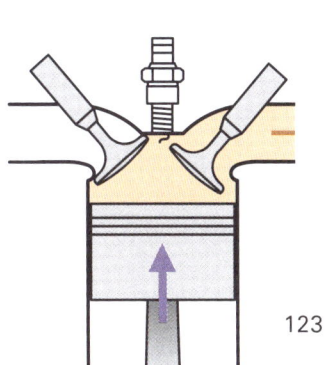

Kehrichtverwertung
Energie aus Müll

Schülerinnen und Schüler
> kennen die Verbrennungsprodukte einer KVA und ihre Wirkungen auf die Umwelt.
> bestimmen den Anteil der nicht verbrennbaren Stoffe von Papier.
> überlegen sich, wie Abfall umweltgerecht entsorgt werden kann.

Themenkreis
> Verbrennungsreaktionen
> Nachweis von Wasser, Russ und Kohlendioxid

Vorkenntnisse
> Verbrennung als eine Reaktion mit Sauerstoff
> Nachweisreaktion von CO_2 mit Calciumhydroxidlösung (Kalkwasser)

Fachlicher Hintergrund

Beim Kauf eines Gegenstandes ist häufig viel Verpackungsmaterial dabei, das wir irgendwie loswerden möchten. In der Schweiz wurden früher die Abfälle in alten Kiesgruben eingelagert, häufig zusammen mit giftigen Abfällen aus Gewerbe und Industrie. Diese Deponien stellen eine latente Gefährdung des Grundwassers dar. Verschiedene solcher Gruben mussten mit grossem finanziellen Aufwand saniert werden. Viele müssten noch ausgegraben werden, um das gefundene Material fachgerecht zu entsorgen (Sondermüllverbrennungsanlage, Endlagerung tief im Erdinnern, z.B. in stillgelegten Salzbergwerken).

Wenn der gekaufte Gegenstand seine Gebrauchsdauer erreicht hat, muss auch dieser entsorgt werden. In der Zwischenzeit sind verschiedene Firmen entstanden, die die Geräte zerlegen und die sortenreinen Materialien einer Wiederverwendung zuführen. Dies ist unter anderem durch die Einführung der vorgezogenen Entsorgungsgebühr möglich geworden: beim Kauf wird gleichzeitig die Entsorgung bezahlt. Die Zeiten, wo Automobilisten ihre alten Pneus in den Wald oder einen Bach entsorgten, sind bei uns praktisch vorbei.

In Deutschland gibt es riesige Müllgruben, die am Schluss mit einer Humusschicht überdeckt werden. In der Deponie finden verschiedenste Abbaureaktionen statt, bei denen das sogenannte Deponiegas entsteht. Um die Luftbelastung durch die zahlreiche übel riechenden Stoffe zu mildern, müssen die Gase verbrannt werden. Der einzige Vorteil der Deponie gegenüber einer thermischen Verwertung: Im eingelagerten Müll sind Substanzen vorhanden, die eines Tages zurückgewonnen werden könnten, sollten die Rohstoffe knapp werden.

Die thermische Kehrichtverwertung hat einige gewichtige Vorteile:
- Volumenreduktion auf etwa einen Fünftel
- Die Schlacke wird bei der Verbrennung auf rund 1000 °C erhitzt und ist somit keimfrei.
- Die bei der Verbrennung entstehende Wärmeenergie kann mit einer Kraft-Wärme-Kopplungs-Anlage zur Gewinnung von elektrischer Energie und Fernwärme genutzt werden. So werden grosse Mengen an Heizöl eingespart. Mit der elektrischen Energie lassen sich Wärmepumpen betreiben.

Was machen mit dem Verpackungsmaterial?

Möglichkeit	Vorteil	Nachteil
Verpackungsmaterial im Keller einlagern	Originalverpackung für den Versand zur Reparatur vorhanden, optimaler Schutz für den Transport	benötigt viel Platz, Gefahr der Unordnung
Verpackungsmaterial im eigenen Ofen/Cheminée verbrennen	Wärme zum Heizen nutzbar, billig und schnell entsorgt; Volumenreduktion	grosse Umweltbelastung (Russ, Staub, giftige Zersetzungsprodukte), ist deshalb verboten
Verpackungsmaterial der Kehricht- oder Sperrgutabfuhr mitgeben	keine schädlichen Abgase, Volumenreduktion (Rauchgaswäscher, Denoxanlage, Filter)	ist kostenpflichtig, Material muss zum richtigen Zeitpunkt draussen sein
Verpackungsmaterial zur Herstellerfirma zurückbringen, Packung wieder brauchen	kein Materialverlust, keine Abgase, Verpackung mehrmals nutzbar	Transportproblem muss gelöst werden, Verpackung oft defekt und nicht wieder verwendbar
Karton und Styropor trennen und zur Wiederverwertung bereitstellen	Material kann rezykliert werden -> neuer Karton -> neuer Kunststoff	Aufwand relativ gross, Styroporsammelstellen praktisch nicht existent

Versuch 30

Technik be-greifen

Kehrichtverbrennung für die Energiegewinnung (am Beispiel der Kehrichtverwertungsanlage KVA Turgi)

Unser Müll hat einen relativ hohen Heizwert von rund 8350 kJ/kg. Die Verbrennungsreaktion braucht deshalb keine zusätzliche Energie von aussen. Wichtig für einen störungsfreien gleichmässigen Betrieb des Verbrennungsprozesses ist eine möglichst gute Durchmischung des Abfalls.

Die grösseren Abfallteile passieren einen Shredder und gelangen darauf zerkleinert in den Müllbunker. Dort werden die einzelnen Anlieferungen mit einem Kran gut durchmischt und periodisch via Einfülltrichter dem Ofen zugeführt.

Der Boden des Ofens besteht aus sich gegeneinander bewegenden Lamellen. Durch die spezielle Bewegung der gekühlten Lamellen wird das Brennmaterial langsam durch den Ofen befördert.

Bei der Verbrennung entstehen Temperaturen bis 1000 °C. Die heissen Rauchgase geben dem Wasser im Dampfkessel Wärmeenergie ab, das Wasser verdampft. Mit einer Temperatur von 400 °C und einem Druck von 40 bar wird der Dampf auf eine Turbine geleitet, die einen Generator antreibt. Ein Teil des Dampfes wird im Winterhalbjahr im hinteren Drittel der Turbine ausgekoppelt, um das Wasser des Fernwärmeverbundes zusätzlich aufzuheizen. Die elektrische Leistung des Generators ist deshalb im Sommer höher als im Winter.

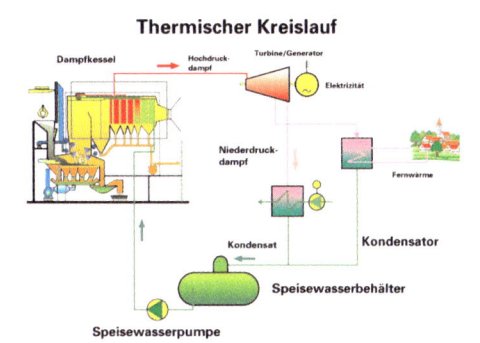

Die Rückstände der Verbrennung, die Schlacke, fallen in einen Wasserbehälter zum Kühlen und werden schlussendlich in der Deponie Bärengraben in Siggenthal endgelagert.

Anmerkungen

Die Nachweisreaktion von CO_2 mit Calciumhydroxidlösung kann mit einem Vorversuch demonstriert werden:

Mit einem Trinkhalm wird in ein Reagenzglas mit «Kalkwasser» hinein gepustet (Schutzbrille!), der weisse Niederschlag wird als Kennmerkmal für CO_2 eingeführt:

$$CO_2 + Ca(OH)_2 \longrightarrow CaCO_3 + H_2O$$

Der sich dabei bildende Kalk verursacht die Trübung.

Anschliessend wird in der Gaswaschflasche das bei der Verbrennung entstehende CO_2 nachgewiesen (2. Experiment).

Ein grösseres Stück Glaswolle am Ende des Rohrs verhindert als Filter, dass der sich bildende Russ das U-Rohr und die Gaswaschflasche einschwärzt. Cellulose besteht hauptsächlich aus den Elementen C, H, und O. Beim Verbrennen entstehen die Oxide CO_2 und H_2O dieser Elemente:

$$(C_6H_{10}O_5)n + 6n\, O_2 \longrightarrow 6n\, CO_2 + 5n\, H_2O$$

Links & Literatur

www.kva-turgi.ch

BÄURLE, WOLFRAM; GIETZ, PAUL et. al.: *Umwelt: Chemie. Kopiervorlagen für Arbeitsblätter.* Klett, Stuttgart, 1990.

Zusätzliches Experiment

Ein Dampfkochtopf mit Hahn im Deckel (Physiksammlung) wird mit Wasser gefüllt und auf einer Kochplatte erhitzt. Als Dampfturbine dient der Deckel einer Blechdose. Er wird strahlenförmig nach innen eingeschnitten und die entstandenen Lamellen leicht nach aussen gebogen. Die Modellturbine wird in der Mitte an einen Dynamo festgeschraubt und kann nun mit dem ausströmenden Dampf angetrieben werden. Die elektrische Energie reicht gerade für den Betrieb einer 3,5-V-Glühlampe.

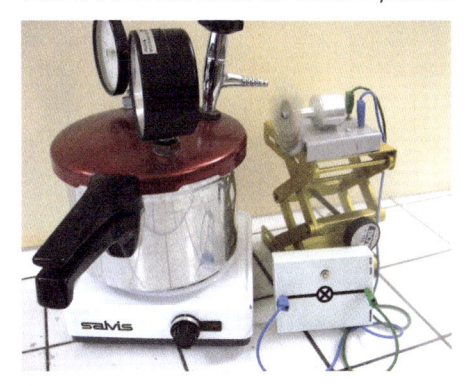

Anhand dieses Experiments kann gut der Begriff Wirkungsgrad demonstriert werden: Von 2000 W Heizleistung bleiben rund 1 Watt elektrische Leistung. Der Dampf müsste kondensiert und in den Topf zurückgepumpt werden.

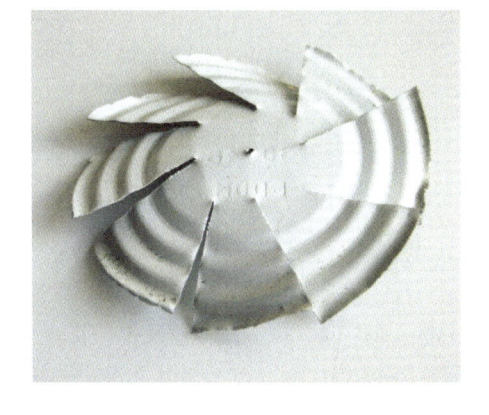

Energie aus Müll

🎯 Du kannst erläutern, was mit dem Abfall geschehen muss, um die Umwelt möglichst wenig zu belasten.
Du kannst die Verbrennungsprodukte von Papier nennen und ihre Wirkung auf die Umwelt erläutern.
Du hast die Experimente zum Thema Verbrennen von Papier und Nachweisreaktionen selbst durchgeführt.

⏱ 1 Lektion, Besuch KVA 2 Lektionen

Ⓜ Waage, Alublech, feuerfeste Platte, Papier, Zündhölzer, Calciumhydroxidlösung («Kalkwasser»), Gaswaschflasche, Verbrennungsrohr (ø 4 cm), passender Stopfen mit Loch, U-Rohr mit 2 passenden Stopfen, Becherglas (600 ml), Glaswolle, Porzellanschiffchen, Verbindungsschläuche, Stativ mit Klemme, Wasserstrahlpumpe

Durchführung und Beobachtung

1. Warum werden bei uns die Abfälle verbrannt?
> Ziehe die Schutzbrille an und decke den Tisch mit einer feuerfesten Platte ab.
> Lege ein grosses Aluminiumblech auf eine Waage und notiere die Masse des Bleches.

Blech leer	m =	g
Blech + Papier	m =	g
Papier	m =	g

> Lege ein Blatt Papier auf das Blech und notiere die Masse von Blech und Papier.
> Entzünde das Papier und verfolge die Anzeige der Waage.
> Notiere die angezeigte Masse nach der Verbrennung.

Blech leer	m =	g
Blech + Asche	m =	g
Asche	m =	g

> Berechne, wie viel % der Papiermasse übrig bleiben.

> Wo ist die restliche Masse geblieben?

Durch Verbrennung wird eine Gewichts- und Volumenreduktion auf etwa einen Fünftel erreicht.
Sie entweicht als Rauch (Russ und Abgase)

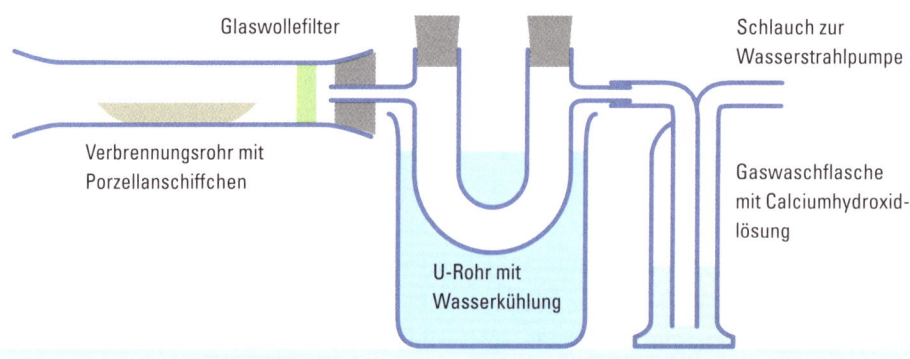

Beim Kauf einer Maschine oder eines Gebrauchsgegenstandes kaufst du nicht nur das gewünschte Gerät, es wird dazu auch viel Verpackungsmaterial mitgeliefert. Die Verpackung dient einerseits zum Schutz während des Transports, kann aber auch als Werbeträgerin eingesetzt werden.

Was soll mit dem Verpackungsmaterial nach dem Auspacken geschehen?
Überlege, welche Lösungsmöglichkeiten bestehen. Wäge Vor- und Nachteile gegeneinander ab. Entscheide dich für die umweltverträglichste Variante.

2. Was entsteht beim Verbrennen von Müll?
> Baue aus einem Verbrennungsrohr, einem Becherglas, einem U-Rohr, einer Gaswaschflasche und einem Stativ die folgende Apparatur auf:
> Stosse ein lockeres Büschel Glaswolle ins Rohr bis zum Stopfen

Eine moderne Kehrichtverwertungsanlage wandelt die durch die Verbrennung von Müll freigesetzte Energie in Wärmeenergie (Fernwärme) und elektrische Energie um.

Mit einem elektrostatischen Filtersystem wird die Flugasche zurückgehalten, die Rauchgaswaschanlage entfernt Staub und Säuren, die DENOX-Anlage wandelt die beim Verbrennen entstehenden giftigen Stickoxide NO_x in harmlose Stoffe um. Details dazu erfährst du im Versuch 31 «Abluft von Schadstoffen reinigen».
Daraus folgt: Müll nicht zu Hause verbrennen!

Technik be-greifen   **Versuch 30**

> Gib in die Gaswaschflasche etwa 2 cm hoch Calciumhydroxidlösung und schliesse sie mit einem Schlauch an die Wasserstrahlpumpe an.
> Verschliesse das U-Rohr mit zwei Stopfen und stelle es in ein Becherglas mit kaltem Wasser.
> Schliesse das U-Rohr mit einem Stopfen an das Verbrennungsrohr und mit einem kurzen Schlauchstück an die Gaswaschflasche an.
> Schalte die Wasserstrahlpumpe ein.
> Gib etwas Papierschnitzel ins Porzellanschiffchen und entzünde das Papier im Verbrennungsrohr.
> Halte deine Beobachtungen fest:

Beim Verbrennen von Papier (Verbindung aus Kohlenstoff-, Wasserstoff- und Sauerstoffatomen) entstehen

- Wasserdampf (H_2O), dieser kondensiert beim Kühlen zu feinen Wassertröpfchen.
- Kohlendioxid (CO_2), kann mit der Trübungsreaktion von Calciumhydroxidlösung nachgewiesen werden, sowie Spuren des hochgiftigen Kohlenstoffmonoxids (CO).
- Russ (C), entsteht bei zu tiefen Verbrennungstemperaturen (die Flamme vom Papier erscheint gelb, weil die Flamme hell glühende Russteilchen herausschleudert).

Betriebsdaten der Kehrichtverwertungsanlage Baden/Turgi

Jahresumsatz	120 000 Tonnen Müll pro Jahr
Thermische Leistung der Öfen	50 MW
Temperaturen	Ofen 1000 °C, Dampf 400 °C
Dampfdruck	40 bar
Elektrische Leistung	maximal 12,9 MW
Stromproduktion pro Jahr	70 Mio. kWh
Leistung Fernwärmenetz	maximal 24,5 MW
Jahresproduktion Fernwärme	46,5 Mio. kWh

Das Rohr wird innen voller Russ, im U-Rohr sind feine Tröpfchen zu sehen, die Calciumhydroxidlösung wird weisslich trübe und undurchsichtig.

> Welche Stoffe sind folglich durch die Verbrennungsreaktion entstanden?
> Kohlendioxid, Wasser und Russ.

Neben Kohlenstoffdioxid CO_2, Wasserdampf H_2O und Russ entstehen beim Verbrennungsprozess Stickoxide NO_x, Schwefeldioxid SO_2 und Dämpfe von den im Abfall enthaltenen Metallverbindungen. Diese werden mit aufwendigen Prozessen aus den Rauchgasen entfernt. Etwa 20% des Mülls kommen als keimfreie Schlacke beim Ofen wieder heraus und müssen in einer speziellen Deponie endgelagert werden.

Die abgetrennten Stäube sind hochgiftig und werden in einem alten Salzbergwerk in Deutschland eingelagert.

Schema der Kehrichtverwertungsanlage Turgi:
Die Anlage ist zugleich ein thermisches Kraftwerk

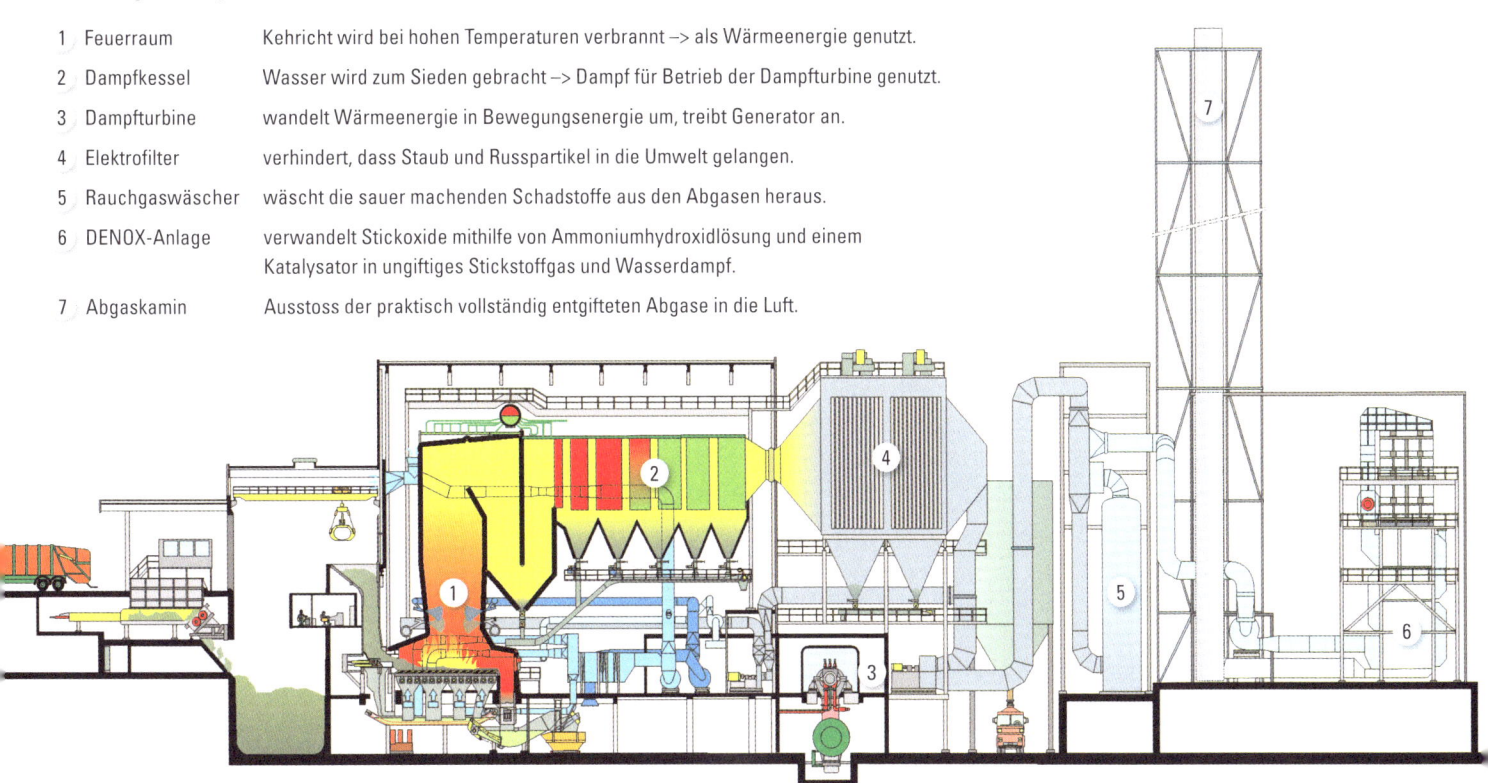

1	Feuerraum	Kehricht wird bei hohen Temperaturen verbrannt –> als Wärmeenergie genutzt.
2	Dampfkessel	Wasser wird zum Sieden gebracht –> Dampf für Betrieb der Dampfturbine genutzt.
3	Dampfturbine	wandelt Wärmeenergie in Bewegungsenergie um, treibt Generator an.
4	Elektrofilter	verhindert, dass Staub und Russpartikel in die Umwelt gelangen.
5	Rauchgaswäscher	wäscht die sauer machenden Schadstoffe aus den Abgasen heraus.
6	DENOX-Anlage	verwandelt Stickoxide mithilfe von Ammoniumhydroxidlösung und einem Katalysator in ungiftiges Stickstoffgas und Wasserdampf.
7	Abgaskamin	Ausstoss der praktisch vollständig entgifteten Abgase in die Luft.

Luftreinhaltung
Abluft von Schadstoffen reinigen

Schülerinnen und Schüler
> lernen das Verbrennungsprodukt von Schwefel kennen.
> kennen das Prinzip der Rauchgaswaschanlage und der Neutralisation.
> erleben die Funktionsweise des elektrostatischen Filters.

Themenkreis
> Verbrennungsreaktionen
> Säure-Base-Reaktionen
> Neutralisation
> Elektrostatik

Vorkenntnisse
> Funktion KVA: www.kvaturgi.ch

Fachlicher Hintergrund

Kehrichtverbrennung am Beispiel der Kehrichtverwertungsanlage (KVA) Turgi (AG)

Bei der Verbrennung von Kehricht entstehen eine Vielzahl von Verbindungen wie Kohlendioxid CO_2, Kohlenmonoxid CO, Salzsäuredämpfe HCl, Schwefeldioxid SO_2, Stickoxide NO_x, Wasserdampf H_2O sowie hochgiftige Schwermetalle wie z.B. Quecksilber Hg, Cadmium Cd, Blei Pb und Zink Zn.

Zusätzlich können sich bei tieferen Temperaturen beim Verbrennen von chlorhaltigem Kunststoff (PVC) oder mit Chlor gebleichtem Papier hochtoxische Stoffe wie TCDD (Dioxin) und PCDF (Furane) bilden. Diese Stoffe gelangten in den Anfangsjahren des Betriebs in die Umwelt.

Von Anbeginn weg wurde die Flugasche elektrostatisch aufgeladen und an Platten abgeschieden. Damit gelingt es, die Flugasche zu 99% aus der Verbrennungsluft abzutrennen. Die Stäube aus dem Elektrostatik-Filter sind hochgiftig, da sie Schwermetalle enthalten. Zurzeit wird die Filterasche nach Heilbronn transportiert, in Säcke abgefüllt und in einem stillgelegten Salzbergwerk eingelagert. Es bestehen Projekte, die Metalle aus der Filterasche wiederzuverwerten.

Beim Verbrennen von schwefelhaltigen Verbindungen entstehen Schwefeldioxid SO_2 und Schwefeltrioxid SO_3:

$$S + O_2 \longrightarrow SO_2 - \text{Energie}$$
$$2S + 3O_2 \longrightarrow 2SO_3 - \text{Energie}$$

Mit Wasser entstehen die Schweflige Säure H_2SO_3 und die sehr aggressiv wirkende Schwefelsäure H_2SO_4:

$$SO_2 + H_2O \longrightarrow H_2SO_3$$
$$SO_3 + H_2O \longrightarrow H_2SO_4$$

Im Rauchgaswäscher werden diese Gase mit Wasser zur Reaktion gebracht. Die dabei entstehenden Säuren haben zusätzlich die Wirkung, dass die im Rauchgas enthaltenen Schwermetalle in wasserlösliche Stoffe umgewandelt werden und sich im sauren Waschwasser ansammeln.

Die sauren Lösungen werden anschliessend mit Natronlauge oder Calziumlauge neutralisiert. Die Schwermetalle sind jetzt nicht mehr wasserlöslich, es bildet sich ein Schlamm mit den ausgefällten Metallverbindungen, der filtriert und in einer speziellen Deponie eingelagert wird.

Die in den Abgasen enthaltenen Stickoxide werden in der DENOX-Anlage unschädlich gemacht. Zu diesem Zweck muss das Rauchgas von seinen 125 °C auf die Betriebstemperatur des Katalysators von 270 °C aufgeheizt werden. Dies geschieht durch einen Wärmetauscher, der die heissen Abgase des Katalysators (Titan) nutzt, um die unbehandelten Abgase vorzuheizen, und einem Ölbrenner, der die noch fehlenden 25 °C nachliefert. In die Rauchgase wird Ammoniumhydroxidlösung NH_4OH eingesprüht. Diese wird sogleich in Ammoniakgas NH_3 und Wasser H_2O aufgespalten. Die Mischung aus Ammoniakdämpfen und Rauchgasen streicht entlang den heissen Platten des Katalysators. Dabei finden katalytisch beschleunigt folgende

Dioxine aus dem Verbrennungsprozess

Grundsätzlich bilden sich bei jeder Verbrennung Dioxine, so z.B. auch beim Heizen mit feuchtem Holz (z.B. Christbaum) oder bei der Verbrennung von mit Chlor gebleichtem Papier. In den Rauchgasen der Kehrichtverwertungsanlagen lassen sich Dioxinmengen zwischen 5 und 10 Nanogramm pro Kubikmeter Abluft messen. Angestrebt werden Werte um 0,1 Nanogramm pro Kubikmeter.

Die Bildung der Dioxine läuft aufgrund des katalytischen Effekts von Schwermetallen und deren Oxiden (z.B. Kupfer) durch Reaktion von Kohlenwasserstoffen, aromatischen Stoffen und Chlorverbindungen bereits unterhalb von 300 °C ab. Deshalb sind die Flugstäube der KVA stark mit Dioxinen belastet und müssen als Sondermüll entsorgt werden.

Dioxin wurde bei einem Chemieunfall in Seveso (Italien) in grossen Mengen freigesetzt und erhielt als Seveso-Gift traurige Berühmtheit. Die Giftigkeit von Dioxin ist etwa 10 000-mal grösser als die von Kaliumcyanid. Hauptproblem aber ist die schwere Abbaubarkeit der Dioxine in der Umwelt, sodass sie sich in Lebensmittel anreichern können.

Dies ist die giftigste aller Dioxinversionen 2, 3, 7, 8-TCDD

Reaktionen statt:

$$4NO + 4NH_3 + O_2 \longrightarrow 4N_2 + 6H_2O$$
$$2NO_2 + 4NH_3 + O_2 \longrightarrow 3N_2 + 6H_2O$$

Gleichzeitig werden an den heissen Katalysatorplatten chlorierte Kohlenwasserstoffe (z.B. Dioxin, Furane) durch einen Oxidationsprozess abgebaut. So werden die hochgiftigen Schadstoffe nicht nur

Technik be-greifen | **Versuch 31**

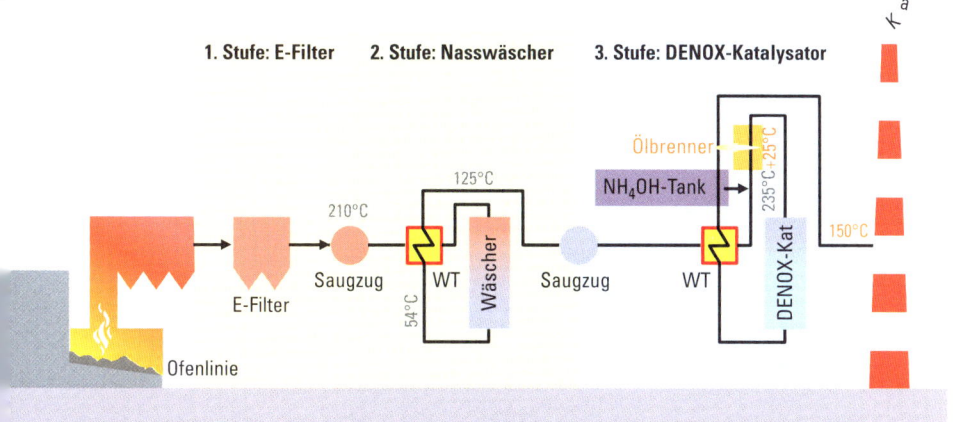

1. Stufe: E-Filter   **2. Stufe: Nasswäscher**   **3. Stufe: DENOX-Katalysator**

Gleichung der Neutralisationsreaktionen:

$H_2SO_3 + 2\,NaOH \longrightarrow 2\,H_2O + Na_2SO_3$

$H_2SO_4 + 2\,NaOH \longrightarrow 2\,H_2O + Na_2SO_4$

2. Elektrostatischer Filter

Zur Erzeugung der gleichgerichteten Hochspannung ist ein Bandgenerator oder eine Influenzmaschine nötig (Physiksammlung). Keinesfalls mit Netzspannung und Transformator versuchen, die Hochspannung zu erzeugen, Lebensgefahr! Die Berührung der Anschlüsse des Bandgenerators bewirkt zwar einen unangenehmen Stromstoss, der jedoch infolge der kleinen Stromstärke harmlos ist.

Beim Einschalten der Hochspannung wirbelt der von der verbrannten Papierserviette ausgehende Rauch in der Flasche herum und schlägt sich an der Flaschenwand nieder. Ein ähnlicher Effekt ist bei den Röhrenfernsehgeräten zu sehen: Die Bildschirmoberfläche lädt sich elektrostatisch auf und der Staub aus dem Raum setzt sich auf der Glasscheibe nieder.

Eine andere Bauform eines elektrostatischen Filters besteht aus einem etwa 40 cm langen vertikal befestigten Glasrohr (etwa 4 cm Durchmesser). In der Mitte wird isoliert ein Kupferdraht angebracht und aussen ein Blechstreifen spiralig um das Glas gewunden. Wenn Rauch durch das Glas nach oben steigt (Kaminwirkung), erzeugt die an Draht und Mantel angelegte Hochspannung ein Abscheiden vom durchströmenden Rauch am Glasrohr.

Die Kehrichtverwertungsanlage besitzt im Gegensatz zu den Heizungsanlagen und dem Cheminée zu Hause folgende Anlageteile, die die Schadstoffe reduzieren können:

- Elektrostatische Filteranlagen: reduzieren den Staub und Russ auf weniger als 1/100.
- Rauchgaswaschanlage: entfernt Metallverbindungen und neutralisiert Säuren.
- DENOX-Anlage: verwandelt an einem Katalysator (Titan) die schädlichen Stickstoffoxide durch Reaktion mit Ammoniak zu Stickstoff und Wasserdampf.

physikalisch gebunden, sondern auch chemisch in harmlose Stoffe umgewandelt.

Anmerkungen

1. Verbrennung von Schwefel

Die Verwendung einer grossen Flasche (2 Liter) für das Experiment hat den Vorteil, dass praktisch keine Geruchsbelästigung stattfindet. Die Flasche wird unten mit etwa 2 cm Leitungswasser gefüllt und mit Universalindikator versehen. Eine Probe der Farblösung kann zur Erhöhung der Prägnanz in ein kleines Becherglas gegeben und als Vergleich neben die Flasche gestellt werden. Die Abgabe von Sauerstoff (nicht Wasserstoff!) in das Gefäss sollte durch die Lehrkraft erfolgen, damit die Bedienung der Gasarmaturen fachgerecht erfolgt. Der im Stopfen montierte Verbrennungslöffel wird halb voll mit Schwefelpulver gefüllt und mit dem Brenner entzündet. Schwefel brennt mit blauer Flamme. Sobald der Schwefel Feuer gefangen hat, wird der Verbrennungslöffel in die Flasche mit dem Sauerstoff gegeben und der Stopfen dicht aufgesetzt. Im Innern entwickelt sich ein kleiner Überdruck. Aus diesem Grund unbedingt den Stopfen auf der Flasche festhalten, sonst könnte der brennende Schwefel aus der Flasche herauskatapultiert werden. Schwefel verbrennt zu Schwefeldioxid SO_2 und Schwefeltrioxid SO_3. Nach der Verbrennung wird das Wasser durch Umschwenken der Flasche mit den Gasen in Kontakt gebracht, es ist ein deutlicher Umschlag von neutral nach sauer feststellbar. Durch Zugabe von kleinen Portionen Natronlauge wird die saure Lösung neutralisiert, der in der Flasche sichtbare weisse Rauch verschwindet.

Schwefeldioxid wird als Konservierungsmittel bei Dörrfrüchten (E220) und beim Wein eingesetzt.

Links & Literatur

SCHWISTER, KARL: *Taschenbuch der Chemie*. Carl Hanser Verlag, Leipzig 1999.
Luft Post Broschüre: *Die Luftreinhaltung in der Schweiz*. Schweiz. Gesellschaft für Lufthygiene.
www.chemieunterricht.de
DVD: *Kehrichtverwertung in der KVA Turgi*, 2006, KVA Turgi, www.kvaturgi.ch

Abluft von Schadstoffen reinigen

🎯 Du erlebst im Experiment, was beim Verbrennen von Schwefel entsteht.
Du führst eine Neutralisation durch und siehst das Grundprinzip der Rauchgaswaschanlage.
Du verfolgst die Funktionsweise eines elektrostatischen Filters.
Du weisst, warum Müll nicht zu Hause verbrannt werden darf.

⏱ 1 Lektion

Ⓜ Grosse Glasflasche mit Stopfen, Verbrennungslöffel, Schwefelpulver, Polylöffel, Gasbrenner, Zündhölzer, Sauerstoffflasche mit Zuleitungsschlauch, Universalindikator, Natronlauge (1 Mol/Liter), Isolator mit Fuss, PET-Flasche, grosser Nagel, Blechdeckel, 2 Verbindungskabel, Bandgenerator, Schutzbrille

Durchführung und Beobachtung

1. **Was entsteht beim Verbrennen von Schwefel?**
> Schutzbrille anziehen!
> Fülle 2 cm hoch Wasser in eine grosse Flasche und gib 10 Tropfen Universalindikatorlösung dazu.
> Befestige den Verbrennungslöffel an einem Stopfen, der die Flasche dicht abschliessen kann.
> Lass dir von der Lehrkraft reinen Sauerstoff in die Flasche geben.
> Fülle einen halben Polylöffel Schwefelpulver in den Verbrennungslöffel und entzünde den Schwefel mit dem Bunsenbrenner.
> Führe den Verbrennungslöffel mit dem brennenden Schwefel in die Flasche ein und verschliesse sie mit dem Stopfen. Verhindere durch Festhalten des Zapfens, dass dieser wegen der Gasentwicklung noch oben weggedrückt wird!
> Was geschieht? Notiere deine Beobachtungen und male die Farben der Indikatorlösung in die Skizze ein.

Schwefel verbrennt mit dunkelblauer Flamme, es bildet sich ein weisser Rauch, der Indikator im Wasser färbt sich von Grün auf Rot um.

> Gib im Anschluss an die Verbrennungsreaktion langsam in kleinen Portionen 1-molare Natronlauge in die entstandene Säure und schüttle bei geschlossener Flasche.
> Füge so lange weitere Portionen Natronlauge dazu, bis der Indikator grün erscheint. Schüttle nach jeder Laugenzugabe, damit sich das Gas oben in der Flasche in der Flüssigkeit löst. Was ist zu sehen?

Mit der Lauge wird die saure Wirkung «aufgehoben», der weisse Rauch verschwindet, das Waschwasser wird neutral.

> Welche Folgerungen können aus diesem Experiment gezogen werden?

Die Schwefelabgase bilden mit Wasser Säuren (-> saurer Regen). Durch Laugenzugabe lässt sich die Säure neutralisieren.

Schwefel verbrennt mit Sauerstoff zu gasförmigem Schwefeldioxid (SO_2). Dieses Gas kann mit Eisen als Katalysator zu Schwefeltrioxid (SO_3) weiterverbrennen. Beide Gase sind wasserlöslich, es entsteht eine saure Lösung (Indikator wechselt von Grün = neutral zu Rot = sauer). So entsteht auch saurer Regen.

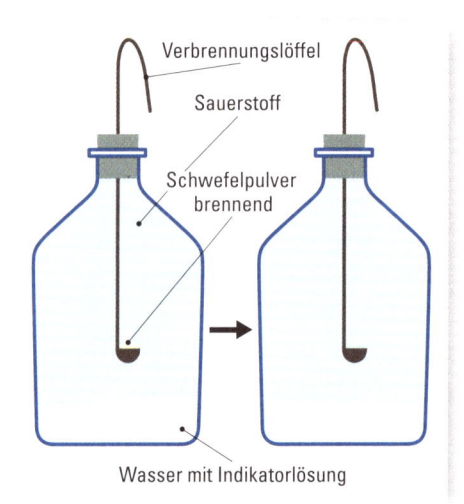

Beim Verbrennen einer Verbindung entstehen neben viel freigesetzter Wärmeenergie die Oxide der Elemente:

$H \longrightarrow H_2O$
$C \longrightarrow CO_2$ (Treibhausgas) und CO bei unvollständiger Verbrennung
$S \longrightarrow SO_2$ und SO_3 (erzeugen den sauren Regen)

sowie unverbrannte Russpartikel. Zusätzlich entstehen Stickstoffoxide (NO_x) aus der Reaktion von Stickstoff N_2 mit Sauerstoff O_2 bei hohen Temperaturen (die Luft enthält 78% N_2).

Technik be-greifen   Versuch 31

In der Rauchgaswaschanlage einer Kehrichtverbrennungsanlage werden die beim Verbrennen entstandenen Nichtmetalloxide im Wasser gelöst. Dabei bilden sich Säuren, die in der Lage sind, im Rauchgas enthaltene Metallverbindungen (Cadmium-, Quecksilber-, Zinkverbindungen) wasserlöslich zu machen. So können diese Giftstoffe wie auch feine Staubpartikel aus dem Rauchgas heraus gewaschen werden.

Die Säuren dürfen nicht direkt in ein Gewässer eingeleitet werden, sondern müssen zuerst mit Calciumlauge $Ca(OH)_2$ neutralisiert werden:

Salzsäure reagiert zu Calciumchlorid: $Ca(OH)_2 + 2\,HCl \longrightarrow CaCl_2 + 2\,H_2O$
Schwefelsäure reagiert zu Gips: $Ca(OH)_2 + H_2SO_4 \longrightarrow CaSO_4 + 2\,H_2O$
Fluorwasserstoff reagiert zu Calciumfluorid: $Ca(OH)_2 + 2\,HF \longrightarrow CaF_2 + 2\,H_2O$

Zusätzlich werden durch die Laugenzugabe viele Metallverbindungen ausgefällt (wasserunlöslich gemacht). Die entstandenen Schlämme werden mit einer anschliessenden Filtration abgetrennt und entwässert. Sie werden als Sondermüll sicher deponiert.

2. Modellversuch elektrostatischer Filter

> Trenne den Boden einer etwas dickwandigeren PET-Flasche in etwa 15 cm Höhe ab. Bohre ein kleines Loch in den Boden der Flasche und stosse einen langen Nagel hinein.
> Bohre in die Mitte eines Blechdeckels ein Loch für die obere Schraube des Isolators. (Der Deckel sollte etwas grösser sein als der Durchmesser der PET-Flaschenhälfte.)
> Schraube den Blechdeckel auf den Isolator mit Fuss und schliesse mit zwei Kabeln einen Bandgenerator an Nagel und Stiel des Isolators an. Kabel nirgends berühren!
> Entzünde ein kleines Stück Papierserviette auf dem Blech und stelle die PET-Flasche darauf. Schalte den Bandgenerator ein, sobald sich genügend Rauch gebildet hat.
> Beobachte, was mit dem Rauch passiert.

Der Rauch wirbelt im Innern der Dose umher und schlägt sich als feiner Belag auf dem Gefäss nieder.

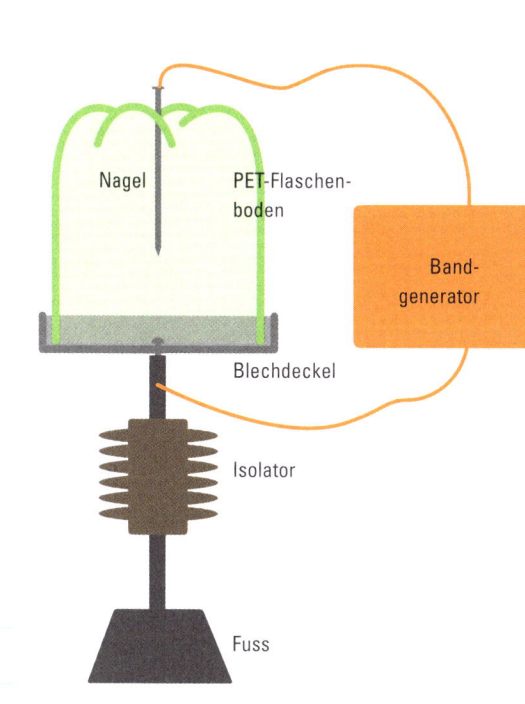

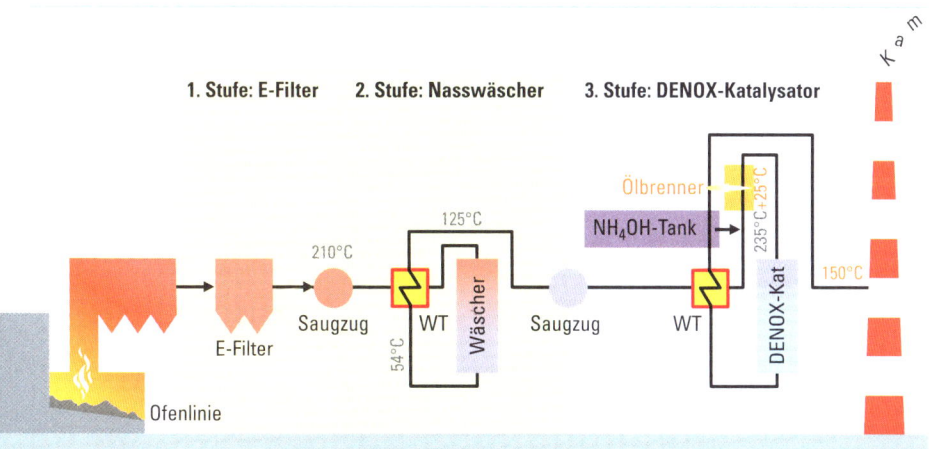

1. Stufe: E-Filter   2. Stufe: Nasswäscher   3. Stufe: DENOX-Katalysator

WT = Wärmetauscher

Die Kehrichtverwertungsanlage besitzt im Gegensatz zu den Heizungsanlagen und dem Cheminée zu Hause folgende Anlageteile, die die Schadstoffe reduzieren können:

• Elektrostatische Filteranlagen: reduzieren den Staub und Russ auf weniger als 1/100.
• Rauchgaswaschanlage: entfernt Metallverbindungen und neutralisiert Säuren.
• DENOX-Anlage: verwandelt an einem Katalysator die schädlichen Stickstoffoxide durch Reaktion mit Ammoniak zu Stickstoff und Wasserdampf.
• Daraus folgt: keinen Kehricht zu Hause als «Mottfeuer» oder im Cheminee/Ofen verbrennen.

Die KVA Turgi verbrennt pro Jahr rund 120 000 Tonnen Müll. Mit der elektrostatischen Filteranlage werden jährlich 2 800 Tonnen Filterasche aus dem Rauchgas abgetrennt.

Die Filterasche enthält viele giftige Stoffe und wird in einem Salzbergwerk in Deutschland sicher deponiert. (Unterdessen wird die Asche zum Teil bereits wieder ausgelagert, um in speziellen Anlagen Zink zurückzugewinnen).

Bei der Neutralisation der im Rauchgaswaschprozess entstandenen Säuren fallen jährlich 50 bis 60 Tonnen Schlamm (ausgefällte Salze) an, die auch endgelagert werden müssen.

Siehe auch: www.kvaturgi.ch

Elektrolyse
Verchromen gegen Rost

Schülerinnen und Schüler
> wissen, was man unter der Elektrolyse versteht.
> verkupfern selber einen Gegenstand.
> können erklären, wie die Beschichtung von Gegenständen mit edleren Metallen praktisch geschieht.
> können die Vorgänge des Verkupferns mithilfe einer Modellvorstellung nachvollziehen.

Fachlicher Hintergrund

Wenn **Gleichstrom** durch eine Salzlösung fliesst, sieht man, dass an den Kontaktelektroden Stoffe ausgeschieden werden. Im Falle von verdünnter Schwefelsäure bildet sich am Pluspol Sauerstoffgas, am Minuspol die doppelte Menge Wasserstoffgas (z.B. bei der Elektrolyse im Hoffmann'schen Apparat).

Am Minuspol findet die Reduktion (Aufnahme von Elektronen) von Wasserstoff H (+I) im Wasser zu elementarem Wasserstoff H (0) statt: $2 H_2O + 2 e^- \rightarrow H_2 (g) + 2 OH^-$. Das Normalpotenzial für diese Teilreaktion (Reduktion) beträgt $E^0 = -0,83$ V. Am Pluspol findet die Oxidation (Abgabe von Elektronen) von Sauerstoff O (–II) im Wasser zu elementarem Sauerstoff O (0) statt:
$2 H_2O \rightarrow O_2 + 4 H^+(aq) + 4 e^-$. Das Normalpotenzial für diese Teilreaktion (Oxidation) ist $E^0 = +1,23$ V.

Gleichstrom/Wechselstrom

Salzlösungen und Salzschmelzen sind aufgrund ihrer frei beweglichen Ionen elektrische Leiter (Strom = fliessende Ladung).

Wird eine Salzlösung mit Gleichstrom (DC) durchflossen, ist bei edleren Metallen zu sehen, dass sich die Elektrode am Minuspol verfärbt: Es findet eine Ausscheidung des elementaren Metalls statt. Am Pluspol ist eine Gasentwicklung erkennbar.

Themenkreis
> Redox
> Salze

Beim Einsatz von Wechselstrom (AC) erfolgt keine Elektrolyse, weil sich Plus- und Minuspol 50-mal pro Sekunde vertauschen. Die im Wasser gelösten Ionen werden in der Lösung lediglich hin und her bewegt, was eine Erwärmung des Wassers zur Folge hat. Dieses Prinzip wird bei ganz billigen Luftbefeuchtern angewendet: In einem Kunststoffgehäuse sind zwei Eisenplatten im Abstand von etwa 3 cm im Wasser eingetaucht. Infolge der elektrischen Leitfähigkeit des kalkhaltigen Wassers vibrieren die Ionen in der Lösung zwischen den Platten hin und her, durch «Reibung» wird das Wasser erwärmt und zum Sieden gebracht.

Funktion der Batterie

Die Batterie kann modellmässig als «Elektronenpumpe» betrachtet werden: Auf der einen Seite der Batterie werden unter Aufwendung von Energie Elektronen entzogen (Elektronenmangel: Pluspol) und auf der andern Seite angehäuft (Elektronenüberschuss: Minuspol).

Vorgänge am Pluspol

Dem mit dem Pluspol verbundenen Kupferblech werden durch die Spannungsquelle Elektronen entzogen: $Cu \rightarrow Cu^{2+} + 2$ Elektronen. Die dadurch entstehenden Kupferionen werden mit Wassermolekülen zu einem Aquokomplex $[Cu(H_2O)_6]^{2+}$ umhüllt und gehen in Lösung.

Aus dieser Beobachtung heraus entstand die Definition der historisch-technischen Stromrichtung: Strom fliesst vom Plus- zum Minuspol als beobachtbarer Effekt der Ionenwanderung. Noch war nicht bekannt, dass die Elektronen als freie Ladungsträger in einem Metall für die Leitfähigkeit verantwortlich sind.

Vorkenntnisse
> Atombau: mindestens Bohrmodell
> Salzbildung aus den Elementen

Vorgänge am Pluspol im Modell

Unter Abgabe von 2 Elektronen entstehen Kupfer-(2+)-Ionen. Diese gehen in Lösung unter Bildung von Hexaaquokupfer-(II)-Komplexen. (In dieser Abbildung sind der Übersichtlichkeit halber nur vier Wassermoleküle des Komplexes gezeichnet.)

Das Kupferblech fühlt sich nach der Elektrolyse rau an, was mit diesem Modell verständlich wird: Die gelösten Kupferionen werden vom Pluspol abgestossen, vom zu verkupfernden negativ geladenen Gegenstand angezogen und wandern somit durch die Lösung vom Pluspol zum Minuspol.

Am Pluspol bildet sich kein Sauerstoff, da das Standardpotenzial für die Oxidation des Kupfers günstiger liegt als für die Bildung von Sauerstoff.

Vorgänge am Minuspol im Modell

Die Batterie hat viele negativ geladene Elektronen zum Gegenstand (im Experiment die Münze) transportiert (Minuspol). Jedes doppelt positiv geladene Kupferion nimmt beim Kontakt mit dem Gegenstand 2 Elektronen auf,

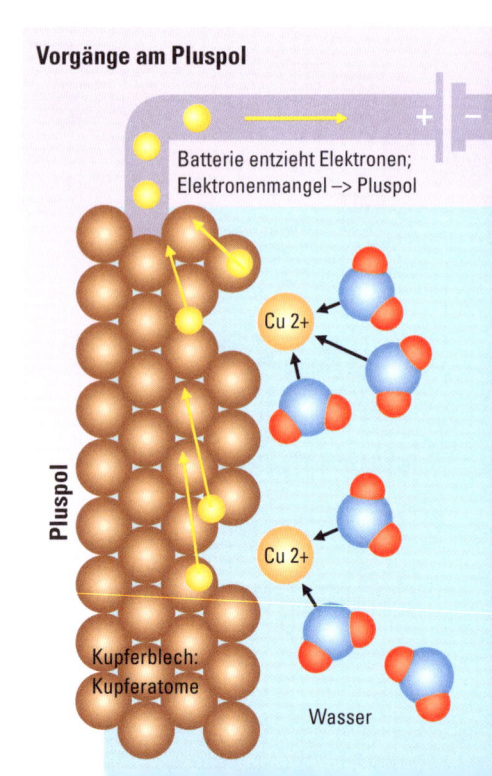

Vorgänge am Pluspol

Versuch 32

Vorgänge am Minuspol

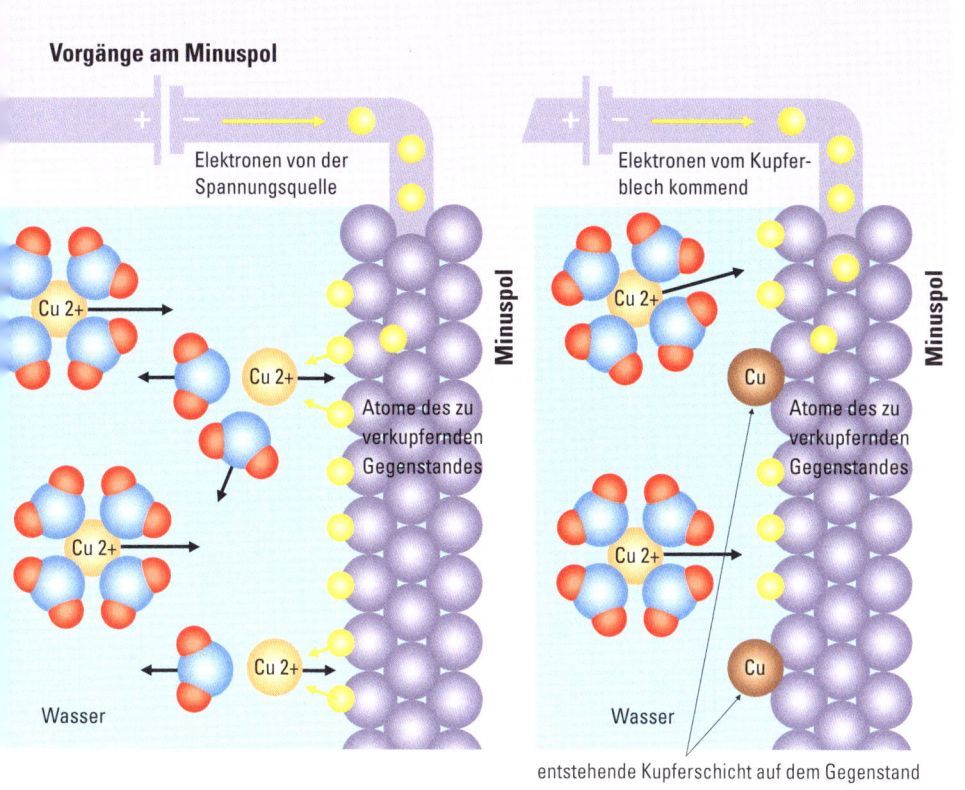

Wasser

Elektronen von der Spannungsquelle

Cu 2+

Atome des zu verkupfernden Gegenstandes

Minuspol

Elektronen vom Kupferblech kommend

Cu 2+

Cu

Atome des zu verkupfernden Gegenstandes

Minuspol

Wasser

entstehende Kupferschicht auf dem Gegenstand

Mit Gold beschichtete Kontakte

es entsteht aus dem Kupferion ein elementares Kupferatom: $Cu^{2+} + 2e^- \rightarrow Cu^0$ (Aufnahme von Elektronen = REDUKTION). Die Oberfläche des Gegenstands wird immer stärker mit Kupferatomen überzogen.

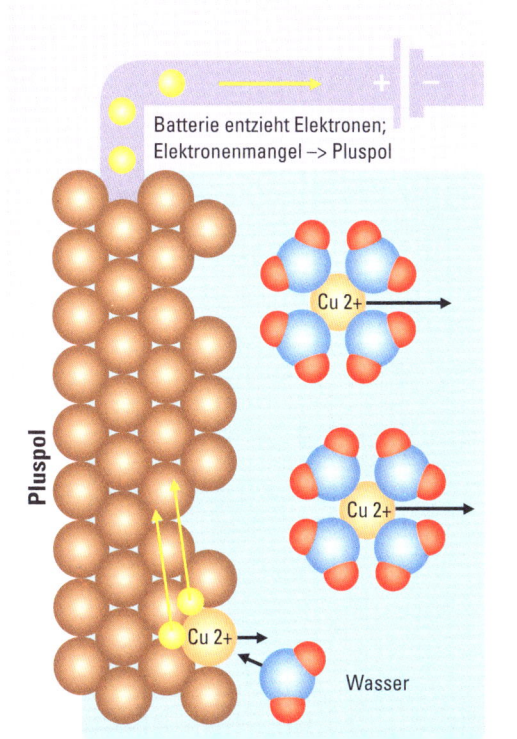

Batterie entzieht Elektronen; Elektronenmangel –> Pluspol

Cu 2+

Cu 2+

Cu 2+

Wasser

Pluspol

Anwendung der Elektrolyse

Kontakte von Elektronikkomponenten, die über lange Zeit eine gute Leitfähigkeit aufweisen sollen, werden vergoldet. (Gold bildet keine isolierende Oxidschicht.) Die zu vergoldenden Kupferbahnen werden an den Minuspol angeschlossen und in ein Elektrolysebad mit Goldionen eingetaucht.

Anmerkungen

Beim zweiten Experiment werden für die Verkupferung der Münze neben Kupfersulfat weitere Stoffe zugefügt. Je nach zu verkupferndem Metall findet bereits ohne Spannung eine Redoxreaktion zwischen dem zu verkupfernden Metall und den gelösten Kupferionen statt, so z.B. beim Kontakt des unedlen Eisens mit gelösten Kupferionen:

Fe ——> Fe^{2+} + 2 Elektronen (OXIDATION)
2 Elektronen + Cu^{2+} ——> Cu (REDUKTION)

Der Nagel überzieht sich mit einer lockeren, fast pulvrigen Kupferoberfläche. Durch Zugabe von Salzen der Weinsäure (Tartrate) in alkalischer Lösung wird diese Reaktion verhindert, da die Kupferionen einen Komplex mit den Tartrationen bilden. Die Reduktion von Kupferionen zu Kupfer findet jetzt nur dann statt, wenn von der Spannungsquelle Elektronen am Minuspol angehäuft werden.

Als Kohleelektroden können anstelle von käuflich erworbenen Graphitstäben relativ leicht aus ausgedienten 4,5-V-Batterien die Elektrodenkohlen herausgezogen und nach dem gründlichen Reinigen in diesem Experiment eingesetzt werden.

Die angelegte Spannung bei der Elektrolyse bestimmt die Stromstärke und somit die Menge des ausgeschiedenen Metalls pro Sekunde. Je kleiner die Oberfläche des Gegenstandes, umso geringer sollte die Stromstärke gewählt werden. Sonst wird zu viel Kupfer pro Sekunde freigesetzt, was zu einem unschönen Resultat führt. Die Kupferschicht gelangt nicht schön gleichmässig und gut haftend auf den Gegenstand, sondern als lockeres dunkelbraunes Kupferpulver.

Für das Verkupfern einer Münze kann mit 1,5 V oder 3 V unter Umständen das zwar langsamere, jedoch schönere Resultat erzielt werden als mit 4,5 V. Durch Öffnen der Abdeckung einer 4,5-V-Batterie können bei den Verbindungsdrähten auch kleinere Spannungen abgegriffen werden, da jede einzelne Zelle 1,5 V liefert.

Entsorgung

Nach dem Beenden der Experimente können die Lösungen filtriert und anschliessend in die entsprechenden Vorratsgefässe zurück gegossen werden. Filter mit wenig entmineralisiertem Wasser nachspülen, das Spülwasser in den Behälter für wassergefährdende anorganische Stoffe giessen und die Filterpapiere via Kehricht entsorgen.

Links & Literatur

BROWN, THEODORE: *Chemie: die zentrale Wissenschaft*. Pearson, München 2007.
ASSELBORN, WOLFGANG (Hrsg.): *Chemie heute, S II*. Schroedel, Hannover 1998.
PFESTTORF, ROLAND: *Chemie Fachbuch für FH*. Verlag Harry Deutsch, Frankfurt 2000.

Verchromen gegen Rost

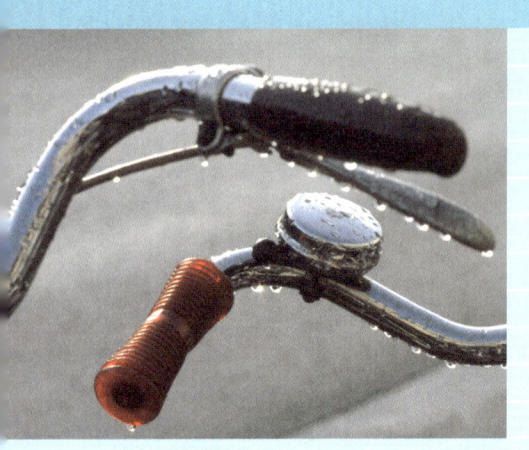

🎯 Du verkupferst selber einen Gegenstand.
Du kannst erklären, wie die Beschichtung von Gegenständen mit edleren Metallen praktisch geschieht.
Du kannst die Vorgänge des Verkupferns mithilfe einer Modellvorstellung nachvollziehen.

⏱ 1 Lektion

🔧 Becherglas (250 ml, niedrige Form), 3 Verbindungskabel mit Krokodilklemmen, 2 Kohlestäbe als Elektroden, Glühlampe (3,5 V) mit Fassung, Karton, Kupfersulfatlösung (etwa 0,1 M), Batterie (4,5 V), Kupferblech, Scheuerpulver, Pinzette, Kupfersulfat, Natriumhydroxid, Kaliumnatriumtartrat, demineralisiertes Wasser, farbloser Lack

Durchführung und Beobachtung

Experiment 1
> Ziehe die Schutzbrille an!
> Fülle ein Becherglas (250 ml, niedrige Form) halbvoll mit der Kupfersulfatlösung, lege einen Kartonstreifen mit zwei Löchern (Abstand etwa 3 cm, gleicher Durchmesser wie Kohlestäbe) auf dieses Glas und führe zwei Kohlestäbe durch die Löcher in die Lösung ein.
> Schliesse den einen Kohlestab mit einem Kabel an den Pluspol der Batterie, den anderen Kohlestab mit einem Kabel mit Krokodilklemme an eine Glühlampe 3,5 V und mit einem weiteren Kabel vom zweiten Anschluss der Glühlampe an den Minuspol der Batterie an.

> Beobachte, was passiert, notiere deine Erfahrungen und bemale die Kohlestäbe in der Abbildung mit der beobachteten Farbe:

Der Stab am Pluspol bleibt schwarz, es bilden sich Gasbläschen. Am Stab beim Minuspol bildet sich eine kupferfarbene Schicht.

> Vertausche nun Pluspol und Minuspol und lasse den Versuch etwa 5 Minuten laufen, unterbrich den Stromkreis und untersuche die Elektroden erneut.
> Notiere deine Beobachtungen:

Die Kupferschicht am Stab beim Pluspol ist nicht mehr vorhanden, am vorher schwarzen Stab des Minuspols ist neu eine Kupferschicht entstanden.

Eine Reaktion, bei der man eine chemische Verbindung (hier Kupfersulfat) unter Einwirkung von elektrischem Strom aufspaltet, wird Elektrolyse genannt. Die Strom leitende Salzlösung ist der Elektrolyt, die eingetauchten Kohlestäbe sind die Elektroden. An den Elektroden laufen chemische Reaktionen ab: Am Minuspol wird das Metall aus dem Elektrolyten abgeschieden, am Pluspol löst sich das Metall ab.

Entzinnen von verzinnten Konservendosen
Konservendosen sind zum Schutz des Eisens mit einer dünnen Schicht Zinn überzogen. Durch Elektrolyse kann das Zinn vom Eisenblech abgetrennt werden: Die Dosen werden mit dem Pluspol verbunden, am Minuspol hängt eine dünne Zinnplatte. Dosen und Platte sind in heisse Natronlauge eingetaucht. Durch Einwirkung von Gleichstrom wird das Zinn am Pluspol abgelöst, die Zinnionen wandern durch die Lauge und werden am Minuspol als Metall wieder abgeschieden.

134

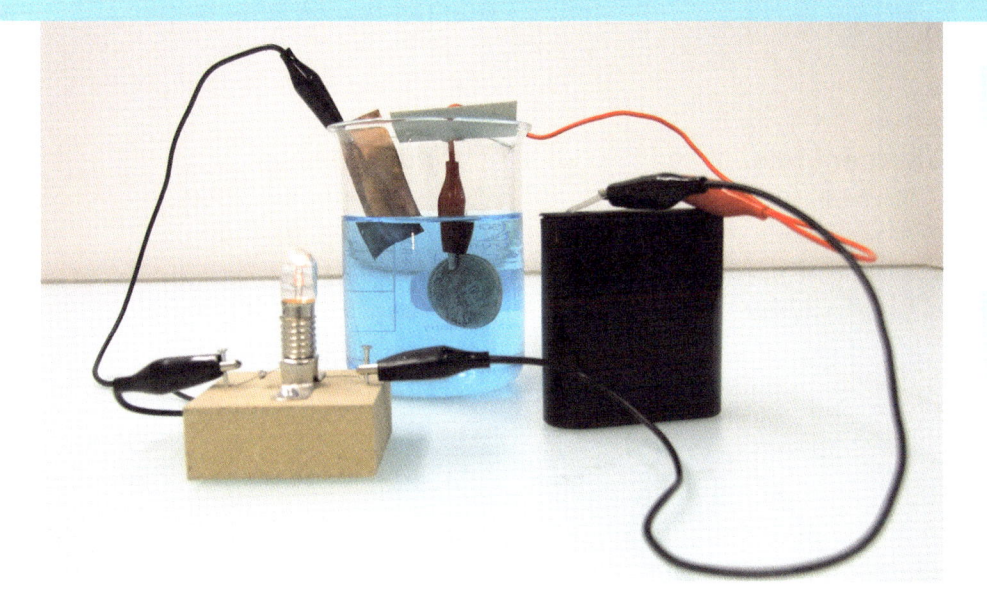

Technik be-greifen **Versuch 32**

Elektrolyselösung
In 200 ml demineralisiertem Wasser werden aufgelöst: 7 g Kupfersulfat ($CuSO_4 \cdot 5\,H_2O$), 35 g Kaliumnatriumtartrat (Salz der Weinsäure), 10,6 g Natriumhydroxid

Anwendung dieses Effektes
- Verchromen von Sanitärarmaturen und Fahrradlenkern
- Vergolden von Kontaktstellen in der Elektronik
- Versilbern von Schmuck

Experiment 2: Verkupfern
> Schneide einen Streifen Kupferblech zurecht und befestige ihn mit der Krokodilklemme des Kabels am Innenrand des Becherglases.
> Fülle das Becherglas mit 200 ml Elektrolyselösung.
> Reinige eine Münze mit Scheuerpulver und Wasser. Spüle mit demineralisiertem Wasser nach. (Gegenstand nach der Reinigung nicht mit den Fingern berühren, es könnten sonst Fettspuren entstehen, die beim Verkupfern stören!)
> Klemme die Münze an eine Krokodilklemme und befestige das Kabel mit der Münze so auf dem Becherglas, dass die Münze in der Mitte des Becherglases hängt.
> Schliesse den Minuspol der 4,5-Volt-Batterie an das Kabel zur Münze an. Verbinde das Kabel vom Kupferblech mit der Glühlampe 2,5 V und diese mit einem weiteren Kabel mit dem Pluspol der Batterie (als Kontrolle, ob Strom fliesst, und zum Schutz der Batterie vor Kurzschluss).
> Lasse die Elektrolyse etwa 5 Minuten in Betrieb, fasse dann die Münze mit einer Pinzette und befestige die Krokodilklemme an einer andern Stelle der Münze, damit alles verkupfert wird. Elektrolysiere weitere 10 Minuten.
> Schalte die Stromzufuhr aus, fasse die Münze mit der Pinzette und spüle sie unter fliessendem Wasser ab.
> **Gib die Elektrolyselösung in das Vorratsgefäss zurück.**

> Trockne die Münze und besprühe sie mit einem farblosen Lack, damit die Kupferschicht ihren Glanz behält.
> Was ist mit dem Kupferblech geschehen?
Das Kupferblech am Pluspol erhält eine raue Oberfläche.

Vorgänge bei der Elektrolyse, mit einem Modell erklärt

a) Die Batterie entzieht unter Energieaufwand der einen Seite Elektronen: es entsteht der Pluspol

Die Batterie transportiert die Elektronen via Kabel auf die andere Seite: es entsteht der Minuspol.

b) Am Pluspol (Elektronenmangel) wird einem Kupferatom zwei Elektronen entrissen. Dadurch entsteht ein Kupfer-(2+)-Ion, das in Lösung geht. Die beiden Elektronen werden von der Batterie unter Energieaufwand über das Kabel zur Münze befördert.

$Cu \longrightarrow Cu^{2+} + 2$ Elektronen (Oxidation)

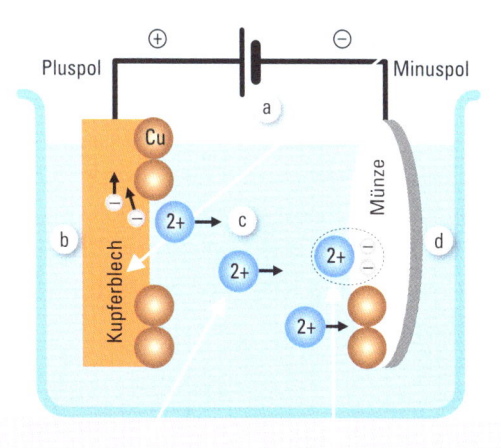

c) Die Kupfer-(2+)-Ionen wandern in der Lösung, angezogen von der negativ geladenen Münze, zum Minuspol. Die Lösung ist wegen der frei beweglichen geladenen Teilchen (Ionen) elektrisch leitend.

d) Ein Kupferion kommt zum Minuspol (Elektronenüberschuss) und nimmt beim Kontakt zwei Elektronen auf. Es bildet sich ein Kupferatom.

$Cu^{2+} + 2$ Elektronen $\rightarrow Cu$ (Reduktion)

Das Leclanché-Element
Elektrische Energie aus Batterien

Schülerinnen und Schüler
> wissen, wie die Zellen einer 4,5-V-Batterie intern verbunden sind.
> können die Reaktion von Zink mit Säure erklären.
> wissen, wie ein Leclanché-Element im Innern aufgebaut ist.
> können den Reaktionsverlauf in groben Zügen erkennen.

Themenkreis
> Elektrochemie
> Redoxreaktionen
> Säure-Base-Reaktionen
> Elektrizitätslehre

Vorkenntnisse
> Redoxreaktionen als Elektronen-austausch-Reaktionen
> Säure-Base-Reaktionen als Wasserstoffionenübertragungs-Reaktionen

Fachlicher Hintergrund

Bei Redoxreaktionen zwischen einem unedlen Metall und den Wasserstoffionen einer Säure findet ein Elektronenaustausch statt: Das unedle Metall gibt Elektronen ab und wird somit oxidiert (Oxidation = Abgabe von Elektronen). Die Wasserstoffionen (H^+) nehmen diese frei gewordenen Elektronen auf und werden zu elementarem Wasserstoff reduziert (Reduktion = Aufnahme von Elektronen).

Diese Elektronenübertragungs-Reaktion kann noch nicht als elektrische Energiequelle genutzt werden, da die Elektronen direkt vom Metall auf die Wasserstoffionen übertreten. Die Situation könnte auch als Kurzschluss aufgefasst werden. Gelingt es, die beiden Teilreaktionen räumlich voneinander zu trennen, können die Elektronen vom reagierenden Metall über eine Elektrode (stellt den Elektronenfluss von einem metallischen Leiter zu einem Elektrolyten sicher) via einen elektrischen Verbraucher fliessen. Die räumlich getrennten Reaktionen erlauben es, die bei der chemischen Reaktion frei werdende Energie als elektrische Energie nutzbar zu machen.

Diese Art von «Batterie» hat den grossen Nachteil, dass neben der erwünschten Reaktion, bei der die Elektronen vom Metall über einen Verbraucher zur Elektrode fliessen, gleichzeitig noch Reaktionen an der Kontaktstelle Metall/Säure stattfinden, wie sie im Experiment 1 zu erleben sind. Eine solche «Batterie» wäre auch ohne Stromdurchfluss in kurzer Zeit inaktiv, weil die Stoffe mit der Nebenreaktion reagiert haben. Auch bei den käuflichen Batterien ist diese Nebenreaktion zu beobachten: Nach 10 Jahren ist eine Batterie dieser Art nicht mehr zu gebrauchen, der Zinkbecher wird zerfressen, was zu grossen Schäden an den Geräten führen kann.

Zusätzlich entsteht ein Problem mit dem frei werdenden Wasserstoffgas: Eine Batterie sollte dicht sein, damit sie auch liegend oder auf dem Kopf stehend keine Flüssigkeit verliert. Bei der Umsetzung von 6,5 g Zink entstehen (unter Normalbedingungen) 2,24 Liter Wasserstoffgas. Die Batterie würde eine Entlüftung brauchen und wäre somit nicht mehr auslaufsicher.

Mit der Erfindung von Georges Leclanché (um 1860) wurde es möglich, die Bildung von Wasserstoffgas zu verhindern. Er verwendete statt der im Modellexperiment eingesetzten Salzsäure eine Lösung aus Ammoniumchlorid. Durch den Einsatz von Mangandioxid wird die Bildung von Wasserstoff verhindert: Ein Wasserstoffion reagiert mit einem Oxidion des Mangandioxids (auch als Braunstein bezeichnet) zu einem Hydroxidion (OH^-), das Mangan-(4+)-Ion nimmt das vom Zink freigesetzte Elektron auf. Das Mangan-(4+)-Ion wird dabei zu Mangan-(3+) reduziert.

Der Ablauf des Strom liefernden Prozesses kann mit folgenden Gleichungen beschrieben werden:
Am Minuspol:
$$Zn \longrightarrow Zn^{2+} + 2\text{ Elektronen}$$
Am Pluspol:
$$2\,e^- + 2\,H^+ + 2\,Mn^{4+}O_2^{2-} \longrightarrow 2\,Mn^{3+}O(OH)$$

Die Säurewirkung wird beim Leclanché-Element durch eine 10–20%-Ammoniumchlorid-Lösung erzeugt. Dabei werden die für die Säurewirkung verantwortlichen H^+-Ionen und Ammoniakgas NH_3 gebildet: $NH_4^+\,Cl^- \longrightarrow NH_3 + H^+aq + Cl^-$

Die beim Zinkbecher freigesetzten Zink-(2+)-Ionen reagieren anschliessend in einer Sekundärreaktion mit dem Ammoniakgas und den Chloridionen zum schwerlöslichen Diammin-Zink-(II)-chlorid:
$$Zn^{2+} + 2\,NH_3 + 2\,Cl^- \rightarrow Zn^{2+}(NH_3)_2Cl_2^-$$

Die Bildung dieses schwerlöslichen Komplexes ist dafür verantwortlich, dass ein Leclanché-Element nicht nachgeladen werden kann.

Redox-Teilgleichungen der Reaktion Zink und Säure:

$$Zn \longrightarrow Zn^{2+} + 2\text{ Elektronen} \qquad \text{OXIDATION}$$
$$2\text{ Elektronen} + 2\,H^+ \longrightarrow 2\,H\cdot \rightarrow H_2 \qquad \text{REDUKTION}$$

Chemische Gleichung der Reaktion:

Zink + Salzsäurelösung reagiert zu Zinkchloridlösung + Wasserstoffgas
$$Zn + 2\,H^+aq + 2\,Cl^-aq \longrightarrow Zn^{2+}aq + 2\,Cl^-aq + H_2$$

Die Ruhespannung einer frischen Leclanché-Zelle beträgt etwa 1,5 V. Unter Belastung sinkt die Spannung, weil sich das Elektrodenpotenzial wegen der entstehenden Ionen ändert (->Nernst'sche Gleichung). Nach der Belastung haben die entstandenen Ionen Zeit, von den Elektroden in das Innere des Elektrolyten zu diffundieren, wo darauf in einer Sekundärreaktion das unlösliche Diammin-Zinkchlorid gebildet wird. Somit kann sich die Batterie wieder «erholen»: Je nach Art und Zeitdauer der Belastung dauert die Erholungsphase unterschiedlich lang.

Die Aussentemperatur ist für die Batterie entscheidend: Je kälter es ist, desto geringer die Stromstärke und desto kürzer die Entladezeit.

Die Ammoniumchloridlösung ist eingedickt, z.B. mit Sägemehl, damit sich keine Flüssigkeit in der Zelle befindet. Bei der 4,5-Volt-Batterie ist der Zinkbecher der einzige Schutz gegen das Auslaufen. Bei der Reaktion wird Zink in wasserlösliche Zinkionen umgewandelt,

Einfluss der Aussentemperatur auf Spannung, Stromstärke und Entladezeit.

°C	U_{Ruhe} V	U_{Arbeit}* V	$I_{Kurzschluss}$ A	$t_{Entladung}$* h
30	1,57	1,49	6,5	17
20	1,56	1,48	6,0	14
10	1,55	1,47	5,5	11
0	1,54	1,46	5,0	8
-10	1,53	1,41	4,5	6
-20	1,53	1,30	3,0	4
-30	1,53	1,00	1,0	1

*$R_{Belastung}$: 8 Ω

die Wandstärke mit zunehmendem Entladezustand deshalb immer geringer. Die Dimensionierung der eingesetzten Materialien erfolgt so, dass zuerst der Braunstein «aufgebraucht» wird und die Entladereaktion somit zum Stillstand kommt, bevor der Zinkbecher eine undichte Stelle erhält. Die Schutzhülle um die drei Zellen dient nur zur mechanischen Stabilisierung der Zellen. Trennwände zwischen den Zellen verhindern das Berühren der Zinkbecher, damit es nicht zu einem Kurzschluss kommt.

Wenn eine entladene Batterie noch längere Zeit herumliegt, kann die Säure des Elektrolyten den Zinkbecher an einer schwachen Stelle ganz auflösen. Die gelösten Salze und die Säure können dann auslaufen und das Gerät beschädigen.

Aus diesem Grund entladene Batterien immer sofort aus einem Gerät entfernen und dem Recycling zuführen.

Anmerkungen

Als Einstieg könnten die Schülerinnen und Schüler eine Zitronen- oder Orangenbatterie bauen. In eine saure Frucht werden zwei verschieden edle Metalle (z.B. Kupferstab und Zinkstab) so hineingesteckt, dass sie sich im Innern nicht berühren. Als Verbraucher eignet sich ein Taschenrechner mit Flüssigkristallanzeige. Der schwarze Draht (Minus) des Rechners muss mit einem Verbindungskabel und Klemmen mit dem Zink verbunden werden, das Kupferblech mit dem roten Anschlusskabel vom Pluspol des Rechners.

Die Fruchtbatterie ist ein galvanisches Element, das rund 1 Volt Spannung ergibt und genügend Energie liefert, um einen Rechner mit Flüssigkristallanzeige zu betreiben. Durch Serieschaltung mit einem zweiten Kupfer- respektive Zinkblech in einer weiteren Zitrusfrucht kann die Spannung auf 2 Volt erhöht werden, was sicher zum Betrieb ausreicht.

Beim Experiment 1 kann die Reaktionsgeschwindigkeit durch Zinkgranulat anstelle von Zinkblech erhöht werden.

Ist kein Granulat vorhanden, können mit einer Blechschere feine Zinkblechstreifen geschnitten werden. Auf diese Weise wird eine grössere Angriffsfläche für die Säure geschaffen und es entsteht genügend Wasserstoff, sodass die Knallgasprobe gelingt.

Das Experiment mit der selbstgebauten Leclanché-Zelle könnte auch problemlos zu einer physikalischen Fragestellung erweitert werden, indem der Spannungs- und Stromstärkeverlauf beim Entladen (z.B. während 10 Minuten) und das anschliessende Erholen ausgemessen und aufgezeichnet werden. Durch die Wahl von zweier verschiedenen Lastwiderständen ergeben sich die beiden abgebildeten Kurven.

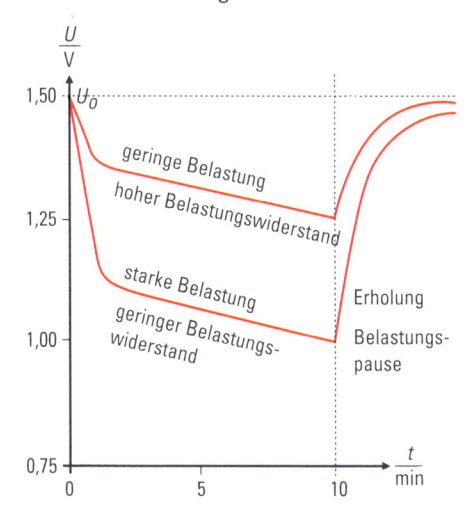

Entsorgung

Graphitstift und Zinkblech abwaschen und trocknen. Sie können wieder verwendet werden. Die Säuren von Experiment 1 und 2 in den Behälter für Säuren entsorgen. Das Löschblatt zusammen mit den Mangansalzen und dem Graphit in den Behälter für anorganische Abfälle geben.

Links & Literatur

DEMUTH, REINHARD: *Chemie im Kontext*. Cornelsen, Berlin 2006.
ASSELBORN, WOLFGANG: *Chemie heute, SII*. Schroedel, Hannover 1998.
www.chemieunterricht.de
www.hwynen.de/batterie.html
www.chempage.de

Elektrische Energie aus Batterien

🎯 Du erlebst die chemische Reaktion von Zink und Säure.
Du baust ein Modell einer Leclanché-Zelle und bestimmst die Spannung dieser Zelle.
Du informierst dich über die chemischen Prozesse, die in der Batterie ablaufen.

⏱ 1 – 2 Lektionen

Ⓜ Voltmeter mit 2 Verbindungskabeln, Solar-Elektromotor, Reagenzglas mit Zapfen, Zinkpulver, Zinkblech, Salzsäure (10%), Zündhölzer, Becherglas, Reagenzglashalter, Bleistiftmine, Pillenglas, Filterpapier, Graphitpulver, Braunstein (Manganoxid MnO_2), Ammoniumchlorid, demineralisiertes Wasser

Durchführung und Beobachtung

1. Reaktion von Zink mit Säure liefert Wärmeenergie

> Ziehe die Schutzbrille an!
> Gib in ein Reagenzglas etwa 2 cm hoch Salzsäure (10%) und füge einen Spatel Zinkpulver dazu. Lege einen Stopfen locker auf die Öffnung.
> Halte nach etwa 2 Minuten ein brennendes Zündholz über die Öffnung des Reagenzglases, um herauszufinden, welches Gas sich gebildet hat.
> Notiere deine Beobachtungen. Was folgerst du daraus? (Lies dazu den Text Gasnachweis.)

Das Gas lässt sich entzünden. —> Es entsteht Wasserstoffgas.

Gasnachweis

Mit einem brennenden Zündholz lassen sich folgende Gase nachweisen:
- Sauerstoffgas bringt das Zündholz intensiv zum Brennen.
- Kohlendioxidgas löscht das Zündholz aus.
- Wasserstoffgas ist brennbar. Es brennt eventuell mit einem kleinen Knalleffekt ab.

Zink reagiert spontan mit der Salzsäure, es entsteht Wasserstoffgas und gelöstes Zinkchlorid, dabei wird Wärmeenergie freigesetzt:

Zink + Salzsäurelösung reagiert zu Zinkchloridlösung + Wasserstoff

$$Zn + 2H^+ + 2Cl^- \longrightarrow Zn^{2+} + 2Cl^- + H_2$$

Wenn aus der Reaktion von Zink und Säure elektrische Energie anstatt Wärmeenergie freigesetzt werden soll, muss das Experiment etwas geändert werden:

Die Reaktion des Zinks (Abgabe von zwei Elektronen) und die der beiden Wasserstoffionen (Aufnahme von je einem Elektron) muss räumlich getrennt stattfinden: Dazu wird mit zwei Drähten z.B. eine Glühlampe zwischen Kohlestab und Zinkblech angeschlossen.

2. Reaktion von Zink mit Säure liefert elektrische Energie

> Ziehe die Schutzbrille an!
> Biege einen schmalen Streifen Zinkblech so zurecht, dass er von oben in ein Becherglas eingehängt werden kann.
> Befestige mit dem Reagenzglashalter einen Graphitstab (z.B. Bleistiftmine ohne Holzverkleidung) in der Mitte des Becherglases.
> Giesse etwa 30 ml demineralisiertes Wasser in das Becherglas. Füge 1 ml Salzsäure (10%) dazu. (Zinkblech und Graphitstab müssen mindestens 1 cm eintauchen).
> Schliesse ein Voltmeter an und miss die Spannung, wo sind Minus- und Pluspol?

Es ist eine Spannung von 1,2 Volt messbar. Zink bildet den Minuspol, die Bleistiftmine den Pluspol.

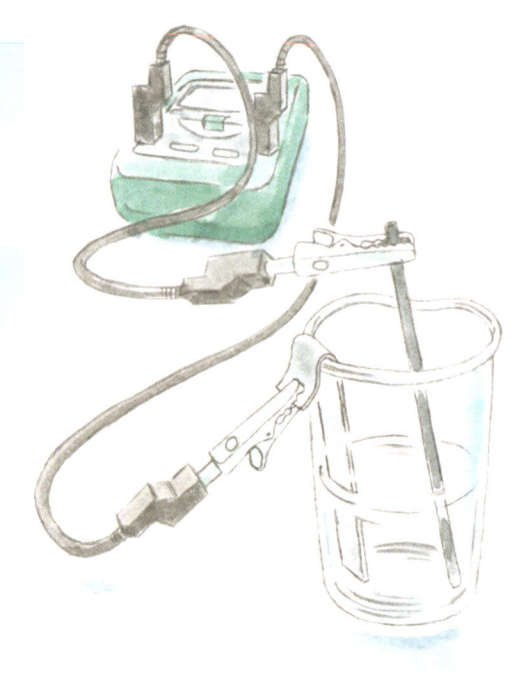

Nachteile dieser «Batterie»:

- Zink reagiert auch, wenn keine elektrische Energie entnommen wird (Direktkontakt).
- Säure als aggressive Flüssigkeit ist in dieser Anordnung nicht praxistauglich.

Technik be-greifen   **Versuch 33**

Was läuft bei der Reaktion von Zink und Säure von Experiment 2 ab?

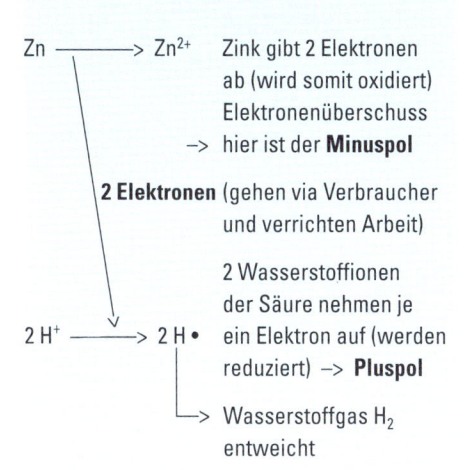

Zn ⟶ Zn^{2+} Zink gibt 2 Elektronen ab (wird somit oxidiert) Elektronenüberschuss –> hier ist der **Minuspol**

2 Elektronen (gehen via Verbraucher und verrichten Arbeit)

$2 H^+$ ⟶ 2 H•   2 Wasserstoffionen der Säure nehmen je ein Elektron auf (werden reduziert) –> **Pluspol**

Wasserstoffgas H_2 entweicht

Anstelle von Salzsäure wird beim Leclanché-Element Ammoniumchlorid verwendet. Es zerfällt in Ammoniakgas und spendet ein H^+-Ion. Ein Zinkatom gibt 2 Elektronen ab, es entsteht daraus ein wasserlösliches Zn^{2+}-Ion.

Die freigesetzten Elektronen wandern via leitenden Draht über den Verbraucher zum Graphitstab, der im Manganoxid eingebettet ist.

Jedes Mangan-(4+)-Ion nimmt ein Elektron auf. Aus dem Braunstein $Mn^{4+}O_2^{2-}$ wird unter Aufnahme eines «Säureteilchens» H^+ die Verbindung MnO(OH) gebildet. Die vom Ammoniumchlorid freigesetzten Wasserstoffionen werden somit gebunden und nicht zu Wasserstoffgas reduziert. Es bildet sich kein Gas!

Die entstandenen Zinkionen reagieren mit dem Ammoniak zu einem Zinkkomplex (Diammin-Zink-(II)-chlorid).

Schematischer Querschnitt durch ein Leclanché-Element

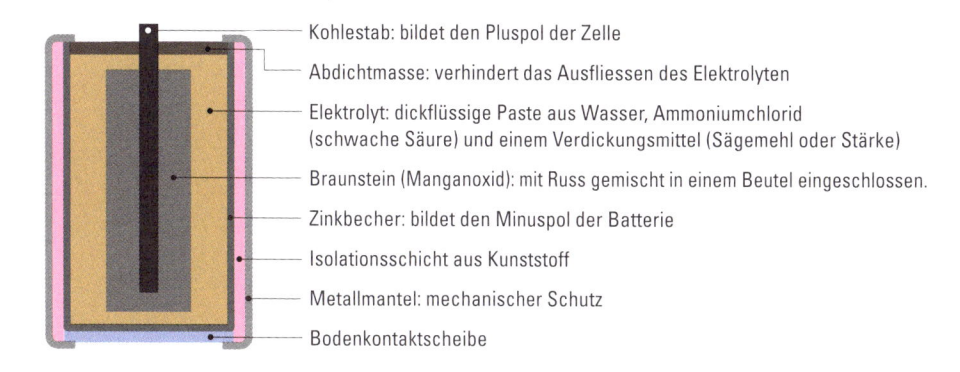

- Kohlestab: bildet den Pluspol der Zelle
- Abdichtmasse: verhindert das Ausfliessen des Elektrolyten
- Elektrolyt: dickflüssige Paste aus Wasser, Ammoniumchlorid (schwache Säure) und einem Verdickungsmittel (Sägemehl oder Stärke)
- Braunstein (Manganoxid): mit Russ gemischt in einem Beutel eingeschlossen.
- Zinkbecher: bildet den Minuspol der Batterie
- Isolationsschicht aus Kunststoff
- Metallmantel: mechanischer Schutz
- Bodenkontaktscheibe

3. Modell eines Leclanché-Elements

> Ziehe die Schutzbrille an!
> Schneide ein Zinkblech von etwa 1x8 cm zurecht und biege es so, dass es dem Rand entlang in ein Pillenglas hineinpasst.
> Erstelle aus einem Filterpapier eine etwa 5 cm lange Hülse, indem du es um einen Bleistift aufrollst und so zurechtdrückst, dass eine formstabile Hülse mit Boden entsteht.
> Mische 2 Polylöffel Manganoxid (= Braunstein) mit 2 Polylöffeln Graphitpulver. Gib das Gemisch in die Filterpapierhülse.
> Schiebe vorsichtig eine Bleistiftmine von oben in die Mitte der Hülse mit dem Braunstein, der Graphitstab sollte die Hülse am Boden nicht durchbohren.
> Stelle diese Hülse in die Mitte des Pillenglases und fülle zwischen sie und das Zinkblech eine Lösung aus etwa 4 Polylöffeln Ammoniumchlorid und 25 ml Wasser.

> Verbinde ein Voltmeter mit dem Zinkblech und dem Graphitstab. Miss die resultierende Spannung.
> Schliesse einen kleinen Solar-Elektromotor an. Liefert die Reaktion genügend Energie zum Betrieb des kleinen Elektromotors?

Die Zelle liefert elektrische Energie, die Spannung beträgt rund 1,2 Volt.
Der Motor läuft.

Entsorgung:

> Säure in den Behälter für Säuren/Laugen
> Ammoniumchloridlösung und Braunstein in den Behälter für anorganische Abfälle
> Zink, Graphitstab: abspülen und trocknen, sie können wieder verwendet werden.

Chemische Prozesse bei der Entladung eines Leclanché-Elements

Lampe
Minuspol ⟶ Elektronen ⟶ Pluspol

NH_4Cl, Cl^-, NH_3, H^+, Zn^0, Zn^{2+}, $Zn^{2+}(NH_3)_2Cl_2$, MnO(OH), MnO_2, Braunstein Manganoxid MnO_2

Zinkbecher

Elektrolyt: Ammoniumchloridlösung

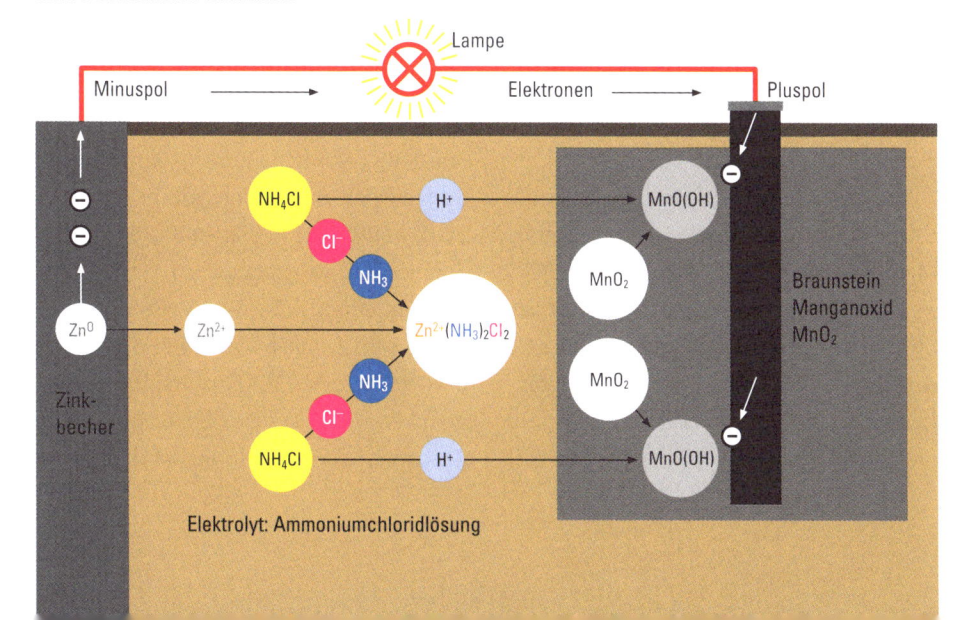

Wie erhält man bei der Flachbatterie eine Spannung von 4,5 Volt?

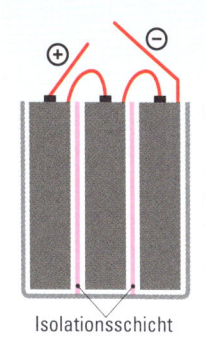

3 Zellen mit je 1,5 Volt Spannung werden in Serie geschaltet (der Pluspol wird mit dem Minuspol verbunden). Dadurch addieren sich die Spannungen auf 4,5 V.

Isolationsschicht

Brennstoffzellen
Energie aus Wasserstoffgas

Schülerinnen und Schüler
> können begründen, warum Wasserstoff als Energieträger verwendet werden kann.
> haben erfolgreich eine Brennstoffzelle in Betrieb genommen und ihre Leistung gemessen.
> können zukünftige Einsatzbereiche der Brennstoffzelle aufzeigen.

Themenkreis
> Elektrochemie
> Redoxreaktionen
> Moleküle
> Knallgasreaktion
> Exotherme/endotherme Reaktionen

Vorkenntnisse
> Atombau: mindestens Bohrmodell
> Aufbau der Moleküle
> Elektrische Messgrössen: Spannung U (Volt), Stromstärke I (Ampere), Leistung P (Watt)

Fachlicher Hintergrund

Geschichte

In der Brennstoffzelle läuft die Umkehrreaktion der Elektrolyse ab. Im 19. Jahrhundert studierte Michael Faraday die Vorgänge bei der Elektrolyse von gelösten Salzen. Er stellte fest, dass beim Fliessen von Strom durch die Salzlösung Wasserstoff- und Sauerstoffgas freigesetzt werden.

Sir William Robert Grove (1811–1896) stellte 1839 fest, dass sich dieser Prozess auch umkehren liess: Er tauchte zwei Platinelektroden in Schwefelsäure und umspülte die eine Elektrode mit Wasserstoff, die andere Elektrode mit Sauerstoff. Er konnte einen schwachen Stromfluss durch einen aussen angelegten Stromkreis nachweisen: **Die «galvanische Gasbatterie»** war erfunden, quasi die erste Brennstoffzelle. Diese Entdeckung verlor an Bedeutung, da 1866 Werner von Siemens die Dynamomaschine erfand, mit der aus mechanischer Arbeit direkt elektrische Energie gewonnen werden konnte. So war man damals nicht mehr auf Batterien zur Erzeugung von elektrischer Energie angewiesen.

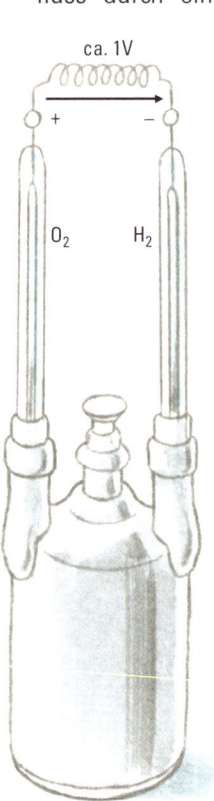

Funktionsweise der Brennstoffzelle

Das Wasserstoffmolekül wird am Platinkatalysator in zwei Wasserstoffatome (H·) aufgespalten. Der Kern des Wasserstoffatoms (= Proton) geht als H^+–Ion durch die protonendurchlässige Membran (NAFION®, hergestellt von Dupont) auf die Seite vom Sauerstoff, die Elektronen gehen via gasdurchlässige Elektrode über ein Kabel zum angeschlossenen Verbraucher, verrichten dort Arbeit und «wandern» über ein weiteres Kabel

Ablaufende chemische Prozesse bei der Brennstoffzelle:

$2 H_2 \xrightarrow{Pt} 4 H\cdot \quad 4 H\cdot \longrightarrow 4 H^+ + 4$ Elektronen
Antrieb von Motoren, Lampen usw.

$O_2 \xrightarrow{Pt} 2\cdot O\cdot \quad 2\cdot O\cdot + 4$ Elektronen $\longrightarrow 2 O^{2-}$

zum Anschluss der Elektrode auf der Sauerstoffseite. Jedes Sauerstoffatom nimmt zwei Elektronen auf, es entsteht kurzzeitig ein Oxidion O^{2-}. Die durch die protonendurchlässige Folie «gewanderten» Wasserstoffionen reagieren mit dem Oxidion zu Wasser:

$2 H^+ + O^{2-} \longrightarrow H\text{-}O\text{-}H (H_2O)$

Der Wirkungsgrad der Brennstoffzelle beträgt je nach Betriebsart zwischen 50% und 80%, d.h., die Zelle erwärmt sich im Betrieb und muss gekühlt werden.

Bei der Polymer-Elektrolyt-Membran-Brennstoffzelle kommt eine spezielle Membran aus NAFION® zum Einsatz.

NAFION® ist eine teflonähnliche Folie mit Seitenketten, die je eine Sulfonsäuregruppe besitzen. Die Wasserstoffionen können sich an diese anlagern und wieder zu einer nächsten Struktur

Struktur von Nafion®

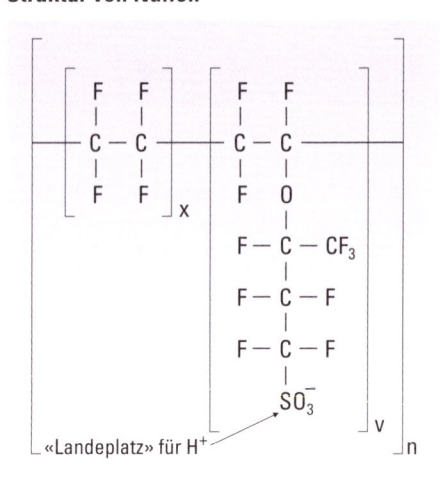

von Nafion®-Säuregruppe «weiterziehen». Die Folie muss unbedingt feucht sein und vor dem Austrocknen geschützt werden.

Anwendungsmöglichkeiten für Brennstoffzellen

> **Auto**

Die Brennstoffzelle wird mit Wasserstoff und Luftsauerstoff idealerweise mit einer konstanten Leistung betrieben (ergibt eine längere Lebensdauer der Zellen). Wenn mehr Energie produziert wird, als zum Fahren nötig ist, werden spezielle Kondensatoren (sogenannte Supercaps) aufgeladen, die in der Lage sind, bei Bedarf in kürzester Zeit grosse Strommengen abzugeben (z.B. zum Beschleunigen). Da eine Zelle nur etwa 1 Volt und je nach Widerstand des Verbrauchers rund 0,5 A Stromstärke liefert, werden viele solche Zellen in Serie geschaltet (die Spannung addiert sich)

Versuch 34

und mehrere solche Stapel dann zu Supercaps parallel geschaltet (ergibt eine grössere Stromstärke). Eine ausgeklügelte Steuerelektronik regelt den ganzen Lade/Entlade-Prozess der Supercaps und die Energieabgabe an die Motoren für den Antrieb. Die Lebensdauer der Brennstoffzelle kann bei gleichmässiger Belastung bis 40 000 Stunden betragen.

> **Raumfahrt**

Bereits die GEMINI-Raumkapsel war 1965 mit einer Brennstoffzelle bestückt. Die Raumfähren führen zum Antrieb grosse Mengen an Sauerstoff und Wasserstoff mit, die Stromversorgung basiert auf Brennstoffzellen. Das entstehende Wasser kann als Lebensmittel genutzt werden.

> **Dezentrale Stromproduktion (Zukunftsvision)**

In der Wüste würde mit Solarzellen elektrische Energie gewonnen und mit Elektrolyse Wasserstoffgas erzeugt werden. Mit Gasleitungen (die heute noch Erdgas transportieren) könnte der Wasserstoff zu den einzelnen Häusern geleitet werden. In jedem Haus hätte es Brennstoffzellen, die den Grundbedarf an elektrischer Energie für den Haushalt lieferten, Überschüsse würden ins Stromnetz gegeben, Mehrverbrauch an Energie aus dem Netz bezogen werden. Die Abwärme der Brennstoffzelle (ca. 80 °C) könnte direkt zum Beheizen des Boilers und des Hauses verwendet werden.

Diese Technik würde das CO_2-Problem entschärfen. Es wären keine fossil-thermischen Kraftwerke mehr nötig. Die Heizung liefe ohne Öl und Gas. Mit der elektrischen Energie könnte sogar eine Wärmepumpe zum Beheizen des Hauses betrieben werden.

Anmerkungen

Elektrolyseur

Ein Elektrolyseur ist eine Vorrichtung zur Zerlegung von Wasser in Wasserstoff und Sauerstoff. Es gibt unterschiedlich funktionierende Elektrolyseure. Bei dem in der Versuchsanleitung dargestellten Gerät handelt es sich um einen PEM-Elektrolyseur. Er enthält eine protonendurchlässige Polymermembran (englisch: Proton Exchange Membrane) und darf nur mit demineralisiertem Wasser betrieben werden. Wenn kein PEM-Elektrolyseur vorhanden ist, kann Sauerstoff- und Wasserstoffgas mit einem gewöhnlichen Hoffmann'schen Apparat hergestellt werden und mit dünnen Kunststoffschläuchen zur Brennstoffzelle geleitet werden.

Brennstoffzelle

Als Blackbox-Übersicht könnte die unten dargestellte Skizze zum Einstieg hilfreich sein.

Die NAFION®-Folie der Brennstoffzelle muss feucht sein, damit sie funktionieren kann. Nach längerem Stehenlassen der Brennstoffzelle kann es sein, dass zuerst über die Zuleitungsschläuche in beide Halbzellen hineingepustet werden muss. Die feuchte Ausatemluft liefert bereits die notwendige Feuchtigkeit, damit die Zelle wieder funktioniert. Nach Gebrauch sind alle Öffnungen der Zelle dicht zu verschliessen, um ein Austrocknen zu verhindern.

Prinzip Brennstoffzelle

Leistungsmessung und Leistungskurve der Brennstoffzelle

Je nach Widerstand des angeschlossenen Elektromotors ergeben sich eine andere Spannung und Stromstärke. Wenn kein Strom bezogen wird, liegt die sogenannte Klemmenspannung vor, d.h. die maximale Spannung. Die Leistung an diesem Punkt ist P = 0 Watt, da kein Strom fliesst. Sobald ein Widerstand als Last angeschlossen wird, sinkt die Spannung und die Stromstärke steigt an. Mit dem Anschluss eines Solarmotors fliesst eine bestimmte Stromstärke I, die Spannung U ist kleiner als die Klemmenspannung. Das Produkt aus $U \cdot I$ ergibt die Leistung P.

Als zusätzliche Aufgabe können verschiedene Widerstände angeschlossen werden und die jeweiligen U- resp. I-Werte bestimmt werden. Die Auswertung erfolgt analog zur Abbildung und ergibt die Kennlinie der Brennstoffzelle:

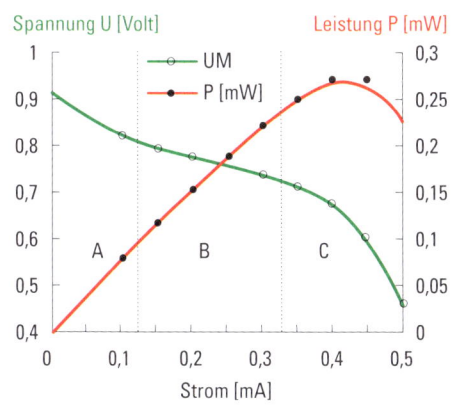

A nicht optimaler Arbeitsbereich
B optimaler Arbeitsbereich
C Überlastung der Zelle: Sauerstoff und Brennstoff können nicht schnell genug nachgeliefert werden

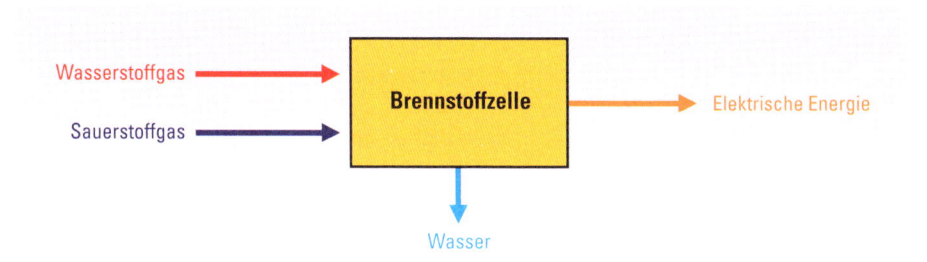

Links & Literatur

EISNER, WERNER; GIETZ, PAUL et al.: *Elemente*. Klett und Balmer, Zug 2007.
Experimentieranleitung KOSMOS Brennstoffzelle.
www.chemieunterricht.de
www.planet-wissen.de (WDR)

Energie aus Wasserstoffgas

🎯 Du hast eine Brennstoffzelle erfolgreich in Betrieb genommen und ihre Leistung bestimmt.
Du kannst mögliche Einsatzbereiche von Brennstoffzellen aufzählen und ihre Vor- und Nachteile begründen.

🕐 1 Lektion

Ⓜ 4,5-V-Batterie, Elektrolyseur, Spritzflasche mit demineralisiertem Wasser, 7 Verbindungskabel, Brennstoffzellenmodell, 4 dünne Verbindungsschläuche, 2 Verschlussstopfen, 2 Universal-Messgeräte, Elektromotor 2 Volt (Solarmotor)

Durchführung und Beobachtung

1. Elektrolyse von Wasser
> Montiere die Elektrolyseapparatur (gemäss Anleitung des Herstellers).
> Fülle das Gerät auf beiden Seiten bis zur Nullmarke mit destilliertem Wasser. (Beim Polymer-Elektrolyt-Membran-Elektrolysegerät immer nur reines Wasser, nie Säure oder andere Elektrolyte einsetzen!)
> Stelle die elektrische Verbindung zu einer 4,5-Volt-Batterie her:
• Schwarzes Kabel vom Minuspol der Batterie (lange Kontaktfeder) zur Klemme vom Elektrolyseur, die mit H_2 beschriftet ist.
• Rotes Kabel vom Pluspol (kurzer Kontakt) der Batterie an die rote Klemme, die sich auf der O_2-Seite befindet.
> Schliesse zwei dünne Schläuche an. Verschliesse die Enden mit einem Stopfen. Beobachte, was passiert.
> Entferne die Batterie, sobald sich auf der H_2-Seite 10 ml Gas entwickelt haben.
> Was ist nach dem Anschluss der Batterie an der Elektrolyseapparatur zu sehen?

Es steigen Gasblasen aus dem unteren Teil des Gerätes auf, die Gase sammeln sich bei den Röhrchen mit Skala an. Es bildet sich doppelt so viel Gas beim Minuspol wie beim Pluspol.

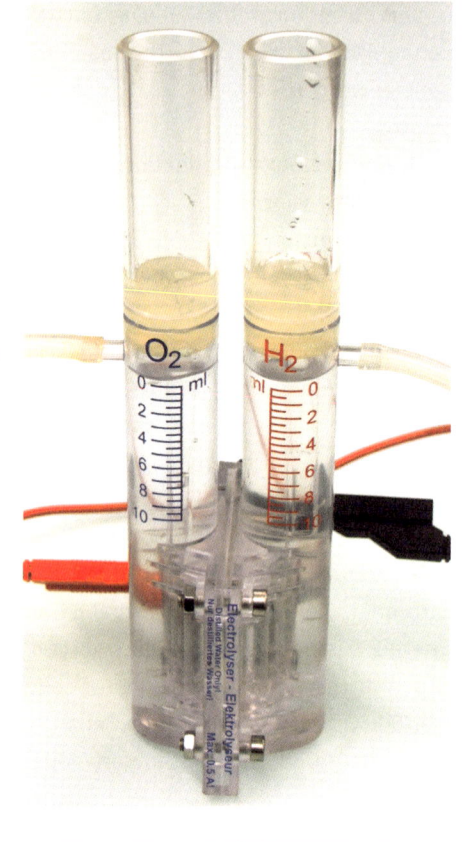

Elektrolyse
Wasser (H_2O), das eine Verbindung aus zwei Wasserstoff- und einem Sauerstoffatom ist, wurde unter Einwirkung von Gleichstrom in 2 Volumenteile Wasserstoffgas (2 H_2) und ein Volumenteil Sauerstoffgas (O_2) aufgespalten. Diese Reaktion wird als **Elektrolyse** bezeichnet. Die zur Spaltung von Wasser aufgewendete Energie ist jetzt als chemische Energie in den beiden Elementen Wasserstoff und Sauerstoff gespeichert (Fachausdruck: endotherme Reaktion).

Elektrolyse:
Wasser —— Elektrolyse ——> 2 Teile Wasserstoff + 1 Teil Sauerstoff + gespeicherte Energie.
$$2\,H_2O \longrightarrow 2\,H_2 + O_2 + Energie$$

Brennstoffzelle:
2 Teile Wasserstoff + 1 Teil Sauerstoff ——> Wasser unter Energiefreisetzung
$$2\,H_2 + O_2 \longrightarrow 2\,H_2O - Energie$$

Vorteile der Brennstoffzellentechnik
• Entwickelt kein Treibhausgas CO_2
• auch noch verfügbar, wenn Erdöl aufgebraucht sein wird
• Elektroauto fast ohne Motorenlärm
• Grösserer Wirkungsgrad als beim Verbrennungsmotor

Momentane Nachteile
• Noch sehr teuer, es sind erst einige Prototypen von Autos zu Forschungszwecken im Betrieb
• Speicherung des Wasserstoffes im Auto muss noch optimiert werden

Technik be-greifen **Versuch 34**

2. Brennstoffzelle als Batterie

> Verbinde mit einem dünnen Schlauch den Gasauslass «Wasserstoff H_2» vom Elektrolysegerät mit dem oberen Gasanschluss H_2 der Brennstoffzelle, mit einem zweiten Schlauch den Auslass für Sauerstoff mit dem oberen Gasanschluss O_2 der Brennstoffzelle.
> Schliesse die Elektrolyseanlage wieder wie bei Experiment 1 an die Batterie an.
> Lasse einige Minuten das in der Elektrolyse gebildete Gas durch die Brennstoffzelle fliessen und verschliesse dann die unteren Anschlüsse der Zelle je mit einem kurzen Schlauch mit Stopfen darin.
> Schliesse den Elektromotor mit 2 Kabeln an die Zelle an. Entferne darauf die Batterie von der Elektrolyse-Anlage.
> Was passiert nach dem Anschliessen des Elektromotors an die Brennstoffzelle?

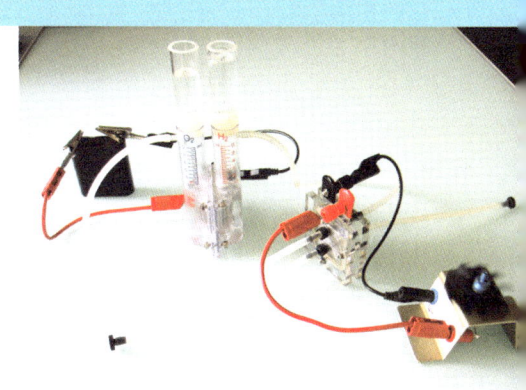

Der Elektromotor beginnt zu laufen, nach einiger Zeit werden in der Brennstoffzelle auf der Seite des Sauerstoffes feine Flüssigkeitströpfchen sichtbar.

3. Messung der Leistung einer Brennstoffzelle

> Schalte ein Messgerät für Spannung (Stellung DC Volt) direkt an die beiden Klemmen der Brennstoffzelle und baue ein Messgerät für die Stromstärke (Stellung DC Ampère) in den Stromkreis von Zelle zu Motor ein. (Schliesse die Batterie wieder an den Elektrolyseur an, falls der Motor aufhört zu laufen.)
> Lies die Werte für Spannung und Stromstärke ab, notiere sie und berechne daraus die Leistung der Zelle:

Spannung U =   Volt   Stromstärke I =   Ampere

Leistung P = Spannung U · Stromstärke I =   V ·   A =   Watt

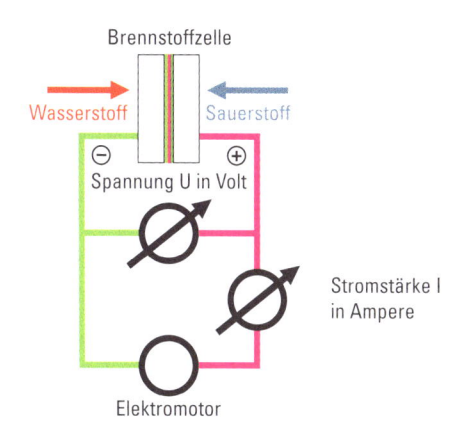

«Gebändigte Knallgasreaktion»

Das Gemisch Wasserstoff mit Sauerstoff ist hochexplosiv, die heftige Reaktion liefert Wärmeenergie. Die Brennstoffzelle ermöglicht einen «gebändigten» Verlauf der Reaktion von Wasserstoff mit Sauerstoff: Statt Wärmeenergie wird elektrische Energie freigesetzt und kann wie bei einer Batterie genutzt werden. Der Prozess in der Brennstoffzelle ist die direkte Umkehrreaktion der Elektrolyse. Als «Abfallprodukt» entsteht Wasser.

Funktionsschema einer Polymer-Elektrolyt-Membran-Brennstoffzelle

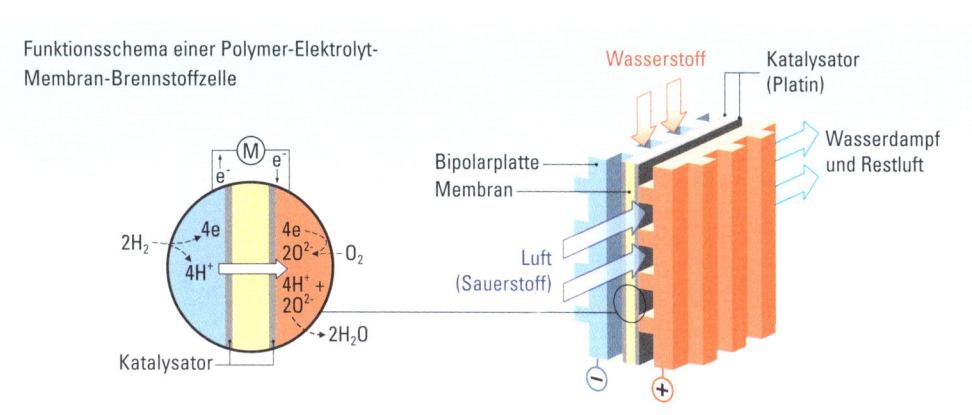

Prototyp eines VW mit Brennstoffzelle

Hier sind 125 Brennstoffzellen in Serie zu einem Stapel geschaltet. Die Leistung dieser Anlage beträgt total 8000 W. Überschüsse an elektrischer Energie werden in Kondensatoren (Supercaps) «zwischengelagert» und können für die Beschleunigung zusätzlich aktiviert werden.

Brennstoffzellenstapel 8 kW   Supercaps

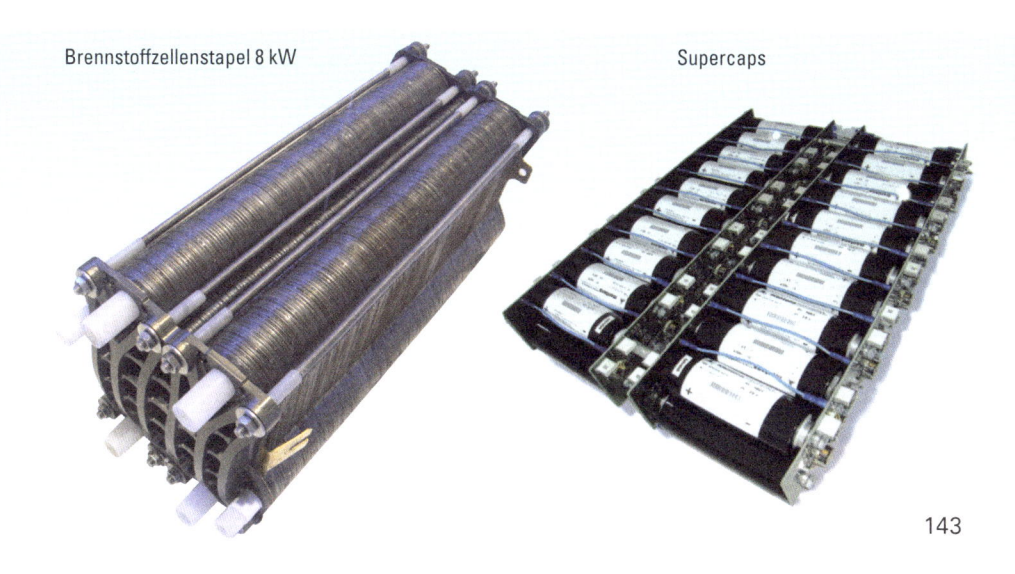

Korrosion
Kupfer schützt – aber nicht ewig

Schülerinnen und Schüler
> können erklären, warum Kupfer schwarz wird.
> sehen, wie die Oxidschicht von Säuren angegriffen wird.
> lernen die Nachweisreaktion von Kupferionen kennen.
> kennen die Wirkung von Kupfer auf Mikroorganismen.

Themenkreis
> Redox
> Säure-Base
> Chemische Gleichung

Vorkenntnisse
> Salze
> Redoxreaktionen
> Bedeutung von Formeln

Fachlicher Hintergrund

Kupfer ist ein Halbedelmetall und deshalb recht beständig gegen Angriffe von Säuren und andere Umwelteinflüsse. Es reagiert langsam mit dem Sauerstoff der Luft oder mit Schwefelverbindungen. Dabei bildet sich eine praktisch wasserunlösliche Schicht von Kupferoxid, die das darunterliegende Kupferblech vor weiterem Angriff schützt.

Dies ganz im Gegensatz zu Eisen: Wasser und Sauerstoff lassen das Eisen rosten. Dabei entsteht eine poröse, lockere Schicht aus Eisenoxid-Hydroxid ($Fe^{3+}O^{2-}(OH)^-$ = Rost). Das darunterliegende Eisen ist infolge der porösen Eigenschaft der Oxidschicht nicht vor weiterer Korrosion geschützt und kann mit der Zeit ganz durchrosten. Aus diesem Grund muss Eisen mit einem Schutzanstrich oder durch Verzinken, Verzinnen oder Emaillieren geschützt werden.

Noch weniger angreifbar durch Umwelteinflüsse als Kupfer ist das Edelmetall Gold. Der stolze Preis von weit über 30000 Fr. pro Kilogramm dürfte der Grund sein, dass Gold bei Bauten relativ selten anzutreffen ist. Kirchturmspitzen mit Kugeln sind häufig vergoldet. Die grosse Höhe über dem Boden und die schwierige Erreichbarkeit bewahren vor Diebstahl.

1. Bildung der Kupferoxidschicht

Im Experiment findet die Redoxreaktion aufgrund der hohen Temperatur in wenigen Sekunden statt, im Freien dauert es etwa ein Jahr, bis sich die ganz dunkel gefärbte Kupferoxidschicht gebildet hat. Der Grund liegt in der Reaktionsgeschwindigkeits-Temperatur-Regel: Eine 10 °C höhere Temperatur ergibt eine Verdoppelung des Stoffumsatzes pro Sekunde.

$$2\,Cu + O_2 \longrightarrow 2\,Cu^{2+}O^{2-} - \text{Energie (exotherm)}$$

Es handelt sich um eine Redoxreaktion:
$Cu \longrightarrow Cu^{2+} + 2\,Elektronen$ (Oxidation = Abgabe von Elektronen)
$2\,Elektronen + O \longrightarrow O^{2-}$ (Reduktion = Aufnahme von Elektronen)

2. Einwirkung von Säure auf die Oxidschicht

Die Säure bewirkt die Umwandlung des wasserunlöslichen Kupferoxids in ein wasserlösliches Salz. Die Oxischicht verschwindet, es bildet sich eine leicht bläuliche Lösung.

Das Oxidion wirkt als Base und nimmt 2 H^+-Ionen der Säure auf, es entsteht ein wasserlösliches Salz aus den Kupferionen der Oxidschicht und dem Säurerest der einwirkenden Säure (im Schülerteil vereinfacht allgemein als HA bezeichnet).

Es handelt sich bei diesem Experiment um eine Säure-Base-Reaktion:
$$Cu^{2+}O^{2-} + 2\,H_3O^+ + 2\,A^- \longrightarrow Cu^{2+} + 2\,A^- + 3\,H_2O$$
Kupferoxid unlöslich + Säurelösung $\longrightarrow$ Kupfersalz der Säure + Wasser

Kupfersalze sind giftig für Mikroorganismen. Diese Tatsache wird im Rebbau eingesetzt, indem zum Teil auch heute noch die Reben mit Kupfersulfatlösung gegen Mehltau (Pilzerkrankung) gespritzt werden.

Die giftige Wirkung der Kupferionen ist auf Dächern unterhalb von Kupferblechen zu beobachten: Dort, wo mit dem Regenwasser Kupferionen freigesetzt werden, sind die Dächer frei von Bewuchs.

3. Entfernen der Oxidschicht auf Kupferblech

Technische Anwendung

Die Entfernung der Oxidschicht ist beim Verlöten von Metallen eine wichtige Voraussetzung für die Bildung einer stabilen Verbindung. Bevor zwei Kupferbleche durch Löten verbunden werden, müssen die entsprechenden Stellen mit einer säurehaltigen Lötpaste eingestrichen werden. Beim Löten reagiert die Säure mit dem Oxidion, die Oxidschicht weicht einer blanken Kupfer-

Technik be-greifen Versuch 35

oberfläche. Das durch den Lötkolben geschmolzene Zinn kann nun zwischen die zu verbindenden Bleche eindringen und sich mit dem sauberen Kupfer verbinden. Das Lötfett mit der Säure sowie den gelösten Kupferionen wird vom eindringenden flüssigen Zinn nach aussen gedrängt und kann am Schluss weggeputzt werden.

Für Lötarbeiten im Elektronikbereich darf allerdings nicht mit säurehaltiger Lötpaste gearbeitet werden, da die Säuredämpfe die Elektronikkomponenten beschädigen können.

4. Nachweisreaktion für Kupferionen

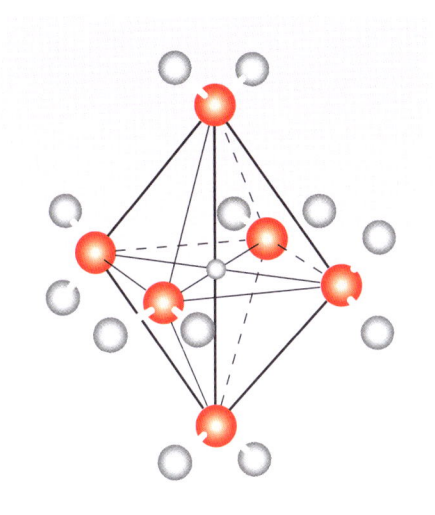

Struktur des hellblauen Hexaaquokupfer-(II)-Ions in Lösung

Wasserfreies Kupfersulfat $CuSO_4$ ist ein weisses Salz. Im Wasser erscheint es hellblau. Das liegt daran, dass jeweils sechs Wassermoleküle mit einem Kupferion einen Komplex bilden: mit dem Cu^{2+}-Ion im Zentrum und sechs Wassermolekülen als Liganden darum. Bei Zugabe von Ammoniaklösung (NH_4OH) werden vier der Wassermoleküle durch Ammoniakmoleküle (NH_3) ausgetauscht.

Das dabei entstehende Kupferkomplexion Tetraamminkupfer-(II)-Ion ($Cu [NH_3]_4)^{2+}$aq weist eine tiefblaue Färbung auf.

Die Nachweisreaktion mit Ammoniaklösung ist sehr empfindlich und erlaubt den Nachweis von Kupfer-Ionen auch bei stark verdünnten Lösungen.

Anmerkungen

Mit dem ersten Experiment wird die Bildung der Oxidschicht durch Erhitzen massiv beschleunigt. Auf die Frage, was beim Kupferbrief der Unterschied zwischen innen und aussen sein könnte, wird häufig vermutet, dass es innen weniger heiss war und somit die Schwärzung nicht so stark fortgeschritten ist. Mit einem kleinen «Wettbewerb» kann die Wärmeleitfähigkeit von Metallen demonstriert werden:

Eine mutige Person hält ein Frankenstück am Rand fest, die Lehrkraft erhitzt mit einer Zündholzflamme den gegenüberliegenden Rand der Münze. Kann das Streichholz oder die Münze länger in den Fingern gehalten werden? Wenn es zu heiss wird, soll sofort losgelassen werden.

Die Münze leitet die Wärmeenergie so gut, dass sie auf der gegenüberliegenden Seite sehr rasch zu heiss wird und fallen gelassen werden muss. Holz dagegen ist ein guter thermischer Isolator. Das Zündholz entwickelt auf die Finger erst eine starke Hitze, wenn es praktisch abgebrannt ist.

Es kann somit angenommen werden, dass der Kupferbrief aussen und innen gleich heiss gewesen ist. Die Abwesenheit von Sauerstoff ist der Grund dafür, dass innen praktisch keine Schwärzung zu sehen ist. Das Argument, es könnte sich bei der schwarzen Farbe um Russ handeln, wird mit dem Wischtest entkräftet.

Zusätzliches Experiment

Wer die Oxidschicht ganz deutlich zeigen möchte, kann als zusätzlichen Versuch ein dickeres Stück Kupferblech in der rauschenden Flamme erhitzen und das heisse Blech in kaltes Wasser geben. Die Oxidschicht (ein Salzkristallgitter aus Kupfer- und Oxidionen) ist spröde und wird vom Kupfer abgesprengt, wenn sich das Kupferblech infolge Abkühlung zusammenzieht. Es ist deutlich zu sehen, dass schwarze Kristalle im Wasser umherschwimmen und einzelne Stellen beim Blech wieder metallisch glänzen.

Entsorgung

Aufgrund ihrer umwelttoxischen Eigenschaften dürfen Kupferverbindungen nicht über den Ausguss entsorgt werden, sondern gehören in den Behälter für umweltgefährdende anorganische Stoffe.

Links & Literatur

ASSELBORN, WOLFGANG et al. (Hrsg): *Chemie heute – Sekundarbereich II.* Schroedel, Hannover 1998.
ATKINS, PETER; JONES, LORETTA: *Chemie – einfach alles.* Wiley-VCH, Weinheim 2006.
LATSCHA, HANS P.; KLEIN, HELMUT A.: *Anorganische Chemie.* Springer-Verlag, Berlin Heidelberg 2007.

Kupfer schützt – aber nicht ewig

🎯 Du kannst erklären, warum bei Bauten vorzugsweise Kupfer und nicht Eisen Verwendung findet.
Du weisst, warum Kupfer an der Witterung schwarz wird.
Du hast erlebt, wie die Oxidschicht entfernt werden kann.
Du kennst die chemischen Reaktionsgleichungen dieser Vorgänge.

⏲ 2 Lektionen

🧪 Kupferfolie, Schere, Pinzette, Gasbrenner, Zündhölzer, Reagenzglasgestell mit 3 Reagenzgläsern, Säurelösung (z.B. Durgol Express), Kupfersulfat, Ammoniaklösung (10%), demineralisiertes Wasser, Polylöffel, Pipette, Schutzbrille

Kaminoberteil und Verkleidung bestehen aus demselben Material, nämlich Kupferblech. Die Verkleidung ist seit 4 Wochen auf dem Dach, die Kaminhüte sind schon einige Jahre der Witterung ausgesetzt.

Warum verlieren die Metalle nach einiger Zeit ihren schönen Metallglanz? Wird das Metall dabei zerstört?

Durchführung und Beobachtung

Trage bei allen Experimenten die Schutzbrille

1. Kupferbrief
> Schneide mit der Schere ein ca. 6 cm breites Stück von der Kupferfolienrolle und falte es zu einem Briefchen: Biege die Ränder etwa 5 mm nach innen und presse den Brief zusammen, damit innen möglichst keine Luft mehr ist.
> Halte das Kupferbriefchen eine Minute lang mit der Pinzette in die Flamme.
> Lasse das Blech abkühlen und falte es danach auseinander.
> Wie sieht das Kupferblech innen aus? wie aussen?

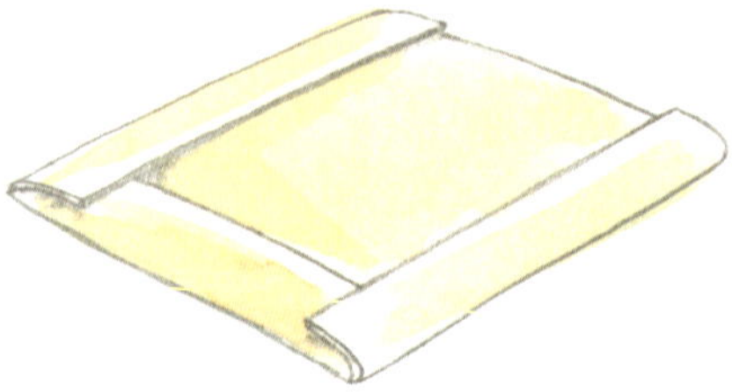

Das Blech ist aussen schwarz matt, innen hat es Stellen, die noch kupferfarbig sind.

2. Besteht die schwarze Schicht aus Russ?
> Versuche mit einem Reinigungstüchlein, ob sich der schwarze Belag durch Putzen entfernen lässt. Hat sich aussen Russ gebildet?

Es ist kein Russ, die Schicht lässt sich mit dem Tuch nicht wegputzen.

> Überlege, woher die beobachteten Unterschiede kommen könnten:

Aussen hat es Sauerstoff, innen nicht, deshalb ist innen keine Veränderung möglich.

3. Säureangriff auf die schwarze Schicht
> Schneide einen Streifen der schwarzen Kupferfolie vom ersten Experiment (Grösse etwa 6 x 1 cm) zurecht und gib ihn in ein Reagenzglas.
> Fülle bis zur halben Höhe des Kupferstreifens verdünnte Säure hinein (z.B. Durgol) und belasse die Kupferfolie für etwa 30 Minuten im Reagenzglas.
> Anschliessend kannst du das Blech mit der Pinzette herausziehen und unter dem Wasser abspülen. Die Säurelösung brauchst du im nächsten Experiment nochmals.
> Was passiert, wenn Säure mit dem schwarzen Kupferoxid in Kontakt kommt?

Das Blech wird wieder glänzend, es schwimmen schwarze Partikel herum, die Lösung erscheint schwach bläulich.

Was passiert mit dem Kupfer an der Oberfläche?

Sauerstoff der Luft O_2

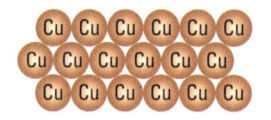

Kupferblech

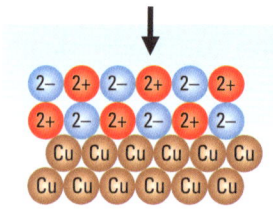

Reaktion

Kupferoxidschicht

Kupferblech

Technik be-greifen **Versuch 35**

4. Kennreaktion für Kupferionen
> Gib in ein weiteres Reagenzglas etwa 4 Kristalle Kupfersulfat und giesse 10 cm hoch demineralisiertes Wasser dazu.
> Löse das Salz durch Umgiessen in ein drittes Reagenzglas und wieder zurück.
> Verteile die erhaltene Lösung gleichmässig auf die beiden Reagenzgläser und gib in eines 5 Tropfen Ammoniaklösung dazu.

Nachweis der Kupferionen aus Experiment 3:
> Gib 10 Tropfen der Ammoniaklösung in die Säure vom Experiment 3.
> Welche Farbe hat die Kupfersulfatlösung ohne Ammoniak, was passiert bei Zugabe von Ammoniaklösung? Was ist zu sehen, wenn Ammoniaklösung in die Säure vom Kupferblech (Experiment 3) gegeben wird?

Die Kupfersulfatlösung ist schwach blau gefärbt, bei Zugabe von Ammoniak entsteht eine tiefblaue Färbung (-> Nachweisreaktion).

Entsorgung:
Kupferblech in das Gefäss mit Buntmetallabfall, kupferhaltige Lösungen in den Behälter für wassergefährdende anorganische Stoffe.

Nachweis von Kupfer: Kupferionen (Cu^{2+}) reagieren mit Ammoniaklösung zum tiefblauen Kupfertetra-amminkomplex.

Was folgerst du aus den Resultaten dieser Versuche?
Die Säure reagierte mit der schwarzen Kupferoxidschicht. Es entstanden dabei wasserlösliche Kupfersalze. Diese lassen sich mit Ammoniak-Lösung als tiefblaue Farbreaktion nachweisen.

Alltagsphänomen: Betrachte einmal die Dächer genauer, sie können uns etwas erzählen. Hast du eine Vermutung, wie die saubere Stelle auf dem abgebildeten Dach entsteht?
Irgendetwas hemmt das Wachstum vom Moos und Algen. Spuren von gelösten Kupfersalzen wirken giftig auf Algen und Moos.

Was passierte bei diesen Experimenten?

Die Oberfläche des Kupfermetalls reagiert mit dem Sauerstoff der Luft zu schwarzem Kupferoxid. Die Kupferoxidschicht ist ein in Wasser fast unlösliches Salz, bleibt somit auf dem Kupfer als dünne Schicht gut haften und schützt das darunterliegende Kupfer vor weiterem Angriff mit Sauerstoff. Dies im Gegensatz zu Eisen, das eine poröse Oxidschicht (Rost) bildet und mit der Zeit ganz durchrostet.

Kommt eine Säure mit dem Kupferoxid in Kontakt, kann das Oxid in eine wasserlösliche Kupferverbindung umgewandelt werden. Die Kupferionen sind zusammen mit dem Rest der Säure gut wasserlöslich, die Oxidschicht wird weggelöst, das blanke Kupferblech erscheint.

Reaktion von Kupfer mit Luft-Sauerstoff
Kupfer + Sauerstoff reagieren zu Kupferoxid (schwarze Schicht)
$2\,Cu + O_2 \longrightarrow 2\,Cu^{2+}O^{2-}$ (Redoxreaktion)

Auflöseprozess der Oxidschicht mit Säure
Kupferoxid + Säure bilden Kupfersalzlösung + Wasser
$Cu^{2+}O^{2-} + 2\,H^+A^- \longrightarrow Cu^{2+} + 2\,A^- + H_2O$ (Säure-Base-Reaktion)

Der Regen ist schwach sauer, dies genügt, um Kupferoxid wegzulösen und Kupferionen freizusetzen. Die Kupferionen sind giftig für Moose, Algen, Flechten usw: Überall dort, wo auf dem Dach Spuren von Kupfer mit dem sauren Regenwasser nach unten fliessen, ist das Dach frei von Bewuchs. Das Kupferblech erscheint allerdings nicht blank, weil es sofort wieder mit Luftsauerstoff zu schwarzem Kupferoxid reagiert.

Bei Hochbauten wird als Verkleidung meist nicht Eisen verwendet, da das unedle Eisen stark rostet. Die auf dem Eisen entstehende Rostschicht ist porös, Sauerstoff und Wasser können weiter nach innen vordringen und das Eisen durchrosten lassen. Kupfer ist ein Halbedelmetall und wird somit viel langsamer durch Umwelteinflüsse zerstört.

Wirkung der freigesetzten Kupferionen

Anwendung REDOX
Kupfer wegätzen statt Kabelgewirr

Schülerinnen und Schüler
> lernen den Aufbau einer gedruckten Schaltung kennen.
> erleben, wie eine Platine hergestellt wird.
> führen das Ätzexperiment selbstständig durch.
> erkennen, dass das Kupfer von der Platine weggeätzt wurde und das Kupfer nun als gelöste Ionen in der Lösung vorliegt.

Themenkreis
> Aufbau der Atome
> Salze (aus Ionen aufgebaut)
> Redox

Vorkenntnisse
> Atombau: Bohr oder Kimball
> Salzbildung, Ionen
> Redox als Elektronenübertragungs-Reaktion

Fachliche Hinweise

Elektronische Geräte aller Art (Handy, Fernsehgerät, PC, Steuerung von Maschinen usw.) enthalten Bauteile wie Widerstände, Kondensatoren, Dioden, Transistoren und Chips, die auf eine ganz bestimmte Weise miteinander verbunden werden müssen, damit die gewünschte Funktion erbracht werden kann. Wenn die Bauteile direkt mit Drähten verbunden würden, so entstünde ein Wirrwarr von Kabeln und das Gerät dürfte kaum funktionieren.

«Platine» der Anfängerbastler

Elektronikbastler ohne Kenntnisse, wie gedruckte Schaltungen hergestellt werden können, sind versucht, die einzelnen Bauteile auf einen Karton zu montieren, und zwar genau dort, wo im Schaltplan das entsprechende Symbol auftritt. Die Verbindungsdrähte der Bauteile werden durch feine gebohrte Löcher auf die Rückseite hindurch gesteckt und mit isoliertem Draht (damit bei Kreuzungen kein Kurzschluss entstehen kann) an das richtige Bauteil weiterverbunden. Die Verbindungen werden meist verlötet.

Platine der Elektroniker

Die Platinen von industriell gefertigten Schaltungen sind nicht aus Karton. Karton ändert mit der Luftfeuchtigkeit seine Isolationsfähigkeit und könnte bei Bauteilen, die Wärme freisetzen, verkohlen oder sogar in Brand geraten. Als Grundplatte wird Pertinax (Hartpapier) verwendet. Dies ist ein Schichtwerkstoff: Papiere werden mit Phenolharz oder Epoxidharz getränkt und anschliessend in Schichten unter Druck und Wärme zusammengepresst. Dadurch entsteht eine Platte mit guter mechanischer Festigkeit und guten Isolationseigenschaften. Die Phenolharze (Formaldehyd und Phenol zur Reaktion gebracht) dampfen etwas Formaldehyd und Phenol ab, was den scharfen Geruch ausmacht. Mindestens auf der einen Seite sind diese Platten mit einer dünnen Kupferschicht versehen.

Herstellung einer Platine

a) Leiterbahn-Layout zeichnen und Folie herstellen

Als Erstes wird aus dem Schaltplan mit speziellen Programmen ein Entwurf für den Verlauf der einzelnen Leiterbahnen konstruiert und auf einer durchsichtigen Folie ausgedruckt.

b) Plan auf Platine übertragen

Die Kupferschicht auf der Platine ist mit einer lichtempfindlichen Schicht überzogen. Auf diese wird die Folie mit der Zeichnung der Leiterbahnen gelegt und mit Ultraviolettstrahlung belichtet (je nach Lampenart einige Minuten). Anschliessend wird die lichtempfindliche Schicht mit Natronlauge entwickelt. Überall dort, wo ein schwarzer Strich auf der Folie war, ist jetzt ein Schutzfilm auf der Kupferplatte vorhanden. An den belichteten Stellen ist die Schutzschicht weg, da das Kupfer an diesen Stellen nicht geschützt werden soll.

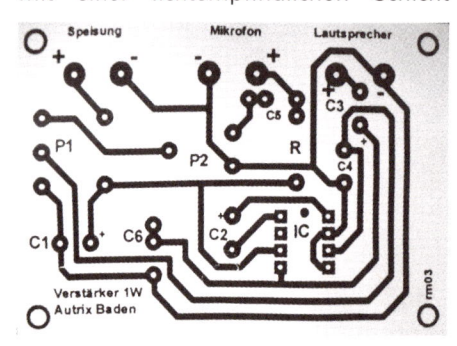

c) Ätzen der Platine

Die kupferbeschichtete Pertinaxplatte kommt nun wie beim Experiment in ein Ätzbad aus Eisen-(III)-Chlorid oder Ammoniumpersulfat $(NH_4)_2S_2O_8$. Mithilfe dieses Oxidationsmittels wird das nicht geschützte Kupfer von der Pertinaxplatte weggeätzt und in Cu^+- bzw. Cu^{2+}-Ionen umgewandelt (wasserlöslich).

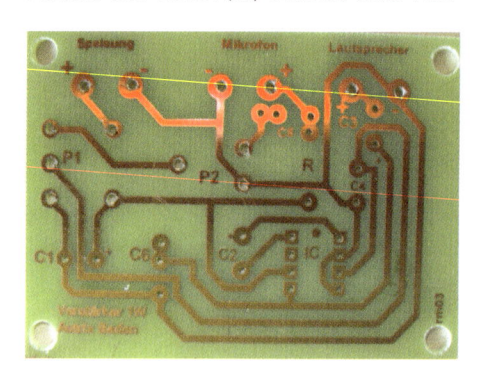

Der Ätzprozess ist beendet, sobald alle ungeschützten Kupferstellen «verschwunden» sind und dort nur die schwach durchscheinende Platte sichtbar ist.

d) Bohren, Bestücken, Anlöten

Die elektronischen Bauteile befinden sich auf der Vorderseite, die Leiterbahnen meist auf der Rückseite. Damit die Bauteile an die Kupferbahnen angeschlossen werden können, müssen zu den Anschlusspunkten feine Löcher gebohrt werden. Die Anschlussdrähte werden an den entsprechenden Orten durch die Löcher nach hinten durchge-

Versuch 36

Eisen-(III)-chlorid

Das gelbe Salz entsteht, indem jedes Eisenatom mit 3 Chloratomen reagierte. Die Chloratome haben je 7 Aussenelektronen (= Valenzelektronen). Es fehlen ihnen für die stabile Edelgaskonfiguration mit 8 Valenzelektronen (Argon) je ein Elektron. Drei Chloratome «entreissen» jeweils einem Eisenatom je ein Elektron. Es entstehen dadurch dreifach positiv geladene Eisenionen (Fe^{3+}) und dreimal mehr einfach negativ geladene Chloridionen (Cl^-).

Die Chemiker sprechen hier von einer Redoxreaktion:

Eisen + Chlor reagieren zu Eisenchlorid: $2\ Fe + 3\ Cl_2 \longrightarrow 2\ Fe^{3+} Cl^-_3$

Das dreifach positiv geladene Eisenion ist in der Lage, dem Kupferatom ein Elektron zu entreissen und somit das Kupfermetall anzugreifen.

Bei diesem Ätzvorgang entstehen Cu^{+1}-Ionen, die mit 2 Chloridionen einen Komplex bilden.

$Cu + Fe^{3+} aq + 3\ Cl^- aq \rightarrow Fe^{2+} + [Cu^{+I} Cl_2]^- aq + Cl^- aq$

Mit Ammoniumpersulfat entstehen Kupfer (2+)-Ionen, die mit Ammoniak nachweisbar sind.

---

steckt und mit der Leiterbahn verlötet. Dies kann mithilfe eines Lötkolbens geschehen oder im Tauchverfahren. Dabei wird die Rückseite kurz in geschmolzenes Zinn getaucht, wodurch alle Leiterbahnen und Anschlusspunkte mit Zinn leitend verbunden werden.

Was läuft beim Ätzvorgang chemisch ab?

Kupfer ist ein Halbedelmetall. Es ist deshalb ziemlich robust gegen einen Angriff durch Chemikalien und lässt sich nicht so leicht oxidieren. Das Eisen-(3+)-Ion ist jedoch in der Lage, sich beim Kupfer ein Elektron zu «beschaffen»:

Die Tabelle mit den Redoxpotenzialen gibt uns die Information, wer in der Lage ist, einem anderen Atom Elektronen zu entreissen, oder gezwungen wird, Elektronen abzugeben:

$Cu \longrightarrow Cu^+ + 1e^-$ = **Oxidation**

$1e^- + Fe^{3+} \longrightarrow Fe^{2+}$ = **Reduktion**

K	$\rightarrow K^+$	+ 1e	−2,92 V
Na	$\rightarrow Na^+$	+ 1e	−2,71 V
Zn	$\rightarrow Zn^{2+}$	+ 2e	−0,76 V
Fe	$\rightarrow Fe^{2+}$	+ 2e	−0,44 V
Cu^0	$\rightarrow Cu^{2+}$	+ 2e⁻	+0,35 V
Fe^{2+}	$\rightarrow Fe^{3+}$	+ e	+0,75 V

oxidierende Wirkung zunehmend ↓

Anmerkungen

- Schutzbrille immer tragen!
- Es ist vorteilhaft, die Tischflächen mit Zeitungspapier abzudecken, da die intensiv gelbe Farbe auf dem Tisch hässliche Flecken hinterlassen kann.
- Hautkontakt mit den Chemikalien vermeiden! Die Reagenzglas-Inhalte können durch Umgiessen von einem Reagenzglas in ein anderes gemischt werden.
- Geätzte Kupferflächen gut mit fliessendem Wasser abspülen und abtrocknen. Um zu vermeiden, dass sich eine dunkle Oxidschicht auf dem Kupfer bildet, ist ein Schutz mit Klarlack sehr zu empfehlen (Beispiel: Schutzlack für Platinen).
- Am Schluss: Ätzflüssigkeit in eine korrekt beschriftete Flasche abfüllen. Sie kann mehrmals verwendet werden.
- Entsorgung der Salzlösungen nach dem Ätzen, wenn die Lösung grün geworden und somit nicht mehr wirksam ist: in Behälter für anorganische Stoffe geben. Kupfersalze sind Umweltgifte –> an Giftsammelstelle abgeben! Nie in den Ausguss entsorgen!

Tiefdruckverfahren (Zusatzinfo)

Eine Kupferplatte wird mit einer feinen Wachsschicht überzogen, eine Strichvorlage darauf gelegt und mit einem spitzen Bleistift die Zeichnung nachgezeichnet. Dabei wird das Wachs entlang dem Bleistiftstrich beiseite geschoben. Diese vorgezeichnete Kupferplatte kommt in ein Ätzbad aus Eisen-(III)-chlorid. Überall dort, wo ein Bleistift durch das Wachs gestrichen ist, ätzt das Eisen-(III)-chlorid einige Zehntelmillimeter Kupfer heraus. Nach dem Abspülen der Ätzlösung und dem Ablösen der Wachsschicht ist auf diese Art eine Tiefdruckplatte entstanden. Jetzt kann Farbe auf die Platte aufgetragen und mit Papier wieder weggewischt werden. In den feinen Rillen bleibt die Farbe zurück und wird mit einer Druckerpresse auf ein Blatt Papier übertragen.

Geätzte Kupfer-Druckplatte

Fertiger Papierdruck

Links & Literatur

FRÜHAUF, DIETER; TEGEN, HANS: *Blickpunkt Chemie*. Schroedel Schulbuchverlag, Hannover 1993.
JAKUBKE, HANS-DIETER; JESCHKEIT, HANS (Hrsg.): *Fachlexikon ABC Chemie*, Harri Deutsch, Leipzig 1987.
ASSELBORN, WOLFGANG: *Chemie heute Sek II*. Schroedel, Hannover, 1998
www.hausarbeiten.de

Kupfer wegätzen statt Kabelgewirr

🎯 Du weisst, wie eine Platine aufgebaut ist.
Du kannst erklären, wie die Leiterbahnen auf die Platine kommen.
Du hast nach deiner eigenen Idee eine Platine hergestellt.
Du weisst, was chemisch bei diesem Prozess abläuft.

🕐 1 Lektion

Ⓜ Schutzbrille, alte Leiterplatine, kupferbeschichtete Platine, gut deckender und breiter wasserfester Filzstift, Pinzette, Eisen-(III)-chlorid-Lösung (ca. 10 g/100 ml), grosses Reagenzglas (25 mm x 250 mm), Becherglas (400 ml, hohe Form), Brenner und Keramikplatte, Brennsprit, saures Putzmittel (z.B. WC-Ente), evtl. Klarlack

Betrachte eine Leiterplatine aus einem Videorecorder oder einem anderen elektronischen Gerät. Untersuche den Aufbau auf der Vorder- und Rückseite.
> Wie sind die Leiterbahnen und die Bauteile auf der Platine angeordnet?

Vorne sind die elektronischen Bauteile, auf der Rückseite sind die Leiterbahnen und die Lötstellen zu finden.

vorne   hinten

Durchführung

> Reinige die kupferbeschichtete Platine mit einem sauren Putzmittel und spüle anschliessend mit Leitungswasser nach.

> Trockne die Platine sorgfältig.
> Male mit einem wasserfesten Filzschreiber einen Schriftzug oder eine Zeichnung auf die Kupferschicht. Achte darauf, dass die Stellen, die du nachher sehen willst, gut und satt bemalt sind.

> Stelle die bemalte Platine in ein grosses Reagenzglas und bringe etwa 1 cm darüber einen Markierungsstrich an.
> Fülle das Becherglas ¾ voll mit Wasser und bringe es über einem Brenner zum Sieden.

> Fülle das Reagenzglas bis zur Markierung mit Eisen-(III)-chlorid-Lösung und stelle es in das Wasserbad. Beobachte, was passiert.
> Reguliere den Brenner so, dass das Wasser knapp am Sieden gehalten wird. (Die Reaktion dauert etwa 20 Minuten.)

> Ziehe nach etwa 10 Minuten die Platine mithilfe einer Pinzette vorsichtig etwas aus dem Eisenchloridbad. Gib sie nach dem Anschauen wieder ins Reagenzglas zurück.
> Wenn alles unerwünschte Kupfer weggeätzt ist: Nimm die Platine mit der Pinzette aus dem Reagenzglas und spüle sie unter dem Wasserhahn gründlich ab.
> Entferne die Filzstiftfarbe mit Putzpapier und etwas Brennsprit.
> Sprühe ein wenig Klarlack auf die kupferbeschichtete Seite, damit das Kupfer seinen Glanz behält.

150

Technik be-greifen   **Versuch 36**

Beobachtung

Was ist mit der Platine geschehen? Wie sieht sie jetzt aus?

Die Kupferbeschichtung ist nach und nach überall verschwunden, wo sie nicht beschrieben war.

Welche Farbe hat das Eisenchlorid vor der Reaktion? Wie sieht die Farbe der Lösung nach der Reaktion aus?

Die Eisenchloridlösung ist intensiv dunkelgelb, die Farbe wechselt zu olivgrün.

Auf welcher Seite werden die elektronischen Komponenten befestigt, wo sind die Leiterbahnen?

Auf der kupferbeschichteten, beschriebenen Seite sind die Leiterbahnen, auf der anderen Seite die elektronischen Komponenten.

Was ist bei der Reaktion von Kupfer mit Eisen-(III)-chlorid passiert?

Das Eisen-(3+)-Ion zieht Elektronen stark an. Es vermag sogar dem Halbedelmetall Kupfer ein Elektron zu entreissen. Dabei entsteht ein Eisen-(2+)-Ion. Das Kupferatom verliert bei dieser Reaktion ein Elektron, das Kupfermetall «verschwindet», d.h., es geht als positiv geladenes Kupferion von der Platte weg. Zusammen mit den in Lösung vorhandenen Chloridionen bildet sich eine Substanz aus je einem Kupfer-(1+)-Ion und zwei Chloridionen. Die Chemiker bezeichnen diesen Typ von Verbindung als Komplex mit dem Namen Dichlorokuprat-(I).

Modell: Platine zu Beginn

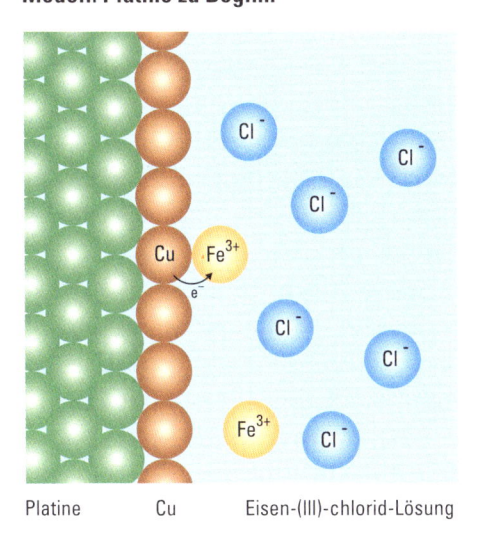

Detail der Reaktion

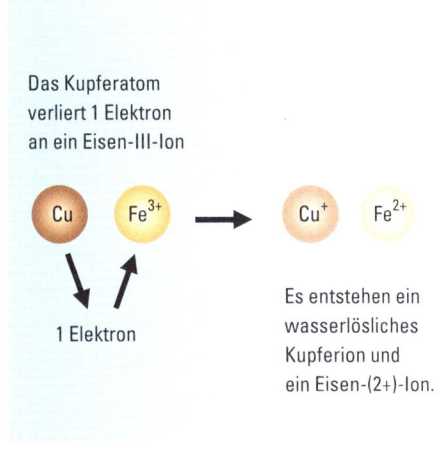

Das Kupferatom verliert 1 Elektron an ein Eisen-III-Ion

$Cu + Fe^{3+} \rightarrow Cu^+ + Fe^{2+}$

1 Elektron

Es entstehen ein wasserlösliches Kupferion und ein Eisen-(2+)-Ion.

Modell: Platine etwas später

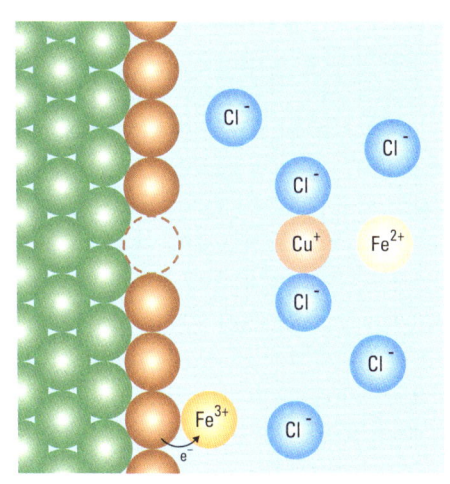

Platine   Cu   Eisen-(III)-chlorid-Lösung

Chemische Gleichung für die Ätzreaktion von Kupfermetall mit Eisen-(III)-chlorid:

Kupfermetall + Eisen-(III)-chlorid-Lösung reagieren zu Dichlorocuprat-I-Komplex + Eisen-(II)-Ion + Chloridion

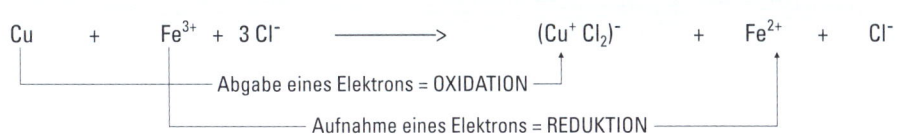

$$Cu + Fe^{3+} + 3\,Cl^- \longrightarrow (Cu^+Cl_2)^- + Fe^{2+} + Cl^-$$

Abgabe eines Elektrons = OXIDATION
Aufnahme eines Elektrons = REDUKTION

Entsorgung: Die Eisenchloridlösung und die darin enthaltenen Kupferverbindungen dürfen nicht in den Ausguss gegeben werden, sondern müssen in einem Behälter für wassergefährdende anorganische Stoffe gesammelt und via Giftsammelstelle von einer Spezialfirma entsorgt werden.

Thermitreaktion
Lückenloses Verschweissen von Schienen

Schülerinnen und Schüler
> kennen die Inhaltsstoffe und den Verwendungszweck der Thermitmischung.
> erleben die Thermitreaktion.
> können den chemischen Ablauf erklären.
> erkennen eine Thermitschweissnaht an einem Geleise wieder.

Themenkreis
> Redoxreaktionen
> Exotherme Reaktionen
> Längenausdehnung beim Erwärmen eines Festkörpers

Vorkenntnisse
> Atommodell (mindestens Bohr)
> Prinzip der Salzbildung
> Redox als Elektronenübertragungsreaktion
> Exotherme und endotherme Reaktionen

Fachlicher Hintergrund

Früher waren die Eisenbahnschienen 36 m lang und wurden mit Klemmplatten und Schrauben aneinandergeschraubt. Zwischen den Schienen bestand ein Spalt von etwa 16 mm im Winter und 0 mm im Sommer. Jedes Rad, das über den Spalt (in der Fachsprache **Stoss**) fuhr, erzeugte ein typisches Rattergeräusch. Die Schienenkanten beim Stoss erhielten jedes Mal einen Schlag, sodass der Verschleiss der Schienen dort sehr gross war. Das abgefahrene Material musste regelmässig durch Aufbringen von neuem Material mit einem elektrischen Schweissverfahren (Auftragschweissen) ergänzt werden.

Heute werden beim Umbau einer Bahnstrecke neue Schienen in der Länge von 108 m oder sogar 216 m direkt ab Werk auf die Baustelle geliefert und mithilfe des Thermitverfahrens zu einem lückenlosen Strang zusammengeschweisst. Eisen unterliegt wie jeder andere Stoff einer Längenausdehnung. Die Längenausdehnungszahl α für Eisen beträgt 0,000012 K^{-1}.

Früher konnte mit den kurzen 36 m langen Schienenstücken die Längenzunahme durch den Stoss aufgefangen werden. Der Spalt schloss sich im Sommer beinahe ganz (8,6 mm Längenzuwachs bei 20 °C Temperaturzunahme), im Winter zog sich die Schiene zusammen, der Stoss öffnete sich auf die maximale Breite von etwa 16 mm. Diese Längenänderungen müssen die heutigen Geleise ertragen können, ohne dass es zu einem Schaden kommt.

Rechenbeispiel: Wenn ein Schienenstück von 5 km Länge um 20 °C erwärmt würde, ergäbe sich ein Längenzuwachs von 1,2 m. Eine Abkühlung von 20 °C würde eine Verkürzung um 1,2 m bewirken, wenn die Schienen frei beweglich wären.

Diese grossen Längendifferenzen können heute nicht mehr ausgeglichen werden, sondern müssen von der Schiene «ertragen» werden. Dies wird durch eine starre Konstruktion der Gleisanlage und eine gute Verankerung im Boden erreicht. Die Schienen stehen im Sommer unter einer massiven Druckspannung und im Winter unter einer starken Zugspannung. Das heute verwendete Schienenmaterial erträgt diese Strapazen.

Die Schienen sind mit kräftigen Schrauben auf den Bahnschwellen festgeschraubt, die Schwellen ihrerseits von einer dicken Schotterschicht ummantelt. Diese Konstruktion verhindert, dass die Geleise im Sommer seitwärts ausbrechen (Fachausdruck: Geleiseverwerfung). Periodisch werden die Schienen mit Ultraschall auf kleinste Risse untersucht, um zu verhindern, dass es im Winter zu einem Gleisbruch kommt.

Gleisverwerfung im Jahr 2000 in Japan.

Neutralisation

Die Schienen werden auf eine Temperatur von 25 °C neutralisiert, d.h., sie werden mit speziellen Brennern vorgewärmt und dann fest mit den Schwellen verbunden, sodass bei einer Temperatur von 25 °C (Mittelwert zwischen extrem kalt und sehr heiss) keine Zug- und Druckbelastung vorliegt.

Ablauf des Thermitschweissverfahrens

Die Schienenenden werden mit einem Schweissbrenner so abgetrennt, dass ein Spalt von 25 mm entsteht. Anschliessend werden die Befestigungsschrauben der Schwellen gelöst, die beiden Schienenenden exakt auf gleiche Höhe und gleiche Flucht gebracht und in dieser Stellung fixiert.

Im folgenden Arbeitsgang wird der Spalt mit feuerfesten Formstücken (Schamottematerial) ummantelt und mit Sand abgedichtet. Damit die Schmelzmasse sich nicht zu schnell am kalten Material abkühlen kann, werden die zu verschweissende Stelle und die Form mit einem Butanbrenner vorgeheizt.

Oben auf die Form kommt ein grosser feuerfester Topf mit einer Öffnung nach unten. Die Öffnung wird mit einem Eisenplättchen verschlossen und darauf die Thermitmischung aus Aluminiumgriess, Eisenoxid und Stahlschrott gegossen. Die Stahlschrottpartikel enthalten die für die Legierung notwendigen Begleitmaterialien und helfen mit, die Thermitreaktion zu kühlen (zum Schmelzen des Stahlschrotts wird Wärme benötigt, die der Reaktion entzogen wird). Die Reaktion sinkt auf eine Temperatur, die die Schienenstücke nicht zu stark schmelzen lässt. Nun wird das Thermitgemisch mit einem Zündstäbchen (ähnlich einem bengalischen Zündhölzchen) gezündet. Diese Aktivierungsenergie setzt eine stark exotherme Redoxreaktion in Gang. Dabei bildet sich spezifisch schwereres Eisen sowie leichteres Aluminiumoxid, das als Schlacke im Reaktionsgefäss nach oben aufsteigt.

Nach etwa 25 Sekunden hat sich durch Sedimentation die Schlacke vom flüssigen Eisen getrennt, das Plättchen am Boden schmilzt durch und weissglühendes flüssiges Eisen fliesst in die Form ein.

Nach dem Abkühlen auf etwa 1000 °C wird die Form weggeschlagen und mit einem Spezialwerkzeug (hydraulische Schere, ähnlich einer riesigen Beisszange) das «Zuviel» an Eisen weggeschält. Am Ende muss die Schweissnaht mit einer Schleifscheibe auf die gleiche Höhe wie die Schiene heruntergeschliffen werden. Gefordert ist eine Präzision von 2/10 mm, was grosse Sorgfalt beim Schleifen erfordert.

Anmerkung

Die Thermitreaktion erlaubt die Vertiefung und Erweiterung des Redoxbegriffes: Redox = Elektronenübertragungsreaktion. Im Unterricht wurde wahrscheinlich bei der Bildung von Salzen der historische Begriff Oxidation = Reaktion mit Sauerstoff eingeführt (Definition von Lavoisier).

Aus dem Beispiel der Verbrennung von Aluminium (Reaktion von Aluminium mit Sauerstoff) lässt sich der erweiterte, allgemeingültige Oxidationsbegriff herleiten:

Aluminium hat mit Sauerstoff reagiert –> Oxidation.

Aluminium hat bei der Reaktion mit Sauerstoff seine äussersten Elektronen abgegeben.

Aus diesen zwei Aussagen lässt sich (durch Weglassen der Aussagen über Aluminium) eine allgemeingültige Aussage gewinnen:

Oxidation = Abgabe von Elektronen

Bei der Thermitreaktion werden diese Elektronen vom Eisen-(3+)-Ion aufgenommen, es bildet sich gut sichtbar elementares Eisen (Fe^0). Mit dem Sauerstoff passiert hier gar nichts: das Oxidion war im Eisenoxid als (2–) geladenes Sauerstoff-Ion, anschliessend in der Schlacke als «Begleiter» im Aluminiumoxid mit derselben Ladung wieder anzutreffen.

Die historische Definition der Reduktion (chemische Abspaltung von Sauerstoff aus einer Verbindung, Zurückführung in ein Element) kann mit dem Thermitversuch erweitert werden:

Das Eisen-(3+)-Ion wird zum elementaren Eisen zurückgeführt, reduziert.

Das Eisen-(3+)-Ion hat Elektronen aufgenommen.

Daraus ergibt sich die allgemeingültige Aussage:

Reduktion = Aufnahme von Elektronen

$Al^0 \longrightarrow Al^{3+} + 3$ Elektronen
Abgabe von e^- = **OX**idation

3 Elektronen $+ Fe^{3+} \longrightarrow Fe^0$
Aufnahme von e^- = **RED**uktion –> **REDOX**

Es sollte von Anfang an vermieden werden, nur von Oxidation oder Reduktion zu sprechen, es wird sonst bei den Schülerinnen und Schülern eine Begrifflichkeit geprägt, die dann später mit viel Aufwand korrigiert werden muss. Anzustreben ist, von Anfang an von Redoxreaktionen zu sprechen und Titel wie «die Reduktion von Metalloxiden» zu vermeiden. Eine Reduktion kann nicht ohne gleichzeitige Oxidationsreaktion stattfinden.

Diese Thermitreaktion ist nur möglich dank dem sehr unedlen Charakter von Aluminium, erkennbar an den Normpotenzialen E^0:

$Al \longrightarrow Al^{3+} + 3$ Elektronen; $E^0 = -1.76$ Volt
$Fe \longrightarrow Fe^{3+} + 3$ Elektronen; $E^0 = -0.04$ Volt.

Aluminium erscheint uns im Alltag als sehr beständiges Material, selbst die Alufolie mit einer relativ grossen Oberfläche kann zum Kartoffelbraten ins Feuer gelegt werden, ohne dass sie zu brennen beginnt. Mit dem folgenden Zusatzexperiment lässt sich der unedle Charakter von Aluminium demonstrieren: Ein etwa 6x10 cm grosses Aluminiumfolienstück wird locker aufgerollt und dieses zigarettenförmige Alustück in ein Reagenzglas mit 10% Salzsäure gegeben. Mehrere Minuten lang ist praktisch keine Reaktion zu erkennen, höchstens ein paar kleine Gasbläschen, die sich auf der Metalloberfläche anlagern. Plötzlich beginnen Dämpfe aus dem Reagenzglas aufzusteigen, die Säure wird heiss, die Aluminiumfolie zerfällt, die entstehenden Gase lassen sich entzünden -> Wasserstoff.

Der Grund für diese starke Verzögerung des Reaktionsbeginns liegt in der schützenden Aluminiumoxidschicht: Die Aluminiumatome an der Metalloberfläche haben mit dem Luftsauerstoff zu Aluminiumoxid Al_2O_3 reagiert. Diese kompakte, praktisch wasserunlösliche Salzschicht schützt das darunterliegende Aluminium vor weiterem Angriff. Sobald die Säure diese schützende Oxidschicht zerstört hat, kann die Reaktion vom eigentlich reaktionsfreudigen Aluminium mit der Salzsäure beginnen.

Links & Literatur

STIEGER, MARKUS: *Elemente*. Klett und Balmer, Zug 2007.
GEIGER, WERNER; HAUPT, PETER et al.: *Chemie für Realschulen*. Cornelsen, Berlin 1990.
WAIBLINGER, WILLY; FRIEDRICH, HANS PETER: *Physik für die Sekundarstufe I*. Orell Füssli, Zürich 1996.

Lückenloses Verschweissen von Schienen

🎯 Du hast die Thermitreaktion selbst erlebt.
Du kennst die Inhaltsstoffe der Thermitmischung und den Anwendungszweck des Thermitschweissens.
Du kannst den chemischen Ablauf erläutern.
Du erkennst das Resultat einer Thermitschweissung bei der Bahn wieder.

🕐 1 Lektion

Ⓜ Schutzbrillen, Feuerzeug, Dreibein mit Tondreieck, Blumentopf (ø ca. 10 cm), Aluminiumfolie, Thermitmischung (Aluminiumgriess, Eisen-(III)-Oxidpulver und Magnesiumpulver), Zündstäbchen, Schamottesteine oder Ziegel, Hammer, Holzbrett, Magnet

Durchführung

1. **Demonstrations-Experiment (durch die Lehrperson auszuführen!)**
> Dieser Versuch ist im Freien auf einem Betonboden durchzuführen. Es dürfen sich keine entzündbaren Stoffe im Umkreis von 2 Metern um die Reaktion befinden.
> Wäge 5,4 g Aluminiumgriess sowie 16 g Eisen-(III)-Oxid ab. Vermische die beiden Stoffe durch Umschütten von einem Wägepapier auf ein anderes.
> Verschliesse die Öffnung eines kleinen Blumentopfs mit einem Stück Aluminiumfolie und giesse die Mischung aus Aluminium und Eisenoxid in den Topf hinein.
> Gib in die Mitte der Pulveroberfläche einen halben Polylöffel Magnesiumpulver.
> Stelle ein Dreibeinstativ mit Tonplatte auf Schamottsteine oder trockene Ziegelsteine und positioniere den gefüllten Topf in die Mitte der Platte.
> **Alle Zuschauer müssen einen Sicherheitsabstand von 2 m einhalten!**
> Entzünde mit einem Feuerzeug ein Zündstäbchen und stecke das brennende Stäbchen in das Magnesiumpulver und die Thermitmischung hinein.

Beobachtung

Was hast du erlebt?
Das brennende Zündstäbchen entzündet die Thermitmischung. Nach wenigen Sekunden fliesst unten weissglühende heisse Masse aus dem Blumentopf. Nach dem Abkühlen ist ein grauer Klumpen zu sehen.

Warte, bis das Material im Blumentopf ausgekühlt ist. Ziehe die Schutzbrille an! Lege den Klumpen auf ein Holzbrett und schlage mit einem Hammer vorsichtig darauf. Untersuche mit einem Magneten, ob sich etwas vom Magneten anziehen lässt. Was stellst du fest?
Das Material besteht aussen aus einer spröden hellgrauen Schicht, die sich wegschlagen lässt, innen aus dunkelgrauem Material, das mit dem Hammer nicht zerschlagen werden kann. Dieses harte Material lässt sich vom Magneten anziehen.

Was sind deine Schlussfolgerungen aus dieser Untersuchung?
Es ist aussen Schlacke, im Zentrum elementares Eisen entstanden.

Technik be-greifen **Versuch 37**

Mit dem Thermitverfahren entstehen lückenlose Schienenstränge

- Die Schienenenden werden mit einem Schweissbrenner so zugeschnitten, dass ein Spalt von 25 mm zwischen den Schienen entsteht (Bild 1).
- Mit einer feuerfesten Form und mit Sand wird der Spalt auf beiden Seiten der Schiene und unten abgedichtet. Anschliessend werden mit einem Gasbrenner die Schienenenden und die Form vorgeheizt (Bild 2).
- Wenn die notwendige Temperatur der Form erreicht ist, wird ein feuerfester Ofen auf die Form gebracht und die Öffnung unten mit einem kleinen Eisenstück verschlossen.
- Von oben wird die Thermitmischung in den Ofen eingefüllt und mit einem Zündstäbchen gezündet. Es beginnt eine sehr heftige, stark exotherme Reaktion im Innern des Ofens. Aluminium und Eisenoxid reagieren miteinander. Dabei entsteht elementares Eisen und Aluminiumoxid, das die sogenannte Schlacke bildet.
- Da das Eisen eine viel höhere Dichte besitzt als die Schlacke, sammelt sich das flüssige Eisen unten im Ofen an, die Schlacke schwimmt auf dem flüssigen Eisen.
- Nach etwa 20 Sekunden ist das Eisenstück durch die entstandene Hitze durchgeschmolzen. Das flüssige weissglühende Eisen fliesst jetzt mit einer Temperatur von rund 2500 °C in den Spalt und füllt ihn auf (Bild 3).
- Danach fliesst auch die Schlacke aus dem Ofen. Sie bedeckt das noch flüssige Eisen und schützt es vor der Oxidation mit Luftsauerstoff.
- Die grosse Hitze des flüssigen Eisens lässt eine Schicht von etwa 5 mm an den Schienenenden schmelzen.

Dadurch wird ein inniger Kontakt zwischen den Schienen und dem Material der Schweissung erreicht.
- Gleich nach dem Giessvorgang wird der Ofen weggetragen und die Giessform nach dem Erstarren des flüssigen Eisens mit einem grossen Hammer weggeschlagen.
- Die zu viel eingefüllte Eisenmasse wird mit einer speziellen hydraulischen «Schere» weggedrückt (Bild 4) und später mit einer Schleifmaschine exakt plan geschliffen (Bild 5). Die Schienen sind nun nahtlos miteinander verbunden, das Rattern beim Überfahren der Verbindungsstelle verstummt.

Die Geleise sind mit Klemmplatten und Schrauben verbunden. Der Spalt dazwischen ist je nach Temperatur verschieden gross.

Die Geleise sind mit einer Schweissnaht verbunden.

2. Redoxreaktion

Die Thermitmischung enthält Eisenoxidpulver (Fe_2O_3) und Aluminiumpulver (Al). Wird die Mischung genügend stark erhitzt, beginnt eine heftige Reaktion mit Temperaturen um 2500 °C. Es findet eine Redoxreaktion statt.

> Ergänze die chemische Gleichung. Schreibe in die zwei Kästchen, welcher Stoff oxidiert und welcher reduziert wird:

Jedes Aluminiumatom gibt 3 Elektronen ab: $2\,Al \longrightarrow 2\,Al^{3+}$ Oxidation

6 Elektronen

Jedes Eisen-(3+)-Ion nimmt 3 Elektronen auf: $2\,Fe^{3+} \longrightarrow 2\,Fe$ Reduktion

Aluminium + Eisen-(III)-Oxid reagieren zu Eisen + Aluminiumoxid

$$2\,Al + Fe_2O_3 \longrightarrow 2\,Fe + Al_2O_3$$

Reduktion

Oxidation

Karbonate
Kalk brennen – Bautechnik seit 2000 Jahren

Schülerinnen und Schüler
> können erklären, wie aus Kalkstein Calciumoxid und Calciumhydroxid gewonnen wird.
> haben Kalk gebrannt und gelöscht.
> kennen praktische Anwendungen von gebranntem und gelöschtem Kalk.
> erstellen ein kleines Kalksandsteinstück.

Themenkreis
> Bauchemie
> Oxide, Hydroxide
> Säure-Base-Reaktionen

Vorkenntnisse
> Aufbau von Salzen
> Indikatorbegriff
> Kohlensäure/Karbonate

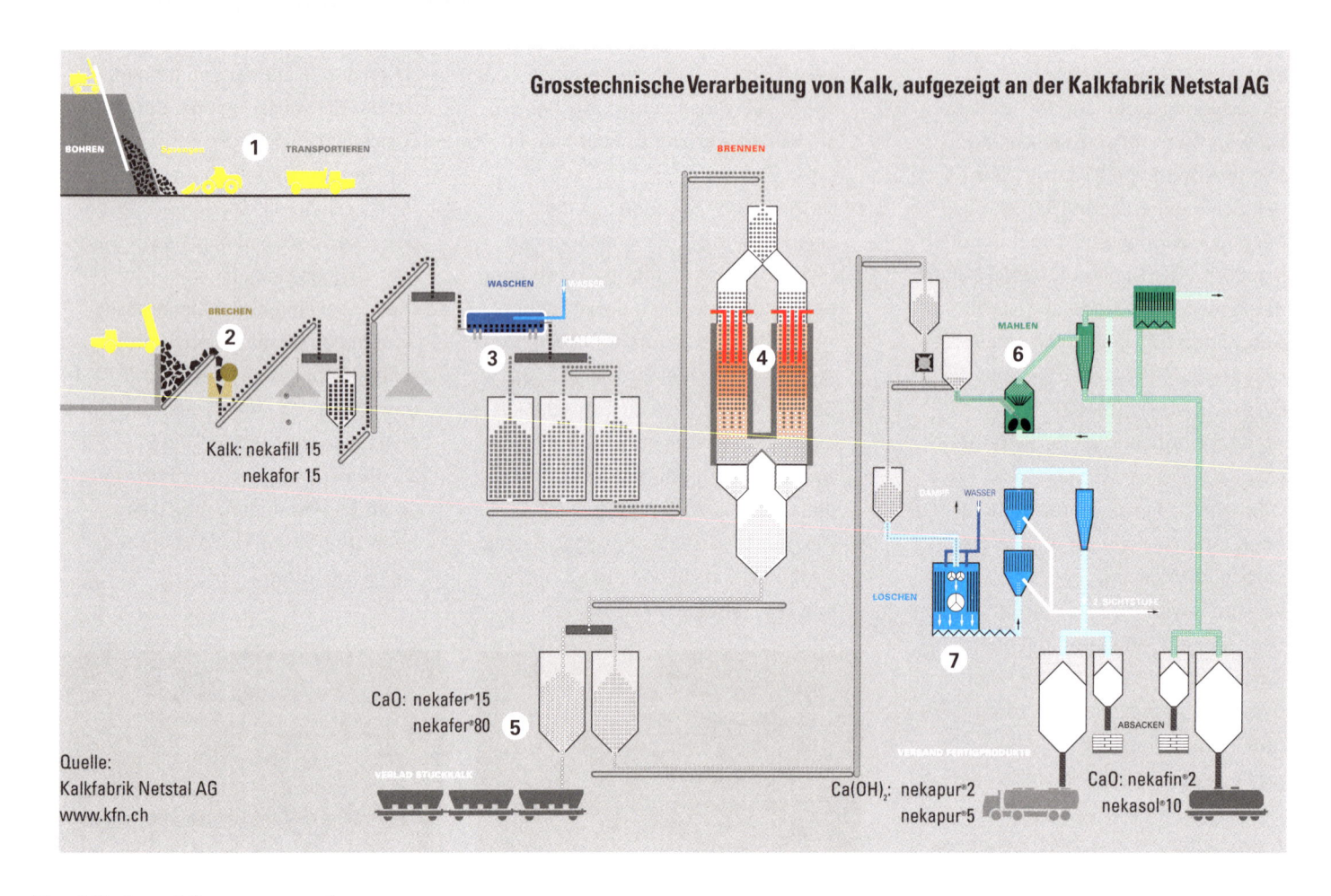

Grosstechnische Verarbeitung von Kalk, aufgezeigt an der Kalkfabrik Netstal AG

1 BOHREN / TRANSPORTIEREN
2 BRECHEN — Kalk: nekafill 15, nekafor 15
3 WASCHEN / KLASSIEREN
4 BRENNEN
5 VERLAD STÜCKKALK — CaO: nekafer®15, nekafer®80
6 MAHLEN
7 LÖSCHEN — DAMPF / WASSER
VERSAND FERTIGPRODUKTE — Ca(OH)$_2$: nekapur®2, nekapur®5 / CaO: nekafin®2, nekasol®10

Quelle: Kalkfabrik Netstal AG
www.kfn.ch

Fachlicher Hintergrund

1. Im Kalksteinbruch wird terrassenförmig gestaffelt Kalkstein weggesprengt und anschliessend mit Lademaschine und Lastwagen zur Steinbrechanlage transportiert.
2. Der Backenbrecher zerkleinert den gewonnenen Kalkstein in grössere und kleinere Stücke. Steine, die nicht für die Weiterverarbeitung im Kalkschachtofen Verwendung finden, werden aufgearbeitet zu Betonkies, Bergschotter (Herstellung von Deckbelägen für Parkplätze, Wege) oder grossen Steinen für Uferbefestigungen an Bächen und Flüssen. Aus diesen Steinen werden auch in einem Mahlprozess die Steinmehlprodukte nekafill® 15 (Füllstoff) und nekafor® 15 (Neutralisation von sauren Böden) hergestellt.
3. Die im Werk ankommenden Kalkstücke (maximal 20 cm gross) werden in zweiten Brechstufe weiter zerkleinert und in einer Wasch- und Siebanlage gereinigt und in verschiedene Steingrössen abgesiebt.
4. Brennen vom Kalk in einem Schachtofen: Mit Heizöl betriebene Brennerlanzen (15 Lanzen pro Schacht) wird der Kalk im sogenannten GGR-Ofen auf 1000°C erhitzt (GGR = Gleichstrom-Gegenstrom-Regenerativ). Die heissen Gase des brennenden Schachtes strömen in den andern Schacht und heizen das dort eingefüllte Gestein auf. Alle 14 Minuten werden unten 1.9 Tonnen Calciumoxid (gebrannter Kalk) ausgetragen und oben neue Kalksteine nachgefüllt. Pro Tag werden so 200 Tonnen Calciumoxid gebrannt. (Abb. siehe gegenüberliegende Seite).
5. Ein Teil des gebrannten Kalkes wird als Stückkalk abgesiebt und in Silowagen der Bahn verladen. Das Calciumoxid

kommt in der Stahlindustrie beim Schmelzprozess zum Binden von Schwefel und andern Verunreinigungen in der Schlacke zur Anwendung (nekafer®).

6. Ein anderer Teil des gebrannten Kalkes gelangt in eine Mühle und wird entweder als fein gemahlenes Calciumoxid (Beispielsweise nekasol® 10 für die Verfestigung von Strassenuntergrund oder nekafin® 2 für die Herstellung von Kalksandsteinen) in Bahnwagen oder Säcke abgefüllt, oder:

7. gelangt in die Hydratanlage. Hier wird beim Löschprozess dem gebrannten Kalk dosiert Wasser zugegeben. Unter starker Erwärmung entsteht Calciumhydroxid $Ca(OH)_2$, auch gelöschter Kalk oder Kalkhydrat genannt. Der gelöschte Kalk wird in der Hydratanlage zu einem trockenen Pulver aufbereitet und anschliessend versandfertig verpackt. Das Calciumhydroxidpulver wird als nekapur 2® z.B. als Bindemittel für die Herstellung von Verputz auf dem Bau eingesetzt. Eine weitere Anwendung ist die Neutralisation von sauren Abwässern oder die Rauchgasreinigung von Kehrichtverbrennungsanlagen (siehe Seite 131).

GGR-Ofen zum Kalkbrennen

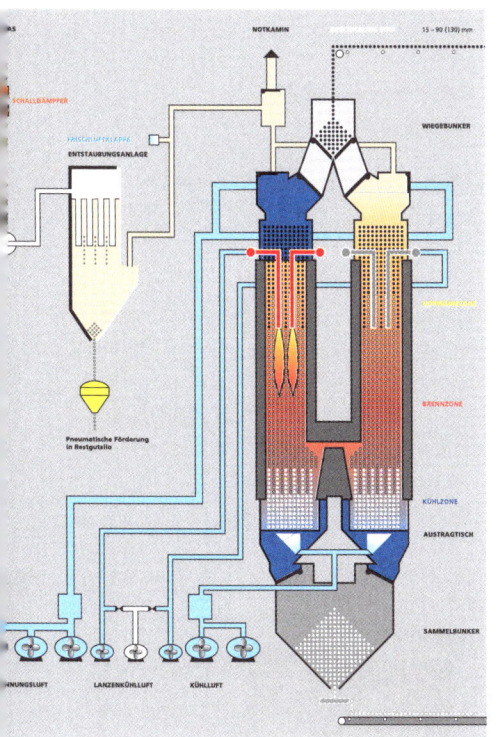

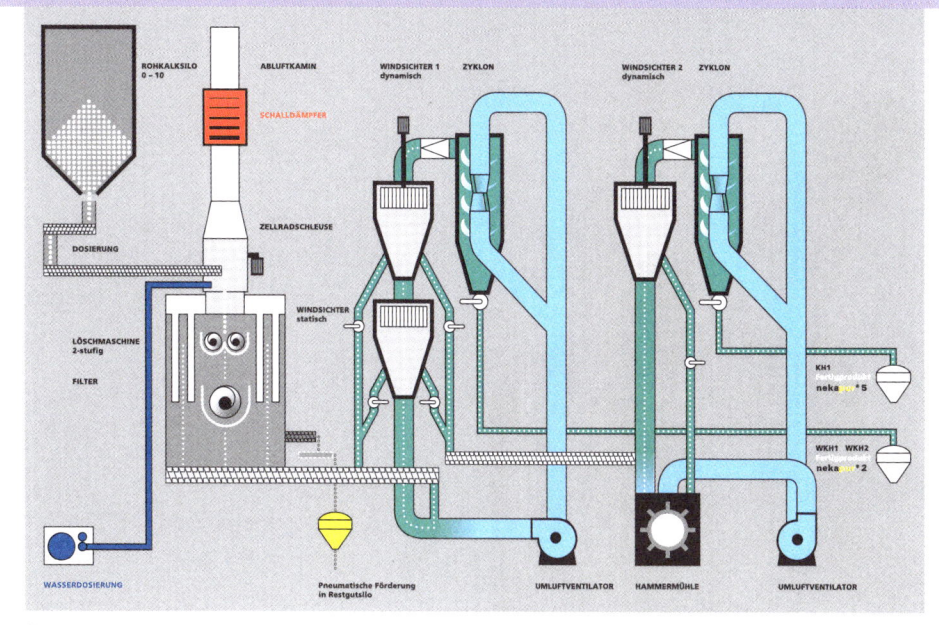

Hydratanlage

Anmerkungen

Bei allen Experimenten die Schutzbrille tragen!

Zum Schutz der Tischoberfläche unbedingt eine feuerfeste Unterlage verwenden! Bevor das Kalkstück gebrannt wird, sollte die Masse bestimmt werden, damit nach dem Brennen der Masseverlust (durch die CO_2-Abspaltung) berechnet werden kann. Das Kalkstück muss während mindestens 10 Minuten in der heissen, rauschenden Flamme des Brenners geglüht werden. Die Oberfläche des Kalks wird dabei pulvrig. Ideal wäre das Heizen in einem Reagenzglas mit der Möglichkeit, das während des Brennprozesses entstehende Kohlendioxidgas mit einer Calciumhydroxidlösung nachzuweisen. Die normalen Pyrexgläser haben jedoch einen zu niedrigen Schmelzpunkt und verbiegen sich. Der Wärmeverlust bis ins Glasinnere zum Kalkstück ist ausserdem zu gross, es geschieht beim Heizen praktisch nichts. Die Spaltung von Kalk in Calciumoxid und CO_2 findet erst oberhalb von 898 °C statt. Die Prozesstemperatur im Kalkofen liegt zwischen 925 °C und 1340 °C.

Eine teure Möglichkeit wäre die Verwendung eines Quarzglases (Stückpreis etwa Fr. 55.–), das die hohen Temperaturen erträgt, sowie der Einsatz eines Gebläsebrenners, mit dem eine höhere Temperatur erreicht wird.

Nach dem Wägen wird das gebrannte Kalkstück in ein Becherglas gegeben, in dem am Innenrand einige Tropfen Phenolphthaleinlösung vorgelegt worden sind. Ein Digitalthermometer wird so angebracht, dass der Fühler direkt auf einer pulvrigen Stelle zu liegen kommt.

Man lässt nun vorsichtig einige Tropfen demineralisiertes Wasser dem Thermometerfühler entlang nach unten auf das Kalkstück laufen und liest die Temperaturanzeige ab. Das Wasser reagiert mit dem gebildeten Calciumoxid zu Calciumlauge. Der Indikator Phenolphthalein schlägt im pH-Bereich 8,5 bis 9,5 von Farblos nach Purpur um. Die Reaktion ist stark exotherm.

Kalksandsteine brauchen keinen Brand wie die Backsteine, das Abbinden verläuft durch die Reaktion der Luft mit dem Mörtel aus Sand und gelöschtem Kalk bei Raumtemperatur.

Links & Literatur

BÄURLE, WOLFRAM et al.: *Umwelt Chemie – Gesamtband*. Klett, Stuttgart 1995.
ASSELBORN, WOLFGANG (Hrsg): *Chemie heute – Sekundarbereich I*. Schroedel, Hannover 2001.
FREYTAG, KURT et al: *Grundzüge der Chemie*. Diesterweg, Frankfurt 1996.
FRÜHAUF, DIETER (Hrsg): *Blickpunkt Chemie*. Schroedel, Hannover 2002.
www.kfn.ch.

Kalk brennen – Bautechnik seit 2000 Jahren

🎯 Du kannst erklären, wie aus Kalkstein gebrannter und gelöschter Kalk gewonnen wird.
Du hast die Umwandlungsprozesse im Labor durchgeführt und kannst nachvollziehen, wie das in einer Kalkfabrik geschieht.
Du hast selbst einen Mörtel gemischt und einen Kalksandstein hergestellt.
Du kannst erklären, was beim Abbinden passiert.

⏱ 2 Lektionen

🧰 Alufolie, Waage, Tiegelzange, Brenner, Zündhölzer, feuerfeste Unterlage, Schutzbrille, Phenolphthaleinlösung (0,1%), Digitalthermometer, Spritzflasche mit Wasser, Kalkstücke, gebrannter Kalk (Baumarkt), feiner Sand, Becherglas, Kaffeelöffel, leere Zündholzschachtel

Die antiken Bauwerke der Römer, wie schon die ägyptischen Pyramiden, sind mit der hier vorgestellten Technik entstanden.

Unsere Vorfahren wussten bereits, wie man aus Kalkstein einen Stoff herstellen kann, der, mit Wasser und Sand vermischt, einen Mörtel ergibt. Dieser bildet durch Aufnahme von Kohlendioxid aus der Luft eine dauerhafte Verbindung zwischen den Steinen.

Durchführung

Gebrannter Kalk ist stark ätzend! Sein Pulver darf unter keinen Umständen in die Augen oder auf die Haut gelangen!

1. Kalk brennen
> Ziehe die Schutzbrille an.
> Schütze den Arbeitstisch mit einer feuerfesten Unterlage.
> Lege ein Stück Alufolie auf die Waage. Gib darauf ein grösseres Stück Kalk und notiere Gewicht von Kalk und Folie.
> Heize das Kalkstück während mindestens 10 Minuten mit einer Tiegelzange in der rauschenden Flamme eines Brenners. Drehe die Zange gelegentlich, sodass möglichst alle Seiten des Kalkstücks erhitzt werden.

> Lege das geglühte Kalkstück zum Abkühlen auf die Alufolie, die auf der feuerfesten Unterlage liegen muss.
> Lege das erkaltete geglühte Kalkstück zusammen mit der Alufolie (um Verluste zu vermeiden) auf die Waage und bestimme erneut das Gewicht.

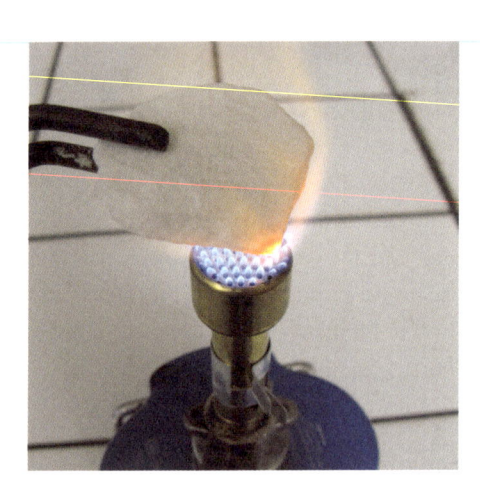

Kalkstück mit Alufolie vor dem Brennen:	g
Kalkstück mit Alufolie nach dem Brennen:	g
Gewichtsverlust durch Brennen:	g

2. Kalk löschen
> Ziehe die Schutzbrille an.
> Gib 3 Tropfen der Indikatorlösung Phenolphthalein an den Rand eines Becherglases (250 ml). Lege das gebrannte Kalkstück in die Mitte des Becherglases.
> Montiere ein Digitalthermometer, um die Oberflächentemperatur des gebrannten Kalkstücks zu messen.
> Gib mit einer Pipette einige Tropfen destilliertes Wasser auf das Kalkstück in der Nähe des Temperaturfühlers. Beobachte, was geschieht. Gib anschliessend weitere 3 Pipetten Wasser dazu. Wie verhält sich der Indikator?

Phenolphthalein ist eine Substanz, die bei Einwirkung einer Lauge ihre Farbe von Farblos auf Tiefrot wechselt. Damit lassen sich alkalische Lösungen (Laugen) nachweisen.

Die Reaktion von gebranntem Kalk (CaO) mit Wasser wird als «Löschen des Kalkes» bezeichnet und verläuft stark exotherm. Die beim «Brennen» eingesetzte grosse Energiemenge wird beim «Löschen» teilweise wieder freigesetzt.

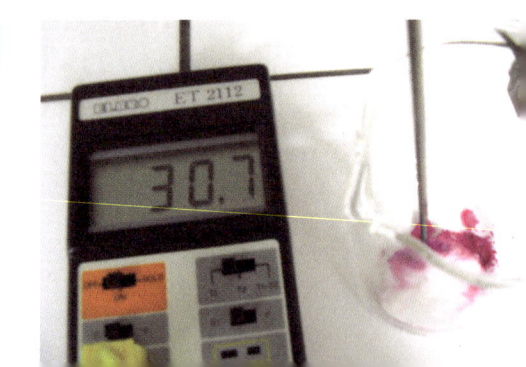

Technik be-greifen **Versuch 38**

3. Kalk abbinden

> Ziehe Schutzbrille an. Hier wird industriell gefertigter gebrannter Kalk eingesetzt:
> Gib in ein altes Becherglas 4 Teelöffel feinen Sand und 2 Teelöffel Calciumoxid (= gebrannter Kalk).
> Rühre zu einem gleichmässigen Gemisch und füge unter ständigem Mischen langsam Wasser zu, bis ein streichfähiger Mörtel entsteht.
> Fülle den Mörtel in eine leere Zündholzschachtel und streiche die Oberfläche glatt. Du kannst auch noch etwas in die Oberfläche einritzen.
> Stelle die gefüllte Zündholzschachtel für einen Tag beiseite. Entferne darauf die Zündholzschachtel und untersuche deinen selbst gemachten Kalksandstein.

Grosstechnische Anwendungen von Kalk und dessen Umwandlungsprodukten:

• **Kalksteine gross**	Bachverbauungen
• **Kalksteine klein**	Betonkies, Bergschotter (für Wanderwege usw.)
• **Kalkpulver $CaCO_3$**	Neutralisation von säurehaltigen Böden
• **Gebrannter Kalk** (Stücke) CaO	bei der Eisenfabrikation zum Abtrennen von Schwefel und Phosphor
• **Gebrannter Kalk** (Pulver) CaO	Herstellung von Kalksandsteinen, Verfestigung von Böden
• **Gelöschter Kalk** (Pulver) $Ca(OH)_2$	Neutralisation von Rauchgasen, Herstellung von Mörtel

Beobachtung

Was hast du beim Erhitzen des Kalksteins von Experiment 1 festgestellt?

Das Kalkstück wird rotglühend. Es entsteht eine pulvrige Oberfläche, der gebrannte Kalk ist leichter geworden.

Was geschieht bei Zugabe von Wasser zum gebrannten Kalk von Experiment 2?

Wenn Wasser dazukommt, erwärmt sich der gebrannte Kalk stark. Es bildet sich eine Lauge, der Indikator wird rot.

Was stellst du nach einem Tag beim Experiment 3 fest?

Der Mörtel ist steinhart geworden, es ist ein Kalksandstein entstanden.

Was ist bei den Versuchen chemisch abgelaufen?

Kalk brennen:

Kalk zerfällt in der Hitze in **Calciumoxid + Kohlendioxid (endotherm)**
$Ca^{2+}CO_3^{2-}$ —— Hitze ——> $Ca^{2+}O^{2-}$ + CO_2 (+ Energie)

Die Verbindung Kalk ($CaCO_3$) wird durch eine endotherme Reaktion in Calciumoxid (CaO, «gebrannter Kalk») und Kohlendioxid (CO_2) umgewandelt.

Kalk «löschen»:

Calciumoxid + Wasser reagieren zu Calciumhydroxidlösung
$Ca^{2+} O^{2-}$ + H-O-H ——> Ca^{2+} + 2 OH^- (– Energie)

Beim Auflösen von Calciumoxid im Wasser reagiert das Oxidion (O^{2-}) als eine starke Base (= «Protonenbinder») mit Wasser. Es entreisst dem Wasser ein H^+-Ion, dabei entsteht Calciumhydroxid $Ca(OH)_2$.

Kalk abbinden:

Calciumhydroxid + Kohlendioxid reagieren zu Kalk und Wasser
Ca^{2+} + 2 OH^- + CO_2 ——> $CaCO_3$ + H_2O

Der gelöschte Kalk reagiert mit dem Kohlendioxidgas in der Luft. Es bilden sich langsam Kalkkristalle, die die einzelnen Sandkörner miteinander verbinden und zu einer stabilen Masse vereinigen.

Seifen und Öle
Seife macht Wasser «nasser»

Schülerinnen und Schüler
> erleben verschiedene Effekte der Oberflächenspannung.
> können den Aufbau von Pflanzenöl und Mineralöl erklären.
> haben eine Verseifung selbst durchgeführt.

Themenkreis
> Organische Chemie
> Oberflächenspannung
> Spaltung eines Esters

Vorkenntnisse
> Atombau
> Elektronenpaarbindung
> Ionen

Fachlicher Hintergrund

Wasser ist ein Dipolmolekül: Aufgrund des starken Elektronegativitätsunterschieds zwischen H (EN = 2,1) und O (EN = 3,5) sind die Bindungen zwischen den Wasserstoffatomen und dem Sauerstoff stark polar (ΔEN = 1,4), d.h., die Aufenthaltswahrscheinlichkeit der bindenden Elektronen ist näher beim Sauerstoff. Das Wassermolekül weist einen Winkel von rund 105° auf, deshalb liegen die Schwerpunkte der Minusladungen und der Plusladung nicht aufeinander, das Wassermolekül besitzt ein Dipolmoment:

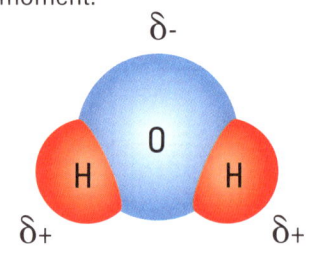

Das Wassermolekül übt aufgrund seiner Polarität zu anderen Wassermolekülen starke anziehende Wirkungen aus. Die Bindungen zwischen den Dipolmolekülen werden als **Wasserstoffbrücken** bezeichnet.

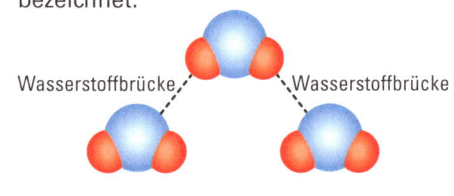

Diese Kräfte zwischen den Wassermolekülen sind dafür verantwortlich, dass das Wasser eine grosse Oberflächenspannung aufweist.

Mit dem folgenden zusätzlichen Experiment (Pinsel im Wasser: Haare frei beweglich, nasser Pinsel an der Luft: Haare des Pinsels kleben aneinander) lassen sich die Kräfteverhältnisse im Innern von Wasser und an der Grenzfläche zeigen: Das Wasser zwischen den Pinselhaaren versucht an der Luft eine möglichst kleine Oberfläche zu bekommen (Kugelform).

Die Oberflächenspannung ist ein Grenzflächenphänomen: Im Wasser drin erfährt jedes Wassermolekül nach allen Seiten zu den andern Wassermolekülen dieselbe Anziehungskraft, die Kräfte heben sich gegenseitig auf: Die Summe aller Kräfte ist null. An der Grenzfläche vom Wasser zur Luft fehlen dagegen auf der der Luft zugewandten Seite die Wassermoleküle, die Addition der Kraftvektoren ergibt einen resultierenden Vektor, der ins Wasserinnere gerichtet ist.

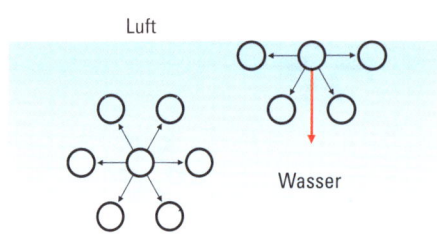

Diese Kräfte sind der Grund, dass das Wasser auf Oberflächen «abperlt» und eine Haut zu haben scheint (Oberflächenspannung).

Wirkung von Seife

Pflanzliche und tierische Fette und Öle sind Ester aus einem Glycerinmolekül (Alkohol mit 3 OH-Gruppen) und 3 Fettsäuremolekülen.

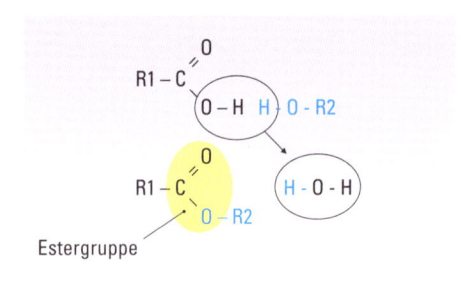

Vereinfachte Darstellung der Esterbildung (R1, R2 sind Kohlenwasserstoffe)

Bei Pflanzenfett ist R1 eine Kette von 4 bis 17 C-Atomen (Kohlenwasserstoffe) und R2 das Kohlenwasserstoffgerüst von Glycerin (Propantriol).

Mithilfe von Laugen lassen sich diese Ester wieder in Glycerin und die Natriumsalze der Fettsäuren (= Seife) spalten. Die «Seifenteilchen» bestehen aus posi-

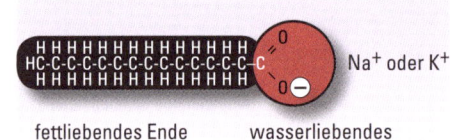

fettliebendes Ende (lipophil) = wasserabstossend

wasserliebendes Ende (hydrophil) Säuregruppe

tiv geladenen Natriumionen (bei der Kernseife) respektive Kaliumionen (bei der Schmierseife) sowie den Säureresten der im Fett enthaltenen Fettsäuren. Diese Fettsäureanionen sind eher schlecht wasserlöslich, der Anteil an wasserunlöslichem Kohlenwasserstoff ist im Verhältnis zur wasserlöslichen Säuregruppe zu gross.

Wenn Seife in Wasser gegeben wird, verteilen sich diese sogenannten Tenside (von lat. tendere, spannen: die Oberflächenspannung des Wassers herabsetzender Zusatz in Wasch- und Reinigungsmitteln) auf ganz typische Weise auf der Wasseroberfläche und bilden Schwärme im Wasser:

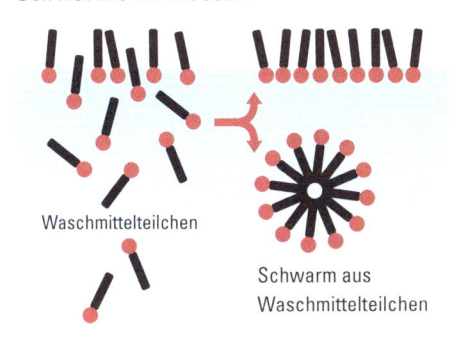

Waschmittelteilchen

Schwarm aus Waschmittelteilchen

Wenn beim Waschen von Textilien fetthaltiger Schmutz zu entfernen ist, laufen folgende Phasen des Waschvorganges ab:

> **Benetzen und Ablösen:** Tenside dringen mit ihren fettliebenden Enden (hier im Modell die Nadeln) in die Textilfasern und den Schmutz ein.

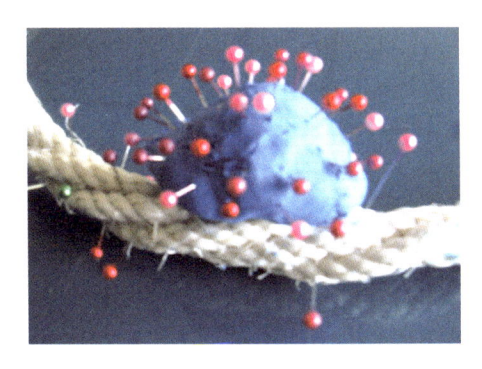

Wegen der negativen Ladung des Säureanions (im Modell die Köpfchen) stossen sich die nun gleiche Ladung tragenden Fasern und der Schmutz ab.

> **Zerteilen:** Der abgelöste Schmutz wird in zahllose kleine Tröpfchen fein zerteilt, die mit negativ geladenen

Tensiden ummantelt sind und dadurch in Wasser löslich sind (analog zu Ionen von Salzen). Der Schmutz kann sich nicht mehr auf der Faser absetzen, da sie ebenfalls negativ geladene Tenside an der Oberfläche besitzt.

Anmerkungen

Für den ersten Versuch ist es wichtig, ein Tuch zu beschaffen, das wirklich noch nie gewaschen wurde (austesten, ob der Tropfen auf dem Tuch bestehen bleibt). Eine materialsparende Version wäre die Anschaffung eines neuen Geschirrtuches aus Baumwolle, das dann in kleine Stücke von etwa 6 x 6 cm zerteilt würde. Nach dem Versuch könnten diese Stücke gewaschen und getrocknet werden und für eine spätere Serie als gewaschene Materialproben in den Einsatz kommen. Das Waschmittel sollte mit einer feinen Pipette am Rand des Tropfens auf das Tuch gegeben werden.

Beim zweiten Versuch muss aus Sicherheitsgründen das Experiment im Wasserbad durchgeführt werden. Auf diese Weise werden ein Siedeverzug und Spritzen der Natronlauge verhindert.

Die Reagenzgläser sollten ab und zu während der Heizphase vorsichtig geschüttelt werden, damit Lauge und Öl in Kontakt kommen.

Das Maschinenöl (oder Fahrradöl) reagiert als Kohlenwasserstoff nicht mit der Lauge. Nach dem Schütteln entmischen sich die beiden Phasen wieder. Beim Pflanzenöl bilden sich unter Wirkung der Lauge Seifeteilchen, die im kalten Zustand als Salz oben im Reagenzglas schwimmen.

Zusätzliche Experimente:

> Grosse Wanne mit Wasser füllen, Schwefelpulver auf die Oberfläche streuen und in der Mitte der Wanne einen Tropfen Tensid hineinfallen lassen. Das Schwefelpulver wird darauf an den Rand gedrängt und sinkt später auf den Boden.

> Kleines Medikamentenfläschchen (10 ml) mit Pflanzenöl bis 1 mm unter den Rand füllen und in ein hohes, wassergefülltes Glas stellen (z.B. mit langer Pinzette). Von oben 2 Tropfen Abwaschmittel auf die Öffnung des Fläschchens absinken lassen: das Öl entweicht erst nach Zugabe des Tensids aus der Flasche.

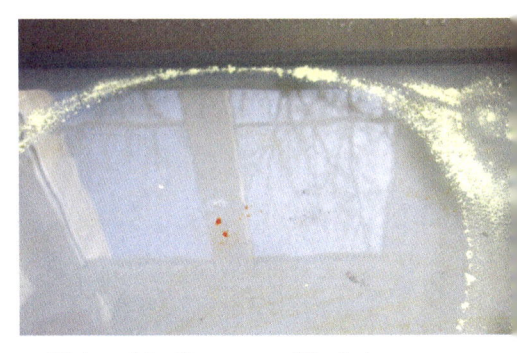

Links & Literatur

DEMUTH, REINHARD (Hrsg.): *Chemie im Kontext*. Cornelsen, Berlin 2006.
MAGYAR, LIEBHART, JELINEK: *Moleküle*. Öbv, Wein 2005.
BLUME, RÜDIGER: *Themenheft Fette, Seifen, Waschmittel*. Cornelsen, Berlin 1994.
STIEGER, MARKUS: *Elemente für schweizerische Maturitätsschulen*. Klett, Zug 2007.
DUDEN: *Das Grosse Fremdwörterbuch*. 4., aktualisierte Auflage. Dudenverlag, Mannheim, Leipzig, Wien, Zürich 2007.

Seife macht Wasser «nasser»

🎯 Du erlebst das Phänomen der Oberflächenspannung.
Du kannst den Aufbau von Fett in groben Zügen erklären.
Du weisst, wie Fett mit einer Lauge in Seife umgewandelt wird.
Du verstehst anhand eines Modells, wie Seife entsteht.

🕐 1 Lektion

Ⓜ Schutzbrille, 1 neues und 1 mehrmals gewaschenes Geschirrtuch, 2 Pipetten, 4 Reagenzgläser, dazu 2 passende Stopfen, Reagenzglasgestell, Natronlauge 1 Mol/Liter, Nähmaschinenöl, Pflanzenöl, Becherglas, Brenner, Dreibein mit Drahtgeflecht oder Keramikplatte

Durchführung

Was bewirkt Seife?

> Gib mit einer Pipette einige Tropfen Wasser auf ein ungewaschenes neues Stück Geschirrtuch und beobachte das Verhalten der Wassertropfen.

> Setze mit einer Pipette einen Tropfen Abwaschmittel an den Rand eines Tropfens auf das Tuch.

> Gib mit der Pipette einige Tropfen Wasser auf ein mehrmals gewaschenes Stück Geschirrtuch.

Beobachtung

1. Was passiert mit dem Wasser, das auf das neue Geschirrtuch gegeben wird?
   Das Wasser bildet grosse Tropfen auf dem Tuch, es perlt an der Oberfläche ab.

2. Wie verhalten sich die Wassertropfen, wenn Waschmittel zugegeben wird?
   Das Tuch saugt das Wasser auf, die Tropfen verschwinden.

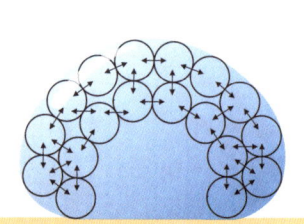

Gewaschene Textilien sind mit Waschmittelteilchen überzogen, die wasserliebenden Enden ragen nach aussen. Zugegebenes Wasser kann deshalb mit der Faser in Kontakt treten. Die Seifeteilchen wirken als «Vermittler» zwischen Faser und Wasser. So kann die Faser benetzt werden.

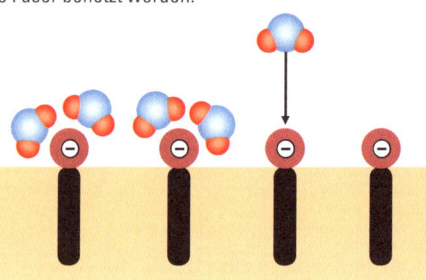

Ungewaschenes, neues Tuch: Die Wassermoleküle im Tropfen ziehen sich von allen Seiten an, Moleküle an der Grenze zur Luft erfahren nur Kräfte gegen das Innere des Tropfens. Das Wasser «scheint eine Haut zu haben», es bildet Tropfen. Dieser Effekt wird als Oberflächenspannung bezeichnet.

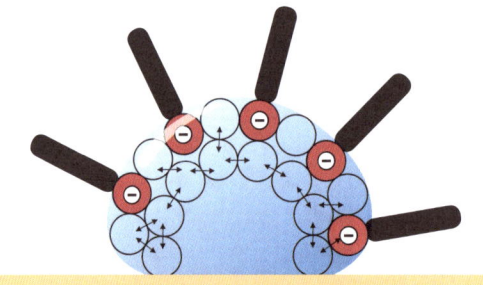

Wirkung von Tensid: Wenn Seife auf den Tropfen gegeben wird, verteilen sich die Seifenmoleküle auf der Oberfläche: Die wasserlöslichen Enden sind im Wassertropfen drin, die wasserabstossenden Enden ragen nach aussen in die Luft. Die Kräfte zwischen den Wassermolekülen werden kleiner, der Tropfen zerfliesst zu einer Pfütze.

Textilfaser

Technik be-greifen

Versuch 39

Durchführung

Worin unterscheidet sich Pflanzenöl von Mineralöl?

> Schutzbrille anziehen!
> Beschrifte 2 Reagenzgläser mit «Mineralöl» und gib in eines 1 cm hoch Nähmaschinenöl hinein. Beschrifte zwei weitere Reagenzgläser mit «Pflanzenöl» und fülle in eines 1 cm hoch Rapsöl (oder ein anderes Pflanzenöl) hinein.
> Giesse zu beiden Ölen vorsichtig je 10 cm hoch Natronlauge 1 Mol/l und stelle diese Gläser während mindestens 20 Minuten in ein Wasserbad mit siedendem Wasser. Mische die Stoffe durch sorgfältiges Umgiessen in das zweite Reagenzglas mit derselben Beschriftung und zurück.

> Stelle die Reagenzgläser zum Abkühlen in ein Reagenzglasgestell. Verschliesse die erkalteten Gläser mit je einem Gummistopfen.
> Nimm die Reagenzgläser so in die Hand, dass du mit dem Daumen die Stopfen auf dem Glas festdrücken kannst und schüttle beide Gläser gleich stark.
> Entsorge nach dem Versuch das Mineralöl im Behälter «organische Abfälle», alle wässrigen Anteile im Behälter «Säuren und Laugen».

Beobachtung

1. Was hast du festgestellt beim Erhitzen der Lauge mit dem Mineralöl und dem Pflanzenöl?

   Das Pflanzenöl wird milchig trübe, oben schwimmen weisse Flocken, das Mineralöl bleibt unverändert und schwimmt auf der Lauge. Beim Schütteln des Glases mit dem Pflanzenöl entsteht Schaum, beim Mineralöl findet keine Schaumbildung statt.

2. Was folgerst du daraus?

   Durch Einwirkung einer Lauge auf ein Pflanzenöl geht die wasserabstossende Eigenschaft des Öls verloren.

Mineralöl besteht aus Kohlenwasserstoff-Molekülen, die von einer Lauge nicht aufgespalten werden können. Sie sind wasserabstossend und schwimmen auf der Lauge, ohne verändert zu werden.

Modellbild eines Kohlenwasserstoffmoleküls, einer Verbindung aus Kohlenstoff (schwarze Kugeln) und Wasserstoff (weisse Kugeln).

Pflanzliche Öle sind durch die Reaktion von Glycerin mit Fettsäuren entstanden (Fachausdruck: Ester). Diese Verbindungen lassen sich durch Einwirkung von Natronlauge in Glycerin und Salze der Fettsäuren aufspalten. Die Natriumsalze der Fettsäuren werden als **Seife** bezeichnet.

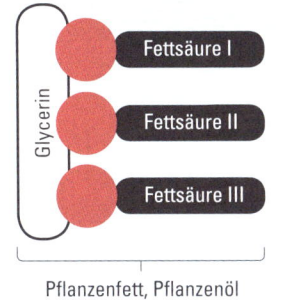

Fettsäure-Rest

$CH_3-CH_2-CH_2-CH_2-CH_2-CH_2 \ldots CH_2-C$

Wasserabstossendes Ende = fettlösliches Ende

Wasserlösliches Ende

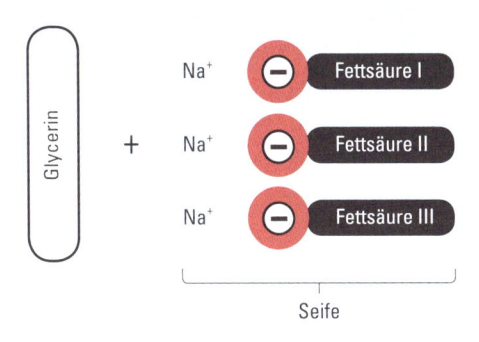

Glycerin — Fettsäure I, Fettsäure II, Fettsäure III

Natronlauge «Verseifung» →

Glycerin + Na⁺ Fettsäure I, Na⁺ Fettsäure II, Na⁺ Fettsäure III

Pflanzenfett, Pflanzenöl

Seife

Kosmetikprodukte
Duschgel selbst herstellen

Schülerinnen und Schüler
> lernen die Inhaltsstoffe von Duschgel und Bodylotion kennen.
> lernen, exakt und sauber zu arbeiten.
> können erklären, wozu die Stoffe dienen.

Themenkreis
> Gemischarten
> Tenside

Vorkenntnisse
> Aufbau von Fett
> Emulgator
> Fertigkeit im Umgang mit Messzylinder

Fachlicher Hintergrund

Im deutschen Fernsehen wurde ab 1986 eine Sendereihe Hobbythek mit dem Thema «Kosmetik selber machen» ausgestrahlt. Diese Sendungen stiessen auf grosses Interesse und in vielen Familien wurde begonnen, Duschgels, Shampoos, Lippenstifte usw. selber herzustellen. Die dazu benötigten Grundstoffe wurden in immer zahlreicheren Versandgeschäften und sogar in Apotheken zum Verkauf angeboten.

Das Team um Jean Pütz und Christine Niklas publizierte eine ganze Reihe von Büchern, die heute zum Teil ihre 12. Auflage erreichen.

Die Grundidee des Hobbythek-Teams lautete: möglichst hautschonende, ungiftige Produkte verwenden und keine Tierversuche, um die Verträglichkeit zu testen. Man versuchte auch, Rezepturen zu entwickeln, die keine giftigen Konservierungsmittel nötig machen. Dies ist allerdings nur dann möglich, wenn die selbst gemischten Stoffe spätestens innerhalb von zwei Monaten aufgebraucht werden. Die Rohstoffe für sich allein sind zum Teil mehrere Jahre ohne Konservierung haltbar. Sobald eine Mischung zusammen mit Wasser gebildet wird, haben Bakterien und Pilze ein ideales «Betätigungsfeld»: Das Wasser als Lebensraum, die Kosmetikinhaltsstoffe als «Nahrungsmittel». Wenn die Haltbarkeit länger sein soll, muss mit aggressiven Konservierungsmitteln das Wachstum dieser Mikroorganismen verhindert werden.

Tierversuche sind bei dieser Art der Kosmetikherstellung nicht notwendig: man kann sich selbst die zu testenden

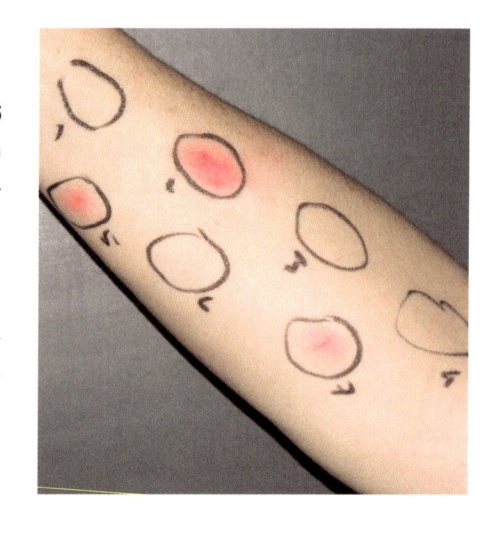

Anmerkungen

Substanzen auf der Innenseite des Arms auftragen und während 12, 24 oder 48 Stunden auf der Haut einwirken lassen. Wenn sich irgendeine Reaktion in Form einer leichten Rötung der Haut zeigt, muss diese Substanz einfach weggelassen werden und durch eine Alternative ersetzt werden. In den erwähnten Büchern hat es eine Vielzahl von verschiedenen Rezepten mit verschiedensten Wirkstoffen.

Herstellung des Duschgels

Das Duschgel wird mit Vorteil als Postenlauf (ähnlich einem «Schwedenbuffet») aufgestellt. Jede Schülerin und jeder Schüler erhält einen Messbecher 250 ml (niedrige Form) und einen Teigspatel zum Mischen der Zutaten. Mit dieser Ausrüstung gehen alle von Posten zu Posten und geben die dort aufgestellten Stoffe in der richtigen Menge nach Anleitung in den Messbecher. Während des Wanderns zum nächsten Posten werden die Stoffe gut miteinander vermischt, jedoch nicht schaumig geschlagen. Bei jedem Posten liegt mit Vorteil ein Postenblatt mit den Angaben, was dort getan werden soll und wozu der entsprechende Stoff dient.

Eine kurze Einführung zum Abmessen der Flüssigkeiten ist sehr zu empfehlen (z.B. Wo liegen 80 ml auf dieser Skala? Bis wohin muss dann das Betain zugefüllt werden?).

1. **Posten:** Heisses, zum Sieden gebrachtes demineralisiertes Wasser (genügende Menge, damit es für alle reicht), Becherzange, Zitronensäure und Spatel zum Dosieren der Säurekristalle.

2. **Posten:** Messlöffel (2,5 ml) der Hobbythek und Verdickungsmittel Rewoderm; Messlöffel mit Vorteil in eine Petrischale legen, damit nicht der ganze Tisch klebrig wird.

3. **Posten:** 30 ml Betain (kann direkt in den Messbecher gegeben werden).

4. **Posten:** 30 ml Glycintensid (kann direkt in den Messbecher gegeben werden).

5. **Posten:** Kleiner Messzylinder 25 ml zum genaueren Abmessen von 7,5 ml Mandelöl und 15 ml Emulgator Mulsifan.

6. **Posten:** Eine Auswahl von ätherischen Ölen und Parfümextrakten bereitstellen; darauf hinweisen und kontrollieren, dass jedes Mal der

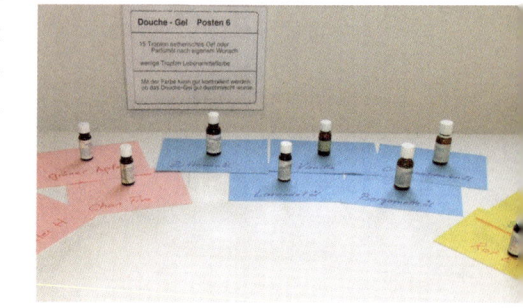

Deckel wieder auf das richtige Gefäss geschraubt wird. Pro Stoff mit Vorteil ein A5-Blatt mit dem Namen des Stoffes und dem Fläschchen darauf, so bleibt die Übersicht gewahrt. In Petrischalen verschiedene Lebensmittelfarblösungen bereitstellen (als Tropffläschchen oder in Tuben, Konditorfarben, erhältlich).

7. **Posten:** Das ganze nochmals gut durchmischen und in ein sauberes leeres Duschmittelgefäss abfüllen, Etikette beschriften, Haltbarkeitsvermerk nicht vergessen (2 Monate, da ohne Konservierungsmittel).

Herstellung der Bodylotion

Vorschlag für die Organisation dieses Projektes:

1. **Arbeitsplatz** mit 2 Waagen zum Abmessen der Fettphase aus Tegomuls, Sheabutter und Mandelöl; leere Bechergläser 250 ml (niedrige Form, der Stabmixer muss hineinpassen).
2. **Arbeitsplatz** mit heissem, zum Sieden gebrachtem demineralisiertem Wasser (genügende Menge).
3. **Arbeitsplatz** mit den **Zusatzstoffen**, die **nach** dem Emulgieren dazugemischt werden:
- Petrischale mit Messlöffel 2,5 ml und D-Panthenol
- Petrischale mit Pipette und Aloe vera-Konzentrat
- Tropfflasche mit Bergamotteöl
- Tropfflasche mit Paraben K

Emulgier-Arbeitsplätze

Für je 2 Personen mit Stativ und Keramikplatte, Gasbrenner, Becherglas 600 ml (niedrige Form für Wasserbad), 2 leere Bechergläser 250 ml (niedrige Form), Glasstab, Messzylinder 100 ml.

Vorgehen:

Je 2 Personen messen in ein Becherglas 250 ml das **Doppelte** der Stoffe für die Fettphase ab und schmelzen dieses Gemisch im Wasserbad, bis das Tegomuls nicht mehr als feine Kriställchen im Öl herumschwebt und das Gemisch durchsichtig erscheint.

Danach wird die Fettphase gleichmässig auf 2 Bechergläser 250 ml aufgeteilt und jede Person arbeitet mit ihrer Fettphasenportion alleine weiter:

Mit dem Messzylinder 100 ml wird heisses demineralisiertes Wasser geholt und **langsam** (!) unter Rühren zu der noch heissen Fettphase zugemischt: Es entsteht eine milchige Emulsion.

Sobald die Emulsion so weit abgekühlt ist, dass der Becher von Hand transportiert werden kann (max. 35 °C), werden am Arbeitsplatz die Zusatzstoffe – die angegebenen Mengen von D-Panthenol, Aloe vera, Bergamotte und Paraben K – der Emulsion zugegeben. Mit einem Stabmixer kann die Emulsion noch kräftiger vermischt werden, bevor die entstandene Bodylotion in ein passendes Gefäss abgefüllt wird.

Zum möglichst vollständigen Herauswischen der Bodylotion aus dem Becherglas hat sich eine Gummilasche bewährt, die auf einen Glasstab aufgesteckt wird.

Etikette mit Haltbarkeitsvermerk nicht vergessen! (In maximal zwei Monaten aufbrauchen, da das zugegebene Konservierungsmittel zu wenig giftig ist, um alle Kleinstlebewesen zu zerstören.)

Diese Bodylotion zieht sehr rasch ein, gibt ein gutes, erfrischendes Hautgefühl und fettet nicht.

Mit den Resten aus dem Becher kann schon mal die Haut eingestrichen werden. Viel Spass dabei!

Bezugsquelle für die Zutaten
- www.spinnrad.de
- www.interwega.ch

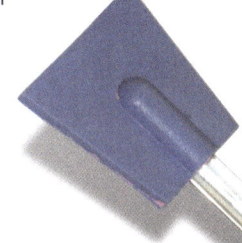

Aloe vera und ihre wohltuenden Wirkstoffe kannten schon die Ureinwohner Amerikas vor 3500 Jahren.

Links & Literatur

PÜTZ, JEAN; NIKLAS, CHRISTINE: *Cremes und sanfte Seifen*. Egmont VGS, Köln, 1989.
PÜTZ, JEAN; NIKLAS, CHRISTINE: *Schminken, Masken, schönes Haar*. Egmont VGS Köln, 1987.
PÜTZ, JEAN; NIKLAS, CHRISTINE: *Die 5-Minuten-Kosmetik*. Egmont VGS, Köln 1990.
PÜTZ, JEAN; NIKLAS, CHRISTINE: *Das Lexikon der sanften Kosmetik*. Egmont VGS, Köln 1988.
PÜTZ, JEAN; NIKLAS, CHRISTINE: *Betörende Parfums. Heilende Düfte*. Egmont VGS, Köln 1993.
PÜTZ, JEAN; NIKLAS, CHRISTINE: *Natürliche Kosmetik selbst gemacht*. Egmont VGS, Köln 2000.

Duschgel selbst herstellen

🎯 Du stellst ein super Duschgel und eine Bodylotion selbst her.
Du kannst exakt und sauber nach Anleitung arbeiten.
Du weisst, wozu die einzelnen Inhaltsstoffe dienen.

⏱ Duschgel: 1 Lektion, Bodylotion: 1 Lektion

🛠 **Für Duschgel:** Wasserkocher, demineralisiertes Wasser, Zitronensäure, Rewoderm, Betain, Glycintensid, Mandelöl, Mulsifan, diverse ätherische Öle und Parfumextrakte, diverse Lebensmittelfarben, Messzylinder 25 ml, Etiketten, wasserfeste Filzschreiber; pro Person 1 Kunststoff-Messbecher 250 ml, Teigspatel als Rührstab und leere Duschgelflasche

Für Bodylotion: Gasbrenner mit Stativ und Heizplatte, Becherglas 250 ml niedrige Form, Becherglas 600 ml, 2 Messlöffel 2,5 ml (von Interwega), Messzylinder 25 ml, Spatel, Tegomuls, Sheabutter, Mandelöl süss, demineralisiertes Wasser, D-Panthenol, Aloe-vera-Konzentrat, Bergamotteöl, Paraben K, Glasstab oder Rührthermometer, Waage, leeres Gefäss für die Bodylotion, Messzylinder 100 ml, kleiner Stabmixer

Durchführung

1. **Duschgel**
Das folgende Rezept liefert ein super Duschgel. Die angegebenen Mengen passen in eine leere Duschgelflasche.
> Giesse 80 ml heisses, zum Sieden gebrachtes destilliertes Wasser in den 250-ml-Kunststoff-Messbecher (beachte, wie die Einteilung der Skala aufgebaut ist).
> Füge 3 bis 4 Kristalle Zitronensäure mit dem Spatel dem Wasser zu (um einen hautähnlichen pH-Wert zu erreichen).
> Gib 3 Messlöffel (à 2,5 ml) Rewoderm hinein (es dient als Verdickungsmittel) und vermische es mit dem Teigspatel gleichmässig im Wasser.
> Gib 30 ml Betain und 30 ml Glycintensid in den Becher und mische sorgfältig.
> Miss mit einem kleinen Messzylinder 7,5 ml Mandelöl (als hautpflegende, rückfettende Substanz) oder ein anderes feines Kosmetiköl und als Emulgator 15 ml Mulsifan ab. Gib diese Stoffe in den Messbecher und vermische sie wieder mit den andern Stoffen.
> Gib 15 Tropfen eines ätherischen Öls oder eines Parfümöls (nach eigenem Geschmack) sowie 2 Tropfen Lebensmittelfarbe dazu, die zum Charakter des Parfüms passt.
> Vermische alle Zutaten, bis die Farbe überall gleichmässig erscheint und fülle das Gemisch in einen sauberen Behälter für Duschgel.

> Beschrifte eine Etikette mit den Inhaltsangaben und notiere das Haltbarkeitsdatum. Die Emulsion ist zirka zwei Monate haltbar, da keine giftigen Konservierungsstoffe beigefügt wurden.

Rewoderm macht das Duschgel dickflüssig, damit beim Gebrauch nicht zu viel auf einmal aus der Flasche fliesst, es ist also ein Verdickungsmittel. Gewonnen wird es durch Reaktion von Rindertalg mit Glycerin. Es bildet zusammen mit Tensiden ein Gel. Zusätzlich ist Rewoderm selbst ein waschaktiver Stoff.

Betain ist eine der hautschonendsten waschaktiven Substanzen und kommt unter anderem in der Zuckerrübe vor. Es reizt die Augen nicht und wird deshalb auch bei Kindershampoos verwendet.

Glycintensid wird aus Kokosfett und der Aminosäure Glycin hergestellt, ist sehr hautfreundlich und hat eine gute Waschkraft.

Mulsifan dient als Emulgator («Vermittler»), damit Öl und Wasser sich vermischen lassen. Sonst würde sich oben eine Ölschicht und unten eine Wasserschicht bilden.

Bergamotteöl ist ein sehr feines ätherisches Öl, das aus der Schale der Bergamottefrucht (Zitrusfrucht) gewonnen wird. Bergamotteöl darf **nie unverdünnt** direkt auf die Haut auftragen werden, denn es kann mit Sonnenlicht eine Verfärbung der Haut bewirken (phototoxische Reaktion).

Lebensmittelfarbe verleiht dem Duschgel ein attraktives Aussehen und dient gleichzeitig zur Kontrolle, ob die Zutaten gut miteinander vermischt sind.

Technik be-greifen — Versuch 40

2. Bodylotion

Dieses Rezept liefert eine erfrischende, sehr hautfreundliche Bodylotion, die gut einzieht und nicht fettet. Abgefüllt werden kann die Bodylotion in eine saubere leere Sonnencreme- oder Duschgelflasche.

> Wäge in ein Becherglas 250 ml (niedrige Form) **pro Person** folgende Substanzen ab: 5 g Tegomuls (Emulgator), 2 g Sheabutter, 20 g Mandelöl.
> Stelle ein Stativ mit Keramikplatte und Gasbrenner auf den Arbeitstisch. Fülle in ein 600-ml-Becherglas etwa 50 ml Leitungswasser. Stelle in dieses Wasserbad das Becherglas 250 ml mit der eingewogenen Mischung und erhitze das Wasserbad langsam, bis alle Stoffe geschmolzen sind und keine schwebenden festen Partikel mehr zu sehen sind (bei etwa 55 °C). Diese Mischung bildet die sogenannte Fettphase.
> Giesse 100 ml zum Sieden gebrachtes demineralisiertes Wasser in einen Messzylinder (Keimfreiheit).
> Mische langsam (!!) unter ständigem Umrühren das heisse Wasser in die noch warme Fettphase: es bildet sich eine Emulsion.
> Sobald die Emulsion handwarm ist (ca. 35 °C), werden folgende Wirkstoffe nacheinander dazugemischt: 1 Messlöffel D-Panthenol, 5 Tropfen Aloe-vera-Konzentrat, 12 Tropfen Bergamotteöl, 12 Tropfen Paraben K.
> Am Schluss wird das Gemisch mit einem kleinen Stabmixer gut verrührt und in ein passendes Gefäss abgefüllt. (Haltbarkeit bei Raumtemperatur zirka 2 Monate, Ablaufdatum auf der Etikette notieren.)

Tegomuls ist ein Emulgator («Lösungsvermittler»), der auch in Eiscremes und Backwaren verwendet wird. Chemisch ist es ein Monoglycerid von Fettsäuren.

Sheabutter ist ein Pflanzenfett aus der Nuss des Sheanussbaumes (Zentralafrika) und ist dank ihrem Gehalt an Zimtsäureestern sehr hautfreundlich, wirkt heilend, desinfizierend und bewahrt die Haut vor dem Austrocknen. Aufbewahrung im Kühlschrank (kann ranzig werden).

Mandelöl ist ein feines hautfreundliches Kosmetiköl und wird aus Mandelkernen gewonnen.

D-Panthenol ist das Provitamin B5 und spielt im Stoffwechsel aller Zellen eine grosse Rolle. Es fördert und begünstigt das Wachstum der Hautzellen und gleicht Mangelzustände aus, die durch äussere Einwirkung auf die Haut entstehen (Luftverunreinigung, aggressive Seifen, Sonnenbestrahlung usw.).

Aloe vera ist eine agavenähnliche Wüstenpflanze und diente schon den Ureinwohnern Amerikas als Wund- und Heilmittel. Sie befeuchtet die Haut und macht sie geschmeidig.

Paraben K ist ein sehr gut verträgliches Konservierungsmittel, das auch zum Haltbarmachen von Hustensirup verwendet wird.

Beobachtung

Experiment: Emulgatorwirkung

> Giesse in ein Reagenzglas etwa 3 cm Wasser und gleich viel eines Pflanzenöls. Verschliesse das Glas mit einem Stopfen und schüttle es. Stelle es in das Reagenzglasgestell und beobachte, was passiert.
> Erstelle nochmals dieselbe Mischung aus Öl und Wasser und giesse 1 cm hoch Mulsifan dazu. Verschliesse das Reagenzglas mit einem Stopfen und schüttle auch dieses Gemisch. Notiere deine Beobachtungen:

Es bleiben Öltröpfchen in Wasser verteilt sichtbar, das Gemisch entmischt sich rasch wieder in eine Öl- und eine Wasserschicht. Das Gemisch mit Mulsifan erscheint milchig-undurchsichtig und entmischt sich nicht mehr.

$CH_3 CH_2 CH_2 CH_2 CH_2 CH_2 ... CH_2$

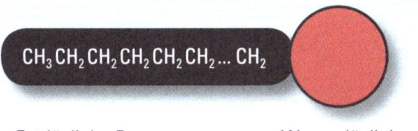

Fettlösliche Baugruppe | Wasserlösliche Baugruppe

Emulgatoren sind Substanzen, die Baugruppen aufweisen, die in Wasser löslich sind (hydrophil) und zugleich Stellen aufweisen, die gut fettlöslich sind (lipophil).

Modell der Emulgatorwirkung:

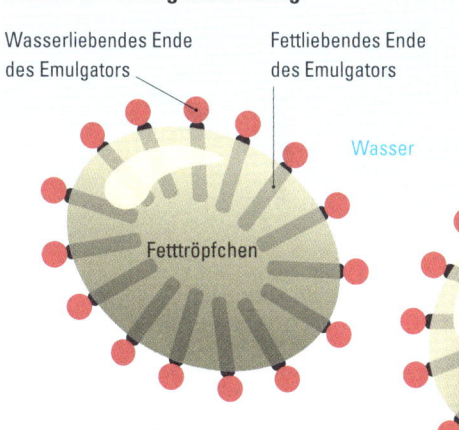

Wasserliebendes Ende des Emulgators — Fettliebendes Ende des Emulgators — Wasser — Fetttröpfchen

Emulgatoren stabilisieren ein Gemisch aus Öl und Wasser (zwei sonst nicht mischbare Stoffe) und verhindern, dass sich diese Emulsion entmischt.

Technik be-greifen

Bild- und Quellennachweis

Titelseite
Kyu Oh/Getty Images

Scheinkräfte Teil A
Seite 14 oben links: A1PIX/JGL

Scheinkräfte Teil B
Seite 17 Mitte: STOCK4B-RF/F1online
Seite 18 oben links: Bildagentur Geduldig

Drehmoment
Seite 21 oben rechts: Handbuch des Physikunterrichts Sekundarbereich I, Band I Mechanik I; Herausgegeben von Fritz Langensiepen mit Helmut Dahncke und Rainer Götz, Aulis Verlag in der Stark Verlagsgesellschaft mbH & Co. KG, 1990.

Seite 22 oben links: vario images

Impuls
Seite 27 unten rechts: Alexander Stein/JOKER

Wasserwiderstand
Seite 30 oben links: jalens - joachim affeldt

Energieformen und Energieumwandlung
Seite 42 oben links: swissnuclear

Elastizität und Plastizität
Seite 46 oben links: Jürgen Hasenkopf

Molekularkräfte
Seite 49 oben links: Fotex/Karl Thomas

Leiter und Isolatoren
Seite 52 unten rechts: © STADTLANDFLUSS
Seite 55 Mitte unten: Stefan Thalmann

Elektrischer Widerstand
Seite 58 oben links: ALIMDI.NET/Simon Belcher

Wechselspannung
Seite 60 oben rechts: BKW FMB Energie AG, Bern
Seite 63 Mitte rechts: Alpia Hydro Aare AG, Boningen

Elektromagnetische Induktion
Seite 70 oben links: DB AG/Brenneken

Hohl- und Parabolspiegel
Seite 80 oben links: © Foto Deutsches Museum
Seite 80 oben rechts: ESO
Seite 82 oben links: © Kurt Fuchs

Wärmeleitung
Seite 86 oben links: ulrich nusko

Destillation
Seite 90 oben links: Kellereibedarf Schmickl GesnbR, A–Klagenfurt

Kristallisation
Seite 98 oben links: Asia Images

Salzgewinnung
Seite 103 unten rechts: Schweizer Rheinsalinen, www.saline.ch

Herstellung und Eigenschaften von Glas
Seite 106 oben links: Hans-Guenter Oed/STOCK4B

Der 4-Takt-Motor
Seite 122 oben links: Rainer Dittrich/Westend61

Kehrichtverwertung
Seite 125 Mitte oben: KVA Turgi
Seite 126 oben links: www.BilderBox.com
Seite 127 unten: KVA Turgi

Elektrolyse
Seite 134 oben links: © allOver Galerie Photo

Das Leclanché-Element
Seite 138 oben links: Hardy Haenel

Brennstoffzellen
Seite 142 oben links: vario images

Anwendung Redox
Seite 150 oben links: Christoph Hermann Filderstadt Bildkunst Urheber 707707

Thermitreaktion
Seite 152 Mitte unten: Süddeutscher Verlag, München
Seite 154 oben links: © Foto SBB CFF FFS

Karbonate
Seiten 156 – 157: Kalkfabrik Netstal AG
Seite 158 oben links: Alfred Buellesbach/VISUM

Seifen und Öle
Seite 162 oben links: www.BilderBox.com

Nicht in allen Fällen war es dem Verlag möglich, den Rechteinhaber ausfindig zu machen. Berechtigte Ansprüche werden im Rahmen der üblichen Vereinbarungen abgegolten.